Droit constitutionnel et institutions politiques

Les mémentos Dalloz
Série droit public

Droit constitutionnel et institutions politiques

Jean Paul Jacqué
Professeur émérite à l'Université de Strasbourg

14e édition – 2022

DALLOZ

DALLOZ

31-35 rue Froidevaux, 75685 Paris cedex 14

ISBN 978-2-247-21746-5

Plan détaillé

1 Introduction

Première partie
Les bases du droit constitutionnel

4 Chapitre 1 – L'État
4 Section 1 – La notion d'État
5 § 1 – Le territoire
5 § 2 – La population
9 § 3 – L'autorité étatique
12 Section 2 – Les diverses formes d'État
12 § 1 – L'État unitaire
14 § 2 – L'État fédéral
17 Section 3 – L'Union européenne, une remise en cause de l'État ?
17 § 1 – Fédération ou confédération ?
17 § 2 – Un phénomène nouveau
18 § 3 – La dissociation du fédéralisme et de l'État
20 Chapitre 2 – Le pouvoir
20 Section 1 – Le fondement du pouvoir
20 § 1 – Les théories théocratiques de la souveraineté
21 § 2 – Les théories démocratiques de la souveraineté
22 Section 2 – Les modes d'exercice du pouvoir
22 § 1 – Le régime issu de la souveraineté populaire
24 § 2 – Le régime représentatif
31 Chapitre 3 – La désignation démocratique des gouvernants
31 Section 1 – Le droit de suffrage
31 § 1 – L'octroi du droit de vote
35 § 2 – L'exercice du droit de vote
37 Section 2 – Les systèmes de scrutin
37 § 1 – Les principaux modes de scrutin
43 § 2 – Le choix d'un système de scrutin
46 Chapitre 4 – L'organisation du pouvoir
46 Section 1 – La théorie de la séparation des pouvoirs
46 § 1 – Les objectifs de Montesquieu
47 § 2 – Les relations entre les pouvoirs
47 Section 2 – La classification des régimes politiques selon la théorie de la séparation des pouvoirs
48 § 1 – Les régimes de confusion des pouvoirs
50 § 2 – Les régimes de séparation des pouvoirs

55 Chapitre 5 – La Constitution
55 Section 1 – La notion de Constitution
55 § 1 - L'histoire de la notion
56 § 2 - Les fonctions de la constitution
58 § 3 - Les types de constitution
58 Section 2 – L'élaboration et la révision de la Constitution
58 § 1 - Le pouvoir constituant
59 § 2 - Les modes d'élaboration de la constitution
60 § 3 - La révision de la constitution
63 Section 3 – Le contrôle de la constitutionnalité des lois
63 § 1 - Les organes du contrôle
64 § 2 - Le moment du contrôle
65 § 3 - La technique du contrôle

Deuxième partie
Les régimes politiques étrangers

70 Chapitre 1 – Le régime présidentiel américain
70 Section 1 – Le président
71 § 1 - L'élection présidentielle
75 § 2 - L'organisation de l'exécutif
77 § 3 - Les pouvoirs du président
79 Section 2 – Le Congrès
79 § 1 - L'élection des membres du Congrès
80 § 2 - L'organisation du Congrès
80 § 3 - Les pouvoirs du Congrès
83 Section 3 – Les relations entre le président et le Congrès
83 § 1 - Les moyens d'action du président sur le Congrès
86 § 2 - Les moyens d'action du Congrès sur le président
87 Section 4 – La Cour suprême
87 § 1 - Composition
88 § 2 - Le contrôle de constitutionnalité des lois
90 Section 5 – Le fédéralisme
90 § 1 - Le renforcement des pouvoirs de l'Union
91 § 2 - Les droits des États
92 Section 6 – Les partis politiques
93 § 1 - Les structures
93 § 2 - Les fonctions des partis
95 Chapitre 2 – Le régime parlementaire britannique
95 Section 1 – Le modèle du régime parlementaire
95 § 1 - Des analyses divergentes
95 § 2 - Une constitution souple
96 § 3 - Un régime bipartisan

96 **Section 2 – L'évolution du régime**
97 § 1 – La monarchie limitée
97 § 2 – La monarchie parlementaire
98 § 3 – La démocratisation du régime
99 **Section 3 – Le bipartisme**
100 § 1 – Les deux partis dominants
104 § 2 – Le système de scrutin, cause essentielle du bipartisme
106 § 3 – Le système bipartisan
108 **Section 4 – Les institutions**
108 § 1 – L'exécutif
110 § 2 – Le législatif
114 § 3 – Les relations entre le gouvernement et le Parlement
118 **Chapitre 3 – Le régime parlementaire allemand**
118 **Section 1 – L'État de droit**
119 § 1 – Les droits fondamentaux
119 § 2 – Le contrôle de constitutionnalité des lois
120 **Section 2 – L'État fédéral**
120 § 1 – La répartition des compétences entre *Länder* et Fédération
121 § 2 – Les aspects institutionnels du fédéralisme
122 § 3 – L'évolution du fédéralisme
123 **Section 3 – Le parlementarisme rationalisé**
123 § 1 – L'exécutif
124 § 2 – Le Parlement
125 § 3 – Les relations entre exécutif et législatif
126 **Section 4 – La vie politique**
126 § 1 – Le statut des partis politiques
127 § 2 – Les coalitions gouvernementales
129 **Chapitre 4 – L'évolution de la Russie et des pays d'Europe centrale et orientale**
129 **Section 1 – Le régime soviétique**
129 § 1 – Les fondements idéologiques du régime
131 § 2 – Les institutions soviétiques
132 **Section 2 – L'évolution de l'Union soviétique**
132 § 1 – Les tentatives de réforme
133 § 2 – La Russie actuelle
133 § 3 – La Constitution russe
135 **Section 3 – Les régimes d'Europe centrale et orientale**
136 § 1 – L'établissement de l'État de droit
136 § 2 – Le pluralisme démocratique
136 § 3 – Des régimes parlementaires

Troisième partie
Les régimes politiques français

141 Titre 1 – Histoire constitutionnelle française (1789-1958)

142 Chapitre 1 – De la Révolution à l'Empire (1789-1815)

142 Section 1 – Les expériences révolutionnaires

142 § 1 – La Constitution du 14 septembre 1791

143 § 2 – La Première République

144 § 3 – La Constitution du 5 fructidor an III

144 Section 2 – Le Consulat et l'Empire

144 § 1 – Le système électoral

145 § 2 – Le législatif

145 § 3 – L'exécutif

145 § 4 – L'évolution vers l'Empire

146 Chapitre 2 – De la Restauration au Second Empire (1815-1870)

146 Section 1 – La Restauration et la monarchie de Juillet

146 § 1 – La Charte de 1814

147 § 2 – La monarchie de Juillet

148 Section 2 – La Deuxième République et le Second Empire

148 § 1 – La Constitution du 4 novembre 1848

149 § 2 – Le Second Empire

150 Chapitre 3 – D'une République parlementaire à l'autre (1870-1958)

150 Section 1 – La Troisième République

150 § 1 – L'Assemblée constituante

151 § 2 – L'organisation des pouvoirs publics

153 § 3 – La crise du 16 mai 1877

154 § 4 – L'évolution du régime

155 Section 2 – De Vichy à la Constitution de 1946

155 § 1 – Le gouvernement de Vichy

155 § 2 – Les Français libres

156 § 3 – Les assemblées constituantes

157 Section 3 – La Quatrième République

157 § 1 – Les institutions

159 § 2 – La pratique : le retour à la Troisième République

161 § 3 – La fin de la Quatrième République

163 Titre 2 – La Cinquième République

164 Chapitre 1 – Les caractères généraux de la Constitution

164 Section 1 – Les sources d'inspiration constitutionnelle

164 § 1 – Les sources lointaines

164 § 2 – La pensée du général de Gaulle

165 § 3 – L'apport du gouvernement

165 **Section 2 – Une République parlementaire ?**
165 § 1 – La tradition républicaine
171 § 2 – Un régime parlementaire ?
173 **Section 3 – Les règles constitutionnelles : « le bloc de constitutionnalité »**
173 § 1 – La Constitution, son Préambule et la Déclaration des droits de 1789
174 § 2 – Les principes fondamentaux reconnus par les lois de la République
174 § 3 – Les principes et objectifs à valeur constitutionnelle
175 § 4 – L'exclusion des accords internationaux
176 **Section 4 – La révision de la Constitution**
176 § 1 – La voie de l'article 89
178 § 2 – La voie de l'article 11
180 § 3 – La querelle de la supraconstitutionnalité
180 § 4 – Les révisions de la Constitution de 1958
183 Chapitre 2 – L'exécutif
183 **Section 1 – Le président de la République**
183 § 1 – Le statut du président
194 § 2 – Les pouvoirs du président
208 § 3 – La responsabilité du président
211 **Section 2 – Le gouvernement**
212 § 1 – L'organisation du gouvernement
216 § 2 – Le statut des ministres
219 § 3 – Les pouvoirs du gouvernement
225 Chapitre 3 – Le Parlement
225 **Section 1 – Les membres du Parlement**
225 § 1 – Les élections
230 § 2 – Le statut des parlementaires
232 **Section 2 – L'organisation des assemblées**
232 § 1 – Le règlement
233 § 2 – Les organes des assemblées
235 § 3 – Le régime des réunions
237 **Section 3 – La fonction législative**
238 § 1 – Le domaine de la loi
240 § 2 – La procédure législative ordinaire
246 § 3 – Les procédures spéciales
247 **Section 4 – Le vote de résolutions**
248 **Section 5 – Le suivi de l'activité de l'Union européenne**
248 **Section 6 – La fonction de contrôle**
249 § 1 – Le contrôle sans mise en jeu de la responsabilité gouvernementale
250 § 2 – Le contrôle avec mise en jeu de la responsabilité gouvernementale
253 Chapitre 4 – Le contrôle de la constitutionnalité des lois
253 **Section 1 – L'organisation du Conseil constitutionnel**
254 § 1 – La composition
255 § 2 – Le fonctionnement

259 Section 2 – Les compétences du Conseil constitutionnel
259 § 1 – Le contentieux des opérations électorales
259 § 2 – Le contrôle du respect de la répartition des pouvoirs entre le Parlement et le gouvernement
260 § 3 – L'intervention dans la procédure législative
260 § 4 – Le contrôle de la constitutionnalité des lois
264 § 5 – Le contrôle des traités internationaux
267 Index alphabétique

Introduction

Traditionnellement, en France, l'enseignement du droit constitutionnel n'est pas limité au droit constitutionnel *stricto sensu*, mais porte également sur les institutions politiques. À l'étude des règles et des mécanismes juridiques, s'ajoute la description du contexte politique et social qui permet de comprendre l'origine et le fonctionnement d'un système politique.

L'étude simultanée du droit constitutionnel et des institutions politiques pourrait être à l'origine de confusions entre ce qui est normatif et relève de la science juridique et ce qui réside dans l'observation des phénomènes politiques et relève de la science politique.

Ces confusions seraient d'autant plus regrettables que, sous la Ve République, le droit constitutionnel a profondément évolué, notamment en raison du développement du contrôle de constitutionnalité des lois qui a entraîné un approfondissement de la réflexion juridique sur le contenu des règles constitutionnelles et imposé leur respect aux pouvoirs publics. L'introduction de la question prioritaire de constitutionnalité a encore accentué cette évolution.

Ce phénomène, dans lequel certains auteurs ont voulu voir l'apparition d'un droit constitutionnel « nouveau », a conduit à une « rejuridicisation » profonde de la matière. Il est donc d'autant plus nécessaire si l'on suit la démarche traditionnelle d'étude simultanée du droit constitutionnel et des institutions politiques de bien distinguer ce qui relève du droit de ce qui est analyse de science politique, tout en éclairant le premier par la seconde.

Dans ce contexte, on s'appuiera sur un examen des éléments fondamentaux du droit constitutionnel pour étudier les principaux régimes politiques étrangers, puis les régimes français.

Pour aller plus loin

Bibliographie générale

- Ph. Ardant et B. Mathieu, *Institutions politiques et droit constitutionnel*, LGDJ, 33e éd., 2021
- J. Boudon, *Manuel de droit constitutionnel*, PUF, 2022
- M.-A. Cohendet, *Droit constitutionnel*, LGDJ, 5e éd., 2021
- V. Constantinesco et S. Pierré-Caps, *Droit constitutionnel*, PUF, coll. « Thémis », 7e éd., 2016
- D. Chagnollaud, P. de Montalivet, A. Baudu, *Droit constitutionnel contemporain*, t. 1, *Théorie générale, Les régimes étrangers*, 2021, t. 2, *La Constitution de la Ve République*, Dalloz, coll. « Cours », 2022
- B. Chantebout, *Droit constitutionnel*, Sirey, coll. « Sirey U », 33e éd., 2019
- O. Duhamel et G. Tusseau, *Droit constitutionnel et institutions politiques*, Seuil, 6e éd., 2022
- L. Favoreu, P. Gaïa et autres, *Droit constitutionnel*, Dalloz, coll. « Précis », 23e éd., 2021
- J. et J.-E. Gicquel, *Droit constitutionnel et institutions politiques*, Montchrestien, 35e éd., 2021
- O. Gohin, *Droit constitutionnel*, LexisNexis, 4e éd., 2019
- F. Hamon et M. Troper, *Droit constitutionnel*, LGDJ, 42e éd., 2021
- A.-M. Le Pourhiet, *Droit constitutionnel*, Economica, 11e éd., 2021
- P. Pactet et F. Mélin-Soucramanien, *Droit constitutionnel 2022*, Sirey, coll. « Sirey U », 2021
- H. Portelli, Th. Ehrhard, *Droit constitutionnel*, Dalloz, coll. « Hypercours », 14e éd., 2021
- M. Verpeaux, *Droit constitutionnel français*, PUF, 2e éd., 2015

Première partie

Les bases du droit constitutionnel

Le droit constitutionnel a pour objet l'encadrement juridique de relations politiques dont l'enjeu essentiel est le pouvoir.
Cette caractéristique n'est pas propre au droit constitutionnel dans la mesure où le phénomène du pouvoir est universel et se manifeste aussi bien dans des relations privées, comme les relations familiales ou les relations de travail, que dans les rapports entre acteurs du jeu politique.
Cependant, ce qui est particulier à notre matière, c'est que le droit constitutionnel régit des relations politiques qui ont pour enjeu la conquête et l'exercice du pouvoir essentiellement dans le cadre de l'État.
Aussi, bien que le problème du pouvoir se soit posé bien avant l'apparition de l'État, on examinera d'abord ce dernier comme cadre du jeu politique puis on traitera du pouvoir, objet de ce jeu, des modalités de désignation des gouvernants, des formes que prend l'exercice du pouvoir et, enfin, de la Constitution qui en détermine les règles.

4 **Chapitre 1 – L'État**
20 **Chapitre 2 – Le pouvoir**
31 **Chapitre 3 – La désignation démocratique des gouvernants**
46 **Chapitre 4 – L'organisation du pouvoir**
55 **Chapitre 5 – La Constitution**

Chapitre 1
L'État

L'essentiel

L'organisation du pouvoir politique sous la forme étatique est, à l'échelle de l'histoire de l'humanité, un phénomène récent puisque l'on situe généralement l'apparition de l'État moderne au XV*e* *siècle.*

L'État est le résultat d'un processus d'institutionnalisation du pouvoir, processus qui s'est produit à des moments différents selon les sociétés et selon les contraintes externes auxquelles elles ont dû faire face. Il est cependant rapidement apparu que le recours à une organisation de la société sous la forme de l'État était le seul moyen pour une collectivité de disposer de l'indépendance et de la capacité d'entretenir des relations internationales.

Aussi, au moment de la décolonisation, la revendication des peuples colonisés à l'indépendance s'est-elle traduite par la volonté de créer de nouveaux États.

Si l'État est la résultante d'une évolution, il n'est pas inutile de se demander dans quelle mesure cette évolution est achevée.

La forme étatique que nous connaissons actuellement est-elle définitive ou peut-elle être remise en cause par certains phénomènes d'organisation de la société à l'échelle internationale, notamment dans le cadre de la ***construction européenne****?*

Section 1 – La notion d'État

L'apparition de l'État est le résultat d'une évolution qui se manifeste par le passage d'un système de pouvoir personnel à un système de pouvoir institutionnalisé.

On peut parler de pouvoir *personnel ou individualisé* lorsque le pouvoir s'incarne en un homme qui l'exerce en raison de ses qualités personnelles. Dans ces conditions, la personne qui exerce le pouvoir en est également le propriétaire.

Définition : *l'État apparaît lorsqu'il devient nécessaire de séparer l'exercice du pouvoir de sa propriété.* Dans ce cas, si matériellement le pouvoir est exercé par un homme, il appartient en droit à une *institution*, l'État, qui est abstraite par nature et, de ce fait, dotée de la permanence.

Dans le premier cas, le chef est titulaire du pouvoir et l'exerce en son nom propre tandis que, dans le second, il l'exerce au nom de l'État.

La désignation de celui qui exercera le pouvoir n'est plus alors la seule résultante de rapports de force et des qualités personnelles des prétendants, elle se fait dans le respect de règles qui régissent l'attribution du pouvoir au sein de l'État. Le recours à l'État permet de distinguer la *propriété* du pouvoir de son *exercice*. L'État est permanent contrairement à ceux qui sont chargés de l'exercice du pouvoir puisque le pouvoir appartient à l'État qui délègue son exercice à des dirigeants investis selon les règles définies par lui. Les gouvernants, puisqu'ils agissent au nom de l'État et non en leur nom propre, sont liés par les règles étatiques relatives à l'attribution du pouvoir et à son exercice. *L'État rend possible la Constitution.*

Ceci ne signifie pas que, dans le cadre de l'État, toute personnalisation du pouvoir disparaisse. Sur le plan politique, et plus encore avec les moyens modernes d'information, se développe plus que jamais une forte tendance à l'identification entre le pouvoir et la personne des gouvernants.

→ L'État est constitué par la réunion des trois éléments : un territoire, une population, une autorité publique.

§ 1 – Le territoire

L'apparition de l'État va de pair avec celle du territoire, car l'existence de frontières permet de fixer les limites dans lesquelles s'exerce le pouvoir étatique.

Si on a pu envisager autrefois l'existence d'*États nomades*, c'est-à-dire sans territoire délimité par des frontières, et caractérisés exclusivement par le lien entre population et autorité étatique, celle-ci n'a plus guère de sens aujourd'hui dans un monde fini marqué par la mosaïque des frontières étatiques.

Définition : *le territoire est donc l'espace soumis à la domination de l'État.* À ce titre, le territoire est l'assise de la puissance étatique.

La frontière constitue le moyen de délimiter cet espace.

Le territoire est également un instrument de *cohésion de la population* dans la mesure où celle-ci partage un espace commun ainsi que de sa *sécurité* puisque les frontières la protègent des interventions extérieures.

• À ce titre, la référence à l'intégrité du territoire national constitue un puissant élément de mobilisation patriotique dans la mesure où, dans l'imaginaire collectif, sont attachées au sol des traditions et des valeurs qui caractérisent *l'identité nationale*.

• Le territoire de l'État n'est pas seulement constitué par le *territoire terrestre*, sol et tréfonds. En font également partie les *espaces maritimes*, eaux intérieures et mer territoriale, ainsi que *l'espace aérien* qui surplombe le territoire terrestre et maritime de l'État.

§ 2 – La population

Définition : *la population est constituée par les individus qui sont soumis à l'autorité étatique.*

Il s'agit d'une catégorie hétérogène puisqu'elle peut recouvrir aussi bien les individus qui vivent sur le territoire que ceux qui, qu'ils vivent ou non sur le territoire national, sont liés à l'État par un lien spécial, *la nationalité*.

• S'il s'agit *des individus qui vivent sur le territoire*, on trouve parmi eux tant des *nationaux* que des *étrangers*. Le régime juridique applicable à ces deux types de résidents n'est pas identique.

En effet, si les nationaux sont entièrement soumis à l'autorité de l'État sous réserve d'éventuelles obligations internationales contractées par l'État, notamment en matière de droits de l'homme, les étrangers peuvent bénéficier d'une protection particulière en application du droit international en raison tant de l'existence d'un standard minimum de protection applicable aux étrangers que des liens spécifiques qu'ils entretiennent avec l'État dont ils ont la nationalité, mais ils ne bénéficient pas des mêmes droits que les nationaux et sont fréquemment privés de la jouissance des droits liés à la citoyenneté.

Malgré l'existence d'un courant aujourd'hui favorable à l'assimilation des nationaux aux étrangers, les résistances sont encore fortes. À la suite de la conclusion du traité de Maastricht, une citoyenneté européenne qui complète la citoyenneté nationale a vu le jour et une révision de la Constitution française a été nécessaire afin de permettre notamment aux ressortissants des États membres de l'Union européenne de participer aux élections locales dans l'État membre où ils résident même s'ils n'en ont pas la nationalité. La citoyenneté européenne qui est liée à la possession de la nationalité d'un État membre de l'Union n'est pas purement symbolique. Elle comporte un ensemble de droits dont le plus important est sans doute de ne pas être discriminé par rapport aux nationaux. Selon la Cour de justice de l'Union européenne, le statut de citoyen de l'Union européenne a vocation à devenir le statut fondamental des ressortissants des États membres. La question de la participation des étrangers aux élections nationales fait depuis longtemps l'objet de débats et de promesses électorales, sans donner lieu à des initiatives concrètes en raison de la difficulté d'une révision constitutionnelle sur ce point. Elle a été admise dans certains États étrangers.

• Si l'on considère que la population est composée des seuls nationaux, cette catégorie recouvre aussi bien les nationaux vivant sur le territoire que ceux qui résident à l'étranger. Ce qui est déterminant ici, c'est l'existence d'un lien juridique, la nationalité, qui unit l'individu à l'État. *La détermination des modes d'acquisition de la nationalité relève de la compétence discrétionnaire de chaque État.* En d'autres termes, chaque État définit librement ses nationaux. L'existence d'une citoyenneté européenne prévue dans le cadre de l'Union européenne ne modifie pas cette situation puisque la citoyenneté européenne s'ajoute à la nationalité d'un État membre de l'Union et ne peut être détachée de celle-ci.

Le phénomène de nationalité va bien au-delà de l'établissement d'un simple lien juridique, il touche à l'inconscient collectif lorsqu'il traduit le sentiment d'appartenance à une communauté particulière, caractérisée par une identité collective, *la nation*.

L'existence d'une nation a d'ailleurs été fréquemment considérée comme l'une des conditions d'existence de l'État.

I – La nation

Définition : les conceptions s'opposent profondément lorsque l'on essaie de déterminer quels sont les caractères spécifiques que doit revêtir une collectivité humaine pour être considérée comme une nation.

• Selon une première école, d'inspiration essentiellement germanique, la nation reposerait sur des *éléments objectifs* tels que la langue, la religion, la culture, qui traduisent l'appartenance à une communauté globale.

Cette vision a été poussée jusqu'à ses conséquences les plus perverses lorsque le Reich nazi a prétendu fonder l'existence d'une nation sur des critères raciaux et sur la prétendue supériorité d'une race, la race aryenne. Ce phantasme d'une race pure qui a conduit au génocide ne repose évidemment sur aucune base scientifique.

Par contre, il est exact que la langue, la religion et la culture, au sens large du terme, constituent des éléments d'*identité et de solidarité collective*.

La preuve en est apportée *a contrario* par les difficultés que rencontrent les États multilingues à vivre un destin commun. Que l'on songe à la situation de la Belgique ou du Canada, encore que le recours au fédéralisme puisse permettre de surmonter certaines difficultés comme le montre l'exemple de la Confédération helvétique, État multilingue lui aussi.

Il ne faut pas méconnaître en outre que de nombreuses nations comme la France ou le Royaume-Uni, se sont constituées par *assimilation progressive* de populations qui, à l'origine, ne partageaient ni langue, ni religion commune.

• C'est que, comme tente de le montrer la seconde conception d'origine essentiellement française, la nation se construit sur la base d'une *volonté de vivre ensemble, fondée sur un passé partagé*.

Cette vision pouvait justifier que l'Alsace-Lorraine, annexée par l'Allemagne en 1870 appartienne, en raison de la volonté de ses habitants, à la nation française bien qu'elle fasse partie de l'aire culturelle germanique.

Que le sentiment d'un destin partagé soit un ferment puissant d'identité nationale ne signifie pas pour autant que les éléments objectifs ne jouent aucun rôle. Car, s'il n'existe pas de nation sans volonté de vivre ensemble, cette volonté repose bien souvent sur une langue ou une culture commune et d'ailleurs une histoire partagée est un élément de cette culture.

II – Nation et État

Identifier la population à la nation revient à dire qu'*à chaque nation doit correspondre un État*. Tout peuple, considéré comme une entité nationale, devrait « avoir droit » à un État et il ne pourrait exister d'États multinationaux. Dans la réalité, cette identification est loin d'être absolue, même si certaines traditions constitutionnelles l'ont posée en postulat.

A – La coexistence de communautés différentes dans un même État

Il a existé, et *il existe, des États reposant sur la coexistence de communautés qui s'affirment comme différentes.* La Belgique, la Confédération helvétique ou le Canada en sont des illustrations. Certes, cette cohabitation ne va pas sans difficultés comme en a attesté par le passé, au Canada, la revendication d'une souveraineté au Québec et il n'est pas indifférent de constater que deux de ces États sont fédéraux et que le troisième, la Belgique, à l'origine État unitaire, a été amenée à réviser sa Constitution dans un sens fédéral sur la base d'une répartition des compétences qui avantage considérablement les entités fédérées au détriment du pouvoir fédéral et qui reconnaît à celles-ci un large pouvoir dans le domaine des relations extérieures. Cette révision constitutionnelle n'a d'ailleurs pas apaisé le contentieux entre régions wallonne et flamande et les crises institutionnelles de 2011 et de 2019 qui ont empêché pendant de nombreux mois la constitution d'un gouvernement en sont la meilleure preuve.

Tous les exemples de cohabitation ne sont pas heureux comme le montrent les cas tragiques de Chypre, du Liban et, plus proche de nous, l'explosion des nationalismes en Yougoslavie.

Il semble que la forme fédérale soit d'autant plus satisfaisante lorsque chaque communauté vit sur une partie déterminée du territoire à laquelle correspondent un ou plusieurs États fédérés. Si les communautés sont territorialement imbriquées, les solutions sont plus difficiles à trouver et reposent sur des systèmes de protection des minorités.

B – Le principe des nationalités

L'affirmation de l'identification de la nation et de l'État doit beaucoup au principe des nationalités qui fut au XIXe siècle à l'origine de la création des États européens dont les peuples accédaient à l'indépendance et qui, sous l'influence du président des États-Unis Wilson, fut l'un des principes directeurs du découpage de l'empire austro-hongrois au lendemain de la Première Guerre mondiale. Ce découpage a d'ailleurs été à l'origine des nombreux problèmes de minorités qu'ont connus et que connaissent encore aujourd'hui plusieurs États d'Europe centrale et orientale. La Hongrie, découpée lors du traité de Trianon en 1920, témoigne de l'importance des rapports entre la nationalité et l'appartenance culturelle puisque les personnes appartenant aux minorités hongroises dans les pays voisins peuvent obtenir la nationalité hongroise sur une simple justification de la connaissance de la langue. L'adhésion d'un grand nombre des États d'Europe centrale et orientale à l'Union européenne semble avoir dans un premier temps apaisé les tensions minoritaires, mais celles-ci sont récurrentes comme en attestent la situation des russophones dans les pays baltes ou celle des minorités hongroises.

C – Le droit des peuples à disposer d'eux-mêmes

La reconnaissance du *droit des peuples à disposer d'eux-mêmes* après la Seconde Guerre mondiale a présidé à la décolonisation et a conduit à l'apparition de nouveaux États. Mais, dans ce cas, l'interprétation du principe se combinait avec le respect des frontières établies par le colonisateur. Aussi la décolonisation a-t-elle donné naissance à des États dans lesquels la population est loin d'être homogène ce qui est à l'origine de conflits dramatiques. Ce droit des peuples à l'autodétermination ne joue que dans des circonstances exceptionnelles de colonisation ou d'oppression. Comme le constatait la Cour suprême du Canada à propos d'un éventuel droit de succession du Québec, le droit à l'autodétermination ne saurait fonder un droit de sécession unilatéral dans un État fédéral lorsque celui-ci permet une participation équitable au pouvoir politique et la poursuite du développement économique, social et culturel des États fédérés. Tout au plus, un référendum d'autodétermination d'un État fédéré entraînerait-il une obligation de négocier entre les parties composantes (renvoi relatif à la sécession du Québec, 1998). On constate aujourd'hui une tendance à une revendication de l'indépendance de parties constituantes d'un État. L'Écosse, la Catalogne et la Flandre en sont des illustrations. L'Écosse a organisé un référendum infructueux pour l'indépendance, mais envisage de poursuivre le combat. La Catalogne suit la même voie. Quant à la Flandre, le parti NVA qui porte la revendication autonomiste, malgré ses participations au gouvernement fédéral belge, n'a pas renoncé à ses aspirations, mais les a mis, pour le moment entre parenthèses.

Au fond, **deux conceptions s'opposent**.

• La première repose sur la correspondance obligatoire entre l'État et la nation même si cette coïncidence ne reflète pas toujours la réalité sociale.

C'est le cas de la France comme en témoigne la jurisprudence du Conseil constitutionnel à propos de la Corse selon laquelle serait contraire à la Constitution la reconnaissance de l'existence d'un « peuple corse, composante du peuple français » en se fondant sur l'indivisibilité de la République (décis. n° 290 DC du 9 mai 1991). Une telle conception ne peut s'imposer qu'à la condition que l'État soit capable d'intégrer les immigrés dans la collectivité nationale. Certains États qui doutent de cette faculté, en ce qui concerne des communautés dont la culture leur paraît trop éloignée de la culture nationale, acceptent un multiculturalisme caractérisé par la reconnaissance de la coexistence de communautés de cultures différentes sur le territoire national. Il en résulte aujourd'hui en France, en raison même des difficultés de l'intégration, un débat permanent entre partisans de l'unité de la République, largement majoritaires, et tenants d'une reconnaissance de la spécificité des différentes communautés qui vivent sur le sol français (« communautarisme »). Ceux des peuples d'outre-mer auxquels le droit à l'autodétermination est reconnu ne font pas partie du peuple français tel que défini par la Constitution.

• D'autres États acceptent l'existence sur leur sol de communautés distinctes et leur reconnaissent des droits spécifiques. Au lendemain de la Première Guerre mondiale, devant l'impossibilité de doter chaque communauté nationale d'une structure étatique, on avait entrepris d'accorder aux populations appartenant à *une minorité nationale ethnique, religieuse ou linguistique* des droits particuliers dans le cadre d'un statut des minorités. Les mêmes causes ayant les mêmes effets, la démocratisation intervenue à l'est de l'Europe a remis à l'ordre du jour la création de statuts des minorités dans ces États multinationaux. C'était sans doute la seule voie raisonnable pour ramener la paix dans la région.

Tant l'Union européenne dans sa politique relative à l'élargissement aux pays d'Europe centrale et orientale que le Conseil de l'Europe à travers la convention-cadre sur les minorités nationales signée en novembre 1994 œuvrent en ce sens et ces pays se sont tous dotés de législations protectrices des minorités nationales. Si la France ne reconnaît pas l'existence de minorités titulaires de droits collectifs sur son territoire, elle ne nie pas pour autant les droits individuels des personnes appartenant à des minorités comme en atteste la ratification du traité sur l'Union européenne qui contient une référence à ces droits. Le droit de parler sa langue dans la vie privée, de pratiquer sa religion, etc. s'analysent comme des droits fondamentaux auxquels il ne peut être porté atteinte. Cependant la différence entre la sphère publique et la sphère privée n'est pas toujours aisée comme en attestent les débats à propos du port de signes extérieurs d'appartenance religieuse, notamment de la burqa.

§ 3 – L'autorité étatique

L'existence d'une *autorité publique qui exerce le pouvoir sur le territoire et la population* constitue le troisième élément constitutif de l'État.

Cette autorité prend toutes les décisions relatives à la gestion des affaires communes. Elle dispose du *pouvoir de coercition* afin d'assurer le respect des décisions prises.

Certes de nombreuses collectivités autres qu'étatiques connaissent l'existence d'autorités politiques, mais l'autorité étatique a ceci de spécifique qu'elle ne tient son pouvoir que d'elle-même, qu'elle dispose du monopole de la contrainte étatique et qu'en dehors de son consentement, aucun autre pouvoir ne peut s'imposer à elle.

L'autorité étatique présente trois caractères : elle est personnifiée, elle est souveraine, elle est soumise au respect du droit.

I – L'État, personne morale

Dans la mesure où l'État est la forme institutionnalisée du pouvoir, il est doté de la capacité de vouloir et d'agir sur le plan juridique. Il possède la personnalité morale.

À ce titre, l'État se distingue des gouvernants. Si ce sont bien ces derniers qui, en réalité, prennent les décisions, ces décisions ne leur sont pas imputables en tant qu'individus. *Les décisions prises par les gouvernants sont imputables à l'État, personne morale*.

Cette solution présente plusieurs avantages :

– Dans la mesure où l'État est distinct des gouvernants, il jouit de la permanence à travers les changements de personnel politique. C'est la règle de la *continuité de l'État*.

– Cette règle a comme conséquence que les gouvernements sont engagés par les actes des gouvernements précédents et que ces actes *survivent aux changements politiques*. C'est la permanence du droit.

II – L'État souverain

Notion : la caractéristique d'une collectivité souveraine est qu'*elle ne tient son pouvoir que d'elle-même et n'est soumise à aucune autorité qui lui soit extérieure*.

À ce titre, la souveraineté est la caractéristique qui distingue l'État des autres collectivités territoriales comme la région, le département ou la commune.

La souveraineté présente une face interne et une face externe.

A – La souveraineté interne

Sur le plan interne, dire que l'État est souverain, c'est affirmer qu'il possède un pouvoir absolu de décider en dernier ressort. Il est maître de son organisation et de ses décisions. Tous les autres groupements et toutes les personnes physiques, exerçant leurs activités sur le territoire, sont soumis à l'État.

B – La souveraineté externe

Sur le plan externe, la souveraineté de l'État réside dans son indépendance à l'égard de toute autre autorité. Compte tenu de l'existence d'autres États souverains, la souveraineté externe ne peut s'analyser comme le pouvoir absolu de décider en dernier ressort. La souveraineté externe de l'État est en effet limitée par l'obligation de respecter la souveraineté des autres États. L'État doit observer les règles internationales qui ont pour objet le respect de la souveraineté des autres membres de la communauté internationale.

La notion de souveraineté a été l'œuvre des juristes royaux et notamment de Jean Bodin au XVIe siècle. Elle est suprême, unitaire, absolue et perpétuelle. Instrument de la construction de l'absolutisme royal, elle a survécu en tant qu'attribut de l'État ou de la nation lorsque ces concepts se sont dégagés de la personne du souverain. L'idée d'une souveraineté unitaire, résidant dans le seul État, n'a jamais été partagée aux États-Unis d'Amérique puisque la souveraineté est partagée entre les instances fédérales et les États fédérés. La construction européenne remet en question la vision traditionnelle de la souveraineté et incite à une réflexion sur le modèle américain.

III - L'État de droit

La souveraineté serait arbitraire si elle n'était limitée par le droit.

C'est ainsi que la doctrine a mis en avant la thèse de l'autolimitation de l'État par le droit (Carré de Malberg). Le souverain doit respecter les règles qu'il a créées et ne peut s'en affranchir qu'en respectant la procédure prévue pour les modifier ou les supprimer.

A - État de droit et État de police

• **L'État de droit** se distinguerait de **l'État de police** en ce sens que, dans le premier, la puissance publique ne peut agir que sur la base et dans les limites des règles qui s'imposent à elle tandis que dans le second, malgré l'existence de règles juridiques, la puissance publique pourrait agir selon son bon vouloir sans être tenue au respect de ces règles.

• Dans un premier temps, la théorie de l'État de droit a permis de subordonner l'administration au respect de la loi, mais le législateur, seul apte à exprimer la volonté nationale, restait souverain. L'évolution des dernières décennies a conduit en France à travers le contrôle de la constitutionnalité des lois, que pratiquaient déjà de nombreux régimes étrangers, à *soumettre le législateur au respect de la Constitution.* Dorénavant, il appartient au Conseil constitutionnel de vérifier la conformité des lois à la Constitution et d'empêcher la promulgation de lois contraires à celle-ci. Le respect de la volonté du constituant par le législateur est donc garanti.

B - État de droit formel et État de droit réel

Au-delà de cette vision qui assimile État de droit et respect de la hiérarchie des normes, on note une nouvelle évolution vers ce que l'on pourrait appeler un État de droit substantiel par rapport à l'État de droit formel.

• Dans le cadre de l'**État de droit formel**, l'accent est mis sur le respect de la hiérarchie des normes quel que soit leur contenu. L'État doit respecter la Constitution et le pouvoir exécutif doit respecter la Constitution et la loi.

• Dans le cadre de l'**État de droit substantiel**, un certain nombre de principes et de valeurs fondamentaux s'imposent aux pouvoirs publics et leur respect est garanti par un ensemble de mécanismes de contrôle dont le contrôle de la constitutionnalité des lois.

Selon la formule d'un auteur allemand, le Professeur Stern : « L'État de droit signifie que l'exercice de la puissance publique n'est autorisé que sur la base de la Constitution et de lois formellement et matériellement compatibles avec la Constitution ayant pour but la protection de l'être humain, la liberté, l'équité et la sécurité juridique ».

Cette évolution vers un État de droit substantiel se traduit notamment par la constitutionnalisation des droits fondamentaux auxquels on reconnaît une valeur de droit positif. En outre, à travers l'internationalisation de ces droits dans des instruments internationaux comme la Convention européenne de sauvegarde des droits de l'homme et des libertés fondamentales signée à Rome en 1950 ou par les pactes des Nations unies relatifs aux droits civils et politiques et aux droits économiques et sociaux se constitue *un consensus autour de valeurs communes aux démocraties pluralistes* et s'organise un contrôle international sur le respect des droits fondamentaux par les États parties à ces conventions. L'insistance de la Communauté internationale, et plus particulièrement de l'Union européenne à l'égard des États d'Europe centrale et orientale, après la chute du rideau de fer, en ce qui concerne le nécessaire respect des droits fondamentaux qui est une des conditions de leur admission dans les organisations européennes, témoigne de la force de ce consensus. Cependant les mesures prises par la Hongrie et la Pologne après leur adhésion témoignent d'un retour en arrière notamment lorsqu'elles portent atteinte à l'autorité des cours constitutionnelles et à l'indépendance de la magistrature. Elles illustrent le fait que la démocratie sans respect des principes de l'État de droit conduit à terme à un système autoritaire majoritaire, c'est-à-dire à une tyrannie de la majorité.

Section 2 – Les diverses formes d'État

Deux formes essentielles d'État peuvent être distinguées, l'État unitaire et l'État fédéral.

On a parfois placé sur le même plan que l'État unitaire et que l'État fédéral, la **confédération d'États**. Mais la confédération ne peut prétendre à la qualité étatique.

En effet, elle apparaît comme une *association volontaire d'États, fondée sur le droit international*, dans laquelle chacun des partenaires accepte de coopérer avec les autres tout en conservant sa souveraineté. Il en résulte que les décisions sont prises à l'unanimité et que la volonté de la confédération ne peut se former contre celle de ses membres.

§ 1 – L'État unitaire

Dans l'État unitaire, *un seul pouvoir politique* s'exerce sur l'ensemble du territoire.

Cette formule qui implique l'existence d'autorités politiques uniques, un seul gouvernement, un seul Parlement et un système judiciaire unique, correspond particulièrement au génie français. Comme l'a montré Alexis de Tocqueville, dans *L'Ancien Régime et la Révolution*, l'évolution vers l'État unitaire a commencé sous l'ancienne monarchie pour trouver son aboutissement sous la Révolution et l'Empire. Une telle évolution suppose l'assimilation de communautés hétérogènes dans un même ensemble national et donc un recouvrement parfait entre la nation et l'État.

Cependant, il peut être difficile de gérer un État moderne à partir d'un centre unique et l'éloignement du lieu de décision des administrés nuit tant à l'information du pouvoir sur les problèmes réels des citoyens qu'à l'adéquation entre ces problèmes et les décisions qui seront prises.

D'où l'existence de modalités d'organisation de l'État unitaire : la déconcentration et la décentralisation.

I - La déconcentration

Définition : *la déconcentration consiste à insérer entre le centre et l'administré une cascade d'autorités étroitement hiérarchisées* auxquelles on confiera l'exercice de certaines des attributions de l'État sur les instructions et sous le contrôle des autorités centrales. Comme l'écrivait Odilon Barrot : « C'est le même marteau qui frappe, mais on en a raccourci le manche ». Le préfet de département est en France l'illustration de la déconcentration.

II - La décentralisation

Définition : *la décentralisation consiste à confier l'exercice de certaines attributions administratives à des autorités locales élues par les citoyens*. Même si l'existence des collectivités locales peut être garantie par la Constitution, leurs modes d'organisation et leurs pouvoirs sont généralement fixés par la loi. En outre, l'État central garde un pouvoir de contrôle sur les activités des collectivités décentralisées.

• *La décentralisation postule que les collectivités locales se voient reconnaître la personnalité juridique, que leurs organes soient élus et qu'ils disposent d'un pouvoir de décision pour la gestion des affaires locales ainsi que d'un budget propre financé par des ressources propres*. En France, les communes, les départements et les régions sont des collectivités locales et la Constitution pose en principe la libre administration des collectivités locales.

• En permettant aux citoyens de participer à la gestion des affaires locales qui sont proches d'eux, la décentralisation fait figure d'*école de la démocratie*.

• *Parfois, l'autonomie laissée à certaines collectivités peut aller plus loin que la simple décentralisation*. C'est le cas de l'Italie où il existe des régions disposant d'un pouvoir législatif et en Espagne avec la mise en place dans le cadre de la Constitution de 1978 de communautés autonomes dotées de compétences variables selon les communautés. C'est également le cas aujourd'hui du Royaume-Uni après la dévolution de pouvoir à l'Écosse et au pays de Galles et après l'accord sur le régime particulier de l'Irlande du Nord.

Ces États que l'on peut qualifier de *régionaux ou communautaires* se distinguent cependant le plus souvent des États fédéraux en raison de l'absence d'autonomie institutionnelle de ses composantes. De plus, le statut de celles-ci peut être *asymétrique*, c'est-à-dire que les compétences conférées par l'État varient d'une région à l'autre (comme c'est le cas en Espagne).

La France a suivi à son tour la voie ouverte par d'autres États européens suite à la révision constitutionnelle de 2003. L'article 1er de la Constitution a été complété par la mention du caractère décentralisé de l'organisation de la République. L'article 72 reconnaît un pouvoir réglementaire aux collectivités décentralisées ainsi qu'à titre expérimental le droit de déroger « pour un objet et une durée limitée aux dispositions législatives et réglementaires qui régissent l'exercice de leurs compétences ». L'expérience permettra de mesurer la portée de l'autonomie ainsi reconnue aux collectivités territoriales françaises. En décembre 2014, le Parlement a adopté la loi qui permet de regrouper les 22 régions françaises en 13 régions créant ainsi des entités plus grandes sur le modèle des *Länder* allemands. Mais, en l'attente de réformes ultérieures, les compétences de ces nouvelles régions restent très limitées notamment en raison de la résistance des départements à toute réforme. Le projet de révision constitutionnelle présenté par le gouvernement français le 23 mai 2018 aurait permis d'accroître l'autonomie des collectivités s'il avait été débattu au Parlement et accepté. Un nouveau projet présenté le 29 août 2019 poursuivait dans la même voie et prétendait ouvrir une nouvelle étape de la décentralisation. Mais aucun de ces projets n'a pu aboutir notamment en raison de l'opposition du Sénat à certains de leurs aspects.

§ 2 – L'État fédéral

Définition : *l'État fédéral est un regroupement de collectivités qui acceptent d'abandonner une partie de leurs compétences au profit du regroupement qu'elles constituent.*

• L'État fédéral dispose des *attributs de la souveraineté* notamment sur le plan international tandis que les collectivités qui le composent (États fédérés) conservent certaines de leurs compétences.

On assiste donc à la superposition de deux structures qui ne se confondent pas, la structure fédérale et les structures des États fédérés.

• Sur le plan politique, l'État fédéral tente d'établir *un équilibre entre le centre* chargé de la gestion des intérêts communs et la *périphérie* composée d'entités fédérées qui conservent la gestion de leurs intérêts propres.

Cet équilibre est évolutif et, comme tel, naturellement générateur de tensions entre centre et périphérie.

• Les raisons qui militent en faveur de la création d'un État fédéral sont de deux ordres :

– Il peut s'agir d'un regroupement entre des États auparavant distincts qui recherchent une plus grande efficacité interne ou externe par une maîtrise commune de leur destin (*fédéralisme par association* comme dans le cas des États-Unis d'Amérique ou de la Suisse).

– Il peut s'agir de la recherche d'une formule permettant à des collectivités hétérogènes auparavant regroupées dans un État unitaire de poursuivre une existence commune tout en acceptant l'expression constitutionnelle de leurs différences (*fédéralisme par dissociation* comme dans le cas du Royaume de Belgique).

• Le fédéralisme est donc particulièrement adapté :

– soit à des *ensembles territoriaux très vastes* dont l'administration serait impossible dans un cadre unitaire compte tenu tant de la superficie que des différences entre les populations ;

– soit à des *États* composés de peuples ayant leur identité propre et où la formule de l'État unitaire paraîtrait nier l'identité des différentes communautés. Dans ces fédérations dites multinationales, il a été nécessaire d'adopter un ensemble de techniques destinées à protéger les communautés les moins nombreuses. Ainsi en Belgique des procédures spécifiques existent en certaines matières, comme celle de la « sonnette d'alarme » qui permet d'interrompre un débat en vue de chercher une solution par la voie de la conciliation à la demande des trois quarts d'un groupe linguistique.

Il n'existe pas de modèle uniforme d'État fédéral, mais des solutions adaptées à chaque situation particulière. Ces solutions répondent néanmoins à des inspirations communes.

I - Les principes

A - Le principe de superposition

La Constitution fédérale donne naissance à un *ordre juridique fédéral superposé à l'ordre juridique des entités fédérées.*

Conséquences :

– l'État fédéral possède des *institutions propres* (exécutif, législatif, judiciaire), distinctes de celles des entités fédérées ;

– le droit fédéral l'emporte, dans le domaine des compétences de la fédération, sur le droit des entités fédérées (*règle de la primauté*) et s'applique directement aux particuliers sans que soit nécessaire à cet effet une quelconque intervention des entités fédérées (*règle de l'application directe*).

B - Le principe d'autonomie

1. Les entités fédérées disposent de compétences propres

À cette fin, la Constitution répartit les compétences entre État fédéral et entités fédérées. Selon les systèmes, la compétence de l'État fédéral est plus ou moins étendue.

La répartition des compétences s'opère selon *le principe de subsidiarité* mis en lumière dans le traité sur l'Union européenne, mais qui existe *de facto* dans tous les systèmes fédéraux. Selon ce principe, l'État fédéral ne dispose que des compétences qu'il est à même d'exercer plus efficacement que les entités fédérées en raison de la nature ou des effets de l'action envisagée.

En raison de la diversité des situations, l'appréciation des exigences de la subsidiarité a été faite de manière différente par les constituants fédéraux. Il en résulte des modes de répartition des compétences mettant, selon les États, l'accent soit sur les compétences de l'État fédéral, soit sur celles des entités fédérées.

2. Les entités fédérées disposent de l'autonomie institutionnelle

Sous réserve du respect d'un nombre limité de principes fixés dans la Constitution fédérale, telle la forme républicaine du gouvernement aux États-Unis d'Amérique, elles établissent librement leur Constitution et disposent de leur législatif, de leur exécutif et de leur organisation judiciaire.

Cette autonomie est doublement préservée :

– tout d'abord, le respect de la répartition des compétences est généralement garanti par l'existence d'un *mode judiciaire de règlement des conflits de compétence* (Cour suprême aux États-Unis, Tribunal constitutionnel allemand…) ;

– ensuite, toute *révision constitutionnelle*, dans la mesure où elle pourrait porter atteinte à l'autonomie des entités fédérées, est subordonnée à l'acceptation de celles-ci (ratification des trois quarts des États fédérés aux États-Unis, accord de la majorité qualifiée de la chambre des États, *Bundesrat*, en Allemagne…).

C - Le principe de participation

Les entités fédérées sont associées à la gestion de l'État fédéral.

Outre leur intervention lors de la révision constitutionnelle, elles participent à l'élaboration des lois par l'intermédiaire d'une chambre qui les représente au sein du Parlement (Sénat des États-Unis, *Bundesrat* en Allemagne...).

II - Les institutions du fédéralisme

A - Le bicaméralisme

L'exigence de participation entraîne la création de Parlements composés de deux chambres, l'une représentant la population dans son ensemble, l'autre les entités fédérées. Si le *bicaméralisme* n'est pas une exclusivité du fédéralisme, les parlements fédéraux sont nécessairement bicaméraux.

La composition de la chambre des États est variable. Dans la forme fédérale classique, tous les États ont le même poids quelle que soit l'importance numérique de leur population (États-Unis). Dans des formes plus modernes, le poids des différentes composantes peut dépendre de l'importance de la population de chaque État fédéré (Allemagne).

De même, les deux chambres peuvent avoir des pouvoirs identiques et égaux, mais il arrive que la chambre des États dispose de pouvoirs spécifiques (Sénat des États-Unis) ou bien que la chambre de la population puisse passer outre à une majorité spéciale à l'opposition de la chambre des États (République fédérale d'Allemagne).

B - Le contrôle juridictionnel de la répartition des compétences

L'État fédéral se caractérise également par l'existence d'un *mécanisme juridictionnel de régulation des compétences* qui garantit le respect de la répartition effectuée par la Constitution ainsi que la primauté de la loi fédérale.

Le système fédéral est pratiqué par de nombreux États (États-Unis d'Amérique, Allemagne, Canada, Suisse, Belgique, Mexique, Argentine, Australie, Inde...). Les formules adoptées reposent sur un équilibre différent des pouvoirs entre le centre et la périphérie, car le fédéralisme est susceptible de gradation.

On a souvent estimé qu'à l'époque actuelle, on assistait dans les États fédéraux à une centralisation progressive des pouvoirs entraînée par la nécessité d'une conduite unique de la politique extérieure et des politiques économiques et monétaires. Mais ce serait méconnaître la réalité fédérale que de penser que l'autonomie des entités fédérées est devenue symbolique.

Au contraire, les États fédérés sont souvent jaloux de la préservation de leur capacité de décision et constituent des centres réels de la vie politique. On note même, dans certains cas, une volonté accrue de participation à ce qui constituait une prérogative de l'État fédéral, la conduite des relations extérieures (ainsi en Allemagne et en Belgique). Aux États-Unis d'Amérique, la Cour suprême a souligné avec vigueur le nécessaire respect des prérogatives des États fédérés (*S.C. Alden v. Maine*, 23 juin 1999).

Section 3 - L'Union européenne, une remise en cause de l'État ?

La construction européenne est l'un des phénomènes majeurs de la seconde moitié du XXe siècle. Dans ce contexte, des États européens, au nombre de vingt-sept à l'heure actuelle ont décidé de transférer des compétences à des institutions communes qui les exerceront dans l'intérêt commun.

§ 1 - Fédération ou confédération ?

L'Union européenne est fondée sur des traités internationaux et la souveraineté des États membres est préservée.

On serait donc en apparence en présence d'un phénomène de type confédéral. Cependant, cette analyse reste insuffisante, car l'Union présente certains traits du fédéralisme, comme le reconnaît la Cour constitutionnelle allemande qui qualifie l'Union européenne de *Staatenverbund*, formule intermédiaire entre la confédération et la fédération (v. notamment l'arrêt du 30 juin 2009 sur le traité de Lisbonne).

Le pouvoir législatif est dans la très grande majorité des cas partagé entre le Conseil qui représente les États et le Parlement européen, élu au suffrage universel direct.

• La plupart des décisions sont prises à la majorité qualifiée, l'unanimité n'ayant plus qu'une importance résiduelle, sauf dans le cas de la politique étrangère et de sécurité commune.

• L'Union est dotée du pouvoir de prendre des actes obligatoires et certains de ces actes s'appliquent directement aux particuliers sans nécessité d'une intervention ultérieure des États membres.

• Le droit de l'Union européenne l'emporte sur le droit national contraire même si un vif débat subsiste encore quant à la primauté du droit de l'Union sur les constitutions nationales, la Cour de justice de l'Union et certaines juridictions constitutionnelles nationales soutenant des points de vue différents.

• Les conflits de compétence entre l'Union et ses États membres sont tranchés par un organe juridictionnel, la Cour de justice de l'Union européenne, certaines cours constitutionnelles nationales s'étant cependant réservé unilatéralement un pouvoir d'arbitrage en dernier ressort.

En outre, l'existence d'une citoyenneté européenne qui emporte l'attribution de droits spécifiques aux citoyens et la participation de ces derniers à l'exercice du pouvoir par l'intermédiaire d'une assemblée élue tranchent fondamentalement avec la situation normale des organisations internationales.

§ 2 - Un phénomène nouveau

On est en présence d'un *phénomène nouveau* qui fait échapper l'Union à l'emprise du droit international. On a pu le définir en utilisant les termes de *Communauté supranationale ou de Communauté d'intégration.*

Si les États membres conservent leur souveraineté, il n'en demeure pas moins qu'ils en partagent l'exercice dans des domaines essentiels comme la monnaie, la justice et la politique d'asile et d'immigration. À ce titre, l'Union, dont nul ne prétend qu'elle revêt une forme étatique, se distingue d'une simple confédération.

Les rapports de pouvoir à l'intérieur de l'Union sont de nature constitutionnelle et la Cour de justice des Communautés a qualifié les traités constitutifs de « charte constitutionnelle de la Communauté » en insistant sur l'existence d'une communauté de droit dans laquelle le juge veille, non seulement au respect de la répartition des compétences entre les États membres et l'Union, mais aussi à la protection des droits des particuliers, destinataires des normes de l'Union.

On ne peut certainement en conclure que l'existence de l'Union met en péril celle des États. Au contraire, au-delà de l'existence d'un marché commun, l'objectif est de permettre l'exercice en commun de tâches qui ne pourraient être efficacement assumées par les États pris isolément. Que l'on songe, par exemple, à la protection de l'environnement, à la politique de l'immigration ou à la lutte contre la criminalité internationale.

Ainsi, paradoxalement, l'existence de l'Union est l'un des moyens d'assurer la pérennité et l'efficacité d'États nationaux en leur permettant, au prix d'une mise en commun de certaines de leurs compétences, de faire face aux défis du monde actuel.

§ 3 – La dissociation du fédéralisme et de l'État

L'existence de l'Union européenne amène à s'interroger sur la dissociation du fédéralisme et de l'État. L'Union n'est certainement pas un État et ne dispose pas de la souveraineté. Les État membres disposent du pouvoir ultime puisqu'ils ont la maîtrise de la révision des traités et donc de la répartition des compétences entre eux-mêmes et l'Union. Ils peuvent récupérer l'entièreté des compétences attribuées à l'Union en se retirant de celle-ci comme en atteste le référendum sur l'appartenance à l'Union prévu par le gouvernement britannique après renégociation des modalités de sa participation à l'Union. Cette dernière repose donc sur un partage de compétences comme toutes les entités fédérales. La conclusion est que l'Union a pris la forme d'une fédération sans pour autant accéder à la qualité étatique. On est donc en présence d'un phénomène constitutionnel nouveau.

Le débat sur la Constitution européenne a mis en lumière le fait que le cadre du jeu politique ne réside plus exclusivement dans la structure étatique et qu'il convient de détacher la Constitution de l'État. À cet égard, la construction européenne remet en cause la vision traditionnelle que l'on pouvait avoir de la souveraineté et de la Constitution. Le rejet par les citoyens français du projet de traité instituant une Constitution européenne en mai 2005 ne remet pas fondamentalement en cause la situation. Les faits persistent et d'ailleurs le traité de Lisbonne a repris l'essentiel du contenu de la défunte Constitution en gommant la terminologie constitutionnelle.

Pour aller plus loin

Bibliographie

- J. Chevallier, *L'État de droit*, Montchrestien, coll. « Clefs », 6e éd., 2017
- R. Denoix de Saint-Marc, *L'État*, PUF, coll. « Que sais-je ? », 2021
- A. Dieckhoff, *La Nation dans tous ses États. Les identités nationales en mouvement*, Flammarion, 2012
- « La souveraineté », *Pouvoirs* 1993, n° 67
- O. Beaud, *Théorie de la fédération*, PUF, 2e éd., 2009
- L. Le Fur, *État fédéral et Confédération d'États*, 1896, réédité en 2000, Panthéon-Assas Paris II
- E. Zoller, *Aspects internationaux du droit constitutionnel. Contribution à la théorie de la fédération d'États, Recueil des Cours à l'Académie de Droit international de La Haye*, vol. 294, 2002

Exemples de sujets d'examen donnés :

Dissertations :

- Qu'est-ce que l'État ?
- État fédéral et État unitaire
- Les structures de l'État fédéral
- La nation et l'État
- La régionalisation et l'intégration européenne sont-elles des éléments d'affaiblissement ou de renforcement de l'État ?

Chapitre 2
Le pouvoir

L'essentiel

> *La conquête et l'exercice du pouvoir dans la Cité constituent l'objet du jeu politique. À ce titre, la Constitution fixe les règles qui président à ce jeu.*
> *Dans ce cadre, il convient de s'interroger sur l'origine du pouvoir et sur ses modes d'exercice.*

Section 1 - Le fondement du pouvoir

La question de l'origine du pouvoir est fondamentale, non seulement du point de vue juridique puisqu'elle commande largement la nature du régime, mais aussi sur le plan politique. En effet, elle constitue l'un des éléments qui suscite l'adhésion des citoyens au pouvoir, c'est-à-dire qu'elle fonde la *légitimité d'un régime politique*. En effet, le pouvoir, pour se maintenir, doit reposer sur le consentement des gouvernés, faute de quoi, fondé exclusivement sur la force, il ne peut espérer bénéficier de la durée.

Ce consentement ne réside pas en une adhésion unanime à chacune des mesures prises par le gouvernement, mais en *un accord global sur le système politique mis en place*. Ce consentement peut être recherché, soit en faisant appel à la croyance, soit en faisant appel à la participation des citoyens.

§ 1 - Les théories théocratiques de la souveraineté

Ces théories posent en principe l'*origine divine du pouvoir*. Le gouvernant peut être dans certains cas divinisé (ancienne Égypte, Japon, Rome), mais le plus souvent on considère qu'il tient son pouvoir de Dieu.

I - La doctrine du droit divin surnaturel

Le pouvoir vient de Dieu qui choisit directement le gouvernant. Dieu a non seulement établi le pouvoir, mais la providence a choisi une personne ou une dynastie pour l'exercer. Dans ce cas, le gouvernant est le représentant de Dieu. On trouve une illustration de cette vision dans la justification de la monarchie absolue en France par le fait que Dieu avait choisi une famille pour régner sur la France. Un autre aspect réside dans la confusion entre le pouvoir spirituel et le pouvoir temporel. On est alors en présence d'un régime théocratique. On a longtemps estimé que le système théocratique avait disparu au XXe siècle, mais certaines visions de l'Islam lui ont donné un nouvel essor.

II - La doctrine du droit divin providentiel

Elle trouve son origine dans la doctrine de saint Paul et a été notamment développée par Thomas d'Aquin. Le fondement du pouvoir est bien divin en ce sens que toute autorité repose sur la volonté de Dieu, mais la forme du pouvoir est affaire humaine.

Dans ce contexte, l'intervention des gouvernés dans la désignation des gouvernants est tout à fait possible et le choix des gouvernants peut résulter de la volonté populaire qui est guidée par la providence divine.

§ 2 - Les théories démocratiques de la souveraineté

Ces théories ont trouvé leur formulation au XVIIIe siècle. Le pouvoir n'est plus d'origine divine, mais trouve sa source *dans les citoyens.*

La distinction entre gouvernants et gouvernés n'est plus absolue. Les gouvernés sont aussi gouvernants lorsqu'ils participent, notamment par l'élection, à l'exercice du pouvoir. Les gouvernants ne disposent que d'un mandat limité accordé par les gouvernés et sont soumis à la loi.

Un régime démocratique apparaît donc comme un régime dans lequel le peuple participe à la gestion des affaires publiques, soit directement, soit par l'intermédiaire de ses représentants. Dans ce dernier cas, ceci suppose l'organisation régulière d'élections offrant une réelle possibilité d'alternance. Pour cette raison, l'existence de la démocratie ne peut se concevoir sans la reconnaissance des droits civils et politiques susceptibles de permettre une véritable alternance, au premier plan desquels les libertés de pensée, d'expression et d'association.

I - La théorie de la souveraineté populaire

Elle a été développée par Rousseau dans le *Contrat social*. Tous les hommes naissent libres et égaux. Ils possèdent tous une part égale de souveraineté.

La souveraineté réside dans le peuple qui est la réunion des parties de souveraineté dont chaque individu est titulaire. En concluant le contrat social, chaque homme accepte de mettre en commun, avec les autres membres de la société, la part de souveraineté qu'il détient.

Il accepte d'obéir à l'État, mais, puisqu'il constitue l'État, il n'obéit qu'à lui-même et préserve ainsi sa liberté.

En fait, dans la vision rousseauiste, les hommes ne devraient conserver réellement leur liberté que si toutes les décisions étaient prises à l'unanimité de telle sorte que leur volonté étant incluse dans l'unanimité, ils n'obéiraient qu'à eux-mêmes.

Dans la mesure où l'unanimité est difficilement praticable, Rousseau a recours à une explication paradoxale pour justifier le vote majoritaire. Selon lui, lorsqu'un citoyen vote, il exprime son avis. Si l'avis contraire au sien l'emporte, c'est qu'il s'est trompé et il se rallie à la majorité qui devient de ce fait unanimité. Il reste donc libre puisqu'il ne fait que ce qu'il a voulu faire, respecter l'unanimité à laquelle par définition il prend part.

Par son explication de l'unanimité et sa négation de la légitimité des minorités, cette explication contient en elle le germe de déviations totalitaires.

II - La théorie de la souveraineté nationale

Dans cette théorie, la souveraineté n'appartient pas au peuple, rassemblement d'individus, mais à la *collectivité globale, la nation, qui l'exerce par ses représentants.*

Cette conception est d'origine révolutionnaire. Elle trouve sa formulation dans la Constitution de 1791 : « La Souveraineté est une, indivisible, inaliénable et imprescriptible. Elle appartient à la Nation ; aucune section du peuple, ni aucun individu, ne peut s'en attribuer l'exercice ».

Cette solution permet de *séparer l'État de la personne royale*. Le roi ne peut détenir la souveraineté puisque celle-ci n'appartient qu'à la nation qui ne peut l'aliéner.

Le roi exerce seulement la souveraineté en tant que représentant de la nation et n'agit que dans les limites des pouvoirs que la nation lui reconnaît dans la Constitution.

Cette conception aboutit à retirer le pouvoir au peuple pour l'attribuer à une personne morale, la nation, qui ne peut concrètement l'exercer et n'agit qu'à travers le truchement de ses représentants.

Elle débouche en pratique sur la souveraineté des représentants.

Section 2 – Les modes d'exercice du pouvoir

Les théories de la souveraineté populaire et de la souveraineté nationale ont donné naissance à des modes d'exercice différents du pouvoir, la démocratie directe d'une part et le régime représentatif d'autre part.

§ 1 – Le régime issu de la souveraineté populaire

Principe : le principe impliqué par la théorie de la souveraineté populaire est celui de la *démocratie directe*, mais dans la mesure où la démocratie directe est difficilement praticable, certaines de ses inspirations peuvent être retenues dans le cadre des institutions de la *démocratie semi-directe*.

I – La démocratie directe

Il s'agit du système préféré par Rousseau. Il repose sur plusieurs éléments.

A – L'électorat-droit

Puisque chaque citoyen possède une part de souveraineté, il peut exprimer celle-ci par son droit de vote. Ce droit dont dispose chaque citoyen est donc préexistant à la société politique qui ne peut le supprimer. Le *suffrage universel* s'impose.

B – Le mandat impératif

Rousseau se méfie des représentants qui risquent de confisquer le pouvoir au détriment des électeurs, contrevenant ainsi au principe selon lequel la souveraineté est inaliénable. Le peuple doit donc légiférer lui-même. S'il est nécessaire de désigner des représentants, ceux-ci ne disposeront que d'un mandat impératif, c'est-à-dire qu'*ils seront soumis aux instructions de leurs électeurs lesquels pourront, le cas échéant, les révoquer*.

C – Le mode de gouvernement

Le pouvoir législatif appartient au peuple assemblé. Les actes d'administration sont accomplis par un exécutif choisi et contrôlé par le peuple qui peut le révoquer à tout moment. Ce système n'existe plus que de manière limitée dans deux cantons suisses.

II - Les techniques de la démocratie semi-directe

La démocratie directe est difficilement praticable dans un État moderne. Il existe cependant un certain nombre de techniques qui permettent au peuple d'intervenir directement dans la vie politique.

A - Le contrôle de l'élu

À la demande d'un certain nombre d'électeurs, il est organisé une nouvelle élection afin de *confirmer ou d'infirmer le mandat d'un élu*. Il s'agit d'une application du mandat impératif qui est pratiqué dans quelques États dont des États fédérés des États-Unis d'Amérique (*recall*). Ainsi, le gouverneur de Californie, Arnold Schwarzenegger, a accédé au pouvoir le 7 octobre 2003 à la suite d'une procédure de *recall* engagée contre son prédécesseur à la demande de plus de 1 300 000 électeurs. Une procédure de *recall* a été également engagée contre le président vénézuélien Hugo Chavez à la demande de plus de 20 % des électeurs inscrits. Le 15 octobre 2004, 59 % des électeurs se sont prononcés contre la destitution du président. Il s'agissait de la première procédure de ce type engagée contre un chef d'État. La Constitution roumaine prévoit un droit de révocation du président de la République par référendum à la suite d'une suspension votée par le Parlement. Utilisée à deux reprises en 2007 et 2012, cette procédure n'a pas conduit à la révocation du président. Au Royaume-Uni, un parlementaire qui a été condamné à une peine de prison, peut être suspendu pour plus de dix jours par la Chambre, ou celui qui a fourni une fausse note de frais peut être révoqué à la demande de 10 % des électeurs de sa circonscription. Cette procédure a conduit en mai 2019 à la révocation d'une parlementaire.

B - Le référendum

La technique référendaire permet sous des formes diverses d'*associer le peuple à l'exercice du pouvoir législatif ou de le consulter sur des grandes options nationales*.

Elle a, par le passé, été considérée comme un procédé dangereux en raison de l'utilisation qu'en ont faite Napoléon Bonaparte et Napoléon III pour faire légitimer par le peuple leur prise de pouvoir.

Le référendum peut toujours présenter un **risque plébiscitaire** dès lors qu'une réponse positive est présentée comme une manifestation de confiance à l'égard de l'auteur de la question. En fait, il s'agit d'une déformation difficilement évitable dans la mesure où l'initiative du référendum est laissée à un chef d'État politiquement irresponsable devant le Parlement.

Par contre, le problème ne se pose pas dans des États comme la Suisse et l'Italie où le référendum est organisé à la demande des citoyens. On parle dans ce dernier cas de *référendum d'initiative populaire*. La révision constitutionnelle de 2008 a introduit en France ce type de référendum, mais l'initiative n'appartient pas aux seuls citoyens puisqu'elle est déclenchée par un cinquième des membres du Parlement soutenus par un dixième des électeurs inscrits. Lors de la crise des Gilets jaunes en France, les revendications en faveur d'un véritable référendum d'initiative citoyenne ont pris une grande ampleur à tel point qu'un projet de révision constitutionnelle a été soumis au Parlement, mais n'a pu aboutir (projet du 29 août 2019, v. p. 28).

• Le *référendum consultatif* tel qu'il a été pratiqué en Grande-Bretagne ou qu'il est prévu en France dans les communes a pour seul objet de recueillir l'avis des citoyens sans que l'autorité délibérante ne soit liée par cet avis encore qu'il soit politiquement difficile de s'écarter d'un avis rendu dans des conditions aussi solennelles.

• Le *veto* permet au peuple de s'opposer à l'entrée en vigueur d'une loi votée par l'Assemblée, cette entrée en vigueur étant suspendue jusqu'à écoulement d'un délai pendant lequel les citoyens peuvent demander l'organisation d'un référendum. Si une telle demande n'est pas présentée ou si les citoyens consultés par référendum ne s'opposent pas à la loi, celle-ci pourra entrer en vigueur. C'est la pratique suivie en Suisse où un délai de 90 jours est laissé aux citoyens pour opposer leur veto à une loi.

Le *référendum d'abrogation* permet aux citoyens d'obtenir l'abrogation d'une loi déjà en vigueur (Italie).

• Le *référendum législatif ou constitutionnel* permet aux citoyens d'adopter une loi ordinaire ou constitutionnelle qui leur est proposée par les pouvoirs publics (France) ou qui résulte de leur propre initiative (Suisse).

§ 2 – Le régime représentatif

Dans ce régime, la souveraineté réside dans la nation qui l'exerce par ses représentants. *Les pouvoirs publics agissent donc au nom de la nation dont ils sont les représentants* et le pouvoir dont disposent les citoyens est celui de désigner leurs représentants.

I – La théorie du régime représentatif

Le régime représentatif repose sur deux éléments fondamentaux.

A – L'électorat-fonction

La capacité de participer aux élections n'est reconnue qu'aux citoyens jugés aptes à désigner les représentants de la nation. L'*électorat* est donc une *fonction publique* exercée au nom de la nation et il est tout à fait possible de soumettre l'accès à cette fonction à des conditions d'aptitude.

Le suffrage universel n'est pas une condition nécessaire du régime représentatif alors qu'il en est une dans le cadre des régimes inspirés de la théorie de la souveraineté populaire. Mais si le régime représentatif admet le suffrage restreint, rien dans son principe ne s'oppose à ce que l'on applique le suffrage universel dès lors que l'on considérerait que tous les citoyens sont aptes à voter.

B – Le mandat représentatif

Il s'agit du lien qui unit les représentants aux représentés.

Dans le cadre du régime représentatif :

• **Le représentant représente la nation dans son ensemble** et non une circonscription particulière. En effet, si la souveraineté est indivisible, elle s'exprime dans l'ensemble de la nation et non pas dans une circonscription électorale.

Comme le déclarait la Constitution de 1791 : « Les représentants nommés dans les départements ne seront pas représentants d'un département particulier, mais de la Nation entière ».

– C'est ainsi qu'en 1871, la démission des députés alsaciens et lorrains fut refusée bien que les départements dont ils étaient les élus aient cessé d'appartenir au territoire national. En effet, ils n'étaient pas les élus de leurs départements, mais ceux de la nation. Une modification territoriale était sans effet sur leur mandat.

– On a estimé en 1962 qu'était contraire au principe du régime représentatif, l'ordonnance qui mettait fin au mandat des parlementaires algériens au Parlement français après l'indépendance de l'Algérie puisqu'ils ne représentaient pas l'Algérie, mais la France.

• **Le député est indépendant de ses électeurs** puisqu'il ne les représente pas et le mandat impératif est prohibé. Selon l'article 27 de la Constitution de 1958, « tout mandat impératif est nul ».

– En conséquence, l'élu ne peut être révoqué par ses électeurs en cours de mandat. Dans le cas où un élu remettrait à ses électeurs une *démission en blanc* à utiliser dans l'hypothèse où il ne tiendrait pas ses promesses, cette démission serait nulle et son utilisation sans effet.

– L'élu ne peut pas non plus remettre son mandat entre les mains d'un parti politique ou d'un groupe de pression. Le Parlement européen n'a pas accepté le *système dit du tourniquet* par lequel certains élus s'engageaient, lors de leur élection, à démissionner au bout d'un an afin de faire place au suivant de leur liste. Le général de Gaulle a refusé en 1960 de convoquer une session extraordinaire du Parlement, car il estimait que la demande de convocation que lui avaient adressée les parlementaires avait été formulée sous la pression des organisations agricoles et qu'il avait donc été porté atteinte à la prohibition du mandat impératif.

C – La signification politique du régime représentatif

• À l'époque révolutionnaire, le régime représentatif permettait d'assurer *la domination politique de la bourgeoisie*. La théorie de l'électorat-droit avait pour effet de limiter l'accès au suffrage aux citoyens assujettis à l'impôt. Le peuple était donc écarté de la gestion des affaires publiques.

• Le régime représentatif devait déboucher sur la souveraineté parlementaire. Dans la mesure où la volonté de la nation s'exprime par la seule bouche des représentants sur lesquels ne s'exerce aucun contrôle, la souveraineté de la nation est une fiction qui dissimule la réalité politique qu'est *la souveraineté des représentants*.

II – L'évolution du régime représentatif

L'évolution historique a conduit à une modification profonde du régime représentatif. Cette évolution trouve son aboutissement dans l'article 3 de la Constitution de 1958 qui réconcilie les théories de la souveraineté nationale et de la souveraineté populaire (« La souveraineté nationale appartient au peuple qui l'exerce par ses représentants et par la voie du référendum »).

Deux phénomènes amèneront cette évolution :

• Le **suffrage universel** modifie le jeu politique lequel ne peut plus rester l'apanage des notables. Les partis politiques deviennent des partis de masse alors qu'ils étaient auparavant des coalitions de notables. Le peuple devient un acteur permanent du système politique alors qu'il se contentait auparavant d'interventions occasionnelles dans les périodes troublées.

• La nécessité d'encadrer le processus électoral et le développement du socialisme qui se fonde sur le mouvement ouvrier conduisent à la création des grands **partis politiques modernes** qui animent la vie politique.

Ces données nouvelles engendrent deux conséquences.

A - La dépendance de l'élu

L'indépendance de l'élu, l'un des piliers du régime représentatif, est battue en brèche. L'élu est dépendant de ses électeurs et des partis politiques.

• Certes, la prohibition du mandat impératif subsiste et le représentant ne risque pas d'être révoqué au cours de son mandat. Mais, la professionnalisation de la vie politique rend **impérative la réélection**. Dans cette perspective, le parlementaire se doit d'être à l'écoute permanente de ses électeurs et d'ajouter à sa tâche de législateur, un rôle de promotion et de défense de sa circonscription ainsi qu'un rôle d'assistance administrative et sociale de ses électeurs. Le président Macron avait tenté de mettre fin à ce phénomène en proposant, sans succès pour le moment, un projet de loi organique limitant à trois le nombre de mandats électifs successifs (v. *infra*, p. 182).

• En outre, le parlementaire aurait beaucoup de difficultés à être élu et à assurer son mandat sans l'**appui d'un parti politique**.

– **Lors de la campagne électorale**, le candidat a besoin d'un soutien financier et médiatique que seul peut lui assurer un parti politique. Le débat politique se déroulant entre les partis à l'échelle nationale, les électeurs se prononcent non seulement en fonction de la personnalité des candidats, mais également en raison de leur appartenance partisane.

– **En cours de mandat**, le parlementaire pourra bénéficier du soutien que lui apporte son appartenance à un groupe politique. Dans la mesure où l'organisation du travail parlementaire dépend largement des groupes politiques, un parlementaire qui n'appartiendrait à aucun groupe verrait son efficacité limitée. Enfin, le respect de la discipline de groupe conditionne son investiture par le parti pour les prochaines élections et donc sa réélection.

B - L'intervention du peuple dans le cadre du régime

La mise à l'écart du peuple qui est le résultat de la souveraineté parlementaire est génératrice d'une *désaffection à l'égard du régime représentatif*. Pour remédier à cette situation, il convenait d'accroître les possibilités d'intervention directe du peuple. Cet accroissement s'est réalisé de diverses manières.

a) L'exécutif est désigné directement ou de manière médiate par les électeurs.

– Le président de la République est élu au suffrage universel direct en France. Il l'est également dans certaines des nouvelles démocraties d'Europe centrale et orientale (Bulgarie, Pologne, Roumanie, Croatie, Slovénie ainsi qu'en Russie). Il est élu au suffrage universel indirect aux États-Unis d'Amérique dans des conditions qui se rapprochent fort de celles du scrutin direct sans pour autant toujours assurer que le président élu bénéficie du soutien de la majorité des électeurs.

– Dans de nombreuses démocraties, l'enjeu des élections parlementaires n'est pas uniquement le choix des membres du Parlement, mais à travers eux le choix du chef du gouvernement. C'est notamment le cas dans la plupart des grandes démocraties européennes où les électeurs savent dès avant les élections que le dirigeant du parti qui obtiendra la majorité, ou sera capable de constituer autour de lui une majorité, deviendra chef du gouvernement. Cependant, la situation n'est pas toujours aussi claire. Dans certains États, où l'emploi du scrutin proportionnel combiné au nombre de partis politiques, rend difficile un tel choix par l'électeur, la composition du gouvernement est le fruit de négociations postérieures à l'élection (Belgique, Pays-Bas, États nordiques, etc.). Mais, même dans ce cas, l'évolution du score électoral respectif de chaque parti, est une indication essentielle de la volonté des électeurs quant à la composition de la coalition gouvernementale.

b) L'intervention des électeurs peut également résulter de l'emploi de la **technique référendaire** qui connaît un développement important depuis 1945 non seulement sur le plan constitutionnel, mais aussi sur le plan législatif.

c) Enfin, de manière plus pratique, grâce au rôle joué par les **médias** modernes et au recours à la technique des **sondages**, les représentants sont à l'écoute permanente de l'opinion et ajustent leur politique en fonction de ses réactions.

Cet ensemble de facteur confirme l'analyse ancienne d'Esmein selon laquelle le régime représentatif s'était transformé en *régime semi-représentatif*.

III - L'encadrement du régime représentatif par les partis politiques

L'élargissement du droit de suffrage entraînait la nécessité d'encadrer les électeurs et d'organiser candidatures et campagnes électorales. Les réseaux traditionnels de notabilités qui dominaient la vie politique au XIXe siècle ont perdu de leur efficacité lorsqu'il s'est agi d'organiser des campagnes électorales nationales. De toute façon, les partis ouvriers ne pouvaient s'appuyer sur de tels réseaux qui, par nature, étaient conservateurs et ruraux. D'où la nécessité des grands partis politiques modernes.

A - Les fonctions des partis

Dans une démocratie, les partis politiques peuvent se voir reconnaître trois fonctions essentielles.

• **Les partis organisent le débat politique et idéologique.** Par là même, ils remplissent un *rôle éducatif.* À travers les réunions de militants ou d'électeurs, leur presse, leurs interventions, les partis contribuent à la formation de la conscience politique des citoyens et sont des instruments du débat pluraliste dans la cité.

• **Les partis organisent la conquête du pouvoir politique** à travers la désignation des candidats et l'organisation des campagnes électorales.

• **Les partis ont une fonction de soutien lorsqu'ils ont conquis le pouvoir politique.** À travers les groupes parlementaires qui jouent un rôle déterminant dans les travaux parlementaires, mais grâce aussi à leur influence sur l'opinion publique, ils assurent le *soutien de l'action des gouvernements* auxquels ils participent.

B - Le statut des partis

Dans ces conditions, il est naturel que les partis jouissent d'une *reconnaissance constitutionnelle.* C'est le cas dans les régimes européens et notamment en France où l'article 4 de la Constitution de 1958 dispose : « Les partis et groupements politiques concourent à l'expression du suffrage. Ils se forment et exercent leur activité librement. Ils doivent respecter les principes de la souveraineté nationale et de la démocratie ».

Cette reconnaissance s'est accompagnée fréquemment de l'adoption d'un statut des partis politiques et d'un financement public de leurs activités.

• **Ce statut peut être plus ou moins détaillé**. En Allemagne, la loi sur les partis régit de manière très complète les activités des partis et assure le jeu de la démocratie interne notamment en ce qui concerne le choix des candidats. La législation française est plus limitée et la loi du 11 mars 1988 se borne à reconnaître la personnalité morale des partis, leur droit d'ester en justice, leur droit d'acquérir à titre onéreux ou gratuit des biens meubles ou immeubles, et d'effectuer tous les actes conformes à leur mission notamment créer et administrer des journaux et des instituts de formation.

• **Le financement des partis** peut être direct ou consister en un financement des dépenses électorales. La France a choisi les deux solutions puisqu'à un financement public des campagnes électorales, la loi ajoute un financement des activités des partis, réparti entre les partis en fonction du nombre de leurs parlementaires et de leurs résultats électoraux. En 2018, le montant de l'aide aux partis politiques s'élevait à 125,819 millions d'euros répartis entre les partis politiques qui avaient présenté des candidats ayant obtenu au moins 1 % des voix dans cinquante circonscriptions, ceux ayant présenté des candidats exclusivement outre-mer et ceux représentés au Parlement.

Il est habituel de critiquer les partis politiques. Cependant, ceux-ci constituent des éléments essentiels de la démocratie représentative. Sans eux, les électeurs isolés ne pourraient faire entendre leur point de vue. En organisant l'électorat, les partis contribuent à rendre la démocratie effective. Le fait qu'ils puissent paraître inadaptés à un moment déterminé, ne conduit pas à conclure à leur inutilité. Comme toute organisation, les partis ont besoin d'un certain temps pour modifier leur message ou leur mode d'action. Mais, sans eux, le citoyen serait désarmé face au pouvoir. Un des problèmes essentiels de la vie politique moderne est la formation d'une démocratie d'opinion fondée sur les réactions immédiates des citoyens aux événements. Un tel système peut conduire à l'adoption de lois de circonstance aussi vite oubliées qu'adoptées. La fonction des partis politiques est de proposer une vision cohérente au-delà des mouvements passagers de l'opinion.

IV – La mise en cause du régime représentatif

Dans de nombreux États s'est développée une critique du régime représentatif auquel on reproche de s'accompagner d'une confiscation du pouvoir par les élites politiques. Pour répondre à cette désaffection populaire, diverses techniques ont été imaginées pour combiner une intervention accrue des électeurs avec le régime représentatif. Elles prennent la forme de la démocratie participative et de la démocratie délibérative. Ces nouvelles illustrations de la démocratie sont apparues dans les années 1980 sur la base des idées des philosophes Habermas et Rawls. Elles impliquent que pour qu'une décision soit légitime, elle doit être précédée de discussions auxquels doivent participer toutes les personnes concernées dans le cadre d'une procédure qui garantisse la fiabilité de la discussion et de ses résultats.

• La **démocratie participative** repose sur la consultation des citoyens à propos des décisions envisagées par les autorités politiques. Ainsi, les propositions envisagées par la Commission européenne sont ouvertes à la consultation générale des Européens sur un site Internet dédié. Des rencontres citoyennes sont également organisées avec les membres de la Commission. L'initiative citoyenne européenne, qui permet à un million de citoyens issus d'au moins un quart des États membres de demander à la Commission de prendre une initiative, ou le référendum d'initiative partagée en France (v. p. 200) relèvent de ce processus. La démocratie participative connaît un certain succès au niveau municipal sous la forme des budgets participatifs qui permettent aux citoyens de choisir l'affectation de certains investissements.

• La **démocratie délibérative** vise à associer les électeurs à la prise de décision. Elle repose sur la définition d'un intérêt commun par la discussion. La formule la plus utilisée est celle des panels de citoyens, composés de personnes tirées au sort dans le cadre d'un système de quotas par âge, sexe, catégories socioprofessionnelles..., afin d'être représentatifs. Ces citoyens sont chargés d'élaborer avec le concours d'experts des propositions à l'intention du pouvoir politique, la démocratie représentative prenant ensuite le relais. C'est le cas du grand débat organisé lors de la crise des Gilets jaunes, mais surtout, de la Convention citoyenne pour le climat chargée par le Premier ministre de définir les mesures pour parvenir à un abaissement de 40 % des émissions de gaz à effet de serre d'ici 2030. Composée de 150 membres tirés au sort selon un système de quotas, elle devait proposer des textes législatifs ou réglementaires qui seraient directement soumis au Parlement et au gouvernement, voire au référendum. Le projet de loi constitutionnelle du 29 août 2019 pérennise cette formule en confiant au Comité économique, social et environnemental, devenu Conseil de la participation citoyenne, la mission d'organiser « la consultation du public afin de lui permettre d'éclairer le gouvernement et le Parlement sur les enjeux, en particulier économiques, sociaux et environnementaux, des décisions des pouvoirs publics et sur leurs conséquences à long terme » et lui permet de mettre en place à cette fin des conventions de citoyens tirés au sort. En Irlande, les révisions constitutionnelles autorisant le mariage homosexuel et l'avortement ont été préparées par des conventions comprenant deux tiers d'électeurs tirés au sort sur les listes électorales et un tiers de membres issus des partis politiques. Ces conventions ont permis de passer outre à la résistance tenace de la classe politique irlandaise. Ces formules constituent un compromis qui se conjugue avec la démocratie représentative, cependant certains n'hésitent pas à aller plus loin en préconisant l'instauration de chambres législatives tirées au sort.

Pour aller plus loin

Bibliographie

- G. Burdeau, *La démocratie*, Seuil, 1996
- D. Gaxie, *La démocratie représentative*, Montchrestien, coll. « Clefs », 4e éd., 2003
- C. Girard et A. Le Goff, *La démocratie délibérative : Anthologie de textes fondamentaux*, Hermann, 2010
- F. Hamon, *Le référendum, étude comparative*, LGDJ, coll. « Systèmes », 2e éd., 2012
- B. Manin, *Principe du gouvernement représentatif*, Flammarion, 2019
- P. Rosanvallon, *La démocratie inachevée*, Gallimard, 2000, réédité en 2003 ; du même auteur, *Le siècle du populisme*, Seuil, 2020
- D. Rousseau, *Six thèses pour la démocratie continue*, Odile Jacob, 2022
- S. Zogg, *La démocratie directe en Europe de l'Ouest*, Actes Sud, 1999
- « Le référendum », *Pouvoirs* 1996, n° 77
- « Les partis politiques », *Pouvoirs* 2013, n° 163

Exemples de sujets d'examen donnés :

Dissertations :

- Les instruments de la démocratie directe
- Le référendum
- La distinction entre souveraineté nationale et souveraineté populaire a-t-elle encore un sens aujourd'hui ?
- La démocratie délibérative
- Comment éviter que le régime représentatif ne se traduise par la souveraineté des représentants ?
- Le rôle des partis politiques dans une démocratie

Chapitre 3
La désignation démocratique des gouvernants

L'essentiel

> *L'**élection** constitue le mode de désignation démocratique des gouvernants. L'existence d'élections disputées est en effet l'une des conditions de la démocratie pluraliste. Elle repose sur l'octroi du droit de suffrage aux citoyens et le choix d'un système électoral.*

Section 1 – Le droit de suffrage

§ 1 – L'octroi du droit de vote

Le droit de vote présente actuellement deux caractéristiques essentielles. Il est **universel** et **égal**.

I – L'universalité du suffrage

L'évolution vers le suffrage universel s'est faite progressivement dans les démocraties occidentales. Le suffrage universel a d'abord été masculin, puis à partir de la fin du xxe siècle, le droit de suffrage fut progressivement étendu aux femmes.

A – On est passé du suffrage censitaire, fondé sur la fortune, au suffrage universel

• **En France**, en 1791, le droit de suffrage dans les assemblées primaires était accordé aux citoyens dont l'impôt équivalait au moins à trois journées de travail, mais pour disposer du droit de suffrage dans les assemblées du second degré, qui élisaient les représentants, il fallait être propriétaire ou locataire d'une propriété d'un revenu équivalent à 150 ou 200 journées de travail, ce qui réduisait le corps électoral à 43 000 électeurs. Le suffrage universel sera établi en 1793, mais la Constitution de 1793 ne sera pas appliquée et le suffrage censitaire sera rétabli par la suite. La Restauration monarchique de 1815 alourdira le cens exigé ce qui amènera une réduction sensible du corps électoral (90 000 électeurs) et c'est sur la question de l'élargissement du corps électoral que se produira la révolution de 1848. Le suffrage universel sera établi en 1848 et ne sera plus remis en cause ensuite. Mais il s'agissait exclusivement à l'époque du suffrage universel masculin.

• **Au Royaume-Uni**, la situation évoluera plus lentement puisque les dernières limitations disparaîtront au lendemain de la Première Guerre mondiale.

• **Aux États-Unis d'Amérique**, des restrictions subsisteront jusqu'en 1965 (*poll taxes* et tests relatifs au niveau d'instruction des électeurs). En effet, la législation électorale relève de la compétence des États fédérés et ceux-ci utilisaient cette compétence pour tenter, à travers ces diverses formules, de restreindre le vote des afro-américains.

B – Le droit de vote des femmes

Le suffrage universel était entendu au XIXe siècle au sens de suffrage universel masculin. Les femmes n'avaient d'ailleurs pas de capacité juridique autonome puisqu'elles ne pouvaient accomplir certains actes juridiques sans le consentement de leur mari.

a) Ce sont **les pays anglo-saxons** qui ont les premiers reconnu le droit de suffrage féminin au niveau de certains États fédérés des États-Unis (Wyoming, 1869), puis au niveau fédéral américain (1919). La Grande-Bretagne reconnaissait ce droit aux femmes, en 1919 d'abord à partir de 30 ans, puis, en 1928, à partir de 21 ans dans les mêmes conditions que les électeurs masculins.

b) La reconnaissance du droit de vote des femmes **en France** date du gouvernement provisoire après la Libération (1944). Des projets antérieurs avaient échoué devant les réticences de ceux qui craignaient que le vote féminin n'entraîne une évolution du corps électoral vers la droite.

c) La Suisse est restée longtemps à l'écart du mouvement puisque les femmes ne votent dans le cadre des élections fédérales que depuis le référendum du 7 février 1971 et qu'il a fallu attendre une décision du tribunal fédéral pour que le dernier canton réticent accorde le droit de vote aux femmes en 1990 (demi-canton d'Appenzell-Rhodes-Intérieures).

Cependant, la reconnaissance du droit de suffrage féminin n'a pas entraîné une participation suffisamment représentative des femmes à la vie politique. Le nombre d'élues est loin d'être proportionnel au nombre d'électrices. C'est la raison pour laquelle des mesures positives relatives au nombre de femmes sur les listes de candidats ont été envisagées. Dans certains pays, les partis politiques ont su s'adapter naturellement à l'évolution de l'opinion. Cela n'a pas été le cas en France ; il a fallu que la révision constitutionnelle du 8 juillet 1999 modifie les articles 3 et 4 de la Constitution pour permettre à la loi « de favoriser l'égal accès des femmes et des hommes aux mandats électoraux et fonctions législatives » afin d'autoriser le législateur de passer outre à la jurisprudence du Conseil constitutionnel qui prohibait toute discrimination entre hommes et femmes dans l'exercice du droit de suffrage (décis. n° 82-146 DC du 18 nov. 1982, *Quotas par sexe* et n° 98-407 DC du 14 janv. 1999, *Élections régionales*). Sur cette base le Parlement a voté une loi sur l'égal accès qui impose l'égalité du nombre d'hommes et de femmes en cas de scrutin de liste avec des dispositions assurant une égalité dans l'ordre des candidatures (soit l'alternance hommes-femmes, soit une égalité par groupe de six candidats dans l'ordre de la liste). Pour l'Assemblée nationale qui est élue au scrutin uninominal, un écart supérieur à 2 % dans le nombre de candidats entraîne une diminution des aides accordées à un parti. Pour les élections cantonales qui avaient lieu au scrutin uninominal, il a été décidé de diviser par deux le nombre des cantons et d'imposer dans chaque canton l'élection d'un « binôme » comprenant une femme et un homme (loi du 17 mai 2013). Grâce à ces efforts, on compte aujourd'hui 38,8 % de femmes à l'Assemblée nationale et 27,3 % au Sénat.

II – L'égalité du suffrage

Aucun citoyen ne peut disposer de plus d'une voix. Ce qui pose le problème du *vote plural* et du *découpage des circonscriptions*.

A - Le vote plural

Au XIXe siècle, certains électeurs pouvaient disposer de plusieurs voix attachées à la possession de certaines qualités. Ainsi, les diplômés des universités bénéficiaient d'une voix supplémentaire au Royaume-Uni de même que les pères de famille en Belgique. Le vote plural est contraire au principe d'égalité politique entre les citoyens. Le Conseil constitutionnel français a confirmé la prohibition du vote plural dans sa décision du 17 janvier 1979 (n° 79-101 DC) relative à l'élection des membres des conseils de prud'hommes.

B - Le découpage des circonscriptions

La création de circonscriptions électorales démographiquement inégales constitue un moyen détourné pour majorer le poids de certains électeurs dans l'élection.

Si, dans un État, une circonscription comportant 100 électeurs désigne un représentant alors qu'une circonscription peuplée de 1 000 électeurs désigne également un représentant, les électeurs de la première circonscription auront dix fois plus de poids politique que ceux de la seconde.

La technique de découpage destinée à fausser les résultats du scrutin est souvent qualifiée de *gerrymandering* du nom d'un gouverneur du Massachusetts (Gerry) passé maître dans l'art du découpage des circonscriptions aux fins de maintenir son parti au pouvoir.

a) Bien que la législation électorale relève de la compétence des États fédérés, la Cour suprême des **États-Unis** a imposé la règle selon laquelle les districts électoraux devaient être découpés selon le principe « un homme, une voix ». Le découpage doit respecter le principe d'égalité démographique des circonscriptions de telle sorte que les électeurs de l'une ne pèsent pas plus que ceux des autres.

b) En France, le découpage des circonscriptions est effectué par la loi. Le projet gouvernemental est soumis à l'avis d'une commission indépendante. Le gouvernement peut être habilité à effectuer le découpage par voie d'ordonnance. Le problème du découpage des circonscriptions s'est posé devant le juge constitutionnel à propos des élections en Nouvelle-Calédonie (décis. n° 85-196 DC du 8 août 1985, et n° 85-197 DC du 23 août 1985), puis en 1986 lors du retour au scrutin majoritaire à deux tours après l'utilisation épisodique du scrutin proportionnel pour les seules élections de 1986 (décis. n° 86-208 DC des 1er et 2 juill. 1986 ; n° 86-218 DC du 18 nov. 1986).

– Le Conseil constitutionnel a posé le principe de l'*équilibre démographique* selon lequel le découpage des circonscriptions doit être opéré sur des bases essentiellement démographiques en respectant le principe d'égale représentation des populations de chacune des circonscriptions.

– On notera que le Conseil s'est référé à la population dans son ensemble et non seulement au nombre d'électeurs.

– Le législateur est cependant autorisé à s'écarter de manière limitée de ce principe pour des motifs d'intérêt général. Ainsi, selon le Conseil constitutionnel, la règle selon laquelle tout département pourrait élire au minimum deux députés même si sa population est si réduite qu'elle ne le justifierait pas, ne peut plus s'appliquer en raison de la nécessité de tenir compte des réalités démographiques. De même, il n'est possible de s'écarter des délimitations administratives existantes (cantons) pour découper les circonscriptions qu'exceptionnellement dans des cas dûment justifiés (décis. n° 2008-573 DC du 8 janv. 2009). Toute dérogation au principe de l'équilibre démographique ne saurait être arbitraire et doit être justifiée. En ce qui concerne le découpage des circonscriptions, le Conseil constitutionnel se limite à censurer les opérations de délimitation qui méconnaissent de manière manifeste le principe d'égalité devant le suffrage et refuse de se substituer pour le reste à l'appréciation du législateur (décis. n° 2010-602 DC du 18 févr. 2010). La révision constitutionnelle de 2008, outre qu'elle fixe le nombre de députés à 577, prévoit l'institution d'une commission indépendante pour se prononcer sur le redécoupage des circonscriptions électorales.

– Dans le cadre de la réduction du nombre de membres des assemblées envisagé par le gouvernement Édouard Philippe, le redécoupage des circonscriptions, qui aura lieu par ordonnance, reposera sur des bases démographiques sauf exception fondée sur des motifs d'ordre général. La population d'une circonscription ne pourra s'écarter de plus de 20 % de la population moyenne des circonscriptions et la loi garantit au moins un député et un sénateur par département (projet de loi pour un renouveau de la vie démocratique, 29 août 2019, art. 6). Cette réforme n'a pas été adoptée.

c) Il n'est pas suffisant de respecter l'équilibre démographique au moment du découpage des circonscriptions. Encore est-il nécessaire de revoir le découpage en cas de modification dans la population. Ainsi au **Royaume-Uni**, toutes les circonscriptions devraient être redécoupées tous les dix ans sur la base des conclusions de commissaires indépendants.

III – La qualité d'électeur

Pour disposer du droit de vote, l'électeur doit répondre à des conditions tenant à son aptitude civique, intellectuelle et morale.

A – L'aptitude civique

Elle résulte de la possession de la nationalité. La nationalité n'était pas autrefois la seule condition puisque venaient s'y ajouter des exigences liées au montant des impôts acquittés par le national. Ce système censitaire reposait sur l'idée que seuls ceux qui contribuent aux charges de la nation ont un intérêt suffisant et sont suffisamment éclairés pour participer aussi à la détermination de la politique nationale.

Aujourd'hui la nationalité seule est suffisante, ce qui implique que les étrangers ne peuvent pas participer aux élections. Cette règle découle clairement de l'article 3, alinéa 4, de la Constitution de 1958 : « Sont électeurs, dans les conditions déterminées par la loi, tous les nationaux français majeurs des deux sexes, jouissant de leurs droits civils et politiques ».

Dès lors que le traité sur l'Union européenne accordait aux citoyens de l'Union résidant sur le territoire d'un État membre dont ils n'avaient pas la nationalité, le droit de vote aux élections municipales, il a fallu avant de ratifier le traité, modifier la Constitution conformément à la décision du Conseil constitutionnel du 9 avril 1992 (n° 92-308 DC). L'article 88-3 de la Constitution prévoit que : « [...] le droit de vote et d'éligibilité aux élections municipales peut être accordé aux seuls citoyens de l'Union résidant en France ».

Toutefois, puisque le Sénat qui participe à l'expression de la souveraineté nationale, est élu au suffrage indirect par des représentants des collectivités territoriales, seuls les nationaux peuvent participer aux élections sénatoriales. C'est pour cette raison que les résidents de l'Union ne peuvent exercer les fonctions de maire ou d'adjoint, ni participer à la désignation des électeurs sénatoriaux ou à l'élection des sénateurs.

Cependant, le Conseil constitutionnel n'a élevé aucune objection à la participation des résidents de l'Union à l'élection des parlementaires européens dans la mesure où le Parlement européen ne participe pas de l'ordre juridique français, mais relève de l'ordre juridique de l'Union.

B - L'aptitude intellectuelle

Le droit de vote n'est accordé qu'à ceux qui disposent d'un discernement suffisant.

Conformément à l'article 3 de la Constitution, tous les nationaux majeurs sont présumés disposer de ce discernement. La majorité civile étant fixée à l'âge de 18 ans depuis 1974, les nationaux âgés de 18 ans jouissent du droit de vote.

En revanche, les majeurs privés de la capacité civile sont exclus du droit de vote.

Dans le passé, d'autres formes d'aptitude intellectuelle ont été exigées telle la possession de certains diplômes (suffrage capacitaire) ou le succès à un examen spécial (États-Unis).

C - L'aptitude morale

Certains citoyens qui ont été condamnés pénalement sont considérés comme moralement indignes de jouir de la qualité d'électeur. Il peut s'agir d'une peine complémentaire prononcée spécialement par le juge pénal ou de peines spécifiques prévues pour sanctionner certains délits contre l'État.

§ 2 - L'exercice du droit de vote

Pour assurer la régularité du scrutin et éviter les risques de fraudes, il est nécessaire d'établir des règles strictes tant en ce qui concerne le recensement des électeurs que le déroulement du scrutin.

I - L'inscription sur les listes électorales

Afin de pouvoir exercer son droit de vote, il ne suffit pas de remplir les conditions pour être électeur, il faut également être inscrit sur une *liste électorale*.

La liste électorale est un répertoire alphabétique permanent des électeurs inscrits dans une commune. Elle est utilisée pour toutes les élections et fait l'objet d'une mise à jour annuelle sous contrôle judiciaire.

L'électeur ne peut être inscrit que sur une seule liste. La loi précise les critères qui lui permettent de se faire inscrire dans une commune déterminée (C. élect., art. L. 11). Il peut être inscrit dans l'une des communes :

- où est établi son domicile réel,
- où il réside depuis six mois au moins,
- où il est inscrit pour la cinquième année consécutive sur le rôle des contributions directes communales,

– où il exerce ses fonctions dans le cas des fonctionnaires publics astreints à résidence obligatoire au lieu de leurs fonctions.

En France, l'exercice du droit de vote est *facultatif* et l'abstention n'est pas réprimée, sauf en ce qui concerne les délégués sénatoriaux pour les élections des sénateurs qui se déroulent au scrutin indirect. Dans d'autres États, comme la Belgique ou l'Italie, le vote est *obligatoire* et l'abstention est sanctionnée. Cette dernière conception est tout à fait compatible avec la théorie de l'électorat-fonction. Dans la mesure où l'électeur exerce une fonction publique qui lui a été confiée par la nation, il est admissible que l'exercice effectif de cette fonction constitue une obligation dont le non-respect peut être sanctionné.

II – Le déroulement du scrutin

Les règles relatives aux opérations électorales ont deux objets principaux : garantir la *liberté de l'électeur* et assurer *la sincérité du scrutin*.

• La **liberté de l'électeur** est essentiellement assurée par le secret du vote qui met l'électeur à l'abri des pressions qui pourraient s'exercer sur lui afin qu'il vote dans un sens déterminé.

• La **sincérité du scrutin** est assurée par un ensemble de règles. Les électeurs doivent voter en personne. Pour les personnes empêchées, le législateur permettait autrefois le vote par correspondance qui avait le mérite de préserver le secret du vote. Mais cette pratique ayant donné lieu à de nombreuses irrégularités, seul reste autorisé pour les personnes se trouvant dans l'un des cas d'empêchement prévu par le Code électoral (art. L. 71), le vote par procuration. Les procurations doivent être établies devant une autorité publique.

• Le secret du vote est garanti par le passage obligatoire de l'électeur par l'isoloir lorsqu'il place son bulletin dans l'urne. Le bulletin doit être glissé dans une enveloppe réglementaire et déposé dans l'urne par l'électeur lui-même. Le bulletin portant un signe de reconnaissance est nul.

• L'électeur doit émarger la liste électorale.

• Le déroulement du scrutin et la comptabilisation des résultats ont lieu sous le contrôle d'un bureau de vote dont le président est l'un des membres de la municipalité ou un électeur de la commune choisi par le maire. Les délégués des candidats peuvent assister aux opérations électorales. Dans le système français, le résultat est calculé sur la base des suffrages exprimés (nombre de votants dont sont déduits les votes nuls et les votes blancs). La prise en compte spécifique des votes blancs, parce qu'ils expriment une opinion politique et ne devraient pas être confondus avec les votes nuls, a été réclamée de longue date. Finalement la loi du 14 février 2014 met en place un décompte séparé des votes nuls et des votes blancs. Cependant, il s'agit d'une mesure symbolique puisque les votes blancs sont toujours exclus du calcul des suffrages exprimés ce qui implique qu'ils n'ont aucune incidence sur le calcul de la majorité.

Section 2 - Les systèmes de scrutin

Le débat sur les mérites respectifs des différents systèmes de scrutin est un des thèmes classiques du droit constitutionnel. En effet, le choix d'un mode de scrutin n'est pas neutre puisque les résultats varient selon le choix effectué. Le choix opéré aura des incidences non seulement sur la désignation des représentants, mais aussi sur la nature et le nombre des partis politiques et plus largement sur le régime politique lui-même.

§ 1 - Les principaux modes de scrutin

On oppose classiquement le scrutin majoritaire au scrutin proportionnel. Mais le choix entre les deux formules n'est pas aussi tranché et il existe des systèmes mixtes.

I - Le scrutin majoritaire

Principe : c'est le mode de scrutin le plus simple. Est élu le candidat ou la liste qui a obtenu **le plus de voix**. La contrepartie de la simplicité du système réside dans son effet **déformateur**. Le scrutin majoritaire peut être affecté de modalités différentes. Il est uninominal ou de liste. Il est à un ou à deux tours.

A - Scrutin uninominal et scrutin de liste

• **Le scrutin est uninominal** lorsque l'électeur est appelé à désigner un seul représentant. Il existe donc autant de circonscriptions que de sièges à pourvoir. Ce type de scrutin a pour effet de mettre l'accent sur la personnalité des candidats. Clemenceau parlait à son propos d'un « combat de gladiateurs ».

• **Le scrutin est de liste** lorsque l'électeur est invité à désigner plusieurs représentants. Le scrutin de liste se déroule donc dans des circonscriptions de plus grande taille que le scrutin uninominal.

L'accent est mis dans le cadre du scrutin de liste sur les partis politiques qui composent les listes de candidats si bien que l'on peut dire que les électeurs choisissent les partis politiques qui remporteront l'élection et que les partis choisissent les élus. L'élection est donc plus un combat d'idée que de personnes.

Pour restituer aux électeurs une certaine liberté de choix des élus, on peut utiliser :

• **Le vote préférentiel** qui permet à l'électeur de modifier l'ordre de la liste établie par le parti en exprimant au moyen d'une croix placée en face du nom de certains candidats ses préférences.

• **Le panachage** qui permet à l'électeur de constituer sa propre liste en combinant plusieurs des listes en présence.

B - Scrutin à un tour ou à deux tours

1. Le scrutin uninominal à un tour

Dans ce type de scrutin, est élu le candidat qui a obtenu le plus grand nombre de voix. Ce type de scrutin est utilisé notamment aux États-Unis et au Royaume-Uni.

• D'une simplicité extrême, il est bien compris de l'électeur chez lequel il induit un type de comportement particulier. En effet, l'électeur est conduit à *voter utile*, c'est-à-dire en faveur d'un candidat ayant des chances sérieuses d'être élu. Il sait que s'il porte son vote sur un candidat appartenant à une formation politique marginale, non seulement ce candidat ne sera pas élu, mais, qu'en outre, la voix ainsi exprimée sera perdue puisqu'elle fera défaut à une formation politique plus importante se situant dans la mouvance générale de droite ou de gauche qui a les faveurs de l'électeur. Sont ainsi favorisées les grandes formations politiques qui, puisqu'elles ont des chances d'avoir des élus, recueillent les votes utiles. Cependant lorsque les grandes formations politiques sont déconsidérées parce qu'elles apparaissent comme l'expression d'un système dans lequel il n'existe pas de véritable alternative, un vote protestataire peut se faire jour qui donne des chances à des formations populistes.

• Le système majoritaire à un tour favorise *l'établissement ou le maintien du bipartisme.*

• Le scrutin uninominal à un tour est extrêmement *déformateur*. La raison en est simple. Pour disposer de la majorité parlementaire, il suffit de l'emporter, même avec une marge très étroite dans la majorité des circonscriptions.

• Si un État comporte 500 circonscriptions de 1 000 électeurs, il suffirait pour l'emporter d'obtenir 501 voix dans 251 circonscriptions même si l'on n'obtenait aucune voix dans les 249 circonscriptions restantes. Le parti vainqueur obtiendrait la majorité des sièges bien que son concurrent ait obtenu près des deux tiers des voix. On peut donc être minoritaire dans le pays et majoritaire au Parlement. Sans être fréquente, cette situation n'est pas inconnue au Royaume-Uni où elle s'est produite en 1951 au bénéfice des conservateurs et en 1974 au profit des travaillistes. En général, l'effet déformateur profite au parti vainqueur comme en 2019 où le parti conservateur a obtenu 54 % des sièges avec un peu plus de 43 % des voix.

• Cette combinaison du vote utile, de la tendance au bipartisme et de l'effet déformateur du scrutin conduit fréquemment à l'existence de majorités parlementaires stables et mono-partisanes, ce qui entraîne une *grande stabilité gouvernementale* pour peu que le parti majoritaire soit discipliné.

2. Le scrutin uninominal à deux tours

Est élu au premier tour le candidat qui a obtenu la majorité absolue (plus de la moitié) des suffrages exprimés (nombre d'électeurs ayant voté dont sont déduits les bulletins nuls). Si aucun candidat n'obtient cette majorité (*ballottage*), il y a lieu à un second tour à l'issue duquel est élu le candidat ayant obtenu le plus de voix.

Tous les candidats ne se maintiennent pas au second tour. Ils peuvent se retirer volontairement en demandant à leurs électeurs de reporter leurs voix sur un autre candidat (*désistement*) ou être contraints de le faire lorsque la législation électorale exige un minimum de voix pour se maintenir. Ainsi, en France, ne peuvent se maintenir pour le second tour des élections à l'Assemblée nationale les candidats qui n'ont pas obtenu au moins les voix de 12,5 % des électeurs inscrits, ce qui élimine les petites formations.

Dans ce type de scrutin, l'électeur n'est pas incité à voter utile dès le premier tour. Il peut choisir celui des candidats qui correspond le mieux à ses propres aspirations. Au cas où ce candidat ne participerait pas au second tour, l'électeur devra alors voter utile et reporter sa voix sur celui des candidats encore en lice qui lui déplaira moins que les autres. Selon la formule populaire « au premier tour, on choisit et au second tour, on élimine ».

• En ce qui concerne les partis politiques, le scrutin à deux tours n'a pas un effet aussi radical que le scrutin à un tour. Le multipartisme est maintenu puisque chacun peut courir sa chance lors du premier tour. Cependant, il existe une forte tendance à la *bipolarisation* car au second tour des alliances et des désistements réciproques sont indispensables si on veut l'emporter. Le second tour a été longtemps constitué en France par des duels entre la droite et la gauche. Cependant, comme il lui arrive fréquemment de dépasser le seuil de 12,5 %, le Front national vient perturber ce schéma et provoquer des élections triangulaires.

• Le système majoritaire à deux tours est également *déformateur* et donne une prime à la majorité. Cet effet déformateur est encore accru en France par le seuil de 12,5 % des inscrits qu'il faut franchir pour pouvoir se présenter au second tour. Ceci explique que des partis comme le Front national ou les écologistes n'ont pu jusqu'à présent percer lors des élections législatives alors qu'ils remportaient des succès aux élections qui se déroulent au scrutin proportionnel. Si, par le passé, les écologistes ont pu être représentés à l'Assemblée nationale française, c'est grâce à des accords qui conduisaient à les laisser seuls représentants de la gauche au second tour. De même, lors des élections législatives récentes, le Mouvement des démocrates (Modem) n'a pu obtenir 20 élus que parce qu'il s'était rallié à la République en marche qui lui avait concédé un certain nombre de circonscriptions dès avant le premier tour de scrutin.

• Le vote utile au second tour et l'effet déformateur conduisent généralement à l'*existence d'une majorité parlementaire stable* (sauf en 1988 où le gouvernement était minoritaire). Cependant, dans le cas fréquent où un parti ne dispose pas seul de la majorité absolue à l'Assemblée, la majorité parlementaire reposera sur une alliance entre formations politiques voisines, ce qui pourra compliquer l'action du gouvernement qui sera obligé d'arbitrer les différends entre ces formations. Malgré cela, ce système de scrutin favorise la *stabilité gouvernementale* puisque la coalition au pouvoir sait qu'elle doit rester unie si elle veut remporter les futures élections.

II – La représentation proportionnelle

Principe : accorder aux partis en présence un *nombre de sièges proportionnel au nombre de voix qu'ils ont obtenues*. Ce type de scrutin vise à la représentation la plus exacte possible de toutes les nuances de l'opinion. Il est organisé sur la base d'un *scrutin de liste à un seul tour.*

A – Le calcul des résultats est assez complexe

Il suppose que l'on procède le plus souvent en deux étapes.

1. La répartition des sièges

La **première étape** consiste en une répartition des sièges en fonction du nombre de voix obtenues grâce à l'utilisation d'un **quotient électoral**.

• Il peut s'agir d'un *quotient par circonscription* qui est calculé en divisant le nombre des suffrages exprimés par le nombre de sièges à pourvoir.

• Il peut s'agir d'un *quotient uniforme* fixé à l'avance pour l'ensemble du territoire.

• Il peut s'agir d'un *quotient national* qui est calculé en divisant le nombre de suffrages exprimés au niveau national par le nombre de sièges à pourvoir au même niveau.

Dans tous les cas, le quotient représente le prix à payer par une liste pour obtenir un siège. Le nombre de sièges attribué à une liste sera donc égal au résultat de la division du nombre de voix qu'elle a obtenu par le quotient.

Exemple : Dans une circonscription où 6 sièges doivent être pourvus, la liste A obtient 120 000 voix, la liste B 45 000, la liste C 75 000, la liste D 60 000. Le total des suffrages exprimés est de 300 000 voix. Le quotient électoral est de 300 000 (suffrages exprimés) : 6 (sièges à pourvoir) = 50 000. La liste A obtient 2 sièges (120 000 : 50 000), la liste B n'obtient aucun siège, la liste C obtient 1 siège de même que la liste D.

On constate que cette première répartition ne suffit, ni à pourvoir tous les sièges, ni à utiliser toutes les voix. Il est donc nécessaire d'opérer une seconde répartition.

2. La répartition des restes

La **seconde opération** consiste en la **répartition des restes**.

• La répartition des restes peut être opérée au **niveau national**. Les restes locaux en voix et en sièges sont cumulés et donnent lieu à une répartition entre des listes nationales des partis. Outre le fait que cette méthode contribue à la multiplication des partis politiques puisqu'un petit parti, qui n'a pas d'espoir d'obtenir de siège au niveau local, peut toujours bénéficier de la répartition nationale en cumulant ses voix locales, elle conduit à faire élire des candidats qui ne se sont pas réellement présentés devant les électeurs dans la mesure où ils figuraient uniquement sur des listes nationales. Ceci permet de mettre à l'abri de tout risque les caciques des partis en leur offrant des sièges garantis.

• La répartition des restes se fait le plus souvent sur le plan **local**.

Deux techniques de répartition peuvent être utilisées :

– La technique des **plus forts restes** consiste à attribuer les sièges qui restent à pourvoir aux listes qui ont le plus grand nombre de voix inemployées.

Dans l'exemple ci-dessus, les restes sont les suivants : A 120 000 – (2 X 50 000) = 20 000, B 45 000, C 75 000 – (1 X 50 000) = 25 000, D 60 000 – (1 X 50 000) = 10 000. Il restait deux sièges à pourvoir. Les listes B et C qui présentent les plus forts restes obtiendront chacune un de ces sièges. Au total, A obtiendra 2 sièges, B 1 siège, C 2 sièges et D 1 siège. On constate que la proportionnalité est toute relative puisqu'avec 75 000 voix, C aura deux sièges tandis qu'avec 60 000 voix, D n'en aura qu'un.

La répartition des restes selon *la méthode des plus forts restes avantage les petits partis politiques*.

– La répartition des restes selon la méthode de *la plus forte moyenne* consiste à diviser le nombre de voix obtenues par chaque liste par le nombre de sièges obtenus par celle-ci plus un. On obtient ainsi la moyenne des voix qu'aurait chaque liste si l'un des sièges à pourvoir lui était attribué. Les sièges à pourvoir sont effectivement attribués aux listes ayant les plus fortes moyennes au terme de cette opération.

Dans notre exemple, la moyenne de A est de 120 000 : (2 + 1) = 40 000, celle de B est de 45 000 : (0 + 1) = 45 000, celle de C est de 75 000 : (1 + 1) = 32 500, celle de D 60 000 : (1 + 1) = 30 000. Les listes A et B ont les plus fortes moyennes. Chacune obtiendra un siège. Les résultats définitifs seront les suivants : A = 3 sièges, B, C et D obtenant chacune 1 siège.

La méthode de la plus forte moyenne favorise davantage les grandes formations politiques.

B - Les effets de la représentation proportionnelle sont très différents de ceux du scrutin majoritaire

a) L'effet déformateur du système étant infiniment moindre que celui du scrutin majoritaire, *l'assemblée élue à la représentation proportionnelle représente plus fidèlement toutes les nuances de l'opinion.*

b) Dans la mesure où tout parti politique, quel que soit le nombre de voix obtenues, peut espérer être représenté au Parlement, on assiste à une *multiplication du nombre de partis* que vient parfois tempérer l'exigence d'un pourcentage minimum de voix pour participer à la répartition des sièges. Ainsi, la diète polonaise élue selon ce système, et sans seuil minimal, ne comptait pas moins de 29 partis politiques représentés. D'où la modification, en 1993, de la législation électorale polonaise en vue d'établir un seuil.

c) Pour les mêmes raisons, *les alliances électorales ne sont pas nécessaires pour l'emporter.* Au contraire, les partis les plus proches idéologiquement sont parfois ceux qui s'opposent le plus fortement lors des élections dans la mesure où, puisqu'ils s'adressent au même électorat, ils éprouvent la nécessité de mettre plus en valeur ce qui les oppose que ce qui les unit.

d) Cet élément joint au nombre important de partis conduit à la nécessité de constituer des *alliances de gouvernement* après les élections. Cette constitution peut être délicate comme en Belgique où en 2011, il ne fut pas possible de constituer un gouvernement pendant de longs mois et où finalement un gouvernement de transition a été mis en place avec l'ancien chef du gouvernement dans l'attente d'un accord entre les partis politiques sur la constitution du gouvernement.

Ces gouvernements de coalition ne sont pas toujours stables, ni très efficaces. Dans la perspective des futures élections, chaque membre de la coalition est toujours prêt à assumer les succès tout en laissant les autres membres porter le poids des échecs. Ceci ne clarifie pas les scrutins, car il est difficile aux électeurs de mesurer les responsabilités de chacun.

e) *La recherche des majorités nécessaires à la constitution de coalitions valorise certaines petites formations* qui, en raison de leur place centrale dans l'échiquier politique, constituent un appoint indispensable à la formation de tout gouvernement. Elles jouent alors un rôle disproportionné par rapport à leur importance parlementaire et participent à tous les gouvernements. C'est ainsi que la survie des gouvernements italiens est souvent limitée en raison du caractère fragile de la coalition gouvernementale à la merci de petites formations politiques.

f) Dans la mesure où les alliances électorales sont rares ou bien, lorsqu'elles existent, n'ont qu'une influence limitée sur la constitution des gouvernements, l'électeur a l'impression d'être dépourvu de pouvoir réel dans le choix de la majorité de gouvernement.

Malgré ces inconvénients, *la représentation proportionnelle est le système le plus largement répandu en Europe.* Si elle a conduit à des gouvernements instables dans des États comme l'Italie où il a été décidé pour mettre fin à cette situation de mettre en place un système mixte où une partie des parlementaires sont élus au scrutin majoritaire (37 % à la Chambre des députés) et les autres à la proportionnelle, cet inconvénient peut être limité par des correctifs sociologiques ou institutionnels. Dans de nombreux cas, la stabilité est assurée par la conclusion de contrats de programme entre les partis associés au gouvernement. Ainsi en Allemagne, le gouvernement de grande coalition entre les chrétiens-démocrates et les socialistes repose sur un contrat de gouvernement négocié longuement entre ces deux formations.

III - Les systèmes mixtes

Certains systèmes électoraux ont tenté de cumuler les avantages, en termes d'efficacité gouvernementale, du scrutin majoritaire et l'absence d'effet déformateur de la représentation proportionnelle.

A - Le système allemand

En Allemagne, chaque électeur dispose de **deux votes**. Il en utilise un en faveur d'un candidat dans le cadre d'un scrutin majoritaire et l'autre en faveur d'une liste dans le cadre de la représentation proportionnelle. La moitié des membres du *Bundestag* est élue au scrutin uninominal majoritaire dans le cadre de circonscriptions, l'autre moitié est élue dans le cadre des *Länder* à la représentation proportionnelle, mais la représentation globale des partis au *Bundestag* doit être proportionnelle aux votes obtenus par les listes. Le système est donc en fait proportionnel et l'utilisation du scrutin majoritaire a pour seul intérêt de permettre la *personnalisation* du scrutin.

B - Le système des apparentements

Utilisé en France en 1951 et 1956, il conduisait à accorder la totalité des sièges à pourvoir à la liste ayant obtenu la majorité absolue des suffrages exprimés, les listes apparentées comptant pour une seule liste, les sièges étant ensuite répartis entre les listes apparentées à la représentation proportionnelle. Au cas où aucune liste n'obtenait la majorité absolue, les sièges étaient répartis entre les listes en présence à la proportionnelle, les listes apparentées comptant toujours pour une seule liste.

Le système avait pour objet de diminuer la représentation parlementaire des gaullistes (RPF) et des communistes qui ne pouvaient s'apparenter ni entre eux, ni avec d'autres listes.

C - Le système électoral municipal et régional en France

Jusqu'en 1982, les **élections municipales en France** se déroulaient au scrutin de liste majoritaire dans les grandes communes. Depuis 1982, dans les communes de plus de 3 500 habitants, lorsqu'au premier tour, une liste obtient la majorité absolue des suffrages exprimés, la moitié des sièges lui sont attribués, l'autre moitié étant répartie entre toutes les listes, y compris celle ayant la majorité absolue, à la répartition proportionnelle à la plus forte moyenne.

Si aucune liste n'obtient la majorité absolue, un second tour est organisé avec la participation des listes ayant réuni au moins 10 % des suffrages exprimés. Les listes peuvent être modifiées entre les deux tours pour tenir compte des alliances possibles. À l'issue du second tour, la liste qui réunit le plus grand nombre de voix obtient la moitié des sièges, l'autre moitié étant répartie proportionnellement entre toutes les listes, y compris la liste majoritaire.

Ce système permet de concilier *gouvernabilité* des conseils municipaux et *représentation de l'opposition*.

Les **élections régionales** se déroulent au scrutin proportionnel. Cependant, compte tenu du résultat des élections régionales de mars 1998 qui avaient conduit du fait du système de scrutin à des assemblées sans majorité au cours desquelles le Front national s'était trouvé en situation d'arbitre, il a été suggéré de transposer le système de scrutin utilisé pour les élections municipales aux élections régionales. La loi du 19 janvier 1999 organise les élections dans le cadre régional, la liste ayant obtenu la majorité absolue des suffrages au premier tour, ou le plus grand nombre de suffrages au deuxième tour, obtient en prime le quart des sièges, les sièges restant étant répartis à la proportionnelle à la plus forte moyenne entre toutes les listes. Les listes ayant obtenu moins de 5 % des suffrages ne participent pas à la répartition des sièges.

§ 2 – Le choix d'un système de scrutin

La question du choix du meilleur système de scrutin pour un système politique donné ne peut être abordée dans l'absolu. Certes chaque système présente des mérites et des inconvénients qui lui sont particuliers, mais ces éléments ne peuvent être examinés qu'en liaison avec les caractères propres à chaque régime politique.

En outre, les majorités politiques sont souvent tentées d'opter en faveur du mode de scrutin qui les avantage le plus. Pour elles, le meilleur système électoral est celui qui leur garantit le maximum d'élus. Pour éviter que le mode de scrutin ne soit modifié en fonction des majorités en place, on a suggéré de l'inscrire dans la Constitution ce qui en rendrait la modification difficile.

I – Les éléments du choix : justice et efficacité

A – La représentation proportionnelle

C'est certainement le mode de scrutin qui permet *la représentation la plus exacte de l'opinion*. En ce sens, on peut dire qu'il est juste au sens arithmétique du terme.

En revanche, il rend plus difficile la formation des majorités gouvernementales et introduit de ce fait un *risque d'inefficacité*. La fonction d'une assemblée n'est pas d'être le miroir de l'opinion, mais elle doit permettre au gouvernement de mener une politique soutenue par l'assemblée.

La représentation proportionnelle conduit à la mise en place de gouvernements obligés de rechercher des *compromis permanents* et plus préoccupés des discussions internes entre leurs diverses composantes que de l'évolution de l'opinion. La stabilité gouvernementale dépend de la capacité des partis à former des coalitions durables fondées sur des programmes de gouvernement et à respecter ces programmes.

B – Le scrutin majoritaire

Grâce à son effet déformateur, il permet la constitution de majorités stables et cohérentes. Il favorise l'efficacité gouvernementale et permet à l'électeur en fin de mandat de se prononcer clairement en fonction d'un choix de politique. En ce sens, le scrutin majoritaire favorise l'*alternance*.

Cependant, *la sous-représentation des minorités*, voire leur absence de représentation, pose un sérieux problème. Elle empêche le développement de nouveaux partis et tient à l'écart de la détermination de la politique nationale de nombreux électeurs qui ne sont pas représentés.

En n'intégrant pas dans le système les nouveaux partis politiques, elle les pousse à agir en dehors du système et les conduit à adopter des positions d'autant plus irresponsables qu'ils savent qu'elles ne seront pas mises à l'épreuve du pouvoir.

Le système idéal serait donc celui qui permettrait l'efficacité gouvernementale tout en offrant aux nouveaux courants d'opinion des possibilités d'insertion dans le jeu politique. C'est le résultat qui était recherché en France lorsque l'on évoque l'insertion d'une dose limitée de représentation proportionnelle dans le scrutin majoritaire. C'était le projet du gouvernement d'Édouard Philippe qui visait à faire pourvoir 20 % des sièges à la proportionnelle (projet de loi organique et projet de loi du 29 août 2019).

II – Le cadre du choix

Les impératifs d'efficacité peuvent être atteints par d'autres moyens que le système électoral, notamment par les règles qui régissent les relations entre exécutif et législatif. *La discussion ne peut donc faire abstraction du cadre institutionnel.*

A – Dans un régime parlementaire

Puisque le gouvernement est responsable devant l'assemblée, une majorité parlementaire stable conditionne l'efficacité gouvernementale. Le scrutin majoritaire garantira cette stabilité à moins que les mécanismes de mise en jeu de la responsabilité soient suffisants pour garantir la stabilité.

Ainsi, la République fédérale d'Allemagne peut s'accommoder de la représentation proportionnelle en raison de l'existence de la motion de défiance constructive qui rend difficile les crises gouvernementales et du seuil de 5 % des voix nécessaires pour obtenir un siège ce qui limite le nombre de partis politiques. Par contre, l'introduction de la représentation proportionnelle au Royaume-Uni marquerait vraisemblablement la fin du monopole bipartisan et rendrait sans doute le régime plus difficile à gérer. Il est vrai que la crise du Brexit alors que Mme May était Premier ministre a montré que des divisions au sein du parti majoritaire pouvaient conduire à ce résultat.

B – Dans un régime présidentiel

Dès lors que l'on est dans un régime politique dans lequel l'existence politique du gouvernement ne dépend pas du Parlement (cas du régime présidentiel), la condition d'efficacité est remplie par les règles institutionnelles et il n'existe pas de nécessité absolue d'avoir recours au système majoritaire. Ainsi, la substitution de la représentation proportionnelle au scrutin majoritaire aux États-Unis d'Amérique ne porterait sans doute pas atteinte à la gouvernabilité du régime.

Pour aller plus loin

Bibliographie

- P. Martin, *Les systèmes électoraux et les modes de scrutin*, Montchrestien, coll. « Clefs », 3e éd., 2006
- J.-C. Zarka, *Les systèmes électoraux*, Ellipses, coll. « Mise au point », 1998

Exemples de sujets d'examen donnés :

Dissertations :

- Quel est le meilleur système de scrutin ?
- Les effets déformateurs des différents systèmes de scrutin
- Les problèmes relatifs au découpage des circonscriptions électorales
- Comment combiner justice et efficacité gouvernementale par le choix d'un système de scrutin ?

Chapitre 4
L'organisation du pouvoir

L'essentiel

> *Au sein d'un régime représentatif, l'organisation des pouvoirs n'est pas uniforme. La réflexion moderne sur les différents modes d'organisation du pouvoir dans un régime politique date de* ***Locke*** *et de* ***Montesquieu****. Elle prend la forme de la théorie de la séparation des pouvoirs. C'est de cette théorie qu'est née la classification des régimes politiques.*

Section 1 - La théorie de la séparation des pouvoirs

On examinera la conception de Montesquieu telle qu'elle est exposée au livre XI de son œuvre majeure *L'Esprit des Lois* (1748) dans le chapitre VI consacré à la Constitution d'Angleterre.

§ 1 - Les objectifs de Montesquieu

I - La recherche de la liberté

Face à l'absolutisme royal, Montesquieu recherche un régime qui puisse assurer la *liberté politique* laquelle n'est pas de faire ce que l'on veut, mais d'être préservé de l'arbitraire du pouvoir.

Or, selon les propres mots de Montesquieu, « [...] c'est une expérience éternelle que tout homme qui a du pouvoir est porté à en abuser ; il va jusqu'à ce qu'il trouve des limites [...] Pour que l'on ne puisse pas abuser du pouvoir, il faut que, par la disposition des choses, le pouvoir arrête le pouvoir ».

La liberté politique sera d'autant mieux protégée que le pouvoir ne sera pas placé entre les mêmes mains. Pour que le pouvoir arrête le pouvoir, il est nécessaire de diviser le pouvoir. La séparation des pouvoirs est un moyen d'obtenir la modération du pouvoir.

II - La division des pouvoirs

Comment opérer la division ? Montesquieu distingue trois pouvoirs essentiels :

- la *puissance législative* (faire des lois, les modifier et les abroger),
- la *puissance exécutrice* (sûreté intérieure, diplomatie, défense),
- la *puissance de juger* (punir les crimes, juger les différends des particuliers).

Pour garantir la liberté, il convient que ces trois pouvoirs ne soient pas attribués à la même personne ou au même corps : « Lorsque dans la même personne ou dans le même corps de magistrature la puissance législative est réunie à la puissance exécutrice, il n'y a point de liberté parce qu'on peut craindre que le même monarque ou le même sénat ne fasse des lois tyranniques pour les exécuter tyranniquement ».

La théorie de la séparation des pouvoirs n'exige pas que chacun des pouvoirs soit attribué à un organe distinct, elle *impose simplement qu'un seul organe ne soit pas titulaire de la plénitude de plusieurs pouvoirs.*

En d'autres termes, rien n'interdit que le monarque participe au pouvoir législatif dès lors qu'il ne dispose pas de la plénitude des pouvoirs exécutif et législatif.

§ 2 – Les relations entre les pouvoirs

La séparation des pouvoirs n'implique donc pas l'existence d'un isolement absolu de chacun des pouvoirs dans une fonction spécialisée. Montesquieu s'attache à décrire les relations qui peuvent s'établir entre les pouvoirs.

Sa réflexion est fondée sur le régime britannique tel qu'il a cru le découvrir lors de son séjour à Londres. Mais la perception qu'il en a eue était déjà, lorsqu'il écrivait, dépassée par l'évolution de la pratique.

• Montesquieu écarte de son analyse le pouvoir judiciaire : « Des trois puissances dont nous venons de parler, celle de juger est quasiment nulle ». Il n'en demeure pas moins qu'avec le développement de la théorie de l'État de droit au XIXe siècle et l'apparition du contrôle de constitutionnalité, cette affirmation est aujourd'hui dépassée. L'indépendance du judiciaire est l'un des traits caractéristiques des régimes démocratiques bien qu'il ait fallu attendre le *Constitutional Act* de 2005 au Royaume-Uni pour assister à la création d'une Cour suprême organiquement séparée du pouvoir législatif.

• Reste la question des relations entre exécutif et législatif. Elle repose sur le fait que chaque institution dispose tant de la *faculté de statuer* que de la *faculté d'empêcher.*

Le législateur peut adopter des lois (faculté de statuer), mais l'exécutif doit avoir la possibilité de s'opposer à ces lois (faculté d'empêcher). De même, le législateur doit avoir la faculté de s'opposer (faculté d'empêcher) aux mesures prises par l'exécutif (faculté de statuer).

• Certes le résultat de telles relations pourrait être une paralysie complète du pouvoir, mais, dans une perspective libérale de préservation de la liberté, moins l'État agit, moins il risque de porter atteinte aux libertés.

De plus, les nécessités de l'action politique s'imposant, exécutif et législateur seront obligés de trouver un terrain d'entente : « Ces puissances devraient former un repos ou une inaction, mais comme par le mouvement nécessaire des choses, elles seront contraintes d'aller, elles sont forcées d'aller de concert ».

→ *La protection de la liberté réside donc dans la nécessité d'une entente permanente entre les titulaires du pouvoir, chacun évitant que l'autre ne prenne des mesures arbitraires.*

Section 2 – La classification des régimes politiques selon la théorie de la séparation des pouvoirs

La théorie de la séparation des pouvoirs a servi de base aux auteurs pour construire une classification des régimes en fonction de la manière dont la séparation y était assurée. Cette classification n'est pas la seule possible. On a tenté d'autres classifications fondées sur des critères plus politiques. C'est ainsi que l'on a distingué entre les régimes fondés sur l'alternance des partis au pouvoir et ceux fondés davantage sur le consensus entre les partis caractérisés par la formation de très larges coalitions autour du centre. Pour intéressantes que soient ces tentatives, elles relèvent davantage de la science politique que du droit constitutionnel. Ce sont en effet les relations établies entre les pouvoirs par la Constitution elle-même qui définissent fondamentalement un régime politique et c'est seulement dans ce cadre que d'autres éléments, comme la nature et la structure des partis, les traditions nationales… peuvent conditionner le fonctionnement des institutions.

§ 1 – Les régimes de confusion des pouvoirs

Il s'agit bien entendu des régimes politiques où les relations entre pouvoirs ne sont pas organisées sur la base de la séparation, mais où *les pouvoirs sont rassemblés entre les mains d'une même personne ou d'un même corps.*

I – La dictature de l'exécutif

Dans ces régimes autoritaires, un seul homme détient le pouvoir législatif et le pouvoir exécutif.

A – La dictature personnelle

Elle peut être assise sur la **force pure** et résulter d'un **coup d'État militaire**, mais, à la recherche d'une légitimité, elle tentera d'expliquer ses objectifs, voire de se doter d'une idéologie.

B – Le césarisme

La dictature peut se rechercher une base démocratique. Elle fera alors usage du plébiscite pour asseoir le pouvoir du gouvernant. C'est **le modèle césariste ou bonapartiste**. Cependant, le peuple n'a pas le choix ni du moment ni de la matière du plébiscite. La seule participation attendue de lui, c'est son approbation.

C – Le totalitarisme

Les modèles césaristes du XIXe siècle ont souvent fait place aux **régimes totalitaires** du XXe siècle. Dans un régime césariste, l'État ne régit pas toute la vie du citoyen, il laisse une place à la sphère privée et souvent n'intervient guère dans la vie économique qui continue à relever de l'économie de marché. L'État totalitaire embrasse, lui, tous les aspects de la vie sociale et privée qui sont gouvernés par l'idéologie du régime. Ce fut le cas des totalitarismes allemand et italien.

D – L'arbitraire

Les régimes autoritaires sont marqués par un **déclin du droit**. Non qu'il n'existe pas de règles, mais ces règles sont appliquées arbitrairement et leur respect n'est pas garanti par le juge.

E - Crises politiques et régimes autoritaires

Sur le plan politique, les régimes autoritaires correspondent souvent à des **situations de crise** : crise économique comme dans l'Europe de l'après Première Guerre mondiale, crises dues au système social et au sous-développement comme dans certains pays du tiers-monde… Dans ce cas, l'autoritarisme est présenté comme la seule solution permettant de corriger les erreurs commises par les régimes antérieurs.

II - Le gouvernement d'assemblée

Notion : l'ensemble du pouvoir est concentré dans l'assemblée qui cumule pouvoir exécutif et pouvoir législatif.

Souvent, le terme est utilisé pour désigner un régime parlementaire dans lequel les dispositifs destinés à assurer l'équilibre entre le législatif et l'exécutif ne fonctionnent plus, ce qui conduit l'assemblée à priver l'exécutif de toute autonomie. C'est en ce sens que l'on a pu qualifier la IIIe ou la IVe République en France de régime d'assemblée. Mais il s'agit plus d'une déviation du régime parlementaire que d'un authentique régime d'assemblée.

A - La nature du gouvernement d'assemblée

En fait, dans un régime de gouvernement d'assemblée, l'exécutif est désigné par l'assemblée et doit se plier à ses injonctions sans pouvoir démissionner. L'assemblée peut annuler les actes de l'exécutif. Dans un tel régime, *le gouvernement est le commis de l'assemblée.*

B - Les exemples de gouvernement d'assemblée

• Le système mis en place par la **Convention**, en France, alors que l'application de la Constitution de 1793 était suspendue, confiait l'exécutif à un conseil élu par l'assemblée et agissant en exécution des décisions de celle-ci. Par un paradoxe, qui n'est pas exceptionnel en la matière, le pouvoir fut essentiellement exercé par l'exécutif et notamment par l'un de ses comités, le Comité de salut public, jusqu'à la chute de Robespierre.

• Le système de gouvernement de l'**Union soviétique** pouvait également être considéré comme un gouvernement d'assemblée. Tous les pouvoirs appartenaient au Soviet suprême et le gouvernement n'était qu'un organe subordonné. En fait, la réalité du pouvoir étant détenue par les organes du parti communiste, le pouvoir du Soviet suprême, si étendu en apparence, était symbolique en pratique.

• **Le régime suisse** est un régime de gouvernement d'assemblée. Le Conseil fédéral (exécutif) est élu par l'Assemblée fédérale (réunion du Conseil national et du Conseil des États). Le Conseil fédéral exécute les décisions des chambres lesquelles peuvent modifier ou annuler ses décisions.

Cependant, l'autorité du Conseil fédéral procède de sa composition politique qui fait l'objet d'un accord entre les partis et du fait que le rôle joué par la démocratie semi-directe en Suisse modère la puissance des chambres.

→ Le gouvernement d'assemblée est aujourd'hui fort peu répandu et, si l'on fait abstraction du cas suisse en raison de ses spécificités, ce régime a, par le passé, aussi bien sous la Convention qu'en Union soviétique, dissimulé des dictatures de l'exécutif.

§ 2 – Les régimes de séparation des pouvoirs

L'aménagement des relations entre exécutif et législatif met plus ou moins l'accent sur la séparation des pouvoirs.

• La séparation des pouvoirs peut être **rigide**, c'est-à-dire mettre l'accent sur l'indépendance réciproque de l'exécutif et du législatif, en pariant, pour éviter les blocages, sur leur aptitude à trouver des compromis. C'est le **régime présidentiel**.

• La séparation des pouvoirs peut être **souple**, c'est-à-dire mettre l'accent sur la collaboration entre exécutif et législatif par l'intermédiaire d'un gouvernement responsable devant le Parlement. C'est le **régime parlementaire**.

Bien entendu, il s'agit ici de modèles théoriques dont l'application pratique est susceptible de nuances, mais pour l'essentiel, la réflexion sur la nature des régimes politiques repose encore aujourd'hui sur la manière dont est organisée, en leur sein, la séparation des pouvoirs.

I – La séparation rigide ou le régime présidentiel

Le régime politique des États-Unis d'Amérique est le modèle du régime présidentiel. Il constitue sans doute l'un des seuls cas où ce régime a pu fonctionner sans crise grave.

A – L'indépendance entre exécutif et législatif

Exécutif et législatif sont *indépendants quant à l'origine de leurs mandats respectifs et ne peuvent y mettre fin mutuellement.*

• L'exécutif et le législatif procèdent tous deux d'une *désignation distincte*. Le législatif ne participe pas à la désignation de l'exécutif. Aux États-Unis, président et Congrès sont élus séparément, même si la date de leur élection peut coïncider. *Ils bénéficient donc d'une égale légitimité populaire.*

• Le législatif ne peut mettre fin au mandat de l'exécutif et l'exécutif ne peut dissoudre le législatif. La seule responsabilité du président est d'ordre pénal et ne peut être mise en jeu pour des désaccords politiques. *Responsabilité et dissolution sont exclues dans un régime présidentiel.* Il en résulte que les deux pouvoirs sont tenus de cohabiter pendant la durée de leurs mandats même si leurs visions politiques sont totalement opposées.

B – La faculté de statuer

En application du schéma de Montesquieu, chacun des organes détient *la faculté de statuer.*

• **Le président** *dispose de l'intégralité du pouvoir exécutif* avec la collaboration des ministres qu'il nomme seul et qui sont seulement responsables devant lui.

• **Le législatif** (Congrès aux États-Unis) *détient l'intégralité du pouvoir législatif*, le président étant même, formellement au moins, privé de l'initiative des lois.

C – La faculté d'empêcher

Cependant, toujours en application du schéma de Montesquieu, chaque organe détient également *la faculté d'empêcher.* Ceci est particulièrement bien illustré par le régime des États-Unis.

• **Le président** possède un *veto législatif suspensif* qui ne peut être levé que par un vote des deux chambres du Congrès à la majorité des deux tiers laquelle est fort difficile à atteindre.

• **Le Sénat** doit donner son *consentement à la nomination des fonctionnaires,* parmi lesquels les ministres et les juges à la Cour suprême, et *les traités ne peuvent être ratifiés qu'après son accord à la majorité des deux tiers.* En outre, par le biais de *son pouvoir budgétaire*, le Congrès peut exercer une influence importante sur l'action du président notamment dans le domaine de la politique extérieure.

D – Les nécessaires compromis

Compte tenu de la séparation des pouvoirs, le régime serait voué au blocage si président et Congrès ne parvenaient, même lorsqu'ils sont politiquement opposés, à trouver les compromis nécessaires. Le régime ne peut donc fonctionner qu'en raison de l'*aptitude des pouvoirs au compromis.*

E – Une exception américaine

Le régime présidentiel reste une exception américaine. Les nombreuses imitations dont il a fait l'objet en Amérique Latine ont débouché sur des *variantes présidentialistes* dans lesquelles l'équilibre existant dans le régime présidentiel était rompu au profit du président pour ne pas parler des intermèdes de dictatures présidentielles résultant de coups d'État militaires. Les systèmes dits présidentiels en Afrique allaient encore plus loin dans la confiscation du pouvoir au profit du président.

F – L'expérience française

La France n'a pas de véritable expérience du système présidentiel. Si **la Constitution de 1848** instaurait l'élection du président au suffrage universel, il ne résultait pas clairement des intentions des constituants que l'exécutif soit irresponsable et le régime n'a fonctionné que jusqu'au coup d'État de 1852.

C'est à tort que l'on voudrait voir dans **le régime français actuel** un régime présidentiel, voire présidentialiste. Le partage du pouvoir exécutif entre le président et un gouvernement responsable devant le Parlement, l'existence d'un pouvoir de dissolution du Parlement font pencher la balance en faveur d'un système parlementaire. La prééminence du président résulte de la coïncidence plus ou moins forte entre la majorité présidentielle et la majorité parlementaire à laquelle vient s'ajouter la forte légitimité qui résulte de l'élection du président au suffrage universel direct. L'expérience de la présidence Hollande atteste des difficultés pour l'autorité du président qui résultent de l'existence d'une division au sein de sa majorité.

II – La collaboration des pouvoirs ou le régime parlementaire

Historiquement, le régime parlementaire s'est développé au Royaume-Uni, puis la formule s'est généralisée dans l'ensemble de l'Europe. Le modèle britannique initial a subi une évolution profonde de telle sorte qu'il n'existe plus aujourd'hui de régime parlementaire au sens où l'on entendait ce terme au XIXe siècle.

Le régime parlementaire est *un régime de séparation souple ou de collaboration des pouvoirs dans lequel la gestion des affaires publiques est assurée par la collaboration entre exécutif et législatif par l'intermédiaire d'un gouvernement (cabinet ministériel) responsable devant le Parlement.*

A – Le modèle initial : le régime parlementaire dualiste

1. L'exécutif

Il est composé d'un *chef d'État* (fréquemment un monarque) *irresponsable* et d'un *gouvernement nommé par le chef de l'État et responsable devant le Parlement.* Le gouvernement doit son existence à la *double confiance* dont il dispose, celle du chef de l'État et celle du Parlement.

Pour conserver le pouvoir, il doit donc tenter de concilier les vues du chef de l'État et celles du Parlement.

2. Le législatif

Il dispose du pouvoir d'adopter les lois et de contrôler l'action de l'exécutif.

Il peut être *mono ou bicaméral.*

• L'existence de deux chambres est naturelle dans les États fédéraux où elle correspond à la nécessité d'assurer la participation des entités fédérées.

• Dans les États unitaires, elle correspondait historiquement à l'exigence de préserver une représentation de la noblesse (Chambre des lords au Royaume-Uni, Chambre des pairs en France sous la Restauration).

• Bien que cette justification ait le plus souvent disparu, les secondes chambres ont survécu avec pour fonction en France de représenter indirectement les collectivités territoriales. L'existence des secondes chambres a parfois été critiquée au nom de l'unité de la nation qui ne pourrait faire l'objet d'une double représentation. De plus, lorsque les deux chambres sont élues selon le même mode de scrutin, elles font double emploi. Lorsqu'elles ne sont pas élues selon le même mode de scrutin, on accuse la seconde chambre d'être moins démocratique que la première.

• Le maintien de la seconde chambre peut se justifier par des raisons de technique législative. Un double examen des lois ne peut qu'améliorer la qualité de celles-ci. Mais surtout, les délais imposés par le double examen et surtout la composition de la seconde chambre peuvent tempérer ce qu'auraient d'excessives les réactions de la chambre populaire statuant rapidement à chaud face à l'événement.

• À l'origine, les deux chambres avaient les mêmes pouvoirs. Actuellement, la chambre élue au suffrage universel direct dispose souvent de pouvoirs plus importants, comme le droit de dernier mot en matière législative (France, Royaume-Uni).

3. Les relations entre exécutif et législatif

Elles sont caractérisées par un équilibre garanti par l'existence de moyens d'action réciproques.

a. Les moyens d'action de l'exécutif sur le législatif

– L'exécutif dispose du *droit d'entrée et de parole au Parlement et de l'initiative législative et budgétaire.* Il peut également bénéficier de la maîtrise de la durée des sessions parlementaires.

– Il peut engager sa responsabilité devant le Parlement (*question de confiance*). La question de confiance a souvent été considérée à tort comme un moyen d'action du Parlement sur le gouvernement parce qu'elle pouvait aboutir à la démission du gouvernement. En fait, lorsque le gouvernement pose la question de confiance, il menace de démissionner si le Parlement ne lui donne pas les moyens de mener sa politique. Il s'agit donc d'*un chantage à la démission* qui constitue un instrument de pression sur le Parlement afin d'obtenir son soutien à la politique gouvernementale.

– Le chef de l'État peut *dissoudre* la chambre élue au suffrage universel. La menace de dissolution constitue elle aussi un moyen de pression sur la chambre. Les députés n'appréciant que modérément la nécessité de se présenter à nouveau devant les électeurs, ils seront tentés de donner satisfaction à l'exécutif pour éviter de nouvelles élections. Lorsqu'elle est utilisée, la dissolution constitue un moyen de faire arbitrer par les électeurs un conflit entre exécutif et législatif.

b. Les moyens d'action du législatif sur l'exécutif

Il s'agit essentiellement de la mise en jeu de la responsabilité collégiale du gouvernement à l'initiative des parlementaires (motion de censure). Le gouvernement est alors contraint de démissionner.

Le régime de la Ve République, en raison des pouvoirs qui appartiennent au chef de l'État, présente de nombreux traits d'un régime parlementaire dualiste modernisé.

B – L'évolution vers un régime parlementaire moniste

Le déclin progressif des pouvoirs du chef de l'État entraîne la disparition du mécanisme de la double confiance et *le gouvernement repose sur la seule confiance du Parlement.*

Cette évolution s'est produite lentement au Royaume-Uni tandis qu'en France, elle est le produit de la crise du 16 mai 1877 qui a vu le président de la République, le maréchal de Mac Mahon, contraint de s'incliner devant la majorité parlementaire après une dissolution infructueuse.

Tant que le jeu de la question de confiance et de la dissolution permet au gouvernement de préserver son autorité, le régime demeure équilibré.

Mais dès lors que la dissolution se trouve paralysée en fait, comme ce fut le cas en France sous les IIIe et IVe Républiques ou en Italie, le Parlement devient maître du jeu et tient l'existence du gouvernement entre ses mains sans craindre la dissolution.

Si cette évolution ne s'est pas produite au Royaume-Uni, c'est fondamentalement grâce au système de scrutin qui permet au gouvernement de s'appuyer sur une majorité stable pendant une législature.

Enfin, on a assisté progressivement à une *rationalisation des techniques parlementaires*. Les procédures de mise en jeu de la responsabilité gouvernementale, voire de la dissolution, ont été précisées, notamment dans le but d'éviter une instabilité gouvernementale incontrôlable. La Constitution de la Ve République en France réalise une importante rationalisation de même que la Loi fondamentale de la République fédérale d'Allemagne. Cette dernière a d'ailleurs servi de modèle tant pour les régimes parlementaires du Sud de l'Europe que pour ceux d'Europe centrale et orientale.

Pour aller plus loin

Bibliographie

- J.-C. Colliard, *Les régimes parlementaires contemporains*, Fondation nationale des sciences politiques, 1978
- A. Pariente, *La séparation des pouvoirs*, Dalloz, coll. « Thèmes et commentaires », 2006
- J.-L. Quermonne, *Les régimes politiques occidentaux*, Seuil, coll. « Points », 2006
- M. Troper, *La séparation des pouvoirs dans l'histoire constitutionnelle française*, LGDJ, coll. « Anthologie du droit », 2014
- « La séparation des pouvoirs », *Pouvoirs* 2012, n° 143

Exemples de sujets d'examen donnés :

Dissertations :

- Régime parlementaire moniste et dualiste
- La séparation des pouvoirs
- Qu'est-ce qu'un régime présidentiel ?
- Les relations entre Parlement et gouvernement dans un régime parlementaire

Chapitre 5
La Constitution

L'essentiel

Toute société politique comporte un corps de règles, écrites ou non, destinées à fixer les modalités d'acquisition et d'exercice du pouvoir politique. Ces règles constituent la Constitution.
La Constitution peut prendre, selon les traditions nationales ou la nature des régimes politiques, le sens et les formes les plus diverses, ce qui aura des incidences sur son élaboration et sa révision ainsi que sur sa place dans l'ordonnancement juridique.

Section 1 – La notion de Constitution

Notion : l'adoption de constitutions écrites est un phénomène récent qui date de l'indépendance des colonies américaines au XVIIIe siècle et qui a donné naissance au courant constitutionnaliste moderne. Cependant les réflexions sur la notion de Constitution sont bien antérieures.

§ 1 – L'histoire de la notion

Dès lors qu'existe l'État, il n'est plus possible d'éluder le problème du fondement des règles qui s'appliquent à l'autorité politique.

I – La théorie contractuelle

Selon cette conception, l'autorité politique procéderait d'un *contrat*. Si tout pouvoir vient de Dieu, mais par le peuple, selon la vision classique de l'Église, il faut alors expliquer concrètement comment se manifeste l'accord du peuple.

A – Un pacte entre gouvernants et gouvernés

Le contrat est *un pacte (pactum subjectionis) qui unit les gouvernés aux gouvernants et par lequel les gouvernés reconnaissent le pouvoir des gouvernants.* Les individus n'interviennent pas dans le contrat qui est conclu entre le roi et des communautés naturelles (villes, corporations). Ce sont des chartes de franchise dans lesquelles les parties se reconnaissent des droits et des obligations mutuelles. La plus célèbre de ces chartes est sans doute la Grande Charte de 1215 par laquelle le souverain d'Angleterre s'engage vis-à-vis des Pairs du Royaume. Pour Hobbes, dans le *Léviathan*, les individus transfèrent par contrat le droit de recourir à la force à l'État et s'engagent à lui obéir. La contrepartie est la sécurité par la sortie de l'état de nature dans lequel l'anarchie et la violence menacent les individus. La sécurité est achetée par l'obéissance.

B – Un contrat entre les citoyens

Cette théorie du contrat changera de sens dès lors que l'individu apparaîtra comme un sujet autonome. Ce sera *la théorie du contrat social.* Dans ce contrat, les parties sont les individus. Ils ne concluent pas un accord avec un pouvoir monarchique préexistant, mais entre eux. *Cet accord fonde le pouvoir politique.* Cependant, si le contrat social, dans une société moderne, peut servir d'explication mythique de l'origine de la Constitution, la technique contractuelle n'est guère applicable à la Constitution. Il faudrait expliquer, ce à quoi s'attachera Rousseau, comment l'aliénation de la liberté contractuelle peut être totale, une fois le contrat conclu, au point que les générations futures soient engagées.

II – La constitution, statut du pouvoir

• La constitution est un *acte unilatéral par lequel est établi le statut du pouvoir politique dans la société.*

• La Constitution des États-Unis d'Amérique, élaborée en 1787, est claire sur ce point. Elle ne résulte pas d'un contrat, mais de la volonté unilatérale du peuple : « Nous le peuple des États-Unis [...] nous décrétons et établissons cette Constitution, œuvre d'une volonté unique et souveraine ».

C'est aussi la solution qui sera retenue par la Constitution de 1791.

• Au sens moderne, la constitution est donc la loi que s'est donnée le peuple afin de régir tant les modalités de dévolution et d'exercice du pouvoir que les rapports entre gouvernants et gouvernés.

§ 2 – Les fonctions de la constitution

Cette définition n'épuise pas toute la signification de la notion. À côté de la fonction d'organisation des pouvoirs publics qui est incontestablement remplie par la constitution, il en existe d'autres.

I – La constitution, source de légitimité

On a vu qu'il existait diverses explications de l'origine du pouvoir. La constitution permet, sur le plan juridique, de faire l'économie de ces explications.

• Le fondement de l'autorité des gouvernants réside dans le fait qu'ils ont été désignés conformément à la constitution. L'obéissance qui est due à leurs actes, procède, non de leur personne ou d'une source extérieure, mais de la constitution elle-même.

• *Toute autorité investie conformément à la constitution, donc toute autorité légale, est présumée légitime.* Le consentement populaire à la constitution fait présumer de l'adhésion des citoyens à une autorité qui exerce ses pouvoirs en application de la constitution.

• Bien entendu, l'adéquation entre légalité et légitimité n'est pas absolue. La légalité est un concept juridique tandis que la légitimité est un sentiment politique.

• Il est donc possible qu'un gouvernement légal perde sa légitimité parce que les citoyens n'adhèrent plus à la vision du pouvoir que présente la constitution. Cette situation se produit notamment dans les périodes révolutionnaires.

• Il peut arriver également qu'un gouvernement qui agisse illégalement conserve le soutien populaire et donc sa légitimité.

• Mais, en dehors de ces situations exceptionnelles, la légalité permet de faire l'économie d'une investigation sur la légitimité.

C'est ce qu'ont exprimé à plusieurs reprises les dirigeants de l'opposition en France lorsqu'ils constataient que, malgré des élections législatives dont les résultats étaient défavorables à la politique inspirée par le président de la République, ce dernier pouvait continuer à exercer son mandat jusqu'à son terme conformément à la Constitution. La légitimité constitutionnelle s'imposait au-delà des variations politiques conjoncturelles.

II - La constitution, expression d'une philosophie politique

Une constitution n'est pas seulement un ensemble de procédures. À travers son texte, s'exprime une vision de la société, un projet politique. Ainsi, dire, par exemple, que la République est laïque, une et indivisible n'est pas neutre politiquement.

A - Déclaration de droits et philosophie politique

Mais, c'est surtout dans *les déclarations des droits* que s'exprime la philosophie d'un régime politique, car dans ces déclarations est définie la place de l'homme dans la société politique.

• La pratique qui consiste à placer, au frontispice d'une constitution, une déclaration des droits vient des États-Unis d'Amérique. La Constitution de Virginie en 1776 contenait une déclaration des droits qui servira de modèle.

• La Déclaration des droits de l'homme et du citoyen de 1789 exprimait une philosophie individualiste et visait à protéger l'individu contre les interventions de l'État.

• La pratique des déclarations sera suivie par les constitutions de l'époque révolutionnaire et par la Constitution de 1848. Il faudra attendre la Constitution de 1946 pour qu'aux droits individuels viennent s'ajouter des droits économiques et sociaux. Le Préambule de la Constitution de 1958 fait référence à la Déclaration de 1789 et à celle de 1946.

B - Valeur juridique des déclarations de droit

On s'est interrogé sur la *valeur juridique des préambules et des déclarations*. S'agissait-il d'éléments philosophiques et programmatiques qui devraient guider l'action du législateur sans se voir reconnaître une valeur contraignante ou de règles positives dont le respect s'imposait aux pouvoirs publics ?

L'existence d'un contrôle de la constitutionnalité des lois dans les démocraties modernes a apporté une réponse claire à cette question. Les règles contenues dans les déclarations des droits s'imposent au législateur qui ne peut les violer sans s'exposer à la déclaration de l'inconstitutionnalité de la loi qui y serait contraire.

III - La constitution, statut des gouvernants

C'est ici la fonction la plus évidente de la constitution et une simple lecture permet de s'en rendre compte. La constitution institue les pouvoirs publics, fixe leurs compétences et règle leurs rapports. C'est donc en fonction de ces règles que l'on appréciera la légalité de l'action des pouvoirs publics.

§ 3 – Les types de constitution

La constitution peut être envisagée du point de vue matériel et du point de vue formel.

• Si l'on se place du **point de vue matériel**, c'est-à-dire du point de vue de l'analyse du contenu de la constitution, est constitutionnel l'ensemble des règles qui déterminent les conditions d'acquisition et d'exercice du pouvoir politique.

En ce sens, tout État a une constitution, car il existe toujours des règles coutumières ou écrites qui déterminent qui peut gouverner et de quelle manière le faire.

• La constitution peut être également envisagée du **point de vue formel**. Seront constitutionnelles, toutes les règles qu'elles soient ou non contenues dans un document unique, qui ont été adoptées selon une procédure spécialement prévue à cet effet. L'existence de cette procédure traduit la supériorité de la Constitution qui, parce qu'elle constitue la charte de la vie politique, doit être élaborée et adoptée en suivant une procédure particulière.

I – Tout État dispose d'une constitution au sens matériel, mais pas nécessairement au sens formel

Ainsi, au Royaume-Uni, les règles constitutionnelles peuvent résulter de lois adoptées selon la procédure législative ordinaire. Ainsi la réduction des pouvoirs de la Chambre des lords a été opérée par des lois ordinaires.

II – Le contenu de la constitution formelle ne coïncide pas toujours avec celui de la constitution matérielle

• Des règles matériellement constitutionnelles peuvent ne pas figurer dans la constitution formelle. Il en va souvent ainsi du système de scrutin qui est régi par une loi ordinaire. Tel est le cas en France.

• La constitution formelle peut contenir des règles qui ne sont pas matériellement constitutionnelles. Les lois constitutionnelles de la IIIe République contenaient le statut de la Caisse autonome d'amortissement, organisme destiné à assurer le remboursement des emprunts publics.

Cependant, en général, la coïncidence entre constitution matérielle et formelle est assez large.

Section 2 – L'élaboration et la révision de la Constitution

L'élaboration et la révision de la Constitution sont l'œuvre du pouvoir constituant qu'il convient de définir avant d'étudier les procédures prévues à cet effet.

§ 1 – Le pouvoir constituant

On appelle pouvoir constituant l'ensemble des organes chargés d'élaborer ou de réviser la Constitution.

I - Le pouvoir constituant originaire

Le pouvoir constituant originaire intervient pour élaborer une Constitution alors qu'aucune Constitution n'est plus en vigueur. Cette situation peut se produire soit lors de la création d'un État nouveau, soit à la suite d'une révolution qui a mis fin à la constitution ancienne.

Dans ces deux cas, le pouvoir constituant originaire, qui se trouve à l'origine d'un nouvel ordre juridique, est *inconditionné.*

La question de la source de l'autorité du pouvoir constituant originaire est d'ordre politique, car le pouvoir constituant originaire est *un pouvoir de fait* qui trouvera sa pérennité et celle des idées qui l'ont porté au pouvoir grâce à la constitution qu'il élaborera. Il tire sa légitimité de son succès politique.

L'adoption de la constitution marquera la fin du gouvernement de fait et l'avènement d'un gouvernement de droit. Elle consacrera la disparition du pouvoir constituant originaire qui, son œuvre accomplie, laissera la place au pouvoir constituant institué.

II - Le pouvoir constituant institué

Le pouvoir constituant institué est créé par la constitution qui le charge de modifier le texte constitutionnel.

À ce titre, il ne peut agir qu'en conformité avec le texte constitutionnel et doit respecter les limites que lui impose la constitution tant en ce qui concerne la procédure que le contenu de la révision.

§ 2 - Les modes d'élaboration de la constitution

La variété est grande et chaque mode caractérise la nature du régime mis en place. Lors du débat relatif à la ratification du traité établissant une Constitution européenne, il a été soutenu qu'une constitution devait nécessairement être établie par le peuple. Il s'agit là d'une vision politique estimable, mais qui ne reflète pas le droit positif. Les procédés d'élaboration de la constitution ont varié suivant les époques et les régimes. Il est vrai qu'actuellement on n'admet guère la légitimité d'un système politique fondé sur des institutions qui n'ont pas été approuvées par le peuple, mais cela n'a pas toujours été le cas et on peut distinguer les modes autoritaires des modes démocratiques.

I - Les modes autoritaires

Le point commun à tous ces modes est que le pouvoir constituant est entre les mains d'un seul homme, mais l'œuvre du pouvoir constituant peut ou non faire l'objet d'une ratification populaire.

A - La charte octroyée

C'est le procédé employé en France lors de la Restauration monarchique en 1814. Le souverain accepte de limiter ses pouvoirs au profit des institutions qu'il accepte d'instituer. Cette limitation procède de la seule volonté du monarque qui en définit la portée et octroie une constitution à ses sujets. Si l'on admet que l'Union européenne dispose dès à présent d'une constitution, il s'agirait d'une charte octroyée par les États membres qui limitent leur pouvoir au profit de l'Union. La Cour de justice de l'Union européenne a d'ailleurs qualifié les traités communautaires de « charte constitutionnelle ».

B – Le plébiscite constituant

La constitution est, comme dans le cas précédent, l'œuvre d'un seul homme, mais le peuple est invité à l'approuver.

Les représentants du peuple ne participent pas à l'œuvre constituante et le peuple ne peut qu'approuver, son approbation étant également considérée comme un vote en faveur de l'auteur de la constitution. C'est par ce procédé qu'ont été établis les Premier et Second Empires en France.

L'élaboration de la Constitution de 1958 a été pour l'essentiel l'œuvre de l'exécutif soumise à ratification populaire. Cependant, cette procédure avait été acceptée par le Parlement qui avait fixé, dans la loi du 3 juin 1958, les principes sur lesquels devait reposer la future Constitution.

II – Les procédés démocratiques

Le pouvoir constituant appartient au peuple souverain. Celui-ci l'exerce, soit par l'intermédiaire de ses représentants, soit par le référendum.

A – La Convention

Une assemblée est élue avec pour mission d'élaborer une constitution. Le peuple est donc associé à l'œuvre constitutionnelle par le choix des représentants. Cette formule de recours à une *convention* a été utilisée en France en 1791 où la Constitution fut élaborée par la Constituante issue des États généraux, en 1848 et en 1875.

B – Le référendum constituant

Un pas supplémentaire consiste à soumettre le texte élaboré par la convention à l'approbation des électeurs par la voie du *référendum constituant*. Le peuple exerce alors lui-même le pouvoir constituant.

Les Constitutions de 1793 et de l'an III ont été approuvées par ce procédé ainsi que la Constitution de 1946. Dans ce dernier cas, le peuple ayant d'abord refusé, le 5 mai 1946, d'approuver le projet que lui soumettait l'Assemblée, il a fallu élire une nouvelle assemblée chargée d'élaborer un nouveau projet qui lui fut approuvé par le peuple le 13 octobre 1946. La Constitution de 1958 a été également adoptée par référendum.

§ 3 – La révision de la constitution

La révision peut être plus ou moins aisée en raison tant de la nature souple ou rigide de la constitution que des conditions mises à la révision.

I – Constitution souple ou constitution rigide

• Une constitution est considérée comme *souple* lorsqu'aucune condition spéciale n'est mise à la révision et que cette dernière peut donc être opérée par une loi ordinaire.

Au contraire, la constitution sera *rigide* lorsqu'une procédure particulière, avec des contraintes plus importantes que celles qui sont requises pour l'adoption d'une loi ordinaire, est exigée. La rigidité est susceptible de degrés en fonction de la difficulté de la procédure de révision.

• La Constitution britannique, ensemble de coutumes et de lois ordinaires, peut être considérée comme une constitution souple.

• Mais, généralement, les constitutions sont rigides. Le constituant veut assurer la pérennité de son œuvre et il subordonne la possibilité de révision à des *exigences procédurales spécifiques*. Si l'on considère la constitution comme un pacte fondamental traduisant un large accord entre les citoyens sur la nature et le fonctionnement du régime politique, il est nécessaire que soit trouvé un accord d'une qualité identique pour modifier la constitution. En outre, dans les États fédéraux, il convient de s'assurer de l'adhésion des collectivités fédérées, ce qui implique une procédure complexe.

• Un compromis est cependant indispensable entre une excessive rigidité qui paralyse la révision et constitue une incitation à recourir à des voies extraconstitutionnelles et une rigidité insuffisante qui mettrait la stabilité constitutionnelle à l'épreuve des événements sans réflexion suffisante.

• *La rigidité de la procédure de révision conditionne la suprématie de la constitution sur la loi ordinaire.* S'il est possible de modifier la constitution par une loi ordinaire, il devient impossible de contrôler la conformité de la loi à la constitution puisque les deux textes se situent au même rang dans l'ordonnancement juridique. Le texte postérieur l'emportera donc automatiquement sur le texte antérieur.

II – Les conditions de la révision

A – La constitution peut contenir des limitations quant au recours à la procédure de révision

Ces limitations peuvent porter sur le moment de la révision et sur son contenu.

1. Le moment de la révision

Le pouvoir constituant peut vouloir que les institutions fassent leurs preuves et fonctionnent, telles qu'il les a créées, pendant un certain nombre d'années avant que l'on puisse réviser la constitution. C'est ainsi que la Constitution de 1791 interdisait toute révision pendant les trois premières législatures ou que la Constitution de l'an III imposait un délai de neuf ans avant toute révision. Ces dispositions n'ont pas été respectées.

Les Constitutions de 1946 et de 1958 interdisent de réviser la Constitution pendant toute période où le territoire national est occupé, ceci afin d'éviter le retour de la situation de 1940 où la volonté nationale ne s'est pas exprimée librement en raison de l'Occupation. La révision est également interdite par la Constitution de 1958 en cas de vacance de la présidence de la République.

2. L'objet de la révision

• En France la *forme du régime* ne peut faire l'objet d'une révision. La loi constitutionnelle de 1884 mettait fin à l'éventualité d'un retour à la monarchie en affirmant que la forme républicaine du gouvernement ne pouvait faire l'objet d'une révision. Cette disposition a été maintenue dans les Constitutions de 1946 et de 1958. En République fédérale d'Allemagne, la forme fédérale de l'État est protégée de la même manière.

• Peut-on réviser la procédure de révision afin de créer un régime de nature différente de celui établi par la constitution ?

La loi du 10 juillet 1940 opérant révision de la procédure de révision mise en place par les lois constitutionnelles de 1875 aboutissait à remettre le pouvoir constituant entre les mains du maréchal Pétain. On a considéré que la mutation ainsi opérée alors que la France était occupée, constituait une fraude à la Constitution.

Si la loi du 3 juin 1958 opérait un transfert identique au profit du gouvernement dirigé par le général de Gaulle, la révision opérée devait respecter certains principes fondamentaux et être soumise à l'approbation du peuple détenteur du pouvoir constituant.

Un large débat s'est développé en France sur l'existence de règles supra-constitutionnelles, lesquelles ne pourraient faire l'objet d'une révision. L'opinion majoritaire qui est celle du Conseil constitutionnel, est que, dès lors qu'il respecte les règles de forme, le constituant peut modifier toutes les dispositions constitutionnelles (v. p. 180).

B – La procédure de révision

Il existe ici une grande variété de procédures liées à la nature du régime politique. La révision peut s'opérer en trois phases : initiative, élaboration du texte de la révision, adoption.

a) L'initiative appartient au chef de l'exécutif dans les régimes autoritaires. Elle peut dans les régimes démocratiques soit appartenir à l'exécutif seul (États-Unis), soit être partagée entre l'exécutif et le législatif (République fédérale d'Allemagne, Constitutions françaises de 1875, 1946 et 1958). Certaines démocraties semi-directes donnent l'initiative au peuple (Suisse).

b) L'élaboration du texte de la révision émane de l'exécutif dans les régimes autoritaires. Dans les systèmes démocratiques, elle est opérée soit par le Parlement (France), parfois élu spécialement à cet effet, soit par une convention élue spécialement (solution possible aux États-Unis si l'on ne retient pas la révision par le Congrès).

c) L'adoption peut faire l'objet d'un plébiscite dans les régimes autoritaires. Ailleurs, elle est confiée soit au Parlement (parfois réuni dans une formation spéciale comme le congrès en France) à une majorité qualifiée, soit au peuple appelé à se prononcer par référendum.

III – La révision par la coutume

Si la révision par la coutume est tout à fait normale dans le cas d'une constitution coutumière, il en va différemment dans l'hypothèse d'une constitution écrite.

En effet, *dans la mesure où le constituant a prévu une procédure spéciale de révision, on doit penser qu'il a exclu d'autres modes de révision.*

On ne peut nier cependant qu'il existe un certain nombre de **pratiques** émanant des organes des pouvoirs publics par lesquels ceux-ci aménagent leurs rapports réciproques. Faut-il pour autant reconnaître à ces pratiques une valeur juridique ? Au Royaume-Uni, *les conventions de la Constitution* qui établissent ces pratiques ne peuvent être invoquées devant le juge.

En France, l'existence de la coutume constitutionnelle a fait l'objet de discussions lorsque le président de la République a utilisé l'article 11 de la Constitution pour réviser celle-ci à la place de l'article 89 consacré expressément à la révision de la Constitution. Cette pratique avait-elle donné naissance à une coutume constitutionnelle ? La réponse devrait être négative.

Dans le cadre d'une constitution écrite, il n'y a pas de place pour le développement d'une coutume contraire à la constitution puisque le pouvoir constituant institué doit s'exercer uniquement dans les conditions prévues par la constitution.

Par contre, rien n'interdit que se développent des pratiques interprétatives ou supplétives qui peuvent acquérir une grande signification politique sans pour autant revêtir une force contraignante.

Section 3 – Le contrôle de la constitutionnalité des lois

Notion : dès lors que l'on admet que la constitution, parce qu'elle est le pacte fondamental, possède une valeur supérieure aux lois ordinaires, il est possible d'organiser un contrôle de la conformité des lois à la constitution. *Le contrôle de constitutionnalité des lois est la garantie de la suprématie de la constitution.* À ce titre, il est considéré aujourd'hui comme l'un des traits caractéristiques de l'État de droit et les réformes en Hongrie et en Pologne visant à affaiblir les cours constitutionnelles sont analysées comme des atteintes à l'État de droit. Le contrôle de constitutionnalité des lois est né aux États-Unis d'Amérique et s'est développé en Europe sur la base des idées du juriste autrichien Hans Kelsen qui fut membre d'une des premières cours constitutionnelles en Europe, la Cour constitutionnelle d'Autriche instituée par la Constitution de 1920.

§ 1 – Les organes du contrôle

Le contrôle peut être exercé soit par des organes politiques, soit par des organes juridictionnels. La différence entre les deux types d'organes n'est pas toujours aisée à établir. Ainsi, on a longtemps considéré le Conseil constitutionnel français comme un organe politique avant de lui reconnaître progressivement un caractère juridictionnel.

I – Le contrôle exercé par un organe politique

Ce type de contrôle trouve son origine dans les idées de Sieyès et sa première concrétisation dans le Sénat conservateur mis en place par la Constitution de l'an VIII. Tel était également la fonction du Sénat du Second Empire avant qu'il ne prenne l'allure d'une chambre législative. Il subsiste des traces de contrôle politique dans le système actuel dans la mesure où toute chambre du Parlement français peut avant d'examiner un projet ou une proposition de loi statuer au préalable sur une motion de rejet contestant la constitutionnalité du texte qui lui est soumis. L'efficacité du contrôle politique est contestable. L'indépendance des personnes chargées du contrôle n'est pas garantie et, compte tenu du mode de fonctionnement de l'organe, le contrôle de l'opportunité d'un texte peut se substituer au contrôle de constitutionnalité.

II – Le contrôle exercé par un organe juridictionnel

On peut considérer que l'on est en présence d'un contrôle de ce type dès lors que *l'indépendance des membres de l'organe chargé d'examiner la constitutionnalité des lois est assurée, que la procédure suivie présente les garanties d'une procédure juridictionnelle et que la décision, rendue sur la base du droit, est revêtue de l'autorité de la chose jugée.*

Le contrôle peut être *décentralisé*, c'est-à-dire exercé par tout juge sous réserve d'appel à une juridiction supérieure. On parle dans ce cas de contrôle diffus *centralisé* puisque l'inconstitutionnalité peut être invoquée devant tout juge (contrôle diffus), mais peut être portée en dernier ressort devant un juge spécialisé (contrôle centralisé).

Ces caractéristiques sont réunies lorsque le contrôle est assuré par un juge ordinaire. On a parfois douté qu'elles le soient toutes lorsque le contrôle est le fait d'un organe spécialisé, mais l'évolution, notamment en France, atteste que même lorsqu'ils n'étaient pas tous présents à l'origine, en particulier sur le plan procédural, ces éléments ont été progressivement sécrétés par l'institution elle-même.

Le contrôle par un organe juridictionnel pose la question du *gouvernement des juges*, question classique qui resurgit chaque fois que le juge constate l'inconstitutionnalité d'un texte sensible politiquement, mécontentant ainsi la majorité parlementaire. Comment un juge ne possédant pas de légitimité démocratique peut-il opposer sa volonté à celle de la représentation nationale ?

On constatera d'abord que l'expression « gouvernement des juges » est impropre. Le juge ne gouverne pas, il se limite à constater la contrariété entre la volonté du législateur et celle du constituant. Il est d'ailleurs toujours possible de passer outre à l'opposition du juge constitutionnel en révisant la Constitution.

Cependant, on ne peut contester que le texte constitutionnel étant fréquemment imprécis, il appartienne au juge d'en dégager le sens au terme d'une interprétation qui, dans certains cas, s'apparente à une reconstruction. Cette tendance n'est pas le propre du juge constitutionnel. Elle est présente dans toute opération juridictionnelle. Peut-on s'indigner de voir le juge constitutionnel donner une signification contemporaine à des principes qui datent de 1789 alors que l'on a laissé longtemps le juge judiciaire, dans le silence de la loi, trancher des questions aussi fondamentales pour la société que celles qui relèvent de la bioéthique ?

De toute façon, cette tendance éventuelle du juge constitutionnel est limitée par des facteurs d'ordre politique. S'il ne dispose pas d'une légitimité démocratique directe, il est nécessaire que la légitimité de ses décisions ne soit pas contestée par l'opinion. D'où l'exigence d'une forte motivation destinée à éviter l'accusation d'arbitraire, d'où aussi un souci de la cohérence et de l'acceptabilité de ses décisions. Il appartient au juge constitutionnel de gérer l'inévitable conflit entre les exigences de la Constitution telle qu'il l'interprète et l'expression de la volonté de la nation par le Parlement. Enfin, il est toujours possible au pouvoir politique de modifier la Constitution pour mettre en échec la jurisprudence constitutionnelle.

§ 2 – Le moment du contrôle

Le contrôle peut intervenir soit avant l'entrée en vigueur de la loi, soit après.

I - Le contrôle *a priori*

Exercé avant que la loi soit promulguée, ce type de contrôle évite toute insécurité juridique pour les administrés et les pouvoirs publics. En effet, la loi contraire à la Constitution ne pourra être promulguée et toute loi promulguée sera réputée conforme à la Constitution. Dans ce cas, le juge tranche un conflit direct entre la loi et la Constitution. On parle d'un contrôle abstrait de constitutionnalité.

II - Le contrôle *a posteriori*

Il intervient alors que la loi est déjà en vigueur. Tant qu'un juge ne s'est pas prononcé, il restera donc une certaine incertitude sur la conformité de la loi à la Constitution.

Si ce contrôle aboutit à l'annulation de la loi, celle-ci sera prononcée *ex tunc*, c'est-à-dire que la loi sera réputée n'avoir jamais existé. Il sera alors nécessaire de rétablir la situation antérieure ce qui peut être difficile et qui pourrait entraîner la remise en cause de situations acquises de bonne foi. C'est la raison pour laquelle ce type de contrôle est plus facilement applicable par voie d'exception que par voie d'action et que même dans ce cas le juge se voit reconnaître la faculté de moduler les effets de l'annulation. En France, pour éviter les effets rétroactifs d'une annulation, celle-ci n'intervient que pour l'avenir sans remettre en cause les effets passés de la loi.

§ 3 - La technique du contrôle

Deux questions se posent à cet égard, celle de la saisine et celle de nature du contrôle.

I - La saisine

Les modes de saisine sont généralement dépendants des autres éléments du contrôle.

A - L'action populaire

Il s'agit de la technique la plus ouverte. Elle permet à tout citoyen ayant un intérêt à faire valoir de contester la constitutionnalité d'une loi. Le risque est de voir les juridictions submergées sous le nombre de recours. C'est la raison pour laquelle, même lorsque la saisine s'exerce par voie d'exception, le juge a généralement mis en place des filtres en ce qui concerne la recevabilité pour écarter les recours abusifs. Lorsqu'elle s'exerce par voie d'action, soit elle ne concerne que certains éléments de la Constitution comme le respect des droits fondamentaux, soit un système très sélectif de filtrage des requêtes limite considérablement le nombre de cas examinés, soit les deux systèmes sont cumulés.

B - La saisine par une juridiction ordinaire

Elle peut intervenir lorsqu'il existe une juridiction spéciale chargée du contrôle de constitutionnalité. Pour éviter que cette dernière ne soit surchargée par les recours directs, on confie la saisine au juge ordinaire. Lorsqu'un requérant invoque dans le cadre d'une affaire dont est saisi le juge ordinaire l'inconstitutionnalité d'une loi, ce juge peut, s'il estime le moyen sérieux, surseoir à statuer et déférer la question de la constitutionnalité à titre préjudiciel au juge constitutionnel. Une fois en possession de la réponse, il tranchera au fond. Cette formule est couramment utilisée dans les systèmes européens (Allemagne, Italie...) et c'est en ce sens que le président de la République, François Mitterrand, avait, en vain, proposé de réformer la saisine du Conseil constitutionnel. La révision de juillet 2008 introduit ce mode de saisine (question prioritaire de constitutionnalité) tout en confiant à la Cour de cassation et au Conseil d'État le soin de filtrer les demandes présentées par les juridictions ordinaires avant de les transmettre au Conseil constitutionnel.

C – La saisine par des autorités politiques

Cette technique consiste à confier à certaines autorités particulièrement intéressées le soin de saisir le juge constitutionnel. Cette solution est particulièrement apte à la résolution des conflits entre organes des pouvoirs publics et elle peut être protectrice des droits de la minorité parlementaire si celle-ci se voit reconnaître le droit de saisine (en France, le Conseil constitutionnel peut être saisi par le président de la République, le Premier ministre, les présidents des assemblées et soixante députés ou soixante sénateurs). Cependant, elle laisse ouverte la question de la protection des droits des particuliers dans l'hypothèse où un accord implicite s'établirait entre les organes politiques pour éviter la saisine.

Toutes ces formules ne sont pas exclusives l'une de l'autre et peuvent fort bien être combinées.

II – Les modes de contrôle

A – Le contrôle par voie d'action

Dans ce type de contrôle, *le requérant demande directement au juge l'annulation de la loi pour inconstitutionnalité.* Il s'agit donc d'un procès objectif fait à la loi. La loi inconstitutionnelle sera annulée *ex tunc,* c'est-à-dire qu'elle sera supposée ne jamais avoir existé.

Devant le risque de recours systématiques contre toute loi, le droit de saisine est généralement limité et, dans la mesure où le recours aboutit à l'annulation de la loi, son examen est fréquemment confié à un tribunal spécial.

B – Le recours par voie d'exception ou par voie de question préjudicielle

Si au cours d'un litige entre deux parties, l'inconstitutionnalité d'une loi applicable à la matière sur laquelle porte le litige est invoquée, la question d'inconstitutionnalité devra être tranchée de façon préjudicielle avant même que le juge ne statue au fond. Dans ce cadre, *le contrôle de constitutionnalité est un incident qui vient se greffer sur une procédure principale.* On parle alors d'un contrôle concret de constitutionnalité.

L'inconstitutionnalité est invoquée devant le juge ordinaire qui, selon les pays, pourra statuer lui-même (exception d'inconstitutionnalité) ou, s'il en existe un, saisir le juge spécialement chargé du contrôle de constitutionnalité (question préjudicielle). La question de la saisine ne se pose pas puisqu'elle est liée à celle de la capacité d'agir au fond dans le cadre du litige.

Le système français combine l'exception d'inconstitutionnalité puisque la question est posée par une partie à un litige devant un juge ordinaire et la question préjudicielle puisque le juge, s'il estime que la question répond aux conditions établies par la loi organique du 10 décembre 2009, renvoie celle-ci au Conseil constitutionnel et, dans l'attente de la réponse, sursoit en principe à statuer.

En cas d'inconstitutionnalité, la loi n'est pas nécessairement annulée, elle peut simplement être déclarée inapplicable au litige. Les pouvoirs publics auront ensuite le devoir de remédier à la situation en corrigeant la loi pour éviter la multiplication de recours qui aboutiraient à rendre la loi ineffective. Mais il est également possible, comme c'est le cas en France après la réforme constitutionnelle de 2008 de mettre fin à la loi inconstitutionnelle en confiant au juge constitutionnel le soin de moduler les effets de cette annulation, notamment en ce qui concerne les situations nées sous l'empire de la législation annulée.

Conclusion : Largement développé dans les régimes occidentaux, la France faisant figure d'exception jusqu'à la Ve République, le contrôle a été introduit dans ceux des régimes d'Europe centrale et orientale qui l'ignoraient encore. C'est qu'avec le pluralisme politique, la garantie de la suprématie de la Constitution apparaît comme l'un des critères de la démocratie moderne. Le contrôle de la constitutionnalité des lois a pour effet de « juridiciser » la vie politique. Il permet à l'opposition, notamment en cas d'alternance, de veiller à ce que les actions de la nouvelle majorité restent dans le cadre de la Constitution. Un certain nombre de conflits politiques ne peuvent plus se développer que dans le respect de la Constitution. Dans les cas où la question de constitutionnalité peut être posée à l'initiative des particuliers, mais aussi par le contrôle abstrait, il s'est révélé un instrument indispensable de défense des droits fondamentaux. Enfin, par le pouvoir d'interprétation reconnu au juge, il permet l'adaptation des règles constitutionnelles aux exigences du temps présent.

Pour aller plus loin

Bibliographie

- O. Beaud, *La puissance de l'État*, PUF, coll. « Léviathan », 1996
- L. Favoreu, *Les cours constitutionnelles*, Economica, 1986
- C. Klein, *Théorie et pratique du pouvoir constituant*, PUF, coll. « Voies du droit », 1996
- D. Rousseau, *La justice constitutionnelle en Europe*, LGDJ, coll. « Clefs », 2020

Exemples de sujets d'examen donnés :

Dissertations :

- Qu'est-ce qu'une constitution ?
- Constitution matérielle et constitution formelle
- Le contrôle de constitutionnalité par voie d'exception
- Souveraineté de la loi, contrôle de constitutionnalité et gouvernement des juges

Deuxième partie

Les régimes politiques étrangers

L'étude des régimes politiques étrangers ne saurait être exhaustive. Il s'agira d'illustrer la théorie des régimes politiques en étudiant certains d'entre eux qui font souvent figure de modèles.
À cette fin, nous avons choisi d'étudier un régime présidentiel, le régime des États-Unis d'Amérique, deux régimes parlementaires, celui du Royaume-Uni qui fait figure de modèle et celui de la République fédérale d'Allemagne qui a exercé une influence considérable sur les nouvelles constitutions d'Europe centrale et orientale, et de faire le point sur l'évolution constitutionnelle de la Russie et des pays d'Europe de l'Est.

70 **Chapitre 1 – Le régime présidentiel américain**
95 **Chapitre 2 – Le régime parlementaire britannique**
118 **Chapitre 3 – Le régime parlementaire allemand**
129 **Chapitre 4 – L'évolution de la Russie et des pays d'Europe centrale et orientale**

Chapitre 1
Le régime présidentiel américain

L'essentiel

Le régime politique américain peut servir de modèle pour la théorie constitutionnelle à plusieurs égards :

• Il s'agit de la plus ancienne constitution écrite (1787). Les compromis réalisés par les Pères fondateurs lors de la convention de Philadelphie, qui a élaboré cette Constitution, correspondaient si bien aux nécessités du pays que les révisions constitutionnelles ont été peu fréquentes (dix-sept amendements si l'on excepte les dix premiers, la Déclaration des droits ou Bill of Rights, *qui font partie du compromis initial). Mais, la longévité constitutionnelle est également liée au fait que les règles constitutionnelles laissaient suffisamment de marge à la pratique, ce qui a permis les évolutions indispensables. La jurisprudence de la Cour suprême des États-Unis a également contribué à cette adaptation constante des règles constitutionnelles aux nécessités du temps.*

• La Constitution américaine établit un régime de séparation rigide des pouvoirs. Cette séparation permettait aux constituants d'éviter l'existence d'un pouvoir fédéral trop puissant en divisant celui-ci en trois pouvoirs qui se contrôleraient mutuellement. Elle présentait également l'avantage de contrebalancer, par un exécutif puissant, le pouvoir de chambres dont on craignait qu'elles ne se fassent l'écho des agitations populaires. Enfin, le risque de paralysie qui pouvait découler d'une séparation rigide des pouvoirs tournait à l'avantage des États fédérés qui ainsi n'avaient pas à craindre l'hégémonie du pouvoir fédéral.

• Enfin, la Constitution américaine établit le premier régime fédéral moderne. Le compromis réalisé entre fédéralistes et partisans des droits des États à Philadelphie instituait un bicaméralisme de type fédéral ainsi qu'un système d'élection du président au suffrage universel indirect qui devaient garantir le maintien de l'équilibre entre État fédéral et États fédérés. Cependant les controverses entre partisans de l'Union et partisans des droits des États ont marqué les premières années d'existence de la fédération et il faudra attendre l'échec des confédérés lors de la guerre de Sécession pour que les États-Unis puissent devenir réellement une « Union indestructible d'États ».

Section 1 – Le président

La présidence des États-Unis est aujourd'hui la figure dominante de la vie politique américaine. Certes, les Pères fondateurs souhaitaient un exécutif fort, mais ils ne pouvaient imaginer l'importance que prendrait l'institution présidentielle. Cette importance est liée à la personnalisation du pouvoir. La présidence américaine s'identifie avec un président élu au suffrage universel et, comme tel, objet ou cible des médias. La prééminence présidentielle tient également au rôle majeur joué par l'exécutif dans les relations extérieures et la défense.

La croissance du pouvoir présidentiel s'est produite pendant des périodes de crises et elle a été rendue irréversible par l'accession des États-Unis au rang de grande puissance mondiale.

§ 1 – L'élection présidentielle

Cette élection constitue le moment le plus important de la vie politique américaine et l'un des rares où les électeurs aient vraiment conscience d'exercer un choix à l'échelle fédérale et où les partis, plus confinés d'ordinaire dans les limites des États fédérés, accèdent à une existence nationale.

I – Le mandat

A – Durée

Le mandat présidentiel est d'une durée de *quatre ans*. Autrefois seule la pratique voulait que le président ne sollicite pas plus de deux mandats comme l'avait fait le premier président Washington. Après que F. D. Roosevelt ait postulé avec succès pour quatre mandats successifs (1933-1945), le XXIIe amendement à la Constitution limite à *deux le nombre de mandats*.

B – Vacance

Le système américain repose sur l'absence d'élections anticipées. En cas de vacance de la présidence, le vice-président élu en même temps que le président vient remplir cette fonction jusqu'au terme normal du mandat. Si le vice-président succède au président dans les deux premières années du mandat présidentiel, il ne pourra par la suite n'être élu qu'une fois. Si la succession intervient dans les deux dernières années, il pourra exercer encore deux mandats.

C – Ordre de succession

Depuis 1967, le XVe amendement règle l'ordre de succession. Le vice-président achève le mandat du président en cas de décès, démission ou de destitution du président. Il nomme un nouveau vice-président qui entre en fonction dès sa confirmation par un vote majoritaire des deux chambres. Un nouveau vice-président est nommé de la même manière en cas de décès ou de démission du vice-président élu. Au cas où le vice-président serait dans l'incapacité de succéder au président, la succession incombe au président de la Chambre des représentants, puis au président *pro tempore* du Sénat, puis aux membres du Cabinet, à commencer par le secrétaire d'État.

Le vice-président remplace également le président en cas d'incapacité du président. Le XXVe amendement prévoit également une procédure destinée à faire constater, le cas échéant par le Congrès, l'incapacité du président.

II – L'élection

L'élection présidentielle est un long processus qui commence par une sélection des candidats au sein des partis et s'achève par un vote au suffrage universel à deux degrés.

A – La désignation des candidats est le fait des citoyens dans le cadre des partis politiques

L'organisation d'élections primaires a pour objet d'enlever aux responsables de partis politiques le choix des candidats pour le confier aux citoyens. L'obligation de recourir aux élections primaires s'est imposée progressivement et ce n'est que dans les années 1970 que leur résultat cessera d'être consultatif. Elles ne sont pas réservées aux élections présidentielles, mais s'imposent dans un grand nombre d'élections tant nationales que locales. Elles se déroulent selon des modalités différentes dans les différents États, mais la Cour suprême veille à ce que les législations des États ne portent pas atteinte à la liberté des partis politiques. Pour les élections présidentielles, chaque parti désigne, dans chaque État, ses délégués à la convention nationale du parti et les candidats en faveur duquel ces délégués voteront soit par des élections primaires, soit par des caucus. Le nombre de délégués par État est fixé par chaque parti politique en fonction de divers critères au sein desquels la population joue le rôle le plus important.

a) Les élections primaires permettent aux électeurs d'un parti de choisir le candidat à la présidence. Les primaires sont soit *fermées*, c'est-à-dire réservées aux citoyens enregistrés comme favorables au parti, soit *ouvertes*, c'est-à-dire que tout électeur qui le souhaite y participera. Dans ce cas, il manifeste son intention de participer au choix du candidat d'un parti politique, soit en faisant une déclaration publique, soit en votant simplement pour le candidat d'un parti. Mais il ne pourra voter qu'à une seule primaire républicaine ou démocrate. Dans certains cas, il était possible à l'électeur d'exercer ce choix pour chaque poste (président, sénateur, représentant, gouverneur...) à pourvoir, en sélectionnant les candidats sans tenir compte de leur appartenance partisane. Ce système utilisé dans un petit nombre d'États n'était guère appliqué à l'élection présidentielle. Dans un arrêt du 26 juin 2000, la Cour suprême a déclaré qu'un système de primaires ouvertes de ce type (*blanket primary*) était contraire à la Constitution parce qu'il intervenait de manière abusive dans le processus selon lequel chaque parti doit pouvoir choisir ses candidats (*California Democratic Party v. Bill Jones*). Les primaires peuvent se dérouler soit au scrutin majoritaire, le candidat qui l'emporte obtenant tous les délégués à la convention du parti, soit au scrutin proportionnel. La grande majorité des États a recours aux primaires.

b) Les caucus sont des réunions de militants du parti qui choisissent les délégués au terme d'un processus de sélection complexe avec vote public. Les caucus connaissent une participation plus faible que les primaires, car ils ne concernent en fait que les militants les plus engagés.

c) À ces délégués peuvent venir s'ajouter des personnalités désignées par le parti (super délégués) afin d'éventuellement corriger les résultats du vote populaire. Pour le parti démocrate, ces personnalités ne participaient pas au premier tour de vote pour la sélection du candidat en 2020, mais pouvaient intervenir par la suite.

Les premières élections primaires se déroulent au mois de février. On a noté une forte tendance de certains États à avancer la date des primaires afin de leur permettre d'accroître leur influence sur le choix du candidat. Les partis politiques ont réagi et ont refusé en 2008 de valider les résultats de certaines primaires organisées prématurément, ce qui a suscité de vives controverses au sein du parti démocrate, Mme Clinton ayant remporté ces primaires.

Aujourd'hui, un homme politique n'a guère de chance d'être désigné comme candidat par un des deux grands partis s'il ne se présente aux élections primaires. Celles-ci n'ont pas seulement comme fonction de permettre le choix du candidat par les électeurs, elles permettent à l'ensemble des candidats de tester leur popularité et de savoir s'ils ont ou non intérêt à rester en course jusqu'à la convention. Un échec prématuré aux premières élections primaires rend difficile la réunion des moyens financiers permettant de poursuivre la campagne.

• **La convention nationale** de chaque parti réunit les délégués élus lors des primaires et désigne à la majorité le candidat à la présidence et complète le ticket présidentiel par la désignation du candidat à la vice-présidence lequel est en fait choisi par le candidat à la présidence de telle sorte que, par sa personnalité, son origine géographique et ses opinions, il soit complémentaire et puisse attirer des voix qui ne se porteraient pas spontanément sur le candidat à la présidence. Dans la mesure où, actuellement, les jeux sont généralement faits avant la convention, cette dernière est avant tout une manifestation de l'unité du parti autour de ses candidats.

• Pour être éligible, il faut être né citoyen américain, avoir trente-cinq ans et avoir été résident aux États-Unis pendant quatorze ans. Sur le plan politique, les candidats des grands partis étaient généralement blancs, anglo-saxons et, à l'exception de Kennedy, protestants. Ils avaient exercé des fonctions politiques importantes, notamment celles de gouverneur d'un État fédéré (Carter, Reagan, Clinton, Bush). Si le président sortant désire se représenter, il sera généralement désigné sans grandes difficultés, mais sa réélection n'est pas garantie (Taft, Hoover, Carter, Bush père, Trump). Le président Obama est le premier candidat afro-américain élu à la présidence des États-Unis. Comme son concurrent, il siégeait au Sénat des États-Unis. Le président Trump constituait une exception, car il n'avait pas exercé de responsabilités politiques avant sa candidature, mais venait du milieu des affaires.

Il y a généralement plus de deux candidats, mais, en fait, un tiers candidat a de très faibles chances d'être élu. Il pourrait seulement empêcher le vainqueur d'être élu avec la majorité absolue des électeurs. En fait, seuls les candidats des partis républicain et démocrate ont des chances sérieuses d'être élus.

La campagne électorale commence en septembre. Les médias y jouent un rôle essentiel. Le financement des campagnes électorales est réglementé par le *Federal Campaign Act* de 1971 et le *Bipartisan Campaign Reform Act* de 2002. Les candidats peuvent opter pour un financement public qui exclut alors largement le recours au financement privé. Malgré ces textes, le recours aux fonds privés joue un rôle fondamental dans l'élection et d'ailleurs plusieurs candidats renoncent au financement public pour pouvoir bénéficier plus librement de fonds privés. On estime que le montant total des fonds investis dans la campagne de 2016 serait de 3 milliards de dollars. La législation fixe des limites quant au montant des fonds qui peuvent être fournis par les entreprises, mais la Cour suprême a estimé que la règle interdisant à celles-ci d'intervenir dans les médias lors de la campagne électorale était contraire à la liberté d'expression, ce qui permet un financement indirect sans limites de la campagne d'un candidat à travers des comités d'action politique dit « *Super PACs* » (*Citizens United v. Federal Election Commission*, 21 janv. 2010). En 2020, les dépenses de campagne se sont élevées à 11 milliards de dollars dont plus des deux tiers provenaient des *Super PACs*.

B – L'élection est à deux degrés

1. Les électeurs présidentiels

Sont d'abord élus, dans chaque État, des électeurs présidentiels. Chaque État dispose d'un nombre d'électeurs présidentiels égal au nombre des sénateurs et des représentants dont il dispose au Congrès. Ces électeurs sont élus au scrutin de liste majoritaire à un tour. Le système avantage les petits États qui sont surreprésentés puisque chaque État dispose de deux sénateurs quelle que soit sa taille. Le scrutin est très déformateur et un faible écart de voix peut produire un grand écart quant au nombre d'électeurs présidentiels dont disposera chaque candidat. En 1992, M. Clinton disposait des voix de 70 % des électeurs présidentiels avec 43 % des suffrages exprimés, malgré l'existence d'un troisième candidat, M. Perot, qui n'a obtenu aucun électeur présidentiel bien que 19 % des suffrages se soient portés sur lui. En 1996, avec 50 % des voix, le président Clinton a obtenu 66 % des grands électeurs. Mieux encore, en novembre 2000, G. W. Bush a été proclamé élu alors qu'il avait moins de suffrages populaires que son concurrent Al Gore. Bien qu'il ait été distancé d'environ 500 000 voix, il a obtenu 5 grands électeurs de plus que son concurrent. De même en 2016, Mme Clinton a obtenu 227 grands électeurs avec 48,18 % des suffrages populaires et M. Trump 304 grands électeurs avec 46,09 % des suffrages. C'est la cinquième fois dans l'histoire américaine qu'un candidat est élu en ayant réuni moins de suffrages populaires que son concurrent et la seconde au XXe siècle, mais ici l'écart est très important puisque Mme Clinton a réuni trois millions de voix de plus que M. Trump. La victoire de M. Trump s'explique par le fait qu'il ait remporté avec une très faible marge trois États désignant un grand nombre d'électeurs présidentiels (Michigan, Pennsylvanie, Wisconsin). Cette situation amène à s'interroger sur le caractère démocratique du système, mais il constitue un élément du pacte fédéral américain en préservant la place des états fédérés dans l'élection.

2. Le président et le vice-président

Les électeurs présidentiels élisent ensuite le président et le vice-président. Juridiquement, leur mandat n'est pas impératif, mais il est très rare qu'ils ne votent pas en faveur du candidat sur le nom duquel ils ont été élus, si bien que l'on connaît le résultat au lendemain de l'élection des électeurs présidentiels.

La Constitution prévoit qu'au cas où une majorité de grands électeurs ne se dégagerait pas, le président serait élu par la Chambre des représentants, les représentants votant par État. Ce système dont les Pères fondateurs pensaient qu'il serait la règle, ne joue plus en fait aujourd'hui.

L'élection présidentielle de 2000 a été marquée par un véritable suspense en raison des contestations intervenues en Floride alors que la victoire dans cet État était déterminante pour le résultat des élections. Al Gore ayant demandé, avec le soutien de la Cour suprême de l'État de Floride, un recomptage manuel des bulletins de vote, la Cour suprême des États-Unis a arrêté le recomptage par cinq voix contre quatre au motif que le respect de la date prévue pour la détermination des grands électeurs, le 12 décembre, l'emportait sur toute autre considération. Sept des membres de la Cour suprême ont estimé que le système de décompte manuel des voix n'offrait pas aux candidats le bénéfice d'une égale protection devant la loi. Tandis que la minorité de la

Cour était d'avis que, dans ces conditions, il était nécessaire de poursuivre le décompte en adressant à la Cour suprême de Californie des indications qui lui auraient permis de veiller à ce que cette tâche soit accomplie dans le respect des principes constitutionnels, la majorité a fait prévaloir les règles de délais imposées par une loi fédérale. Cette décision a été très controversée et comme l'écrivait un des juges de la minorité, le juge Stevens : « Nous ne connaîtrons peut-être jamais avec une complète certitude l'identité du vainqueur de cette élection présidentielle, mais l'identité du perdant est parfaitement claire. C'est la confiance de la Nation dans le Juge comme gardien impartial du règne du Droit ». En fait, d'après des enquêtes ultérieures, il semble bien que l'attribution de la victoire en Floride à G. W. Bush ait été justifiée. L'élection de 2020 a été marquée par la contestation incessante du résultat des élections menée par le candidat vaincu, Donald Trump, à travers des recours judiciaires infructueux, des pressions exercées sur les autorités locales afin qu'elles modifient le résultat du scrutin et la tentative d'empêcher la certification des résultats par le Congrès qui donna lieu à l'assaut du Capitole par les partisans du président vaincu.

§ 2 - L'organisation de l'exécutif

Le chef de l'État est le seul détenteur du pouvoir exécutif. Il ne partage donc pas le pouvoir, comme dans un régime parlementaire, avec un Premier ministre. Totalement indépendant puisqu'il n'est pas responsable politiquement devant le Congrès, appuyé par des services administratifs nombreux, il apparaît comme l'un des exécutifs les plus puissants dans un régime démocratique.

I - Le vice-président

Le vice-président n'a pas d'attributions propres si ce n'est qu'il préside le Sénat avec le droit de trancher en cas de partage des voix dans cette chambre. Pour le reste, il assiste aux réunions du Cabinet et des conseils et exécute les tâches que lui confie le président. Traditionnellement, il jouait un rôle essentiellement protocolaire, mais on note une tendance contemporaine des présidents à s'appuyer davantage sur leurs vice-présidents. Cette pratique ne semble pas être suivie par le président Trump.

II - Le Cabinet

Il est composé des quinze membres, responsables chacun d'un département ministériel et qui portent le titre de Secrétaire, nommés par le président avec l'avis et le consentement du Sénat. Le Cabinet n'est pas un organe collégial et n'est pas responsable devant le Congrès. Les membres du Cabinet conseillent le président lequel n'a aucune obligation de les consulter. Selon la formule de Lincoln, « Sept oui, un non, le mien ; les non l'emportent ». Le président est le seul détenteur du pouvoir exécutif et il n'est pas obligé de réunir le Cabinet. D'autres chefs d'agences exécutives peuvent participer aux réunions du Cabinet selon la volonté du président. Le secrétaire d'État qui a la charge de la politique étrangère est l'un des principaux personnages du Cabinet et, lors de son premier mandat, le président Obama avait confié cette charge à Mme Hilary Clinton qui était sa principale concurrente à l'investiture pour les élections présidentielles. Pour son second mandat, il a choisi John Kerry, ancien sénateur et ancien candidat démocrate à la présidence. Le premier secrétaire d'État du président Trump a été Ralph Tillerson, président de la société pétrolière Exxon Mobil. Il a été remplacé par Mike Pompeo qui avait auparavant été nommé directeur de la CIA par le président. Le secrétaire d'État du président Biden est Antony Blinken qui avait déjà exercé la fonction de secrétaire d'État adjoint lors de la présidence Obama.

III – Les services de la présidence

Ils comprennent notamment :

– les services propres du président, dont ses conseillers qu'il choisit discrétionnairement, sont regroupés dans le *White House Office* sous l'autorité du chef de cabinet (*White House Chief of Staff*), collaborateur le plus proche du président dont l'autorité est considérable ;

– l'*Executive Office of the President* qui comporte diverses organisations techniques rattachées directement à la présidence dont l'*Office of Management and Budget* (préparation et exécution du budget), le *National Security Council* (qui conseille le président en matière de politique étrangère et de défense), le groupe des conseillers économiques…

Tableau 1 – Résultats des élections présidentielles

Année	Candidats	Grands électeurs	Suffrages exprimés	%
1960	J. F. Kennedy (D)	303	36 108 000	49,7
	R. Nixon (R)	219	34 227 000	49,5
1964	L. B. Johnson (D)	486	43 130 000	61,1
	B. Goldwater (R)	52	27 178 000	49,5
1968	R. Nixon (R)	301	31 785 000	43,4
	H. H. Humphrey (D)	191	31 275 000	42,7
	G. C. Wallace	46	9 906 000	13,5
1972	R. Nixon (R)	521	45 861 000	61
	G. S. Mc Govern (D)	17	28 402 000	38
1976	J. Carter (D)	297	40 830 000	51
	G. Ford (R)	240	39 147 000	48
1980	R. Reagan (R)	489	43 900 000	51,7
	J. Carter (D)	49	35 484 000	41
	J. B. Anderson	0	6 050 000	7
1984	R. Reagan (R)	525	47 100 000	59
	W. Mondale (D)	13	32 610 000	41
1988	G. H. W. Bush (R)	426	48 881 011	53,3
	M. Dukakis (D)	112	41 828 350	45,6
1992	B. Clinton (D)	370	43 728 275	43
	G. H. W. Bush (R)	168	38 167 400	38
	R. Perot	0	19 237 200	19
1996	B. Clinton (D)	379	47 401 285	49,24
	R. J. Dole (R)	159	39 197 149	40,71
	R. Perot	0	8 085 294	8,4

2000	G. W. Bush (R)	271	50 456 169	47,87
	A. Gore (D)	266	50 996 04	48,38
	R. Nader (Verts)	0	2 882 708	2,73
2004	G. W. Bush (R)	286	62 040 606	50,73
	J. Kerry (D)	251	59 028 109	48,27
2008	B. Obama (D)	365	69 456 897	52,92
	J. Mc Cain (R)	173	59 934 814	45,66
2012	B. Obama (D)	332	65 899 660	51,06
	M. Romney (R)	206	60 929 152	47,21
2016	D. Trump (R)	304	62 984 825	46,1
	H. Clinton (D)	227	65 853 516	48,2
2020	J. Biden (D)	306	81 268 924	51,31
	D. Trump (R)	232	76 216 154	46,86
D = Démocrate – R = Républicain.				

Les tiers candidats ayant obtenu moins de 1 % des suffrages ne sont pas mentionnés.

§ 3 - Les pouvoirs du président

En sa qualité de chef de l'exécutif, le président dispose d'importants pouvoirs sur l'administration et de pouvoirs en matière de relations extérieures et de défense.

I - Le président, chef de l'administration

A - Le pouvoir de nomination des fonctionnaires

L'article II, section 2, de la Constitution accorde au président le pouvoir de nommer les fonctionnaires. Il s'est agi d'une prérogative importante dans le passé alors qu'il n'existait pas de fonction publique comportant un droit à la garantie de l'emploi. Chaque président nommait des fonctionnaires qui appartenaient à son parti pour les récompenser de leur soutien à la place de fonctionnaires nommés par le président précédent *(spoils system)*. Depuis 1883, un nombre de plus en plus important de fonctionnaires est nommé sur la base du mérite et le pourcentage d'emplois à la discrétion du président n'excède pas 10 %. Mais il s'agit des fonctions les plus importantes.

Le Sénat doit donner son avis et consentement sur chaque nomination à un poste important. S'il contrôle avec soin les nominations des membres du Cabinet et des juges à la Cour suprême, il peut se montrer plus libéral dans les autres cas. Cependant, il s'est penché avec attention sur la nomination par le président G. W. Bush du représentant auprès des Nations unies et la confirmation n'étant pas intervenue avant la fin de la session parlementaire, le président a nommé celui-ci à titre provisoire avant d'obtenir la confirmation nécessaire. La confirmation des fonctionnaires nommés par le président Obama a fait l'objet de procédures d'obstruction systématique au Sénat ce qui a entraîné une modification des règles visant à mettre fin à l'obstruction (v. p. 81).

On s'est interrogé sur le pouvoir de l'exécutif de révoquer les fonctionnaires sans l'accord du Sénat. La Cour suprême a confirmé l'existence d'un pouvoir présidentiel discrétionnaire pour les emplois qui relèvent de l'exécutif (*Myers v. United States*, 1926).

B – Le pouvoir de veiller à l'exécution des lois

L'article 2, section III, de la Constitution impose au président de veiller à la fidèle exécution des lois. Le président détient donc un pouvoir réglementaire pour la mise en œuvre de la législation. Ce pouvoir s'étend bien au-delà de la stricte exécution et les *Executive Orders* (décrets présidentiels) présidentiels peuvent intervenir dans des matières non couvertes par la loi. Il peut également bénéficier de délégations du Congrès. Cette pratique qui s'est largement développée à l'occasion des deux guerres mondiales touche aujourd'hui de nombreux domaines. Les *Executives Orders* ont un effet obligatoire pour l'administration et les agences fédérales. Ils ne peuvent produire d'effets directs pour les individus à moins que le président n'ait reçu ce pouvoir par délégation du Congrès. Le Congrès souhaitait conserver un contrôle sur l'exercice des délégations et retenir notamment le pouvoir d'annuler les mesures prises sur leur base. La Cour suprême a estimé en 1983 qu'une loi accordant un veto législatif à une seule chambre était contraire au principe de séparation des pouvoirs (*Immigration and Naturalization Service v. Chadha*, 462 US 819). Cependant cet arrêt n'a pas mis fin à la pratique du contrôle législatif.

Dans le cadre de son pouvoir d'exécution, le président a prétendu qu'il détenait le droit de ne pas dépenser les crédits votés par le Congrès (*impoundment of funds*) ou de les imputer à d'autres fins. Cette revendication présidentielle a été condamnée par la Cour suprême (*Train v. City of New York*, 1975). Le Congrès, dans le *Budget and Impoundment Act* de 1974, oblige le président à dépenser les crédits tels qu'ils ont été votés, sauf autorisation du Congrès.

Le président Trump a fait de l'usage des *Executives Orders* un instrument essentiel de sa politique notamment en matière économique, d'abolition du système de santé mis en place par le président Obama, d'immigration ou de sanctions sur les États tiers.

II – Le président, responsable des affaires extérieures et de la défense

A – Le responsable de la diplomatie

Les pouvoirs en matière de relations extérieures sont largement partagés entre le président et le Sénat. Si le président nomme les ambassadeurs, c'est avec l'avis et le consentement du Sénat. Si le président négocie et ratifie les traités, il a besoin de l'autorisation de ratifier du Sénat à la majorité des deux tiers.

Cependant, le président a acquis rapidement le contrôle de la diplomatie qui, compte tenu du rôle mondial des États-Unis, exige une direction unique. En ce qui concerne les traités, le recours fréquent aux *Executive agreements* qui ne sont pas soumis à ratification permet d'éviter le recours à la majorité des deux tiers au Sénat. Cependant, le Congrès a imposé au président, par le *Case Act* (1972), de lui soumettre tout accord dans les soixante jours.

B – Le Commandant en chef

Si le Congrès dispose du pouvoir de déclarer la guerre, le président joue un rôle essentiel en matière de défense. Il définit en fait la doctrine militaire des États-Unis et peut prendre la décision d'engager les forces américaines à l'extérieur sans déclaration de guerre. C'est à la suite du conflit vietnamien que le Congrès a tenté de limiter les pouvoir du président dans le *War Powers Act* (1973). Si le président engage les forces armées américaines à l'extérieur, il doit les retirer après soixante jours si le Congrès ne déclare pas l'état de guerre et auparavant à tout moment à la demande du Congrès. Le *War Powers Act* n'a cependant pas empêché les interventions américaines à la Grenade, à Panama ou au Kosovo. En ce qui concerne l'intervention américaine en Irak, elle a été autorisée par le Congrès en 2003.

Section 2 – Le Congrès

La croissance continue des pouvoirs présidentiels a fait de l'ombre au Congrès. Cependant, ce dernier, fort de son indépendance, puisqu'il ne peut être dissous, conserve des pouvoirs considérables qui vont bien au-delà de ceux des parlements européens.

§ 1 – L'élection des membres du Congrès

Le mandat des membres du Congrès est de deux ans pour les membres de la Chambre des représentants, et de six ans pour le Sénat. Le Sénat étant renouvelable par tiers tous les deux ans, les élections ont lieu tous les deux ans, les années paires, pour renouveler l'ensemble des représentants et le tiers des sénateurs (*mid term elections*). Une fois tous les quatre ans, les élections au Congrès coïncident avec l'élection présidentielle.

La brièveté du mandat des membres de la Chambre des représentants est contrebalancée par un taux important de réélection puisqu'il dépasse les 80 %. C'est la raison pour laquelle la majorité républicaine a tenté sans succès de faire adopter un amendement constitutionnel limitant le nombre de renouvellements. De son côté, la Cour suprême a déclaré, le 21 mai 1995, inconstitutionnelle une loi d'un État fédéré établissant une telle limitation.

I – Les sénateurs

Le Sénat représentant les États fédérés, chaque État dispose de deux sénateurs. Ceux-ci sont élus au scrutin majoritaire à un tour, l'État fédéré, dans son ensemble, constituant la circonscription électorale. Les sénateurs doivent être âgés de trente ans et avoir la nationalité américaine depuis neuf ans au moins.

II – Les représentants

La Chambre des représentants représente la population. Elle est composée de 435 membres répartis entre les États en fonction de leur population. Les candidats doivent être âgés de 25 ans au moins et avoir la nationalité américaine depuis plus de sept ans. L'élection a lieu au suffrage uninominal majoritaire à un tour dans le cadre de circonscriptions qui, selon la Cour suprême, doivent être égales en population.

§ 2 - L'organisation du Congrès

Trois aspects méritent d'être soulignés.

I - La présidence

La présidence du Sénat est exercée de droit par le vice-président, mais le Sénat élit un président *pro tempore* qui préside en l'absence du vice-président lequel n'intervient qu'exceptionnellement, notamment pour voter en cas de partage des voix à égalité. La présidence de la Chambre des représentants est exercée par un *speaker* élu sur une base partisane. Le *speaker* apparaît donc comme le chef du parti majoritaire. Il est l'une des personnalités les plus influentes de la vie politique américaine.

II - Les commissions

Elles sont les organes de travail du Congrès. La répartition des membres du Congrès entre les commissions est décidée par chacun des partis. Autrefois, les présidences de commissions étaient attribuées aux élus du parti majoritaire sur la base de l'ancienneté (au parlementaire réélu le plus grand nombre de fois consécutif dans la chambre concernée). Cette règle est aujourd'hui atténuée.

Il existe des commissions permanentes chargées de préparer le travail législatif, des commissions spéciales provisoires chargées d'enquêter sur un problème particulier et des commissions conjointes (Chambre des représentants-Sénat) qui traitent essentiellement de questions d'ordre administratif relatives à la gestion du Congrès.

Les commissions peuvent pratiquer des auditions publiques dans le cadre de leurs travaux et les commissions d'enquête bénéficient de pouvoirs quasi-juridictionnels (audition de témoins, obligation de production de documents...).

III - Les groupes politiques

Les partis politiques sont présents au Congrès et jouent un certain rôle dans la répartition des fonctions entre les membres du Congrès, notamment en ce qui concerne la présidence et la composition des commissions. Pour le reste, en l'absence de discipline de vote, les leaders des groupes exercent certes une influence importante sur les membres du Congrès, mais ne possèdent pas le pouvoir de maintenir une discipline comparable à celle des groupes politiques des parlements européens. Cette situation permet au président de rechercher des accords bipartisans.

§ 3 - Les pouvoirs du Congrès

Le Congrès détient essentiellement un pouvoir législatif. Il ne faut cependant pas oublier que le Sénat dispose de pouvoirs particuliers notamment en ce qui concerne la nomination des fonctionnaires et la ratification des traités. En raison de ces pouvoirs, de la durée de son mandat et du petit nombre de ses membres, le Sénat apparaît comme la plus importante des deux chambres.

I – La procédure législative

A – Le déroulement de la procédure

• L'*initiative* des lois appartient aux membres du Congrès, mais il agit dans la plupart des cas sur la base d'incitations présidentielles. La proposition est inscrite à l'ordre du jour de la chambre et transmise pour examen à une *commission* qui délègue généralement celui-ci à une sous-commission.

• De nombreuses propositions ne franchissent pas cette première étape. On a pu qualifier les commissions du Congrès de « cimetière législatif ». Il suffit en effet qu'une commission n'agisse pas pour que la loi n'ait aucune chance d'aboutir.

Si elle décide d'agir, la commission pourra procéder à des auditions *(hearings)* pour s'informer des problèmes traités par la loi, puis elle s'attachera à la rédaction du texte qui sera soumis à la chambre.

• La proposition sera alors inscrite à l'*ordre du jour de la chambre* et un débat sera organisé. Le texte issu de la commission fera alors l'objet d'amendements. Alors que la Chambre des représentants ne peut voter que des amendements ayant un lien de connexité avec le texte, le Sénat dispose en principe d'un pouvoir sans limites, ce qui permet à certains sénateurs de faire adopter des amendements sans aucun rapport avec le texte à l'examen. Ils peuvent ainsi monnayer leur vote en échange d'amendements profitables pour leur État.

• Lorsque le texte a été adopté dans une chambre, il doit l'être dans l'autre en *termes identiques*. À défaut, des représentants des deux chambres se réunissent en commission de conciliation pour trouver un accord. S'ils y parviennent, le texte adopté par la commission ne pourra plus être amendé, mais devra être adopté ou rejeté en bloc dans les deux chambres.

B – Les possibilités d'obstruction

Le parcours législatif n'est pas aisé, car les facultés d'obstruction sont très nombreuses.

• On a déjà dit que l'*inaction d'une commission* était suffisante pour entraîner l'abandon d'une proposition. Il suffit donc de l'opposition du président de la commission choisie ou du choix par celui-ci d'une sous-commission défavorable au texte pour conduire la proposition à l'échec.

• Aucun texte ne peut être inscrit à l'ordre du jour de la Chambre des représentants s'il n'a pas été placé sur le calendrier des débats par la *commission des règles* (*Rules Committee*). Autrefois, la commission détenait un droit de vie et de mort sur les propositions. Devant les abus, les pouvoirs de la commission ont été réduits, mais elle joue cependant un rôle capital dans l'inscription d'un texte à l'ordre du jour.

• Le droit de parole n'est pas limité au Sénat, ce qui permet à un groupe de sénateurs de prendre indéfiniment la parole pour retarder l'adoption d'un texte, voire entraîner l'abandon de l'examen de celui-ci. Le plus long usage de cette procédure a été fait par le sénateur Thurmond qui, en 1957, a parlé durant 24 heures et 18 minutes pour s'opposer à la loi sur les droits civiques. À cette occasion, le groupe de sénateurs opposés au texte a réussi à bloquer le processus pendant 57 jours. Progressivement, l'usage de l'obstruction a été limité. Aujourd'hui, il n'est possible de mettre un terme à cette pratique connue sous le nom de *flibuste* que si les trois cinquièmes des sénateurs (60) demandent la clôture du débat, ce qui n'est pas fréquent. Devant les obstructions répétées à l'encontre de nominations de fonctionnaires et de juges, le Sénat a décidé qu'il serait possible de mettre fin à celle-ci par un vote majoritaire, mais cette nouvelle limitation du pouvoir d'obstruction du Sénat ne s'appliquait ni à la législation, ni à la nomination des juges à la Cour suprême. Elle a été par la suite étendue à la nomination des juges à la Cour suprême.

L'obstruction reste donc aisée en matière législative et des minorités bien organisées peuvent paralyser le débat.

Il convient également de tenir compte du fait que le Congrès agit sous la pression du temps puisqu'un texte non adopté à la fin d'une législature (deux ans) doit recommencer le marathon législatif lors de la législature suivante. Les fins de législature sont donc encombrées par l'examen de nombreux textes que l'on regroupe souvent en une seule loi (*megabill*) afin d'en rendre l'adoption plus facile.

Une fois adoptée, la loi peut encore faire l'objet d'un veto présidentiel (v. p. 83).

II – Le pouvoir budgétaire

• Si, à l'origine, le Congrès détenait seul le pouvoir budgétaire, le président a conquis l'initiative budgétaire depuis qu'en 1939, il s'est vu confier le pouvoir d'élaborer un projet de budget.

• Les commissions du budget des chambres préparent une résolution budgétaire qui fixe le niveau global des dépenses et des recettes. Sont élaborées ensuite les propositions d'impôts. Puis les commissions d'attribution des crédits fixent dans le respect du cadre général les attributions de crédits dans chaque domaine particulier.

Les membres du Congrès sont maîtres dans l'art de se rendre des services mutuels pour s'accorder des autorisations de crédits favorables à leur État ou à leur circonscription.

Cependant, contrairement aux idées reçues, le président a contrôlé avec efficacité l'ensemble du processus budgétaire et a obtenu, sans grandes modifications, l'adoption de ses propositions. Mais ces dernières années ont été marquées par des négociations difficiles sur le *fiscal cliff* (mur ou falaise fiscale). Compte tenu du fait que le plafond de la dette publique est limité, le déficit du budget ne peut plus être financé lorsque le plafond est atteint. Dans ces conditions, il faut augmenter les impôts et/ou réduire les dépenses. En raison de la domination républicaine à la Chambre des représentants, le président a été obligé de chercher un compromis bipartisan. En l'absence d'un tel compromis, les dépenses de l'État sont automatiquement réduites, ce qui entraîne la cessation d'activité de certains services publics (« *sequestration* »). Cette situation s'est produite en 2013. L'influence du Tea Party au sein des républicains a rendu le compromis difficile. Il fallait à la fois augmenter les impôts et réduire les dépenses. Mais les deux partis ne sont pas d'accord sur la définition d'une politique fiscale et les républicains ont tenté de paralyser par ce biais l'assurance-maladie mise en place lors du premier mandat du président Obama. La solution a été trouvée dans une programmation de la réduction du déficit budgétaire sur dix ans. En 2018-2019, le désaccord sur les crédits nécessaires pour financer le mur à la frontière mexicaine a entraîné un arrêt des dépenses (*shut down*) pendant un délai d'un mois suspendant le salaire de 800 000 fonctionnaires fédéraux. Le président Trump a finalement cédé.

Section 3 – Les relations entre le président et le Congrès

L'existence d'une séparation rigide des pouvoirs n'entraîne pas une absence totale de relations entre exécutif et législatif. Tout d'abord, conformément à la théorie de la séparation des pouvoirs, chaque organe détient la faculté d'empêcher. Ensuite, en dehors même des moyens prévus par la Constitution, s'est développée, dans la pratique, toute une gamme de moyens d'action réciproques.

La séparation des pouvoirs n'implique pas que le pouvoir judiciaire ne puisse contrôler le président. Dans l'affaire du Watergate, la Cour suprême (*U.S. v. Nixon*, 418 U.S. 683 [1974]) n'a pas accepté l'invocation discrétionnaire par le président d'un privilège de l'exécutif l'autorisant à refuser de communiquer à l'autorité judiciaire l'enregistrement de conversations tenues dans le bureau présidentiel. Il appartient au juge d'apprécier la portée du privilège de l'exécutif. Pour sa part, le président Clinton avait invoqué un privilège constitutionnel lui permettant de différer jusqu'à la fin de son mandat des poursuites civiles (relatives à une affaire de harcèlement sexuel) portant sur des faits antérieurs à sa prise de fonctions. La Cour suprême a refusé un tel privilège en estimant que ces poursuites ne portaient pas atteinte à la séparation des pouvoirs et n'entravaient pas de manière importante l'activité de l'exécutif (*Clinton v. Jones*, 117 S. Crt 1636 [1997]).

§ 1 – Les moyens d'action du président sur le Congrès

I – Les moyens prévus par la Constitution

La Constitution américaine accorde au président des moyens très limités pour influencer le Congrès.

A – Les sessions extraordinaires du Congrès

Le président dispose du pouvoir de *convoquer les chambres en session extraordinaire ou de les ajourner* en cas de désaccord entre elles sur la date d'ajournement. Dans la mesure où, actuellement, le Congrès siège en permanence, ce moyen est en fait peu utilisé.

B – Le droit de message

La Constitution accorde au président le droit d'informer le Congrès de l'état de l'Union et de lui recommander les mesures nécessaires (art. II, section 3). Ce *droit de message* a évolué dans le sens d'un véritable droit d'initiative législative. Outre le message annuel sur l'état de l'Union, le président adresse au Congrès de nombreux messages qui sont souvent accompagnés de projets de lois entièrement rédigés. Il ne reste plus qu'à un membre du Congrès, ami du président, à les déposer devant l'une des chambres.

C – Le droit de veto

Le président dispose enfin du *droit de veto*. Dans les dix jours qui suivent la transmission d'une loi votée par le Congrès au président, ce dernier peut refuser *expressément* la promulgation et opposer son veto. Le texte ne pourra entrer en vigueur à moins que le veto ne soit levé par un vote dans chacune des chambres à la majorité des deux tiers. Le veto ne peut être opposé qu'à l'ensemble de la loi et non, comme c'est le cas dans certains États fédérés, à certaines dispositions de celles-ci.

L'exigence de la majorité qualifiée dans les deux chambres rend très difficile la levée du veto puisqu'il suffit que le président dispose de l'appui d'un tiers de membres dans l'une des deux chambres pour que le veto soit maintenu. Le nombre de veto renversés n'excède pas 4 %. Ainsi, sur les soixante-dix-huit veto opposés par le président Reagan, neuf seulement ont été levés par le Congrès. Le président Obama a, jusqu'en décembre 2015, utilisé son droit de veto à douze reprises ; un seul de ces veto a été levé par le Congrès. Le président Trump a utilisé dix fois son droit de veto et un seul de ces veto a été renversé.

Le *veto de poche (pocket veto)* est encore plus efficace puisqu'il ne peut être levé. Un projet devient loi si le président n'a pas opposé son veto dans les dix jours qui suivent la transmission du texte à la Maison Blanche à moins que le Congrès soit ajourné avant le dixième jour. Dans ce cas, le silence du président empêche l'entrée en vigueur de la loi et la procédure législative devra être reprise dès le début lors de la prochaine session. Dans la mesure où de nombreuses lois arrivent au terme du parcours législatif en fin de session, le veto de poche est une arme très efficace, mais il est rarement utilisé actuellement.

Grâce au droit de veto, le président, s'il ne peut obtenir du Congrès le vote d'une loi qui lui plairait, dispose de la faculté d'empêcher l'entrée en vigueur d'une loi qui ne lui plaît pas. En menaçant d'utiliser son veto au cours de la procédure législative (veto constructif), le président peut exercer une influence considérable sur le Congrès en l'amenant à renoncer à certains amendements ou à en adopter d'autres. *L'effet dissuasif de la menace de veto conduit à l'instauration d'une coopération législative entre le président et le Congrès.*

À l'opposé de ce qui existe dans certains États fédérés, le veto ne pouvait traditionnellement être opposé qu'à une loi dans son ensemble. Cependant la loi du 9 avril 1996 autorisait le président à annuler certaines dispositions financières d'une loi. La décision d'annulation devrait être transmise au Congrès cinq jours au plus tard après la fin du processus législatif relatif à cette loi. Cette décision pouvait être levée par un vote des deux chambres du Congrès. La constitutionnalité de cette procédure était douteuse. Le *line item veto* a été déclaré contraire à la Constitution à la demande de la ville de New York, victime de restrictions budgétaires à la suite d'un veto. La Cour suprême a estimé que seule une révision constitutionnelle permettrait au président de disposer d'un droit de veto sur une partie d'une loi, alors que cette loi a été adoptée pour le Congrès et promulguée. En fait, le président aurait disposé du pouvoir de refaire les lois en en annulant certaines dispositions. Les dispositions constitutionnelles sur l'exercice du pouvoir législatif ont été soigneusement rédigées par les Pères fondateurs et l'équilibre qu'elles établissent ne peut être modifié par une loi (*Clinton v. City of New York*, 25 juin 1998). Le président ne dispose donc pas du veto sélectif et doit s'opposer à la loi dans son ensemble.

La menace d'user de son droit de veto peut constituer une arme dissuasive adressée au Congrès afin de le convaincre de renoncer à certaines de ses positions sous peine de devoir affronter un veto présidentiel.

II - L'influence du président sur le Congrès

Le président n'est jamais assuré de disposer d'une majorité au Congrès. Il n'est pas rare que les électeurs votent lors de l'élection en faveur d'un candidat à la présidence appartenant à un parti et d'un candidat au Congrès appartenant à un autre parti (*split ticket*). De ce fait, le président et la majorité au Congrès peuvent appartenir à des partis différents, comme cela a été le cas sous la présidence Clinton puisqu'une majorité républicaine dans les deux chambres du Congrès s'opposait à un président démocrate. Les États-Unis connaissent fréquemment une certaine forme de cohabitation, le système ne pouvant alors fonctionner que grâce à des compromis qui transcendent les divisions partisanes. Le président Obama disposait à l'origine d'une majorité dans les deux chambres mais il a perdu sa majorité à la chambre lors des élections de 2010, ce qui lui a imposé une cohabitation avec des républicains peu coopératifs. Il a perdu sa majorité au Sénat lors des élections de 2014 et a dû négocier avec un Congrès hostile. Le président Trump a disposé à l'origine d'une majorité dans les deux chambres, mais a perdu la majorité à la Chambre des représentants lors des élections à mi-mandat. Mais l'absence de cohésion et de discipline des partis américains a comme conséquence que le président n'est jamais sûr du soutien de tous les membres du Congrès appartenant à son parti. Par contre, il peut obtenir l'appui de membres du Congrès appartenant au parti adverse. Plutôt que de s'appuyer sur une majorité fidèle et stable, le président devra se constituer des majorités variables selon les problèmes examinés. Cette situation permet au système d'éviter les blocages malgré l'existence d'une séparation stricte des pouvoirs. Elle ne jouait plus sous la présidence Trump, les démocrates étant soudés dans leur hostilité au président et les républicains dans leur soutien à celui-ci. Le président Biden doit faire face à une situation dans laquelle certains démocrates se joignent aux républicains ce qui rend la situation difficile puisque les deux partis sont à égalité des voix au Sénat.

• Le président était donc appelé à négocier en permanence avec le Congrès pour chercher un consensus sur ses projets, ce qui fut moins le cas sous le président Trump, ce qui explique la préférence manifestée par celui-ci pour les *Executives Orders*.

• Il peut utiliser, dans ce cadre, la légitimité nationale dont il dispose et s'appuyer sur l'opinion publique pour que celle-ci influence des membres du Congrès que la perspective d'une réélection rend toujours perméable aux mouvements d'opinion. La couverture médiatique qui entoure les activités présidentielles est très précieuse à cet égard.

• Il dispose de moyens d'influence et de conviction importants. Le pouvoir de nomination des fonctionnaires lui permet de favoriser les candidats soutenus par tel ou tel Sénateur. Dans le cadre de la préparation du budget, il a la faculté d'être plus ou moins attentif aux problèmes d'une circonscription déterminée. Dans la perspective des élections, il peut faire bénéficier un membre du Congrès de la couverture médiatique présidentielle ou accorder le patronage présidentiel à un candidat à la réélection.

Les moyens d'action constitutionnels sont donc complétés par une série de possibilités qui permettent au président de s'assurer de la compréhension des membres du Congrès.

§ 2 – Les moyens d'action du Congrès sur le président

Ces moyens sont de nature diverse :

• On rappellera d'abord les pouvoirs spécifiques dont dispose le Sénat en ce qui concerne la nomination des fonctionnaires et la ratification des accords internationaux.

• La réalisation du programme présidentiel dépend du concours législatif du Congrès et le président ne peut contraindre celui-ci à légiférer. Bien au contraire, les capacités d'obstruction particulières dont disposent les membres du Congrès constituent une arme efficace contre le président.

• De même, la réalisation de nombreux projets présidentiels dépend de l'inscription de crédits au budget et, par ce biais, le Congrès peut contrôler la politique menée par l'exécutif notamment en matière de défense et dans le domaine des relations extérieures.

• En réaction à la politique menée par le président Nixon, le Congrès a réaffirmé ses pouvoirs dans le cadre de la conclusion des accords internationaux *(Case Act)* et dans les cas d'intervention militaire des États-Unis à l'étranger *(War Powers Act).*

• L'activité de l'exécutif est surveillée par les commissions parlementaires qui suivent les mesures prises pour l'exécution des lois et contrôlent l'administration.

• Enfin, le Congrès dispose du pouvoir d'*impeachment.* Le Congrès peut utiliser cette procédure à l'encontre du président, du vice-président et de tous les fonctionnaires civils en cas de trahison, corruption, crime contre la chose publique ou délit grave. La mise en accusation est votée par la Chambre des représentants à la majorité simple. Le Sénat, réuni sous la présidence du président de la Cour suprême, se prononce alors à la majorité des deux tiers. Cette procédure a été utilisée à quatre reprises contre un président des États-Unis. Il a manqué une voix au Sénat pour qu'Andrew Johnson soit empêché en 1868 à l'occasion d'un conflit avec le Congrès à propos du pouvoir présidentiel de révocation des fonctionnaires. La procédure déclenchée contre le président Nixon à la suite du scandale des écoutes téléphoniques dans l'affaire du Watergate n'est pas allée jusqu'à son terme, le président ayant préféré démissionner en 1974 avant sa mise en accusation par la Chambre des représentants. L'échec de la procédure engagée en 1868 contre Johnson a sans doute évité que la procédure n'évolue, dans un sens parlementaire, vers une responsabilité politique du président devant le Congrès. Cependant, la pratique instaurée dans l'affaire du Watergate d'instituer des procureurs spéciaux pour enquêter sur des activités présidentielles s'est développée. Elle a donné beaucoup de préoccupations au président Clinton qui a fait l'objet des attentions du procureur K. Starr, depuis son premier mandat, à propos d'actes antérieurs à sa fonction (scandale immobilier, harcèlement sexuel). Elle a débouché sur la mise en accusation du président dans l'affaire *Levinski* par la Chambre des représentants à la suite d'un vote qui a opposé les républicains aux démocrates. La mise en accusation portait pour l'essentiel sur des faux témoignages, sur la subornation de témoins et l'obstruction à la justice. Devant le Sénat, la majorité des deux tiers (67 voix) nécessaire à la révocation du président n'a pas été atteinte. Seuls 45 sénateurs contre 55 ont estimé qu'il était coupable de parjure. – 50 sénateurs contre 50 l'ont trouvé coupable d'obstruction à la justice. Ce précédent confirme que la procédure ne vise pas à établir la responsabilité politique du président, mais à sanctionner des infractions jugées graves, ceci, alors même que les votes ont pour l'essentiel opposé l'ensemble des républicains à l'ensemble des démocrates. La procédure a sérieusement empêché, pendant plus d'un an, le président de remplir son mandat, occupé qu'il était à assurer sa défense et à améliorer sa position dans l'opinion. Le président Trump a été mis en accusation une première fois pour abus de pouvoir dans le cadre des relations avec l'Ukraine et entrave à la bonne marche du Congrès. Il a été acquitté le 5 février 2020 par 52 voix contre 48. Il a été mis en accusation une seconde fois pour « incitation à l'insurrection » après l'assaut du Capitole. C'était la première fois qu'un président était mis en accusation après la fin de son mandat. L'objet de la procédure n'était donc pas sa destitution, mais l'obtention d'une condamnation qui aurait ensuite permis de lui interdire d'être candidat lors d'une prochaine élection présidentielle. Ici encore, la majorité des deux tiers au Sénat n'a pas été atteinte.

→ Globalement, le système politique américain, souvent qualifié de système de *poids et contrepoids (checks and balances)*, équilibre le pouvoir présidentiel et pouvoir du Congrès tout en imposant une collaboration fondée sur la recherche incessante de compromis.

Section 4 - La Cour suprême

Le pouvoir judiciaire constitue un véritable pouvoir indépendant. La Cour suprême est placée au sommet de la hiérarchie judiciaire. Sa compétence n'est donc pas limitée au contrôle de constitutionnalité des lois et elle joue simultanément le rôle qui est attribué en France au Conseil constitutionnel, à la Cour de cassation et au Conseil d'État.

Même si la Constitution ne prévoit pas de système de contrôle de la constitutionnalité des lois, certains Pères fondateurs avaient envisagé cette éventualité comme une des conséquences inhérentes de l'existence d'une constitution rigide. La Cour suprême peut donc statuer sur la conformité à la Constitution des lois de l'Union et des lois des États fédérés. À ce titre, elle ajoute au rôle traditionnel d'une cour constitutionnelle dans un État unitaire, celui plus spécifique d'une garante de la répartition des compétences dans un État fédéral.

§ 1 - Composition

La Cour suprême est composée de *neuf membres*, huit juges associés *(associate justices)* et d'un président *(Chief Justice)* lequel n'est pas seulement *Chief Justice* de la Cour, mais des États-Unis.

Les membres de la Cour sont nommés par le président avec l'avis et le consentement du Sénat. La participation du Sénat à la nomination n'est pas de pure forme, comme en atteste le retrait par le président Bush d'un de ses candidats en 2004. Compte tenu du rôle de la Cour, les candidatures font l'objet d'un examen extrêmement attentif et il arrive que des candidats se retirent pour éviter un refus sénatorial. La Cour compte actuellement six juges nommés par des présidents républicains et trois par des présidents démocrates. Le président Trump a pu nommer trois juges ce qui lui a permis de conforter la composante républicaine de la Cour. La Cour comporte trois femmes.

Les membres de la Cour suprême sont *inamovibles* et peuvent siéger tant qu'ils sont capables d'exercer leurs fonctions. Ils peuvent cependant se retirer volontairement.

La composition de la Cour suprême est, compte tenu de son rôle, d'une très grande importance et les présidents prennent soin de désigner des candidats dont la philosophie juridique est proche de leurs conceptions, mais rien ne garantit qu'une fois les membres de la Cour nommés, leurs opinions resteront en accord avec celles du président qui a procédé à la nomination. En effet, compte tenu de la durée de leur mandat, il arrive que leur opinion évolue au cours de celui-ci. En outre, la Cour est tenue par le respect des précédents et ne s'en écarte que dans des circonstances exceptionnelles, ce qui limite les possibilités de faire valoir une opinion personnelle. Dans près du tiers des affaires, les décisions sont unanimes. En effet, la Cour est soucieuse de l'autorité de ses décisions et son président préfère à cette fin rechercher le consensus plutôt que des majorités étroites.

§ 2 - Le contrôle de constitutionnalité des lois

C'est dans son arrêt *Marbury v. Madison* (1803) que la Cour suprême a affirmé le pouvoir des tribunaux de vérifier la conformité des lois à la Constitution. Ce pouvoir s'étend non seulement aux lois des États fédérés, mais aussi aux lois fédérales.

I - La technique du contrôle

Compte tenu du rôle de la Cour, les requêtes sont extrêmement nombreuses. Aussi, la Cour ne retient-elle que les plus importantes. Elle ne rend qu'une centaine de décisions par an alors qu'elle est saisie de plus de 10 000 requêtes. Pour qu'une requête soit examinée, il faut qu'au moins quatre juges se prononcent en faveur de son examen. En principe, la Cour ne retient que les affaires qui portent sur une question importante non encore tranchée relative à la Constitution et la loi des États-Unis ou dans lesquelles la juridiction inférieure s'est prononcée en sens contraire d'une décision précédente de la Cour. Enfin, la Cour peut encore accepter une demande en cas de jurisprudences divergentes de plusieurs juridictions inférieures.

A - La procédure

Le contrôle de constitutionnalité est décentralisé ce qui peut dire qu'il est exercé par toutes les juridictions. La Cour suprême n'intervient, sauf cas exceptionnels, qu'à la suite d'un appel. Le contrôle est concret, c'est-à-dire qu'il s'exerce dans le cadre d'un litige précis. En conséquence, si le moyen est accueilli, la loi ne sera pas annulée, mais déclarée inapplicable en l'espèce. Cependant, compte tenu de la règle du précédent *(stare decisis)*, aucun tribunal subordonné à la juridiction qui s'est prononcée sur l'inconstitutionnalité ne pourra déclarer la loi applicable dans un autre litige. L'application judiciaire de la loi devient donc impossible.

Il existe également des procédures préventives qui permettent de demander au juge une *injonction* interdisant d'appliquer une loi dans un cas particulier ou d'obtenir un *jugement déclaratoire* d'inconstitutionnalité avant même qu'une affaire ne soit examinée. Cependant, la voie la plus fréquemment utilisée est celle de l'appel.

B - Les moyens

Les moyens les plus fréquemment invoqués devant le juge sont :

– la violation du *due process of law,* clause du Ve amendement à la Constitution, qui interdit de priver quiconque de sa vie, de sa liberté ou de sa propriété sans une procédure régulière. La Cour utilise cette clause bien au-delà de son sens procédural initial pour contrôler toute décision qui porte atteinte aux libertés ou aux intérêts d'une personne ;

– la violation de la *règle de raison (rule of reasonableness)* en application de laquelle il convient de maintenir un équilibre entre les sacrifices qu'impose une mesure aux particuliers dans l'intérêt général et les avantages que ceux-ci peuvent retirer de la vie en société ;

– la violation de la *clause des contrats* contenue dans l'article I, section X de la Constitution, selon laquelle les États ne peuvent affaiblir, par une loi, la force des contrats. Le recours à cette clause permet de limiter l'interventionnisme économique des États ;

– la violation de la *clause d'égalité*, tirée du XIVe amendement, adopté au lendemain de la guerre de Sécession. Cette clause peut être invoquée pour protéger les libertés et lutter contre toute discrimination.

II - L'œuvre de la Cour

La Cour dispose d'un large pouvoir d'appréciation compte tenu de l'imprécision et de l'ancienneté des dispositions constitutionnelles. Le juge Hugues pouvait déclarer en 1908 que « la Constitution des États-Unis est ce que la Cour dit qu'elle est ». Cependant après les nominations effectuées par les présidents républicains, on a noté un retour à une interprétation plus proche de la Constitution, l'innovation n'étant possible que lorsqu'existe un large accord dans l'opinion.

De toute façon, de tout temps, la Cour s'est montrée prudente à l'égard des questions directement politiques, faisant preuve, notamment en matière de politique extérieure, d'une grande réserve *(self restraint)*. En effet, la Cour n'accepte pas de trancher les questions politiques, notion qui est laissée à son interprétation. D'autre part, comme elle sélectionne les cas qui lui sont soumis, elle peut parvenir à écarter par ce biais des affaires sensibles sur lesquelles elle ne souhaite pas se prononcer.

• Elle a contribué fondamentalement au *renforcement de la compétence de l'Union* par rapport aux compétences des États membres en interprétant de façon extensive la clause de la Constitution qui donne compétence au Congrès en matière de commerce entre États fédérés *(Interstate Commerce clause)*. De même, elle a consacré l'existence, à côté des compétences expressément attribuées à l'Union, de pouvoirs implicites déduits des compétences expresses (*McCulloch v. Maryland,* 1819).

• L'autre apport essentiel se situe dans le domaine des *libertés publiques* : interdiction de la discrimination, protection des droits des citoyens dans leurs rapports avec la police, liberté de la vie privée (notamment en matière d'avortement et récemment du droit au mariage entre personnes du même sexe), liberté d'expression (qui va même jusqu'à prohiber de sanctionner pénalement le fait de brûler le drapeau américain)…

Ces acquis font l'objet d'une réévaluation par la Cour actuelle. La jurisprudence en matière de liberté a fait l'objet d'interprétations restrictives, notamment en ce qui concerne l'avortement, jurisprudence qui fait actuellement l'objet d'un réexamen suite à des lois restrictives de plusieurs États, ou les mesures positives destinées à lutter contre les discriminations. On assiste également à une réaffirmation des droits des États fédérés face au pouvoir fédéral. Cependant la Cour suprême a nuancé sa jurisprudence sur la peine de mort en ce qui concerne les mineurs et les handicapés mentaux, mais a estimé que l'injection létale ne constituait pas un châtiment cruel et inhabituel. Les nominations présidentielles sont susceptibles de remettre en cause l'orientation de la Cour, mais rien ne garantit que l'attitude des nouveaux juges réponde aux espérances placées en eux par le président. Plus que l'occupant de la Maison Blanche, la Cour a toujours pris en considération l'évolution de la société américaine. Ainsi c'est une Cour à domination républicaine qui a validé la réforme du système d'assurance-maladie (*Obamacare)* par une voix, celle du juge Roberts nommé par le président Reagan.

En résumé, la Cour suprême est un acteur important du jeu politique américain. L'ancienneté du contrôle et la prudence des membres de la Cour dans les décisions qu'elle prend, ont contribué à conférer à celle-ci et à ses décisions, même lorsqu'elles sont acquises à une très faible majorité, une grande légitimité. Longuement motivées et accompagnées des opinions des juges dissidents, les décisions de la Cour visent plus à convaincre qu'à affirmer autoritairement le droit. Il en résulte que, même lorsque la Cour entre en conflit avec les autres pouvoirs, sa légitimité n'est guère contestée.

Section 5 – Le fédéralisme

La forme fédérale de l'État américain était, à l'époque de la rédaction de la Constitution, une donnée incontournable, car les États membres ne pouvaient accepter la création de l'Union qu'au prix d'une solution qui préservait leurs droits. L'équilibre des pouvoirs entre l'Union et les États membres a été l'une des questions les plus controversées lors des premières décennies de la vie de l'Union, si bien que les clivages politiques se réalisèrent d'abord entre fédéralistes et anti-fédéralistes. Ces tensions conduisirent à la guerre de Sécession. À la suite de ce conflit, on assiste à un mouvement de centralisation au profit de l'Union malgré les affirmations périodiques de la nécessité d'un rééquilibrage.

§ 1 – Le renforcement des pouvoirs de l'Union

Ce renforcement est le produit de l'évolution de la répartition des compétences entre l'Union et les États membres ainsi que de la politique de l'État fédéral.

I – L'évolution de la répartition des compétences

La répartition des compétences telle qu'elle était prévue à l'origine par la Constitution ne conférait à l'Union que des *compétences d'attribution*. Le Xe amendement prévoit que « les pouvoirs qui ne sont pas délégués aux États-Unis par la Constitution, ni refusés par elle aux États, sont réservés aux États respectivement, ou au peuple ».

L'évolution des États-Unis a rendu inéluctable le mouvement vers une plus grande *centralisation*. La Constitution accorde au Congrès des pouvoirs implicites, c'est-à-dire le pouvoir de faire les lois nécessaires à la mise en œuvre des pouvoirs qui lui sont expressément attribués. La Cour suprême a fait un important usage de cette clause (*McCulloch v. Maryland*, 6 mars 1819). De même, à l'origine, la clause qui octroyait compétence à la fédération en matière de commerce entre les États fédérés n'avait qu'une importance limitée compte tenu de la faiblesse du commerce entre des États essentiellement agricoles. Aujourd'hui, l'intégration économique interne et le rôle joué par les États-Unis dans le commerce international lui donnent une tout autre signification.

La jurisprudence de la Cour suprême a contribué à l'accroissement des pouvoirs de l'Union. De la reconnaissance de pouvoirs implicites au profit de l'Union dans l'arrêt *McCulloch v. Maryland* (1819) jusqu'à l'arrêt *Garcia* (1985) où la Cour semble dire que la seule protection de la compétence des États fédérés réside dans leur participation au processus de décision fédéral, la Cour a renforcé les compétences fédérales au détriment de la « souveraineté » reconnue par la Constitution aux États fédérés.

Cependant, la Cour suprême semble avoir entamé un mouvement de recul, comme en témoigne la remise en cause de l'*Interstate Commerce clause* (clause de la Constitution qui donne compétence à la fédération pour réglementer le commerce entre les États fédérés) dans l'affaire *U.J. v. Lopez* (1995) dans laquelle la compétence fédérale pour interdire les armes à feu près des écoles est remise en cause ou la censure de la loi fédérale de 1988 autorisant le pouvoir fédéral à réglementer l'ouverture de casinos dans les réserves indiennes en cas d'abstention des États fédérés. La Cour exige aujourd'hui pour reconnaître la compétence fédérale l'existence d'un effet substantiel sur le commerce interétatique. Dans l'affaire *John H. Alden v. Maine* (1999), la Cour suprême a réaffirmé avec fermeté les droits des États fédérés. Elle déclare qu'une loi visant à les priver de leur immunité de juridiction devant leurs propres juridictions est inconstitutionnelle. Mais, surtout, elle souligne que lorsqu'il légifère, le Congrès ne doit pas traiter les états fédérés comme des départements administratifs ou des associations. Il doit partir du point de vue que la souveraineté réside tant dans le gouvernement central que dans les États fédérés.

II - La politique de l'État fédéral

Dans les domaines qui restent de la compétence des États fédérés, le pouvoir fédéral peut orienter l'action de ces derniers en leur octroyant des *aides financières (Grants-in-aid)* à condition que les politiques menées par les États respectent des conditions définies dans les programmes fédéraux. De la sorte, l'autonomie des États est réduite. Elle l'est davantage encore lorsque les aides ne sont pas attribuées aux États, mais aux collectivités infra-étatiques, communes ou comtés.

Les efforts des présidents Nixon et Reagan pour diminuer cette tendance et instituer un « nouveau fédéralisme », s'ils ont conduit à une révision du système des aides, n'ont pas fondamentalement infléchi le courant de la centralisation.

§ 2 - Les droits des États

Les droits des États s'harmonisent autour des deux idées de l'autonomie et de la participation.

I - L'autonomie

Il s'agit tout d'abord de l'*autonomie institutionnelle*. Chaque État adopte librement sa Constitution. Les seules contraintes qu'impose la Constitution fédérale sont la forme républicaine du gouvernement et l'exigence que les dispositions constitutionnelles ne fassent pas obstacle à la primauté du droit de l'Union qui, comme dans tout État fédéral, l'emporte sur le droit des États fédérés.

Chaque République fedérée dispose donc de sa Constitution. Les régimes politiques mis en place sont conçus sur la base de la séparation des pouvoirs. La seule particularité notable par rapport au système fédéral réside dans le recours, dans plusieurs États, aux procédés de démocratie semi-directe. Le législatif est bicaméral, sauf au Nebraska, et l'exécutif est confié à un gouverneur élu. En ce qui concerne le judiciaire, les juges sont fréquemment élus.

L'autonomie s'exerce dans le domaine des *compétences des États fédérés*. Malgré la centralisation, les États fédérés interviennent encore dans une large sphère. Le droit civil, le droit pénal, le droit social, l'éducation notamment relèvent de leur compétence.

II - La participation

Elle s'exprime à travers la place des États fédérés dans l'élection présidentielle lors de la désignation des grands électeurs, mais surtout par l'intermédiaire du Sénat où les États fédérés sont représentés à égalité. Une législation fédérale ne peut être adoptée sans l'accord de la majorité des sénateurs. Le Sénat est également l'instrument de la participation des États fédérés à la désignation des fonctionnaires et à la ratification des traités.

La place des États fédérés dans l'Union est également garantie par la participation de ceux-ci au processus de révision constitutionnelle. Pour entrer en vigueur, un amendement doit être adopté par les deux tiers des deux chambres du Congrès ou par les deux tiers des législatures des États. Jusqu'à présent seul le Congrès a exercé le droit d'initiative de la révision. Il est ensuite soumis à la ratification des trois quarts des législatures des États ou des conventions élues à cet effet dans chacun des États. On ne peut donc modifier le pacte fédéral qu'avec l'accord des trois quarts des cinquante États de l'Union. Cette procédure explique la rareté des amendements (27). La Constitution ne prévoit pas de délai pour la ratification, ce qui explique qu'un amendement datant de 1789 n'ait été finalement ratifié qu'en 1992. C'est pour cette raison qu'aujourd'hui le Congrès fixe dans le projet d'amendement lui-même ou dans le message adressé aux États un délai limite de ratification.

Section 6 - Les partis politiques

Le système américain est *bipartisan*. À l'opposition originelle entre fédéralistes et anti-fédéralistes a succédé l'opposition entre républicains et démocrates. Le système électoral, majoritaire à un tour, a contribué à la persistance de ce bipartisme.

Cette opposition entre deux partis ne repose pas sur un clivage idéologique irréductible. Certes le parti républicain est plutôt un parti qui recrute dans la classe moyenne et supérieure tandis que le parti démocrate recrute dans la classe ouvrière, mais il s'agit de tendances générales. Dans la mesure où les deux partis ne peuvent espérer remporter les élections qu'en conquérant les électeurs indécis (*électorat flottant*), ils sont amenés à adopter des positions suffisamment vagues pour pouvoir « ratisser large ». Il en résulte une particulière aptitude au compromis puisque les oppositions idéologiques ne sont jamais tranchées. C'est cette aptitude qui permet au régime de fonctionner malgré une séparation rigide des pouvoirs. On note cependant, depuis l'élection du président Reagan, une accentuation forte des tendances conservatrices républicaines qui se manifestent aujourd'hui à travers des mouvements comme le Tea Party qui tend à radicaliser le parti, notamment dans son opposition à Washington. Aujourd'hui, le parti républicain a adopté une orientation fondamentalement conservatrice.

§ 1 - Les structures

• Les partis américains ne sont pas des partis de militants, mais des *partis d'électeurs*. Leur structure est donc calquée sur les circonscriptions électorales.

• Il en résulte un *localisme important*. On pourrait dire qu'il n'existe pas deux partis, mais cent, soit deux par État. Entre un démocrate du Sud et un démocrate de la côte Est des États-Unis, les différences sont plus importantes qu'entre un démocrate et un républicain du Sud.

• Cependant, suite à l'évolution générale vers la centralisation, il s'est produit un *renforcement de la structure nationale* notamment dans le choix des candidats aux élections nationales (présidence et Congrès). Cependant, compte tenu du nombre de fonctions pourvues par élection dans les États, les structures partisanes des États sont de toute façon très occupées par ces élections locales.

§ 2 - Les fonctions des partis

• Les partis américains ont avant tout un *rôle électoral*. Le nombre considérable d'élections tant à l'échelon local qu'à l'échelon national et le coût de ces élections, la nécessité de trouver des candidats et de les former, l'organisation des campagnes électorales mobilisent leurs forces.

• Ce rôle électoral a entraîné le développement d'une *fonction de services aux électeurs* : assistance dans les démarches administratives, appuis auprès de l'administration ou des élus.

• En revanche, les partis américains ne jouent pas le rôle d'animation du débat idéologique que remplissent les partis européens. Ceci s'explique par le caractère volontairement vague des programmes, par l'absence de cohésion idéologique dans des formations encore marquées par le localisme et par le refus des oppositions tranchées qui pourrait mettre en danger l'unité de l'Union ou rendre plus difficile la Constitution de la vaste base électorale indispensable pour un succès électoral. Dans le passé, chaque fois qu'un candidat a été fortement marqué idéologiquement, il a perdu les élections. On note cependant depuis plusieurs années une évolution du parti républicain qui devient plus proche des fondamentalistes chrétiens ce qui rend plus difficile la recherche d'accords bipartisans au niveau fédéral. Cette tendance s'est très fortement accentuée avec l'élection du président Trump.

Conclusion : le régime politique américain est un des rares exemples de succès d'un système fondé sur une séparation rigide des pouvoirs. Cependant, cette réussite a exigé une évolution importante par rapport au modèle initial. La prépondérance présidentielle s'est affirmée, malgré toutes les tentatives de réaction du Congrès, et le Congrès, s'il peut empêcher le président d'agir, ne constitue pas une force d'initiative politique. Cependant, le président ne peut agir sans le concours du Congrès et, malgré la séparation des pouvoirs, des relations étroites existent entre président et Congrès. Elles sont nécessaires pour permettre la recherche de compromis, recherche favorisée par l'absence d'opposition idéologique tranchée entre les partis. Ce sens du compromis est sans doute la clef de la réussite du système.

Pour aller plus loin

Bibliographie

- J. Boudon, *Le frein et la balance, études de droit constitutionnel américain*, Mare et Martin, 2010
- C. Gorbo et F. Gagnon, *Les États-Unis d'Amérique. Institutions politiques*, Éditions du Septentrion, 2021
- P. Mahon et A. Benoit, *Droit constitutionnel des États-Unis d'Amérique. Institutions et éléments de droits fondamentaux*, Helbing & Lichtenhahn, Bâle, Faculté de droit de l'Université de Neuchâtel, 2011, 302 p.
- M.-F. Toinet, *Le système politique américain*, PUF, 1990
- M.-F. Toinet, *La Présidence américaine*, Montchrestien, coll. « Clefs », 1996
- « Les États-Unis », *Pouvoirs* 1984, n° 92
- « La Cour suprême », *Pouvoirs* 1992, n° 59

Exemples de sujets d'examen donnés :

Dissertations :

- Le régime présidentiel des États-Unis est-il un régime d'équilibre des pouvoirs ?
- L'élection présidentielle américaine
- Les relations entre le président des États-Unis et le Congrès
- Comparez les pouvoirs du président des États-Unis et ceux du président français

Chapitre 2
Le régime parlementaire britannique

L'essentiel

Si le régime britannique a pu apparaître comme le modèle du régime parlementaire, ceci est sans doute davantage dû aux descriptions qu'en ont données les auteurs continentaux qu'à la nature du système lui-même. Le régime a profondément évolué au cours de l'histoire et le pouvoir a progressivement déserté le monarque, puis le Parlement au profit d'un Premier ministre appuyé sur une majorité stable, mais le principe selon lequel la loi est l'œuvre du monarque en son parlement a subsisté en apparence.

Section 1 – Le modèle du régime parlementaire

§ 1 – Des analyses divergentes

Les diverses analyses du régime ont souvent méconnu la réalité politique. Tandis que Montesquieu voyait dans le système britannique un modèle de séparation des pouvoirs, des auteurs britanniques, comme Bagehot, le caractérisent davantage comme un régime de confusion des pouvoirs. Ainsi, le Lord chancelier était à la fois chef du pouvoir judiciaire, membre du Cabinet et président de la Chambre des lords.

La fréquence des perceptions erronées du système est sans doute due à l'absence de constitution formelle qui a comme conséquence que les pratiques constitutionnelles évoluent en permanence alors même que les structures restent inchangées. Ainsi, Montesquieu mettait l'accent sur la sanction royale nécessaire à l'entrée en vigueur des lois alors qu'à l'époque à laquelle il écrivait, cette sanction était devenue purement formelle et le monarque ne la refusait plus. Plus tard, des hommes politiques français virent dans la possibilité de dissoudre le Parlement à tout moment, le secret de la stabilité gouvernementale, oubliant que ce secret résidait avant tout dans une cause extraconstitutionnelle, le bipartisme. Pour comprendre le régime britannique, il est donc nécessaire d'aller au-delà des apparences et d'étudier le fonctionnement concret des institutions.

§ 2 – Une constitution souple

L'existence d'une **constitution souple** permet donc une évolution en douceur du régime. Quels sont les éléments qui forment la Constitution britannique ?

• Il s'agit d'abord de la *prérogative royale*, ensemble de privilèges personnels et politiques dont dispose le monarque depuis le Moyen Âge. L'essentiel des prérogatives de la Couronne est passé en fait entre les mains du Cabinet et du Premier ministre bien que formellement le monarque en soit, en droit, toujours titulaire. Les prérogatives royales ont été progressivement réduites en raison de la croissance des pouvoirs du Parlement et, selon la Cour suprême du Royaume-Uni, elles se limitent actuellement au droit d'adresse au Parlement, à la dissolution, à déclarer la guerre et à y mettre fin, à certains aspects relatifs aux forces armées et au gouvernement de territoires coloniaux et à conclure les traités pour autant qu'ils n'affectent pas les droits individuels et à conférer des distinctions honorifiques (Cour suprême, 24 janv. 2017, 2017 UKSC 5).

• Il existe également un certain nombre de lois *(statutes)* qui touchent à des matières constitutionnelles comme le *Bill of Rights* (1688), l'*Act of Settlement* (succession monarchique, 1701), les *Parliament Acts* de 1911 et 1949 relatifs aux rapports entre les deux chambres du Parlement. Ces lois sont des lois ordinaires qui peuvent être modifiées par le Parlement sans recours à une procédure spéciale.

• Vient ensuite le *common law* formé d'une suite de précédents judiciaires.

• Les *conventions de la Constitution* sont des pratiques constitutionnelles qui, à l'opposé des sources précédentes, ne peuvent être invoquées devant un juge. Elles constituent un élément de flexibilité dans le système. Ainsi, par exemple, l'existence du Cabinet repose sur une convention.

→ En l'absence de constitution écrite, les règles constitutionnelles se sont mises en place progressivement. Il est donc difficile de comprendre le régime britannique sans faire référence à l'histoire. Comme le déclare la Cour suprême : « Bien que le Royaume-Uni ne dispose pas d'un document unique intitulé la Constitution, il n'en possède pas moins une Constitution établie au cours de notre histoire par le *common law*, les lois, les conventions et la pratique. Puisqu'elle n'a pas été codifiée, elle s'est développée pragmatiquement et demeure suffisamment souple pour être capable de développements ultérieurs » (jugement du 24 sept. 2019 [2019] USKC 41).

§ 3 – Un régime bipartisan

Le régime britannique est parlementaire – et tant les auteurs britanniques que la Cour suprême mettent l'accent sur la souveraineté du Parlement –, mais on n'aurait qu'une vue formelle du régime si l'on s'arrêtait à cette analyse et si l'on méconnaissait cette donnée fondamentale qu'est le *bipartisme*. En effet, l'existence de deux partis principaux, et donc d'un parti majoritaire et discipliné à la chambre, a contribué à donner l'essentiel du pouvoir au Premier ministre et à substituer au gouvernement parlementaire, un gouvernement du Cabinet. L'étude du bipartisme doit donc précéder celle des institutions.

Section 2 – L'évolution du régime

Si l'on fait remonter la formation des institutions britanniques à la période de la conquête normande (1066), trois périodes importantes peuvent être distinguées : celle de la monarchie limitée qui débute lors de l'adoption de la Grande Charte (1215), suivie par l'établissement d'une monarchie parlementaire aux XVIIe et XVIIIe siècles, puis par la démocratisation du régime à la fin du XIXe et au début du XXe siècle.

§ 1 - La monarchie limitée

Après la conquête normande, le souverain est entouré d'une *curia minor*, conseil composé des membres de son entourage, et d'une *curia major*, grand conseil composé des vassaux de la Couronne.

I - La création du Parlement

En 1215, le roi concède aux barons la Grande Charte qui consacre les privilèges de l'Église, des barons et des villes, mais surtout accorde au Grand Conseil, le droit de consentir aux aides financières levées par le monarque et le droit de pétition.

Aux Pairs laïcs et ecclésiastiques qui composent à l'origine le Conseil, viennent s'ajouter deux chevaliers par comté et deux bourgeois par ville. En 1332, les chevaliers et les bourgeois pourront siéger séparément des barons et des évêques et abbés. C'est la séparation du Parlement en deux chambres, *la Chambre des lords* et *la Chambre des communes*.

Le Parlement est réuni chaque fois que le monarque a besoin d'argent. Il peut être dissous après avoir donné son consentement à l'impôt. Cependant, au XVIe siècle, le Parlement est fréquemment prorogé et les chambres prennent l'habitude de siéger de manière permanente.

II - Les pouvoirs du Parlement

Le pouvoir essentiel est celui de *consentir à l'impôt*. L'influence du Parlement est donc tributaire des besoins financiers de la Couronne.

Dans la mesure où le Parlement possède le droit de pétition, l'habitude se prend de monnayer le consentement à l'impôt en échange de l'approbation donnée par le monarque aux pétitions présentées par les chambres. C'est *la naissance du pouvoir législatif*. Cependant, toute pétition présentée par le Parlement doit recevoir la sanction du roi, lequel conserve par ailleurs le droit de prendre seul des ordonnances, de dispenser de l'exécution de la loi et de suspendre les lois (prérogative royale).

§ 2 - La monarchie parlementaire

Le régime parlementaire s'établira au prix d'une révolution. Dans la mesure où le roi n'a pas besoin d'argent, il peut se dispenser de réunir le Parlement. C'est ce que fera Charles Ier qui régnera 11 ans sans réunir le Parlement. Mais lorsqu'il devra convoquer le Parlement, celui-ci parviendra à obtenir du monarque l'abandon de son droit de convocation et de dissolution. C'est durant cette période qu'à la suite de la révolution de 1640, Charles Ier sera jugé, puis exécuté et que Cromwell prendra le pouvoir. La restauration de 1660 et surtout la révolution de 1688 qui amèneront sur le trône Guillaume et Marie d'Orange marqueront l'affirmation du pouvoir parlementaire consacré dans le *Bill of Rights*.

I - Les droits du Parlement

Le *Bill of Rights* établit le principe du vote annuel de l'impôt ce qui implique que le Parlement siège régulièrement chaque année.

Il interdit au roi de légiférer par voie d'ordonnances et de suspendre l'application de la loi. Le Parlement dispose donc de l'exclusivité du pouvoir législatif. Certes, les textes votés par le Parlement ne deviennent lois que s'ils sont revêtus de la sanction royale, mais, à partir de 1707, la sanction royale sera toujours accordée.

II – La responsabilité ministérielle

À l'origine, le monarque choisissait librement ses conseillers. Ceux-ci ne constituaient pas un gouvernement collégial. Ils étaient individuellement responsables sur le plan pénal devant le Parlement. La procédure de l'*impeachment* permettait le jugement des conseillers du roi par la Chambre des lords sur mise en accusation votée par la Chambre des communes. Cette procédure a fonctionné à plusieurs reprises et a abouti, notamment sous le règne de Charles Ier, à des condamnations pénales.

Sous la dynastie des Hanovre, le roi se désintéressant des affaires du royaume, le pouvoir passera au Premier ministre entouré de son cabinet. Walpole (1721-1742) sera sans doute le premier chef d'un gouvernement solidaire bénéficiant de la confiance des Communes. Lorsque les Communes retirent au Cabinet leur confiance et menacent d'engager la procédure d'*impeachment*, le gouvernement se retire afin d'éviter que la procédure aille à son terme. Le cabinet North sera, en 1782, le premier cabinet à démissionner collectivement suite aux manifestations de défiance des Communes. *À partir de cette date, le passage est opéré de la responsabilité pénale à la responsabilité politique.*

On est bien en présence d'un système parlementaire au sein duquel les pouvoirs sont exercés par un cabinet nommé par le roi et responsable devant les Communes.

§ 3 – La démocratisation du régime

Si le système est parlementaire, il n'est pas encore démocratique. En effet, le suffrage est restreint et les circonscriptions sont de taille très inégale, certaines ne comportant que quelques électeurs *(bourgs pourris)*. Dans ces conditions, la composition de la Chambre des communes est largement entre les mains de l'aristocratie foncière qui choisit les candidats et contrôle les élections.

I – Vers le suffrage universel

L'évolution vers le suffrage universel va se produire à partir du *Reform Act* de 1832 qui réorganise les circonscriptions, en supprimant les *bourgs pourris*, et établit un suffrage censitaire. Le corps électoral ne représente cependant que 7 % de la population. Les réformes successives en 1867 et 1874 augmenteront le nombre d'électeurs et le suffrage universel sera établi en 1918.

Cette évolution entraîne une mutation des partis politiques qui de réseaux de notables qu'ils étaient à l'origine se transformèrent en partis de masse pour conquérir le nouveau champ électoral qui s'offrait à eux.

II – Le déclin de la Chambre des lords

Cette évolution devait conduire au déclin de la Chambre des lords. En effet, celle-ci ne possédait qu'une influence réduite sur un gouvernement dont elle ne pouvait mettre en jeu la responsabilité et avait perdu, du fait de la démocratisation du corps électoral, le contrôle qu'elle exerçait sur la composition de la Chambre des communes. Il devenait difficile de justifier qu'une Chambre non élue puisse disposer de pouvoirs égaux à ceux d'une Chambre élue et s'opposer à elle.

Le premier conflit ne pouvait que conduire à une réduction des pouvoirs de la Chambre des lords. Son refus de voter le budget pour 1910 entraînait, après des élections gagnées par la majorité des Communes, le vote du *Parliament Act* de 1911 qui réduisait les pouvoirs de la Chambre des lords. Cette remise en cause de leur pouvoir a été votée par les Lords sous la menace de la nomination d'une fournée de Pairs qui aurait modifié la majorité de la Chambre. Le *Parliament Act* de 1949, adopté alors que les travaillistes étaient au pouvoir, réduit encore les pouvoirs de la Chambre des lords.

Depuis cette époque, les travaillistes ont toujours inscrit à leur programme de nouvelles réformes de la Chambre des lords, sans y donner suite jusqu'à l'arrivée au pouvoir du gouvernement dirigé par M. Blair qui a fait adopter une réforme profonde, mais encore inachevée, de la Chambre.

Le programme de gouvernement de M. Cameron envisageait une transformation importante du système qui allait d'une réforme du système de scrutin à l'élection des membres de la Chambre des lords au scrutin proportionnel en passant par une modification du droit de dissolution. Finalement, le gouvernement a renoncé à la réforme de la Chambre des lords devant l'opposition du parti conservateur, décevant ainsi ses alliés libéraux-démocrates.

III - Le maintien du principe de la souveraineté parlementaire

Malgré les évolutions et la prédominance du Premier ministre due au bipartisme, le Parlement reste constitutionnellement l'autorité suprême. La souveraineté parlementaire est le principe fondamental de la constitution du Royaume-Uni. Cette règle a été rappelée par la Cour suprême à l'occasion de la décision de retrait de l'Union européenne. La Cour a décidé que seul le Parlement pouvait prendre cette décision et a rejeté l'argument du Premier ministre selon lequel il disposait de ce pouvoir en raison de la prérogative royale. Elle a également considéré que le Parlement n'était pas lié par le résultat du référendum dans la mesure où la loi organisant celui-ci ne prévoyait pas les effets d'un vote populaire favorable au retrait. Le résultat d'un référendum ne peut être contraignant que si le Parlement en a décidé ainsi. Dans le cas contraire, il revêt une importance politique, mais ne produit aucun effet juridique (Cour suprême, 24 janv. 2017, 2017 UKSC 5). Si lorsqu'il dispose d'une majorité stable, le Premier ministre, assuré de l'accord du Parlement, dispose d'un très large pouvoir, dans le cas contraire, la souveraineté parlementaire l'emporte même si elle conduit à une certaine inefficacité comme en attestent les péripéties qui ont entouré en 2019 les débats sur le Brexit.

Section 3 - Le bipartisme

Dire que le régime britannique est caractérisé par le bipartisme ne signifie pas qu'il n'existe que deux partis politiques, mais que seuls deux partis ont des chances sérieuses d'obtenir la majorité au Parlement.

Cette réalité bipartisane est fort ancienne puisqu'au XVIIe siècle les partisans du roi *(Tories)* s'opposaient aux partisans des droits du Parlement *(Whigs)*. Le parti *Tory* s'est transformé au XIXe siècle en parti conservateur et le parti *Whig* en parti libéral. Le début du XXe siècle a vu se développer un parti travailliste, étroitement lié au mouvement syndical. Dans une logique bipartisane, la croissance du parti travailliste entraînait, dans les années 30, le déclin du parti libéral qui subsistait en tant que tiers parti avec un nombre limité d'élus. Le parti libéral a fusionné en 1988 avec le parti social-démocrate, issu du sein du parti travailliste, pour former le parti social et libéral démocrate. Il n'a plus participé au pouvoir jusqu'en 2010 lorsque le parti conservateur dirigé par David Cameron, bien qu'ayant obtenu le plus grand nombre de sièges, ne disposait pas d'une majorité suffisante à la Chambre des communes.

L'étude des deux partis dominants doit être accompagnée d'un examen des causes du bipartisme, qui résident pour l'essentiel dans le système de scrutin, et d'une évaluation des effets du bipartisme sur le régime politique.

§ 1 – Les deux partis dominants

Le parti conservateur et le parti travailliste ne sont pas seulement des machines électorales. Par leur organisation, notamment au niveau parlementaire, ils contrôlent l'exercice du pouvoir à un point tel que le pouvoir politique au Royaume-Uni réside fondamentalement dans le parti majoritaire et non dans les institutions parlementaires. Le troisième parti, les libéraux démocrates résulte de la fusion des libéraux et des sociaux-démocrates, la première tendance étant plutôt de centre gauche, la seconde plutôt de centre droit, ce qui ne garantit pas la cohésion interne. Lors des élections de 2010, il s'est trouvé en situation de « faiseur de roi » en raison de l'affaiblissement des deux grands partis et a choisi une coalition avec les conservateurs. Malheureusement, ses principales propositions (réforme du système de scrutin, réforme de la Chambre des lords) n'ont pu aboutir en raison de l'opposition conservatrice. En 2015, le parti conservateur a obtenu seul la majorité absolue.

I – L'organisation des partis

Les partis politiques sont dotés d'une organisation comportant trois niveaux : une structure de masse, une structure bureaucratique et une structure parlementaire.

A – La structure de masse

Elle repose sur des *associations de circonscriptions* qui regroupent les adhérents. Leur rôle est crucial dans l'organisation et la conduite des campagnes électorales locales et nationales. Les scandales de mœurs qui ont parfois entraîné la démission d'élus conservateurs sous la pression des associations de circonscription attestent de l'importance de ces dernières.

• Au sein du parti conservateur, les *adhésions* sont individuelles tandis qu'au parti travailliste, les adhésions interviennent également par l'intermédiaire des syndicats, ce qui donne à ces derniers un grand poids au sein du parti. La structure du parti travailliste reflète cette réalité. Les organes où sont représentés les adhérents y disposent d'un plus grand pouvoir qu'au sein du parti conservateur. Le parti travailliste ne peut, en effet, méconnaître le rôle joué, en son sein, par les syndicats et ceux-ci veulent disposer d'un pouvoir réel dans la détermination de la politique travailliste et dans le choix des dirigeants, même si, avec M. Blair, ce rôle est atténué.

• La structure de masse du parti trouve sa manifestation la plus achevée dans la *conférence annuelle* qui devrait être une manifestation de l'unité et de la force du parti autour de son leader. Les conférences annuelles doivent définir les lignes générales d'action du parti. Au sein du parti travailliste, le pouvoir de la conférence est important puisque les résolutions votées par celle-ci seront intégrées dans le programme du parti.

• Les partis ont également un *exécutif national*. Mais tandis que le comité exécutif conservateur est une structure faible, dont on a voulu qu'elle ne puisse limiter le pouvoir du leader, le comité exécutif national travailliste est une des structures clés du pouvoir au sein du parti. Élu par la conférence annuelle et généralement contrôlé par les syndicats, il dirige le parti avec le leader.

B - La structure bureaucratique

Elle est composée de professionnels chargés de gérer le parti. Au-delà de la gestion quotidienne, le *Central Office* conservateur et le *Head Office* travailliste font le lien entre les dirigeants nationaux et les organisations de base, veillent à la cohésion du parti, assistent les parlementaires, recherchent des candidats potentiels et en tiennent la liste à jour, assurent les relations publiques du parti, recherchent des fonds et gèrent les finances... On a dit que ces structures « constituaient le squelette d'acier sur lequel venait se disposer la chair flasque des militants ».

C - La structure parlementaire

Elle est constituée par le groupe parlementaire avec à sa tête le **leader**, désigné pour conduire le parti et qui exercera les fonctions de Premier ministre en cas de succès électoral. En cas d'échec, le leader du parti sera leader de l'opposition, fonction officielle et rémunérée sur le budget.

Le leader du parti conservateur est élu par les membres du parti qui choisissent entre les deux candidats désignés par le groupe parlementaire. À la demande de 15 % des membres du groupe, un vote de défiance peut être organisé et, si la défiance est votée, un nouveau leader sera élu. Le leader du parti travailliste était élu par un corps électoral composé des membres du groupe parlementaire (30 %), des délégués des circonscriptions (30 %) et des syndicats (40 %). Ce système, mis en place en 1980, devait renforcer le contrôle des syndicats et donc de la gauche du parti. Il n'a pas produit les résultats escomptés en portant au pouvoir un modéré, Neil Kinnock. Actuellement, le corps électoral est composé de l'ensemble des adhérents. Les candidats doivent avoir le soutien de 15 % des membres du groupe parlementaire. Le leader du parti conservateur est actuellement Boris Johnson qui a succédé à Theresa May et le leader du parti travailliste est Keir Starmer qui a succédé à Jeremy Corbyn à la suite de l'échec de celui-ci aux élections de 2015. Dans les deux partis, le système combine l'intervention du groupe parlementaire et l'élection démocratique par les militants.

Le leader dirige le parti. Il dispose au parti conservateur d'un pouvoir considérable, le pouvoir du leader du parti travailliste étant tempéré par la nécessité de tenir compte des exigences des organes du parti et notamment des syndicats qui jouent un rôle important à l'intérieur du parti.

Tableau 2 – Leaders des deux principaux partis

Leaders du parti conservateur depuis 1900			
1900	Marquis de Salisbury	**1963**	A. Douglas-Home
1902	A. Balfour	**1965**	E. Heath
1911	A. Bonar Law	**1975**	M. Thatcher
1921	A. Chamberlain	**1990**	J. Major
1922	A. Bonar Law	**1997**	W. Hague
1923	S. Baldwin	**2001**	I. Duncan-Smith
1937	N. Chamberlain	**2005**	D. Cameron
1940	W. Churchill	**2016**	T. May
1955	A. Eden	**2019**	B. Johnson
1956	H. Macmillan		

Leaders du parti travailliste			
1906	K. Hardie	**1955**	H. Gaitskell
1908	A. Henderson	**1963**	H. Wilson
1910	G. Barnes	**1976**	J. Callaghan
1911	R. MacDonald	**1980**	M. Foot
1914	A. Henderson	**1983**	N. Kinnock
1917	W. Adamson	**1992**	J. Smith
1921	J. Clynes	**1994**	T. Blair
1922	R. MacDonald	**2007**	G. Brown
1931	A. Henderson	**2010**	E. Milliband
1932	G. Lansbury	**2015**	J. Corbyn
1935	C. Attlee	**2020**	K. Starmer

Cependant, le leader ne peut agir en autocrate. Il n'est puissant que s'il dispose de l'accord du groupe parlementaire et il n'obtiendra celui-ci que dans la mesure où les parlementaires estimeront que leur leader est en mesure de les conduire au succès électoral.

Le leader dispose certes de moyens puissants pour contraindre les parlementaires de son groupe à s'incliner, ne serait-ce qu'en dernier ressort la menace de ne pas renouveler leur investiture lors des élections suivantes ou, comme l'a fait M. Major pour obtenir le vote favorable de son parti sur le traité d'Union européenne en 1993, de menacer de demander au roi la dissolution du Parlement. Mais, ces menaces n'ont qu'une portée limitée lorsque le groupe a perdu confiance en son leader sur le plan électoral. C'est ce qui explique le remplacement de Mme Thatcher à la veille d'une consultation électorale ou les difficultés de M. Major et de M. Cameron contraints de composer avec le courant eurosceptique du groupe parlementaire. Mme May s'est trouvée dans une situation inconfortable à la tête d'un parti fortement divisé sur les modalités du retrait britannique de l'Union européenne entre les partisans d'un retrait complet et ceux qui voulaient maintenir la participation la plus large possible au marché intérieur.

Elle s'est trouvée à trois reprises dans l'incapacité de faire approuver son accord de retrait de l'Union européenne et obligée de démissionner. Partisan d'un retrait dur, M. B. Johnson a été élu pour lui succéder. De son côté, M. Blair avait rencontré de sérieuses difficultés au sein de son parti à propos de l'intervention militaire en Irak, mais celles-ci ne l'ont cependant pas empêché d'emporter les élections de 2005.

Le leader n'est donc fort qu'autant qu'il tient compte du sentiment des parlementaires et maintient la cohésion du parti tant il est vrai qu'un parti divisé a peu de chances de remporter les élections.

II – Les caractéristiques des partis dominants

Même si les deux partis dominants ont des structures voisines, ils présentent des différences tant sur le plan de leur cohésion interne que sur celui de leur idéologie.

A – La cohésion interne du parti conservateur a été plus forte que celle du parti travailliste

• Le parti conservateur est socialement plus homogène que le parti travailliste. Il reflète essentiellement la classe supérieure et moyenne supérieure tandis que le parti travailliste représente davantage l'ensemble des couches sociales ce qui donne lieu à des conflits internes. Mais cette cohésion a été longtemps affaiblie par les divergences sur la question européenne.

• Le parti conservateur a une longue culture de gouvernement. Il en résulte un sens plus fort de la solidarité dans la mesure où celle-ci est exigée de ceux qui composent et soutiennent le gouvernement. Le parti travailliste a une culture d'opposition plus favorable au développement de divisions internes.

• Le pouvoir plus fort du leader conservateur favorise la cohésion.

• Le contenu de la référence socialiste du parti travailliste est assez vague ce qui a été à l'origine de clivages idéologiques internes entre des factions allant du trotskisme à la social-démocratie gestionnaire. Le parti travailliste a été affaibli par le développement du courant nationaliste écossais qui lui a coûté une partie de ses sièges au Parlement.

Cependant, on a noté une évolution sur ce point. Le parti conservateur a été miné par la guérilla incessante sur les questions européennes menée par une minorité de parlementaires eurosceptiques tandis que le parti travailliste, qui a résolu ses difficultés internes avec les syndicats, s'est trouvé autour d'un leader fort dans la perspective d'une victoire électorale. Finalement, M. Cameron s'est résolu à s'engager à tenir un référendum sur l'appartenance du Royaume-Uni à l'Union européenne sous la pression des eurosceptiques qui représentent plus du tiers du groupe parlementaire. Il visait aussi à limiter l'influence électorale du parti pour l'indépendance du Royaume-Uni (UKIP) qui menait une campagne vigoureuse contre l'appartenance à l'Union européenne et auquel les sondages donnaient 17 % des voix pour les élections de 2015, mais qui n'en a obtenu que 12 % et seulement 1 siège. Les divisions internes se sont maintenues après la décision de quitter l'Union européenne et ont porté sur les modalités du Brexit. Si l'actuel leader, Boris Johnson, a finalement réussi à sortir le parti de ces difficultés en faisant approuver l'accord avec l'Union européenne, son style de gouvernement et son comportement face à la pandémie suscitent de vives critiques au sein du groupe parlementaire.

B – L'idéologie

On présente souvent les partis britanniques comme étant en accord sur les données essentielles du système, les désaccords portant plus sur des modes de gestion et sur la façon d'aborder les problèmes que sur des éléments fondamentaux.

Cette constatation est inégalement vraie selon les époques. Il est vrai que les deux partis ne peuvent espérer remporter les élections qu'en emportant la conviction de la même fraction de l'électorat flottant. Ceci peut contribuer à rapprocher leur discours. Mais ce phénomène est limité par la nécessité de ne pas perdre leur électorat traditionnel, ce qui réduit les convergences.

Le parti conservateur est un parti de gestion qui vise à préserver les cadres économiques et sociaux d'une société libérale. Cependant, l'époque de Mme Thatcher a marqué une rupture avec le conservatisme social de ses prédécesseurs en défendant une politique libérale plus dure entraînant une division de son parti entre droite et gauche.

Le parti travailliste est un parti réformiste qui vise plus à corriger le système économique qu'à en changer la nature. Cependant, il a lui aussi connu une radicalisation après le départ de M. Callaghan, ce qui a entraîné une scission et la création d'un parti social-démocrate, aujourd'hui fusionné avec les libéraux. L'accession de M. Neil Kinnock au pouvoir a conduit à un recentrage qui a permis au parti de retrouver les chances d'accès au pouvoir que sa radicalisation lui avait fait perdre. Cette évolution a été confirmée par M. Blair qui a voulu par Gordon Brown créer un *New Labour Party* qui mène une politique fondée sur une large acceptation des lois du marché. Les travaillistes ont mené une politique de régionalisation qui a trouvé son aboutissement sous le gouvernement Blair avec la dévolution de très larges pouvoirs à l'Écosse, de pouvoirs plus limités au Pays de Galles et avec l'institution d'un régime spécifique de très large autonomie pour l'Irlande du Nord. Cette régionalisation se retourne parfois contre le *Labour Party* en raison des tendances indépendantistes en Écosse, fief travailliste. Ce fut le cas en 2015 où le *Labour Party* a perdu ses circonscriptions écossaises remportées par le parti nationaliste, devenu le troisième parti britannique en nombre d'élus.

Les deux partis ont été traversés de profondes divisions sur le thème de la participation du Royaume-Uni à l'intégration européenne. Cependant, ici encore, le parti travailliste semblait avoir trouvé une ligne plus modérée et surmonté ses divisions, mais, lors des élections de 2010, il a été victime de l'usure du pouvoir alors qu'autour de M. Cameron, le parti conservateur s'était modernisé. L'échec du parti travailliste aux élections de 2015 semble avoir entraîné une radicalisation de ses positions qui obère ses chances de retourner au pouvoir d'autant plus que le leader J. Corbyn était très vivement critiqué par les parlementaires du parti. Cependant en 2017, lors des élections anticipées pour donner suite au Brexit, il avait repris de la vigueur. Il a perdu cet avantage lors des élections anticipées de 2019, notamment en raison de la position ambiguë de son leader à propos du Brexit.

§ 2 – Le système de scrutin, cause essentielle du bipartisme

Le Royaume-Uni a toujours pratiqué le scrutin uninominal majoritaire à un tour. Il s'agit d'un système de scrutin qui, parce qu'il conduit l'électeur à voter utile, diminue les chances des tiers partis et pousse à un affrontement bipolaire.

I - Les difficultés des tiers partis

• Une situation de tripartisme n'est possible qu'en période de mutation profonde. C'est ce qui s'est produit au début du siècle au moment du développement du parti travailliste. Mais cette situation s'est soldée assez rapidement par le déclin du parti libéral. Dans la décennie écoulée, l'Alliance entre le parti libéral et le parti social-démocrate a souvent obtenu des scores supérieurs à 20 % des voix sans dépasser 4 % des sièges. En 1997, il a obtenu 7 % des sièges avec 16,75 % des voix, profitant de la défaite des conservateurs. S'appuyant sur le soutien des déçus du blairisme, il a amélioré son score en 2001 (18,6 %), mais n'a obtenu que 8 % des sièges. Dans une conjoncture en apparence favorable en 2010, il n'a pas dépassé 8 % des sièges avec 23 % des voix alors que les travaillistes en obtenaient 38 % avec seulement 6 % de voix en plus.

• En effet, *ce qui est déterminant dans la conquête d'une majorité, ce n'est pas le nombre de voix obtenues dans le pays, mais le nombre de circonscriptions gagnées*. Or, les voix des tiers partis sont équitablement réparties dans les circonscriptions, ce qui veut dire qu'ils y sont le plus souvent minoritaires et ne peuvent espérer conquérir de sièges. Alors qu'il suffit à un des partis dominants de 38 % des voix pour remporter la majorité des sièges, il faudrait qu'un tiers parti en obtienne plus de 41 %. Dans ce cas, il s'imposerait en réduisant un des deux grands partis au rang de tiers parti. Par contre, une formation fortement implantée localement peut obtenir un grand nombre de sièges avec un faible pourcentage national de voix. Lors des élections de 2015, le parti nationaliste écossais (SNP) a remporté 50 sièges avec 4,7 % des voix tandis que le parti anti-européen UKIP n'a obtenu qu'un siège avec 12,6 % des voix. En 2017, le parti conservateur n'a pu emporter la majorité des sièges et a dû s'associer au parti unioniste démocrate irlandais qui lui apportait 10 sièges. Enfin, en 2019, le parti conservateur a obtenu 59 % des sièges avec 42,20 % des voix.

En règle générale, mais on a connu des exceptions en 1951 et en février 1974, les effets déformateurs du système avantagent le parti majoritaire qui sera surreprésenté. C'est ce qu'exprime *la loi du cube* (le rapport entre les sièges obtenus par les deux grands partis est égal au cube des rapports entre leurs voix). Si un parti obtient 60 % des voix et l'autre 40 % des voix, le rapport entre les sièges ne sera pas de 6/4, mais de 216/62. Cette règle est d'autant plus exacte que les tiers partis sont faibles.

II - Le rôle de l'électorat flottant

Les partis politiques dominants sont bien implantés dans leurs circonscriptions traditionnelles. Le succès électoral ne peut résulter que de la conquête de circonscriptions indécises, les *circonscriptions marginales*. Dans ces circonscriptions, où l'écart de voix est faible entre les deux partis, l'enjeu est de convaincre les électeurs indécis de modifier leur vote.

Un faible transfert de voix à l'échelle nationale peut, parce qu'il se produit dans des circonscriptions marginales, *entraîner un fort transfert de sièges*. C'est ce que les spécialistes de science électorale britannique appellent le *swing*. On considère qu'un *swing* de 1 % peut entraîner un transfert de sièges d'environ 3 %. Le système est particulièrement apte à produire l'alternance et le parti minoritaire peut toujours espérer remporter les élections.

III - Les cas de défaillances du système

En principe, le système majoritaire à un tour permet le maintien de deux partis de gouvernement et rend extrêmement ténues les chances d'un tiers parti d'accéder au pouvoir. Mais la règle n'est pas absolue et il peut arriver que l'on soit en présence d'un parlement dans lequel aucun des deux partis ne dispose de la majorité absolue. M. Callaghan ne disposait que d'une majorité étroite de 319 sièges sur 635 et a dû démissionner à la suite du vote d'une motion de censure en 1979. En 2010, M. Cameron n'a pu obtenir la majorité absolue des sièges et a dû s'allier avec le parti libéral de M. Clegg pour constituer un gouvernement. L'arrivée des libéraux au pouvoir avait remis au premier plan la discussion sur le maintien du système de scrutin. Le système proportionnel est déjà utilisé pour les élections au Parlement européen. S'agissant des élections nationales, l'organisation d'un référendum sur le système de scrutin a été retenue comme prix à payer pour la participation libérale. Mais aucun des deux grands partis n'a intérêt à modifier un système qui les avantage d'autant plus que l'instauration d'un système proportionnel ne serait pas sans conséquences sur le fonctionnement du régime. Le système proposé au référendum conservait le scrutin à un tour, mais avec la possibilité pour les électeurs de classer les candidats par ordre de préférence. Ces préférences seraient prises en considération dès lors que, dans une circonscription, aucun des candidats n'obtiendrait plus de voix que l'ensemble de ses concurrents. Ce système dit « *alternative vote* », qui est pratiqué en Irlande, aurait permis d'atténuer les effets du système majoritaire à un tour et, par là même, d'accroître le nombre de sièges du tiers parti. L'accord de gouvernement entre conservateurs et libéraux portait uniquement sur l'organisation d'un référendum, mais laissait les partis libres sur le fond. Il n'est donc guère surprenant que, lors du référendum du 5 mai 2011, les conservateurs aient pris parti contre la réforme. Le taux de participation n'était que de 42 % et seulement 32 % de votants se sont prononcés en faveur de la réforme.

§ 3 - Le système bipartisan

L'existence de deux partis dominants exerce une influence profonde sur le système politique si bien que seule la façade du régime reste parlementaire, celui-ci ayant une nature différente marquée par le bipartisme.

I - La stabilité gouvernementale

On a vu que, sauf cas exceptionnels comme en 2010 et en 2017, un parti dispose toujours de la majorité à la Chambre des communes. Le gouvernement est donc formé de façon homogène par le leader du parti majoritaire. Il est assuré du soutien de la Chambre des communes.

• Dans ce cas, les mécanismes destinés à permettre la mise en jeu de la responsabilité gouvernementale ne fonctionnent pas véritablement et le gouvernement n'a pas à craindre le vote d'une motion de censure qui le conduirait à la démission. Dans la mesure où le Parlement ne peut provoquer de crise ministérielle, la dissolution n'a plus pour fonction de solliciter l'arbitrage du pays après une crise entre exécutif et législatif.

Le Premier ministre a les mains libres pour exécuter son programme avec le soutien de la majorité parlementaire.

• Cependant, si l'opposition ne peut espérer renverser le Premier ministre, celui-ci peut se voir obligé de démissionner à la suite de contestations au sein de sa majorité. Les crises ministérielles ne se déroulent pas toujours de manière publique au sein du Parlement, mais se produisent souvent à l'intérieur du parti. Elles ne conduisent pas à un changement de majorité, mais, suite au départ du leader du parti majoritaire, à un changement de Premier ministre.

Depuis la Seconde Guerre mondiale, quatre premiers ministres se sont retirés à la suite d'oppositions internes. Sir Anthony Eden s'est retiré en 1956 à la suite des divisions provoquées au sein du parti conservateur par la crise de Suez. H. MacMillan démissionna en 1963 à la suite des difficultés internes au parti et du scandale provoqué par l'affaire *Profumo* et Mme Thatcher se retira en 1990 au cours d'une réélection du leader qui révélait la faiblesse de sa position au sein du groupe parlementaire. De son côté, M. Major fut obligé de menacer de démissionner et de demander la dissolution de la Chambre pour obtenir le soutien de son groupe dans le débat sur le traité d'Union européenne. À la suite, il est resté à la merci d'une crise interne provoquée par les parlementaires « eurosceptiques » et a été obligé de priver pendant quelque temps huit parlementaires conservateurs du *whip*, ce qui a constitué la première sanction collective depuis la Première Guerre mondiale et a conduit à sa défaite aux élections de 1997. Mme May a été victime des oppositions internes à propos du Brexit et a été contrainte à la démission.

Dès lors que le groupe parlementaire estime que le gouvernement est affaibli dans l'opinion publique et que les chances électorales du parti sont compromises, il peut vouloir obtenir l'élection d'un nouveau leader. De son côté, si le leader pense que les divisions au sein du groupe sont telles que les chances électorales du parti sont compromises, il sera tenté de se retirer plutôt que de subir un échec électoral en conduisant un parti profondément divisé aux élections.

La stabilité gouvernementale qui résulte du bipartisme, s'accompagne d'une responsabilité du Premier ministre devant le groupe parlementaire.

II - L'alternance

Le système électoral favorise l'alternance et l'existence de deux grands partis politiques rend l'alternance crédible. Celle-ci a joué régulièrement depuis 1945 avec cependant un avantage au parti conservateur.

Tableau 3 - Les cabinets britanniques depuis 1945

C. Attlee	Travailliste	août 1945-octobre 1951
W. Churchill	Conservateur	octobre 1951-avril 1955
A. Eden	Conservateur	avril 1955-janvier 1957
H. MacMillan	Conservateur	janvier 1957-octobre 1963
A. Douglas-Home	Conservateur	octobre 1963-octobre 1964
H. Wilson	Travailliste	octobre 1964-juin 1970
E. Heath	Conservateur	juin 1970-février 1974
H. Wilson	Travailliste	février 1974-mars 1976

J. Callaghan	Travailliste	avril 1976-mai 1979
M. Thatcher	Conservateur	mai 1979-novembre 1990
J. Major	Conservateur	novembre 1990-mai 1997
T. Blair	Travailliste	mai 1997-juin 2007
G. Brown	Travailliste	juin 2007-mai 2010
D. Cameron	Conservateur	mai 2010-juillet 2016
T. May	Conservateur	juillet 2016-juin 2019
B. Johnson	Conservateur	juillet 2019

L'existence d'une possibilité sérieuse d'alternance a des incidences sur le comportement des partis. Le parti majoritaire sait qu'au terme de la législature, il peut perdre le pouvoir si l'électorat n'est pas satisfait de sa gestion. Il se considère donc comme lié par son programme qui constitue le mandat que lui a confié l'électorat. Le parti d'opposition ne peut se limiter à une stratégie purement critique assortie de promesses irréalisables, car, s'il veut prendre le pouvoir, il doit présenter un programme acceptable pour l'électorat et réalisable pour le futur gouvernement. La possibilité d'alternance responsabilise le parti majoritaire et rend l'opposition réaliste.

De son côté, l'électeur dispose d'un choix politique véritable puisqu'il sait que le parti qu'il aura désigné sera responsable devant lui au terme de la législature et aura la majorité nécessaire pour exécuter son programme.

Section 4 – Les institutions

Les institutions britanniques ont été façonnées par l'histoire. Dès lors, si le cadre institutionnel est resté identique, les pouvoirs des différentes institutions ont évolué. Le monarque au sein de l'exécutif et la Chambre des lords au sein du législatif sont des institutions symboliques. Si le pouvoir réside en principe entre les mains du Cabinet et de la Chambre des communes, le système bipartisan conduit à en laisser l'essentiel entre les mains du Cabinet.

§ 1 – L'exécutif

Comme dans un régime parlementaire classique, l'exécutif est bicéphale.

I – La Couronne

La Couronne est transmise héréditairement au sein de la dynastie des Windsor (Hanovre) par ordre de primogéniture sans en excepter les femmes.

• Le monarque est tenu à la neutralité politique et ne prend pas position publiquement sur les affaires publiques. Ses discours et ses actes sont soumis à l'approbation du Cabinet. Il est irresponsable politiquement.

• Le monarque détient des pouvoirs nominaux. Il nomme le chef du gouvernement, mais choisit toujours le leader du parti majoritaire. Il serait possible qu'en l'absence de majorité à la Chambre des communes, il retrouve une certaine latitude, mais celle-ci ne serait sans doute guère plus grande que le pouvoir d'influence dont disposent les autres monarques dans les autres régimes parlementaires européens. Il nomme les ministres, mais suit les propositions du Premier ministre. L'assentiment donné aux lois votées par le Parlement est une formalité et la dissolution n'est prononcée que sur la demande du chef du gouvernement. Les pouvoirs autrefois détenus par le monarque, dits prérogatives de la Couronne, sont aujourd'hui exercés en fait par le Premier ministre.

→ *La fonction monarchique est avant tout d'ordre symbolique*. Le monarque représente l'unité nationale. De plus, sa connaissance des dossiers, son expérience politique et ses rencontres hebdomadaires peuvent lui permettre de conseiller discrètement le gouvernement et, dans certains cas d'exercer son influence.

II - Le gouvernement

A - Composition

Le gouvernement est issu du Conseil privé du monarque. Le Conseil privé existe toujours, et les ministres en sont notamment membres, mais il n'exerce plus que des fonctions protocolaires. Le gouvernement est dirigé par le Premier ministre, chef du parti majoritaire. Il est composé de plus de 100 membres et hiérarchisé.

a) Le cercle le plus restreint est constitué par le **Cabinet** dont les membres sont choisis par le Premier ministre au sein du gouvernement. Le choix n'est pas totalement libre, car il est impossible d'éviter certaines figures importantes du parti et il convient de tenir compte des rapports de force au sein du groupe parlementaire. Le nombre de membres du Cabinet est limité à 24 par la loi sur les salaires des ministres (*Ministerial and Other Salaries Act*, 1975).

Le Cabinet est l'organe de délibération collégial du gouvernement. La politique gouvernementale est définie en son sein lors des réunions hebdomadaires sous la présidence du Premier ministre qui en définit l'ordre du jour, en dirige les débats et en tire les conclusions. Cependant, le caractère collégial de la prise de décision est mis en cause par le traitement des dossiers par des comités ministériels restreints compétents dans un domaine particulier et présidés par le Premier ministre.

b) Le deuxième cercle est formé par les **ministres** pourvus d'un portefeuille ministériel, mais qui ne font pas partie du Cabinet.

c) La troisième catégorie est formée par les *junior ministers* qui assistent un ministre.

Les membres du gouvernement doivent être membres du Parlement. Compte tenu de l'effectif du gouvernement et des remaniements ministériels, une bonne partie du groupe parlementaire peut espérer obtenir un siège au gouvernement ce qui accroît la solidarité entre l'exécutif et le groupe parlementaire.

d) Le **Premier ministre** jouit d'une grande autorité sur le gouvernement qu'il a nommé et qu'il peut remanier à sa guise. De plus, les pouvoirs qui relèvent en théorie de la prérogative royale lui appartiennent en fait en propre, notamment le pouvoir de nomination et le droit de dissolution.

B - Pouvoirs

Le Cabinet dispose pleinement des pouvoirs de l'exécutif. Il dirige la politique intérieure et extérieure et exécute le programme sur lequel la majorité parlementaire a été élue. Il détient le seul droit d'initiative financière et exerce largement le droit d'initiative législative. Près de 90 % des lois sont d'initiative gouvernementale. Le Parlement peut déléguer au gouvernement le droit de légiférer.

Le gouvernement dispose d'importants pouvoirs de législation déléguée. Ainsi, le *Legislative and Regulatory Reform Bill* accorde aux ministres le droit de modifier, de remplacer ou d'abroger la législation en vigueur dans le but de simplifier la législation ou de supprimer des dispositions législatives trop coûteuses pour les particuliers ou les entreprises (« *better legislation* »). Les projets de *statutory orders* doivent être déposés devant le Parlement. Ils entrent en vigueur s'ils ne rencontrent pas d'opposition dans l'une des deux Chambres pendant un délai de quarante jours. Cependant à la demande d'une des chambres, le texte devra être approuvé par une résolution du Parlement dans les soixante jours. Dans le premier cas, un accord implicite est suffisant tandis que dans le second un accord explicite est nécessaire, le Parlement étant privé de son droit d'amendement.

Enfin il dispose des prérogatives royales, pouvoirs autrefois attribués au souverain et aujourd'hui exercés en fait par le Premier ministre. La décision formelle est prise par le monarque sur avis du Premier ministre. Ces prérogatives qui constituent, selon les termes de la Cour suprême une « relique du passé » ont été considérablement réduites par le temps et par le fait que le Parlement peut toujours limiter ou supprimer une prérogative par la loi. Elles consistent essentiellement dans la nomination des ministres, le droit d'adresse au Parlement, le droit de mettre fin à une session parlementaire, la déclaration de guerre, à certains aspects relatifs aux forces armées et au gouvernement de territoires coloniaux et la conclusion des traités. La Cour suprême a jugé à propos de la décision prise par le Premier ministre Johnson de mettre fin à une session parlementaire que les prérogatives royales pouvaient être contrôlées par elle et a annulé celle-ci (jugement du 24 sept. 2019, [2019] USKC 41).

Compte tenu de l'existence d'une majorité parlementaire stable et disciplinée, le Cabinet est donc le centre du pouvoir au Royaume-Uni.

§ 2 – Le législatif

Le pouvoir législatif est exercé par le Parlement composé de deux chambres, la Chambre des lords et la Chambre des communes.

I – La Chambre des lords

A – Composition

La Chambre des lords est une survivance aristocratique. Elle était composée de Pairs héréditaires (environ 800) et de Pairs nommés à vie (environ 350). Les Pairs sont nommés par le monarque, mais le choix est effectué par le Premier ministre. On ne nommait plus qu'exceptionnellement des Pairs héréditaires. À ces Pairs venaient s'ajouter les Pairs judiciaires qui exercent, au sein de la Chambre *(Appelate Committee)*, la fonction de juridiction suprême et les Pairs spirituels, archevêques et évêques. Le *Constitutional Act* de 2005 remplace les Pairs judiciaires par une Cour suprême composée de 12 juges. Le pouvoir judiciaire est enfin séparé du pouvoir législatif, même si personne ne remettait en cause l'indépendance des Lords judiciaires qui ne participaient pas aux travaux législatifs et ne votaient pas tandis que depuis la fin du

XIXe siècle, les autres membres de la Chambre des lords ne participaient pas aux travaux des Lords judiciaires.

Depuis l'arrivée au pouvoir de M. Tony Blair, la réforme de la Chambre des pairs a fait l'objet de débats animés. On a critiqué le caractère anachronique d'une chambre entièrement nommée, mais on a également fait valoir qu'elle fonctionnait de manière efficace. Faut-il élire tout ou partie de ses membres ? Si certains membres sont nommés faut-il prévoir un système de sélection ? Devant la difficulté à réaliser une réforme, un compromis provisoire fut trouvé en 1999. Selon le *House of Lords Act*, les Lords héréditaires ne peuvent siéger à la Chambre des lords, mais 92 d'entre eux, élus par leurs pairs, conservent leurs sièges jusqu'à la réforme définitive qui n'interviendra sans doute pas dans un avenir proche. Le gouvernement Cameron avait créé un comité de réforme de la Chambre des lords qui devait faire des propositions en vue d'une élection de la chambre au scrutin proportionnel, mais, devant l'opposition de son parti, il a renoncé à toute réforme.

Les débats étaient autrefois présidés par le Lord chancelier nommé par la Reine sur proposition du Premier ministre. La chambre élit désormais son président, le Lord *Speaker*.

B - Pouvoirs

Les pouvoirs de la Chambre des lords ont été réduits par les *Parliament Acts* de 1911 et 1949.

• **En matière législative**, les Communes peuvent passer outre à l'opposition de la Chambre des lords en adoptant le même texte au cours de deux sessions annuelles successives. Ce pouvoir de retarder l'adoption d'un texte n'est pas négligeable et peut conduire le Cabinet à négocier avec la Chambre des lords. Le pouvoir suspensif des Lords est fort efficace en fin de législature. Cependant, par une convention connue sous le nom de « *Salisbury Doctrine* », la Chambre ne s'oppose généralement pas à la volonté de la Chambre des communes lorsqu'il s'agit de lois importantes contenues dans le programme électoral du parti au pouvoir et sa fonction consistait davantage à améliorer la législation par voie d'amendements. Cependant, depuis la réforme de la Chambre des lords, la « doctrine Salisbury » est contestée. En effet, elle était fondée sur le fait qu'une Chambre qui n'était pas composée d'élus pouvait difficilement s'opposer à un texte approuvé par les électeurs. La Chambre étant maintenant élue, certains de ses membres estiment que cette doctrine n'a pas de raisons d'être. Le pouvoir de la Chambre des lords est loin d'être symbolique. Les cas de rejet sont fréquents et la Chambre des communes n'a exercé son droit de dernier mot qu'à de rares reprises depuis 1949, le dernier cas étant celui du symbolique *Hunting Act* abolissant la chasse à courre en 2004. La chambre a notamment pris parti en faveur des libertés en s'opposant à plusieurs projets gouvernementaux dans le cadre de la lutte contre le terrorisme.

• **En matière financière**, les pouvoirs des Lords sont très limités puisque les lois qualifiées de *money bills*, par le *speaker* de la Chambre des communes, reçoivent l'assentiment royal un mois après avoir été adoptées aux Communes quelle que soit l'opinion de la Chambre des lords.

→ La Chambre des lords joue un rôle actif dans le processus législatif en se livrant à un examen technique des textes, ce qui améliore leur qualité. Sur des textes importants, son intervention peut amener le gouvernement à modifier son attitude.

C - La réforme de la Chambre des lords

Le programme du gouvernement travailliste envisageait une réforme de la Chambre des lords. Il a été décidé de procéder de manière progressive. Le *Lords Act* du 11 novembre 1999 exclut de la participation aux travaux de la Chambre les Lords héréditaires. Sont exceptés de cette exclusion, 90 Lords héréditaires. 75 sont élus en proportion des groupes politiques au sein de la Chambre et 15 sont élus par la Chambre elle-même. Ces 90 personnes siègent à vie. À leur décès, ils devraient être remplacés par des membres élus. La réforme s'est poursuivie par le *Constitutional Act* de 2004 par l'annonce de la suppression du Lord chancelier qui devient secrétaire d'État pour les affaires constitutionnelles. Il ne préside plus les Pairs judiciaires qui ont été transformés en Cour suprême et dispose des pouvoirs d'un ministre de la Justice.

II - La Chambre des communes

La Chambre des communes est composée de 650 parlementaires élus au scrutin uninominal majoritaire à un tour. Le gouvernement Cameron s'est engagé en 2010 à ne pas provoquer d'élections avant la fin du terme fixe de cinq ans à moins que 55 % des élus en fassent la demande. Depuis a été adopté, en 2011, le *Fixed-term Parliaments Act* qui limite les possibilités d'élections anticipées au cas d'autodissolution de la Chambre à la majorité des deux tiers ou de censure du gouvernement sans qu'un autre gouvernement puisse être mis en place dans les quatorze jours (v. p. 116). Cependant, l'abrogation du *Fixed-term Parliaments Act* a été votée par la Chambre des communes et est actuellement à l'examen devant la Chambre des lords.

A - Organisation de la Chambre

Trois éléments caractérisent l'organisation de la Chambre des communes :

• La Chambre est présidée par un ***speaker***, élu par elle, et dont l'élection est approuvée par le monarque. Le *speaker* est impartial et la coutume veut qu'il soit réélu même en cas de changement de majorité. Il ne prend pas part aux débats, ni aux votes. Son impartialité est indispensable en raison de l'importance des pouvoirs qu'il détient. Il n'est pas uniquement chargé de la direction et de la police des débats, mais il peut aussi décider parmi les problèmes à l'examen quelles sont les questions importantes et les faire discuter en priorité, choisir parmi les amendements ceux qui seront examinés. Il désigne les présidents des commissions en début de session et il décide quels sont les projets de loi considérés comme *money bills* et sur lesquels la Chambre des lords ne dispose que d'un veto suspensif d'un mois.

• Il n'existe pas à la Chambre de commissions spécialisées.

À l'origine, la Chambre siégeait, pour préparer le travail législatif en comité de la chambre entière réunissant tous les membres du Parlement. Au début du siècle, ont été instituées des **commissions non spécialisées (appelées depuis 2006 *Public Bills Committee*)** dont la composition est proportionnelle à celle de la Chambre.

Il existe également des *select committees* qui ont une fonction de contrôle et sont de ce fait spécialisés. Ils peuvent dans des cas exceptionnels être chargés de l'examen d'un *bill*. Enfin, pour des projets de grande importance, pour ceux qui requièrent un examen rapide ainsi que pour le budget, l'examen en commission se fait dans le cadre d'une commission de la Chambre entière qui comporte l'ensemble des parlementaires.

• Les **groupes politiques** sont caractérisés par une discipline rigide. Dans chaque groupe, un *Chief Whip* assisté de *Whips* est chargé de veiller au respect de la discipline du groupe par les membres. Ceux-ci reçoivent chaque semaine un *parliamentary whip* qui leur indique l'attitude à suivre dans les débats. Les manquements à la discipline peuvent être sanctionnés. On note, ces dernières années, un affaiblissement de la discipline et le gouvernement conservateur de Mme Thatcher a été amené à négocier avec les parlementaires rebelles. Quant à M. Major, il a été contraint d'utiliser la menace de la dissolution pour obtenir une conclusion favorable du débat sur le traité sur l'Union européenne. Par la suite, il a été amené à suspendre de leur participation au groupe (retirer le *whip*) six parlementaires eurosceptiques, un septième s'étant retiré de lui-même. La discipline imposée par le gouvernement Blair a été de plus en plus contestée en raison du désaccord de certains parlementaires sur la politique irakienne du gouvernement et sur la législation antiterroriste. Mme May avait perdu le contrôle d'un groupe divisé sur le Brexit et M. Johnson doit faire face à un groupe loin d'être uni.

B – La procédure législative

Les projets et propositions de lois sont soumis à trois lectures successives :

– la première lecture est formelle et consiste à enregistrer le texte ;

– la seconde lecture est constituée par un débat général à la suite duquel le texte est envoyé en commission pour un examen plus détaillé ; le rapport de la commission est ensuite examiné par la Chambre, ce qui constitue pour les membres qui ne faisaient pas partie de la commission le dernier moment pour présenter des amendements. Le *speaker* a la possibilité de choisir parmi les amendements ceux qui seront examinés (*procédure du kangourou*) ;

intervient ensuite la troisième lecture qui comporte un bref débat et le vote du texte sans amendement.

Le texte adopté par les Communes est alors envoyé aux Lords, puis revient aux Communes en cas de désaccord. Généralement, la Chambre des lords s'incline en seconde lecture si les Communes maintiennent leur position. Sinon, les Communes confirmeront leur position. Le texte est alors soumis à l'assentiment royal qui est une formalité. Les projets qui affectent les intérêts de la Couronne sont soumis à l'approbation du monarque, mais, selon une convention constitutionnelle, celui-ci ne s'y oppose pas à moins d'y être invité par les ministres. Ainsi, en 1999, la reine s'est opposée à un projet de loi qui transférait le pouvoir d'autoriser des frappes militaires en Irak de la reine au Parlement.

Le processus législatif doit être mené à bien pendant la session parlementaire (un peu plus d'un an). Tout texte qui n'a pas reçu la sanction royale à la fin de la session tombe et la procédure doit être reprise entièrement lors de la session suivante. Cette règle a été assouplie en permettant au gouvernement de demander exceptionnellement la poursuite de la procédure pour un texte qui n'aurait pas été adopté au cours de la session précédente. Le droit de mettre fin à une session parlementaire est une prérogative royale exercée par le monarque sur avis du Premier ministre. Cependant, la décision de suspendre le Parlement pendant cinq semaines pour éviter qu'il puisse discuter de solutions alternatives à un Brexit sans accord a été annulée par la Cour suprême parce qu'elle portait atteinte aux droits du Parlement de légiférer et de contrôler le gouvernement (jugement du 24 sept. 2019, [2019] USKC 41).

Une séance par semaine, le vendredi, est réservée à l'examen des propositions parlementaires.

Les *money bills* suivent la même procédure, mais les parlementaires ne disposent pas du droit d'initiative en la matière et la Chambre des lords ne peut s'opposer que pendant un délai d'un mois.

Le *vote est personnel* et ne peut être délégué, d'où l'importance de la présence des membres au moment du vote et la difficulté pour un gouvernement de vivre avec une très faible majorité puisqu'il sera à la merci de la maladie d'un de ses membres. Pour éviter l'obstruction, la durée du débat peut être limitée, le vote intervenant automatiquement à l'issue du délai prévu (*procédure de la guillotine*). Depuis 2000, une procédure permet également de programmer le déroulement de la procédure à chaque étape.

Compte tenu de la *discipline de vote*, le gouvernement est certain de faire adopter ses projets. Les travaux des Communes sont donc contrôlés par l'exécutif, sauf rare rébellion de membres du groupe politique majoritaire.

§ 3 – Les relations entre le gouvernement et le Parlement

Ces relations sont organisées sur le modèle parlementaire, mais l'existence du bipartisme leur a donné une signification différente de celle qu'elles revêtaient dans un cadre parlementaire.

I – Les moyens d'action du Parlement sur le gouvernement

Le Parlement dispose d'une série de moyens lui permettant de contrôler le gouvernement et de mettre en jeu sa responsabilité.

A – Le contrôle sans mise en jeu de la responsabilité

• La procédure la plus fréquente est celle des *questions*. Une heure par jour est réservée aux questions des parlementaires (*question time*). Le Premier ministre répond personnellement aux questions parlementaires deux fois par semaine. Même si la procédure est destinée à permettre aux parlementaires d'interroger le gouvernement sur l'actualité, les questions sont déposées deux semaines à l'avance, ce qui permet au gouvernement de préparer les réponses.

• À la fin de chaque séance, la *motion d'ajournement* permet à un parlementaire de poser une question sur un thème de son choix.

• Vingt séances par session sont consacrées à débattre de thèmes choisis par l'opposition. Ce sont les *opposition days* (17 pour le principal parti d'opposition et 3 pour le second parti d'opposition).

• Enfin, les *select committees* contrôlent l'activité gouvernementale.

Tous ces moyens permettent aux parlementaires de mettre en valeur, selon leur appartenance politique, les succès ou les faiblesses de l'action du gouvernement. À ce titre, ils sont plus utilisés pour porter les débats devant l'opinion publique que pour infléchir l'action du Cabinet.

B - Le contrôle avec mise en jeu de la responsabilité gouvernementale

Le Parlement peut contraindre le gouvernement à la démission en votant une *motion de censure*. Le refus du budget ou de l'adresse en réponse au discours du Trône (rédigé par le gouvernement et prononcé par le monarque à l'ouverture de chaque session parlementaire) produit le même effet qu'une motion de censure.

Le dépôt d'une motion de censure n'est soumis à aucune formalité et l'opposition en dépose trois ou quatre par session. Compte tenu de l'existence d'une majorité cohérente, les motions de censure n'ont pas de chances d'aboutir, sauf dans les hypothèses dans lesquelles le groupe majoritaire a perdu de sa cohésion. Elles sont seulement l'occasion d'un débat général sur la politique du gouvernement. Pour qu'une motion soit votée, il faudrait que le gouvernement ne dispose plus de la majorité aux Communes. La dernière motion de censure couronnée de succès a entraîné, en 1979, le départ du gouvernement Callaghan. Mais, dans ce dernier cas, il s'agissait d'une hypothèse très particulière puisque le gouvernement avait perdu, à la suite de décès ou de défections, l'étroite majorité dont il disposait aux Communes et ne pouvait se maintenir que grâce à l'abstention bienveillante des tiers partis. La précédente crise gouvernementale, due à un vote parlementaire, datait de 1924.

II - Les moyens d'action du gouvernement sur le Parlement

Dans la mesure où *tous les membres du gouvernement sont membres du Parlement*, le gouvernement dispose, par le jeu de la solidarité gouvernementale, du soutien assuré de ses membres. Par le jeu de la discipline parlementaire, il contrôle le groupe parlementaire. Cette autorité est renforcée par la crainte des parlementaires de la majorité de ne pas obtenir l'accord du leader pour leur candidature lors des élections suivantes.

A - La question de confiance

Le gouvernement peut poser la *question de confiance* et menacer de démissionner si l'un de ses projets n'est pas soutenu par le Parlement. En l'absence d'une telle question, un vote contraire de la chambre ne suffit pas à entraîner la démission. Des gouvernements disposant d'une large majorité parlementaire ont connu des défaites dues à un désaccord de certains parlementaires de la majorité sur un projet de loi à l'examen, sans démissionner pour autant. Pour que le gouvernement démissionne, il faut qu'il considère que le projet était d'une importance telle qu'il ne saurait rester en fonction en cas d'échec. Le débat sur la ratification du traité sur l'Union européenne a constitué une illustration du jeu de cette procédure, puisque le gouvernement conservateur de l'époque a été amené à engager sa responsabilité lors du vote à la Chambre des communes.

B - La dissolution

Enfin, avant 2010, le gouvernement pouvait à tout moment demander au monarque de dissoudre le Parlement. La *dissolution* n'était soumise à aucune condition. Logiquement, la dissolution devait permettre à un gouvernement en difficulté ou renversé par le Parlement de solliciter l'arbitrage des électeurs.

Mais, dans la mesure où, du fait de l'existence d'une majorité disciplinée, les crises sont improbables, la dissolution avait une autre fonction. Elle permettait au gouvernement d'anticiper la date des élections en plaçant celles-ci à un moment qui lui est favorable et en évitant la démagogie qui marque souvent les fins de législature. Cependant, comme l'a montré le débat sur le traité sur l'Union européenne, la menace de dissolution pouvait être un moyen de ressouder des majorités incertaines.

Le gouvernement Cameron a, en principe, mis fin à ces dissolutions tactiques. Selon le *Fixed-term Parliaments Act* de 2011, les élections doivent avoir lieu tous les cinq ans le premier jeudi de mai. La Chambre des communes peut cependant mettre fin de son mandat de manière anticipée à la majorité des deux tiers de ses membres, ce qui implique un accord avec l'opposition. C'est cette procédure qui a été suivie en 2017 et en 2019 pour dissoudre le Parlement. En outre, en cas de vote de défiance à l'encontre du gouvernement, la dissolution intervient si la Chambre n'accorde pas sa confiance à un autre gouvernement dans les quatorze jours. Ce dernier système est inspiré de la motion de défiance constructive allemande. L'expérience allemande montre d'ailleurs qu'elle ne supprime pas toute possibilité de dissolution tactique si le gouvernement fait voter la défiance par sa propre majorité. Cependant, cette réforme rendait plus difficile le contrôle par le gouvernement de sa majorité puisqu'il ne disposait plus de la menace de la dissolution pour maintenir la discipline interne. Le gouvernement Johnson ayant échoué à trois reprises à faire voter une motion de censure pour dissoudre le Parlement faute de la majorité des deux tiers requise, a fait voter à la majorité simple une loi de dissolution du Parlement. Compte tenu, à défaut d'une constitution écrite, de l'absence de hiérarchie des normes, la loi postérieure l'emportait sur la loi antérieure et la dissolution eut lieu. De plus, le gouvernement a proposé d'en revenir à un pouvoir discrétionnaire de dissolution à son profit. La loi abrogeant le *Fixed-term Parliaments Act* a été adoptée par la Chambre des communes et la Chambre des lords. Elle attend l'assentiment royal.

Enfin, la Chambre des lords ne peut, ni être dissoute, ni mettre en jeu la responsabilité du gouvernement. Il serait de toute façon illogique qu'une Chambre non élue puisse renverser un gouvernement qui possède la confiance de la Chambre élue au suffrage universel.

En rendant improbables les crises gouvernementales, le bipartisme a modifié l'esprit du système parlementaire. La Chambre des communes a perdu son pouvoir d'action sur le gouvernement et dépend plus du gouvernement que le gouvernement d'elle. Le succès dans la conduite des affaires dépend essentiellement des rapports entre le gouvernement et le groupe parlementaire. Mais la chambre reste un lieu de débat irremplaçable et peut devenir le centre politique essentiel lorsque la majorité gouvernementale est faible et incertaine.

Conclusion : le régime britannique n'a plus que les apparences d'un régime parlementaire. Certes le mécanisme parlementaire pourrait se remettre en marche dès lors qu'il n'y aurait plus de majorité parlementaire, mais il s'agit d'une hypothèse peu probable et, si elle se produisait, peu durable tant que le système de scrutin n'est pas modifié. Cependant, on a assisté, avec l'aide de la Cour suprême, a une réaffirmation des prérogatives parlementaires. Mais, cette évolution est intervenue dans une période de division de la majorité en raison du Brexit. Il est peu probable que cette situation perdure lorsque le calme sera revenu.

Le régime britannique est plutôt une monarchie élective dont le monarque serait le Premier ministre, puisque celui-ci est choisi par les électeurs qui votent autant pour la personne du leader que pour le candidat local. Une fois nommé, le Premier ministre domine aussi bien l'exécutif que le législatif. Cependant, il est soumis à un double contrôle. Le groupe parlementaire contrôle en permanence l'action du Premier ministre et même si ce dernier dispose des moyens d'imposer ses vues au groupe, la tendance de plus en plus grande aux rébellions parlementaires conduit le Premier ministre à porter la plus grande attention aux réactions parlementaires. Le second contrôle est celui de l'opposition qui commente et critique à l'intention des électeurs la politique suivie par le gouvernement. L'existence d'une possibilité réelle d'alternance lors des élections donne à ces contrôles toute leur efficacité.

Mais, si, techniquement, le régime britannique ne fonctionne plus toujours comme dans un régime parlementaire, il reste bien dans son essence parlementaire. En effet, pour Benjamin Constant, le régime parlementaire est un régime d'opinion, c'est-à-dire un régime dans lequel le gouvernement agit conformément à la majorité de l'opinion et sous le contrôle de celle-ci. Or, tel est bien le cas du régime britannique.

Pour aller plus loin

Bibliographie

- M. Charlot, *Le pouvoir politique en Grande-Bretagne*, PUF, coll. « Thémis », 1999
- C. Journès, *L'État britannique*, Publisud, 1994
- J. Leruez, *Le système politique britannique : De Winston Churchill à Tony Blair*, Armand Colin, 2001
- « Le Royaume-Uni de Tony Blair », *Pouvoirs* 2000, n° 93

Exemples de sujets d'examen donnés :

Dissertations :

- Les effets du bipartisme sur le système politique britannique
- Le Premier ministre britannique est-il omnipotent ?
- Le régime britannique est-il encore un régime parlementaire ?

Chapitre 3
Le régime parlementaire allemand

L'essentiel

La Loi fondamentale de la République fédérale d'Allemagne a été rédigée dans une Allemagne vaincue, divisée et placée sous le contrôle des Alliés. Elle est aujourd'hui appliquée par une Allemagne indépendante et réunifiée. Ce qui était un texte provisoire, d'où les termes de Loi fondamentale au lieu de Constitution, qui devait être révisé au lendemain d'une hypothétique réunification, est devenu un texte définitif dont on voit mal comment les éléments fondamentaux pourraient être altérés, même si l'Allemagne se dotait d'une nouvelle Constitution adoptée par référendum comme le permet l'article 146 de la Loi fondamentale.

La Loi fondamentale a été rédigée par les représentants des Länder *sur la base des conceptions exprimées par les Alliés occidentaux (France, États-Unis, Royaume-Uni de Grande-Bretagne). Selon les vœux des Alliés, la Loi fondamentale ne devait pas reconstituer un* Reich *centralisé, mais donner naissance à « une forme fédérale de gouvernement qui protège d'une manière satisfaisante les droits des différents États ».*

Adoptée le 8 mai 1949, la Loi fondamentale ne s'appliquait qu'aux Länder *d'Allemagne occidentale, mais son article 23 prévoyait qu'elle pourrait être étendue à d'autres parties de l'Allemagne après leur adhésion. L'article 146 disposait qu'une Constitution serait adoptée par le peuple allemand (c'est-à-dire l'ensemble du peuple allemand) après réunification. L'effondrement du régime communiste de la République démocratique allemande à la fin de 1989 ouvrait la voie à une unification qui fut réalisée au pas de charge : conclusion du traité relatif à la constitution d'une Union monétaire entre RFA et RDA le 18 mai 1990, conclusion du traité relatif à l'organisation des premières élections au* Bundestag *le 3 août 1990, traité sur l'unification allemande sur la base de l'article 23 de la Loi fondamentale le 31 août 1990.*

Telle qu'elle se présente aujourd'hui, la Loi fondamentale est profondément marquée par le passé allemand. Si l'Allemagne est un État de droit fédéral, doté d'un régime parlementaire rationalisé, c'est autant par réaction aux défauts de la République de Weimar que pour conjurer le danger d'une renaissance du Reich *national-socialiste.*

Section 1 – L'État de droit

On peut comprendre qu'il ait été nécessaire au moment du retour à une Allemagne démocratique, à l'issue de la Seconde Guerre mondiale, d'affirmer avec une particulière netteté que la République fédérale d'Allemagne était un État de droit. Cela résulte de l'article 20, § 3, de la Loi fondamentale : « Le pouvoir législatif est soumis à l'ordre constitutionnel, les pouvoirs exécutif et judiciaire sont soumis à la loi et au droit ».

La Loi fondamentale consacre même, à défaut de tout autre recours, le droit des Allemands à la résistance pour préserver l'ordre constitutionnel (art. 20). Elle autorise la dissolution des partis politiques qui cherchent à porter atteinte à l'ordre fondamental libre et démocratique (art. 21, § 2).

§ 1 - Les droits fondamentaux

L'existence d'un État de droit se manifeste avant tout par la soumission de toutes les autorités publiques au respect des droits fondamentaux. Aussi, l'article 1er, § 3, de la Loi fondamentale dispose-t-il que les droits fondamentaux « lient le pouvoir législatif, exécutif et le pouvoir judiciaire à titre de droit directement applicable ».

Les dix-neuf premiers articles de la Loi fondamentale sont consacrés aux droits fondamentaux. Le principe fondateur de ces droits est protégé contre toute révision constitutionnelle puisque toute révision qui porterait sur l'intangibilité de la dignité de la personne humaine est interdite.

Le catalogue des droits est relativement classique, mais la pratique allemande a renouvelé la problématique des droits fondamentaux sur plusieurs points :

• L'individu n'est pas seulement protégé contre les atteintes de l'État à ses droits, mais il peut découler de ces droits l'obligation pour l'État de faire bénéficier l'individu de prestations positives.

• Les droits fondamentaux ne sont pas seulement opposables aux pouvoirs publics auxquelles ils interdisent certains agissements, mais ils s'appliquent également dans les rapports entre les individus.

• Les limitations apportées aux droits fondamentaux ne peuvent porter atteinte à la substance même d'un droit.

• Enfin, le Tribunal constitutionnel a estimé que si l'État pouvait, dans l'intérêt public, limiter, sans porter atteinte à leur substance, l'exercice de certains droits, cette limitation devait respecter le principe de proportionnalité, c'est-à-dire ne pas excéder ce qui était nécessaire à la garantie de l'intérêt public poursuivi. Sur tous ces points, les solutions allemandes ont servi de modèles pour les autres systèmes européens.

§ 2 - Le contrôle de constitutionnalité des lois

La garantie de l'État de droit est assurée par le contrôle de constitutionnalité des lois.

Le Tribunal constitutionnel est composé de 16 membres élus par moitié par le *Bundestag* et par le *Bundesrat* à la majorité des deux tiers pour douze ans non renouvelables.

• Il peut contrôler la constitutionnalité des lois à la demande d'un tiers du *Bundestag* ou des gouvernements des *Länder*. C'est le contrôle abstrait des normes.

• Il peut également être saisi d'une exception d'inconstitutionnalité par un tribunal devant lequel le problème a été soulevé par une partie dans le cadre d'un litige.

• Dans le délai d'un an après l'entrée en vigueur d'une loi, tout particulier peut former un recours constitutionnel direct contre cette loi si celle-ci porte atteinte à ses droits fondamentaux.

• Enfin, le Tribunal constitutionnel peut trancher des conflits entre organes constitutionnels à la demande de l'un d'entre eux.

Le contrôle conduit, en cas de contrariété avec la Loi fondamentale, à l'annulation de la loi contestée, mais le Tribunal s'est reconnu le pouvoir de tempérer les effets d'une annulation rétroactive pour éviter l'atteinte à la sécurité juridique que représente la remise en cause de situations acquises.

Le Tribunal constitutionnel joue un rôle essentiel dans la vie politique allemande. Ses décisions rythment également les avancées de l'intégration européenne. Tout en acceptant avec réserve les progrès de l'intégration, il prend soin de préserver avec fermeté dans ce contexte les pouvoirs du Parlement.

Section 2 - L'État fédéral

L'existence d'un État fédéral est bien ancrée dans la tradition allemande, mais elle constituait aussi l'une des conditions posées par les Alliés pour empêcher la reconstitution d'une Allemagne centralisée. C'est la raison pour laquelle la Loi fondamentale prévoit que la forme fédérale de l'État ne peut faire l'objet d'une révision constitutionnelle. Depuis l'unification allemande, la République fédérale d'Allemagne est composée de 16 *Länder*. Toute modification de la répartition du territoire fédéral entre les *Länder* doit être approuvée par référendum.

§ 1 - La répartition des compétences entre *Länder* et Fédération

Les compétences fédérales sont énumérées dans la Loi fondamentale. Les *Länder* disposent de toutes les compétences qui ne sont pas attribuées à la Fédération. Une révision constitutionnelle est intervenue en 2006 pour rééquilibrer la répartition des compétences en faveur des *Länder*.

Sur le plan législatif, la Fédération dispose de deux types de compétences.

• Les *compétences exclusives* comportent pour l'essentiel des compétences de souveraineté (relations extérieures, défense, monnaie, nationalité, immigration...) et des compétences économiques (unité du territoire douanier et commercial, transports, postes et télécommunications, propriété industrielle...).

• Les *compétences concurrentes* sont exercées par les *Länder* aussi longtemps que la Fédération n'est pas intervenue. L'intervention fédérale est subordonnée au respect du principe de *subsidiarité*. La réforme de 2006 a redéfini le régime des compétences concurrentes. Pour le plus grand nombre des compétences de ce type, la Fédération peut intervenir à tout moment. La différence n'est pas grande avec les compétences exclusives si ce n'est que les *Länder* peuvent intervenir en l'absence de législation fédérale. Pour d'autres compétences concurrentes, la Fédération n'intervient que lorsque c'est nécessaire à l'unité économique du pays. Enfin, un dernier type de compétence concurrente se caractérise par le fait que, nonobstant l'existence d'une législation fédérale, les *Länder* peuvent adopter des lois dérogatoires. La loi fédérale n'entre d'ailleurs en vigueur que six mois après sa promulgation afin de faciliter l'intervention des *Länder*.

• Avant 2006, la Fédération pouvait souvent légiférer au moyen de lois-cadres, ce qui laissait aux *Länder* un champ d'intervention. La révision de 2006 supprime cette catégorie et les matières qui relevaient auparavant des lois-cadres sont aujourd'hui soumises pour l'essentiel au régime des lois fédérales avec possibilité de dérogation des *Länder*.

Les lois fédérales sont exécutées en principe par les *Länder* dans le cadre de leurs attributions. Ces derniers disposent donc d'une *compétence d'exécution de droit commun*. Lorsque la fédération voulait légiférer en ces matières, elle devait obtenir l'accord du *Bundestag*. La réforme de 2006 supprime cette exigence, mais en contrepartie, les *Länder* ont la possibilité d'adopter des lois dérogatoires aux dispositions fédérales relatives à l'organisation et à la procédure administratives.

§ 2 - Les aspects institutionnels du fédéralisme

Le fédéralisme allemand répond aux principes généraux d'une structure fédérale. C'est une superposition d'ordres juridiques hiérarchisés par le principe selon lequel le droit fédéral l'emporte sur le droit des *Länder*. Le Tribunal constitutionnel est chargé de trancher les conflits de compétences entre Fédération et *Länder*.

I - Les institutions des *Länder*

Les *Länder* disposent de l'*autonomie constitutionnelle* et choisissent librement leur structure institutionnelle. La seule contrainte fédérale résulte de l'article 28 de la Loi fondamentale qui dispose que : « L'ordre constitutionnel dans les *Länder* doit être conforme aux principes d'un État de droit républicain, démocratique et social, au sens de la présente Loi fondamentale ».

La Loi fondamentale impose aux *Länder* le principe de libre administration des collectivités locales et subordonne l'ordre constitutionnel de ceux-ci aux droits fondamentaux.

Dans la mesure où ils sont chargés de l'exécution des lois fédérales, les *Länder* disposent d'un large pouvoir administratif. Cependant, au cas où un Land ne remplirait pas les obligations qui lui incombent en vertu de la législation fédérale, la Fédération dispose de la *contrainte fédérale* qui lui permet de prendre les mesures nécessaires pour imposer au Land le respect de ses obligations.

II - La participation

• Elle s'exprime essentiellement à travers le *Bundesrat* (Conseil fédéral). Le *Bundesrat* est composé des *membres des gouvernements des Länder* qui sont nommés et révoqués par ces derniers. Sur ce point, on a préféré au système du Sénat américain composé d'élus, la reproduction du modèle du *Reich* allemand de 1871. Les *Länder* ne sont pas représentés à égalité, mais disposent de trois à six membres selon leur importance démographique.

Le *Bundesrat* participe à l'*élaboration de la législation fédérale*. Il examine les projets gouvernementaux et ses propositions sont transmises au *Bundestag* par le gouvernement qui y joint son avis.

En cas de désaccord, le *Bundesrat* peut demander la convocation d'une commission de conciliation qui élabore un compromis soumis pour approbation aux deux chambres.

Si le désaccord persiste, le *Bundesrat* dispose d'un *veto suspensif* qui ne peut être levé par le *Bundestag* qu'à une majorité qui dépend de celle à laquelle le *Bundesrat* a voté l'avis négatif.

Pour les lois qui touchent aux rapports entre Fédération et *Länder* (« lois fédérales » au sens de la Loi fondamentale), le *Bundesrat* dispose d'un *droit de veto absolu*. Grâce à une interprétation extensive de la notion de loi fédérale, le droit de veto du *Bundesrat* joue dans près de 60 % des cas. En utilisant ses pouvoirs de manière dissuasive, le *Bundesrat* dispose d'une très grande influence sur l'élaboration de la législation.

• En outre, la Loi fondamentale reconnaît au *Bundesrat* un pouvoir d'approbation lors de l'exercice du *pouvoir réglementaire* au niveau fédéral.

§ 3 – L'évolution du fédéralisme

Comme dans tous les systèmes fédéraux, l'évolution s'est produite dans le sens de la centralisation, mais on note l'apparition de formules nouvelles qui reposent sur une coopération entre la Fédération et les *Länder*.

I – Une centralisation tempérée par la participation

Le système de répartition des compétences, et notamment l'existence de compétences concurrentes, devait tourner à l'avantage de la Fédération. En outre, cette dernière a pu contourner l'exécution de la loi par les *Länder* en ayant recours dans certains cas à des agences fédérales. Enfin, le bon usage des subventions fédérales permet d'orienter la politique des *Länder*.

Cependant, à cette diminution des compétences des *Länder* correspond un accroissement des pouvoirs du *Bundesrat* qui donne à la participation tout son sens. De plus, les *Länder* ont su obtenir un droit de regard sur la participation du gouvernement fédéral au processus d'intégration européenne. Cette revendication ancienne a obtenu sa consécration lors de l'approbation du traité sur l'Union européenne. Non seulement les chambres, dont le *Bundesrat*, sont informées des propositions de textes européens, mais le gouvernement fédéral doit tenir compte de la position du *Bundesrat* et, lorsqu'il s'agit d'une question qui relève de la compétence exclusive des *Länder*, la République fédérale est représentée au Conseil de l'Union européenne par un représentant des *Länder* nommé par le *Bundesrat*. Suite à l'arrêt de la Cour constitutionnelle du 30 juin 2009, rendu à propos du traité de Lisbonne, les pouvoirs du contrôle du Parlement ont été étendus dans les domaines qui touchent à une éventuelle extension des compétences de l'Union européenne.

II – Le fédéralisme coopératif

Dans un certain nombre de domaines, l'interpénétration des pouvoirs entre Fédération et *Länder* est telle qu'une coopération est nécessaire. Cette coopération qui existait de manière informelle a été institutionnalisée en 1969 par l'article 91a de la Loi fondamentale sous la désignation de tâches communes. Le domaine de la coopération s'étend aux constructions universitaires, à l'amélioration de la vie économique locale et de la structure agraire et de la protection côtière. Ainsi s'est institué un type nouveau de relations dans le cadre desquelles les pouvoirs des *Länder* sont importants.

Section 3 - Le parlementarisme rationalisé

Le système institutionnel de la République de Weimar avait, malgré son caractère démocratique, conduit à la ruine de la démocratie. L'élection du président de la République au suffrage universel direct combiné avec un recours au plébiscite, les pouvoirs du président et notamment le droit de dissolution, la difficulté de constitution de majorités parlementaires, sont autant d'éléments auxquels la Loi fondamentale a voulu remédier en éliminant les aspects plébiscitaires et en rationalisant les procédures parlementaires.

§ 1 - L'exécutif

L'exécutif est bicéphale, mais les pouvoirs du chef de l'État sont nominaux tandis que ceux du chef du gouvernement sont si réels que l'on a parfois qualifié la République fédérale de « démocratie du chancelier ».

I - Le président de la République

• Le président est élu au suffrage universel indirect par une assemblée composée des membres du *Bundestag* et d'un nombre égal de délégués élus à la proportionnelle par les assemblées représentatives des *Länder*. La durée du mandat est de cinq ans, renouvelable une seule fois consécutivement.

• Les pouvoirs du président sont soumis au contreseing du chanceller et des ministres compétents. N'en sont dispensés que la nomination ou la révocation du chancelier et la dissolution du *Bundestag* en cas d'impossibilité de désigner un chancelier (art. 63, § 4, de la Loi fondamentale). Pour le reste, le président exerce essentiellement une fonction de représentation. Il dispose surtout d'une autorité morale.

II - Le chancelier et le gouvernement

• Le chancelier est le chef du gouvernement. Il est élu par le *Bundestag* à la majorité de ses membres sur proposition du président fédéral. En cas d'échec, le *Bundestag* peut élire dans les quatorze jours un autre candidat à la majorité de ses membres. Si cette voie ne permet pas de désigner un chancelier, un nouveau tour de scrutin a lieu à l'issue duquel le président doit nommer le candidat ayant obtenu la majorité absolue. Si aucun candidat n'obtient cette majorité, le président peut soit désigner le candidat sur le nom duquel s'est porté le plus grand nombre de voix, soit dissoudre le *Bundestag*.

En fait, la proposition du président est une formalité, compte tenu de l'arithmétique des partis qui s'entendent à l'avance sur le nom du candidat.

• Le chancelier constitue son gouvernement sans participation du *Bundestag* dont il est seul à détenir la confiance, ce qui lui confère une autorité particulière. Il révoque librement les ministres. L'article 65 de la Loi fondamentale dispose que : « le chancelier fédéral fixe les lignes directrices de la politique et en assume la responsabilité. Dans ces limites, chaque ministre fédéral dirige son département de manière autonome et sous sa propre responsabilité ».

Cette disposition conforte l'autorité que le chancelier tire de sa désignation personnelle et de sa position de chef du principal parti de la coalition au pouvoir. Il doit cependant tenir compte de l'avis des composantes de sa majorité, et être fidèle à l'accord de gouvernement conclu entre les formations qui constituent le gouvernement.

Tableau 4 – Les chanceliers de la République fédérale

K. Adenauer	(Chrétien-démocrate CDU)	1949-1963
L. Erhard	(Chrétien-démocrate CDU)	1963-1966
K. G. Kiesinger	(Chrétien-démocrate CDU)	1966-1969
W. Brandt	(Socialiste SPD)	1969-1974
H. Schmidt	(Socialiste SPD)	1974-1982
H. Kohl	(Chrétien-démocrate CDU)	1982-1998
G. Schröder	(Socialiste SPD)	1998-2005
A. Merkel	(Chrétien-démocrate CDU)	2005-2021
O. Scholtz	(Socialiste SPD)	2021-…

§ 2 – Le Parlement

Le Parlement est bicaméral.

• Le *Bundestag (diète fédérale)* est la Chambre de la population. Il est élu pour quatre ans au scrutin proportionnel selon un système qui repose sur la désignation de la moitié des élus au scrutin uninominal dans le cadre de circonscriptions et de l'autre moitié au scrutin de liste dans le cadre des *Länder*, le tout devant donner une représentation globale conforme à la proportionnelle des voix obtenues par les listes dans les *Länder* (cf. *supra*). La nécessaire participation du *Bundestag* à l'adoption d'une grande partie de la législation et l'existence dans les *Länder* de majorités différentes de la majorité fédérale instaurent en Allemagne une situation de cohabitation permanente.

• Le *Bundesrat* (chambre des *Länder*) est composé de membres des gouvernements des *Länder* choisis par eux. Le nombre de membres accordé à chaque Land est fonction de sa population, mais n'est pas proportionnel à celle-ci ce qui a comme conséquence une surreprésentation des petits *Länder.*

• Le Parlement vote la loi dans le cadre d'un *bicaméralisme inégalitaire* sauf pour les lois dites fédérales pour lesquelles le *Bundesrat* dispose d'un veto absolu. Les membres du Parlement disposent de l'initiative des lois concurremment avec le gouvernement.

• L'ordre du jour du *Bundestag* est adopté par le Conseil des Anciens qui est composé, outre du président et de ses suppléants, de 23 députés élus à la proportionnelle des groupes. L'adoption de l'ordre du jour par voie de consensus protège les droits de l'opposition.

• La procédure législative comporte au *Bundestag* trois lectures. La première est formelle et conduit au renvoi en commission. La seconde lecture comporte un examen du texte, article par article. La troisième lecture aboutit à l'adoption finale du texte et il est rare que des amendements soient présentés à ce stade. Ils ne pourraient d'ailleurs qu'être relatifs à des amendements adoptés en seconde lecture.

En cas de désaccord avec le *Bundesrat*, une commission de conciliation paritaire est réunie. Si la commission trouve un accord, celui-ci est soumis aux deux chambres qui ne peuvent que l'accepter ou le refuser. À défaut d'accord, le texte est examiné immédiatement par le *Bundesrat*.

Dans les deux cas, le *Bundesrat* peut opposer au texte, selon les matières, un veto suspensif qui pourra être levé par le *Bundestag* ou un veto absolu qui aboutit au rejet définitif du texte. Compte tenu du droit de veto et du fait qu'il est fréquent que la majorité au *Bundesrat* soit différente de la majorité au *Bundestag*, on compare souvent les relations entre les deux chambres à une cohabitation.

Les exigences du fédéralisme rendent la procédure complexe, sans nuire cependant à son efficacité.

§ 3 – Les relations entre exécutif et législatif

La République fédérale est un régime parlementaire caractérisé par la responsabilité du gouvernement devant le Parlement et l'existence d'un droit de dissolution.

I – La responsabilité gouvernementale

A – La motion de défiance constructive

La responsabilité gouvernementale se manifeste à travers une institution originale, mais fréquemment imitée par d'autres États depuis, *la motion de défiance constructive*. La responsabilité du chancelier ne peut être mise en œuvre par le *Bundestag* que si ce dernier adopte à la majorité de ses membres une motion de censure comportant la désignation d'un nouveau chancelier. On évite ainsi les crises prolongées en imposant à l'opposition d'apporter la preuve qu'elle peut soutenir un nouveau gouvernement puisqu'elle dispose d'une majorité absolue en faveur du nouveau chancelier. Cette procédure a abouti en 1982 au départ du chancelier Schmidt.

Faut-il voir dans cette procédure la clé de la stabilité gouvernementale allemande ? Même si son utilisation est rare (deux fois dont une avec succès), elle produit un effet dissuasif sur l'opposition. Elle permet éventuellement le maintien de gouvernements minoritaires tant que l'opposition ne dispose pas de la majorité absolue. Il ne faut pas cependant exagérer son effet sur la stabilité. D'autres facteurs, dont le système de partis, entrent en ligne de compte.

B – La question de confiance

Elle intervient à l'initiative du chancelier. Si elle n'est pas approuvée par le *Bundestag* à la majorité de ses membres, le chancelier peut proposer au président de dissoudre le *Bundestag* à moins que ce dernier ne désigne un autre chancelier. À défaut de dissolution, le chancelier aura la faculté de demander au président la proclamation, pour six mois, de l'état de crise législative qui permet au gouvernement de faire entrer en vigueur, avec l'appui du *Bundesrat*, les projets de loi refusés par le *Bundestag*. La question de confiance est un appel à la solidarité de la majorité. Elle est aussi le point de passage obligé pour une dissolution ou à défaut pour permettre à un gouvernement sans majorité de faire adopter son programme législatif. Elle a été utilisée en 1972 (W. Brandt) et en 1982 (H. Kohl) et a conduit dans les deux cas à la dissolution. Par contre, utilisée en 1999 par M. Schröder pour raffermir son alliance avec les Verts ébranlée par l'envoi de troupes en Afghanistan, elle a permis à celui-ci de l'emporter avec deux voix de majorité. La question de confiance a été également utilisée à trois reprises par un chancelier qui disposait d'une majorité au *Bundestag* pour permettre la dissolution de celui-ci et provoquer ainsi des élections anticipées. Cette pratique n'a pas été désavouée par le Tribunal constitutionnel.

II – La dissolution

La dissolution a été enfermée dans des conditions très strictes. Elle ne peut intervenir que dans deux hypothèses :

- en début de législature, lorsque le *Bundestag* ne peut désigner un chancelier ;
- en cours de législature, après une question de confiance infructueuse si le *Bundestag* ne parvient pas à désigner un autre chancelier.

Le rôle de la dissolution est donc de porter remède aux situations dans lesquelles l'absence de majorité parlementaire conduirait à une vacance de l'exécutif.

L'ensemble du système repose sur la nécessité de mettre en place un gouvernement disposant de la majorité absolue pour une législature. Si cette situation se réalise, le gouvernement disposera de tous les moyens de gouverner tant qu'une majorité absolue ne pourvoira pas à son remplacement. Les gouvernements minoritaires ne sont pas exclus, mais, dans ce cas, le Parlement sait qu'il est à la merci d'une question de confiance suivie d'une dissolution. Le régime permet donc de concilier, dans le cadre d'un régime parlementaire moniste, responsabilité gouvernementale et efficacité. Le concours du *Bundesrat* est cependant essentiel et il n'est pas évident qu'il soit de la même majorité que celle qui soutient le chancelier. Cette situation contraint à la recherche fréquente du consensus dans le cadre de cette cohabitation à l'allemande.

Section 4 – La vie politique

La vie politique allemande repose sur les partis politiques. Leur influence dans la société allemande a fait l'objet des critiques de l'ancien président fédéral, M. von Weizsäcker, qui estime que les partis sont trop puissants et inadaptés. Un renouvellement des partis est sans doute nécessaire. Mais, dans la mesure où les constituants ont banni le recours au référendum, la République fédérale ne peut qu'être un régime représentatif et donc un *État de partis (Parteienstaat)*.

§ 1 – Le statut des partis politiques

L'article 21 § 1 de la Loi fondamentale fixe le cadre général de l'activité des partis : « Les partis coopèrent à la formation de la volonté politique du peuple. Leur fondation est libre. Leur organisation interne doit répondre aux principes démocratiques. Ils doivent rendre publiquement compte de l'origine et de l'affectation de leurs ressources et de leurs valeurs patrimoniales ».

La Loi fondamentale prévoit également la dissolution des partis qui portent atteinte à l'ordre fondamental libre et démocratique de la République fédérale après constatation de leur inconstitutionnalité par le Tribunal constitutionnel. Cette disposition a été utilisée en 1952 à l'encontre du parti néonazi et en 1956 à l'encontre du parti communiste.

La loi sur les partis du 24 juillet 1967 porte statut des partis. Elle précise le rôle des partis : « influencer l'évolution politique au Parlement et au gouvernement », « introduire les buts politiques qu'ils ont élaborés dans le processus de formation de la volonté étatique ». *Le rôle gouvernemental des partis est ainsi confirmé.* La loi fixe également le mode de création des partis et régit leur organisation sur le modèle démocratique.

Les partis politiques bénéficient d'un *financement public* sous la forme du remboursement des dépenses électorales selon un forfait par électeur pour tout parti ayant obtenu au moins 0,50 % des voix. Les dons des particuliers aux partis sont fiscalement déductibles. La contrepartie de ces avantages financiers réside dans la transparence financière des partis.

§ 2 - Les coalitions gouvernementales

• Compte tenu de l'exigence d'un seuil minimal de 5 % des voix pour obtenir une représentation au Parlement, le nombre de *partis de gouvernement*, c'est-à-dire susceptibles de participer à l'exercice des responsabilités gouvernementales, est limité. Il s'agit de la démocratie chrétienne (CDU) et de son allié bavarois (CSU), du parti socialiste (SPD), des libéraux (FDP) qui constituent une force centriste souvent indispensable à la constitution d'une majorité et des Verts, écologistes. Lors des élections de 2005, l'ancien parti communiste et des dissidents du SPD ont formé un nouveau parti, Die Linke (La Gauche), qui a contribué au relatif échec électoral du SPD.

• Les *chrétiens-démocrates* ont exercé le pouvoir de 1949 à 1969 (Adenauer, Erhard, Kiesinger), soit seuls, soit avec l'appui des libéraux. Le gouvernement Kiesinger reposait sur une « grande » coalition CDU/CSU-SPD. C'est également le cas de l'actuel gouvernement dirigé par Angela Merkel.

• De 1969 à 1982, les chanceliers *socialistes* Brandt, puis Schmidt ont gouverné seuls, puis avec les libéraux à partir de 1972. La défection des libéraux, qui tenaient entre leurs mains l'alternance, permettra le vote d'une motion de défiance constructive laquelle portera au pouvoir le chancelier Kohl, *chrétien-démocrate*, qui gouvernera ensuite avec les libéraux. Les élections de 1990, dans le sillage de l'unification, confirmeront la majorité sortante qui remportera également les élections de 1994. En 1999, les socialistes prendront le pouvoir avec les Verts.

Les premières années de la nouvelle coalition ont été difficiles, notamment en raison de divergences de vues tant à l'intérieur du SPD (démission de M. La Fontaine, ministre de l'Économie) qu'entre le SPD et les Verts. La crise du CDU liée aux révélations relatives à son financement a rendu la tâche plus facile au chancelier Schröder. Il remporta cependant difficilement les élections de 2002. Les Verts se sont montrés des partenaires difficiles tant ce parti est divisé entre une base restée largement sur des positions radicales et les dirigeants gagnés par une culture gouvernementale. La crise économique et le refus de certains socialistes d'accepter les réformes jugées indispensables par le chancelier Schröder ont conduit à la situation actuelle. La formation d'un parti de gauche qui a connu un certain succès dans les nouveaux *Länder* a limité le poids électoral des socialistes. Après les résultats des élections de 2004, l'Allemagne a connu un gouvernement de grande coalition entre les chrétiens-démocrates et les socialistes. En 2009, l'Allemagne était gouvernée par une coalition entre chrétiens-démocrates et libéraux. Les élections de 2013, malgré le succès des chrétiens-démocrates, ont conduit à une nouvelle coalition avec le SPD, les libéraux n'ayant pas atteint les 5 % des suffrages nécessaires pour être représentés au Parlement. La CDU-CSU est sortie affaiblie des élections de 2017, et la coalition avec les sociaux-démocrates a été reconduite après une tentative infructueuse avec les libéraux. En opposition à l'attitude de Mme Merkel sur la question migratoire, un parti d'extrême droite, l'Alternative pour l'Allemagne, a obtenu 93 sièges au *Bundestag* et l'alliance entre la CDU et la CSU est fragilisée. En 2021, le parti social-démocrate ayant obtenu le plus grand nombre de sièges sans disposer pour autant d'une majorité, a formé une coalition avec les Verts et les libéraux.

La formation d'une coalition se fait autour d'un contrat de législature approuvé par les instances des différents partis ce qui contribue à la stabilité de celle-ci.

Conclusion : La République fédérale constitue le modèle d'un État fédéral moderne, doté d'un régime parlementaire et connaissant un multipartisme limité. À ce titre, elle montre, en opposition avec la IVe République française ou le régime italien, que la puissance du Parlement ne nuit pas à l'efficacité gouvernementale. La stabilité du système et son caractère démocratique qui s'enracine dans les valeurs de l'État de droit ont contribué à en faire un exemple pour les nouvelles démocraties européennes.

Pour aller plus loin

Bibliographie

- M. Fromont, *Les institutions de la République fédérale d'Allemagne*, La documentation française, coll. « Documents d'études », 1999
- M. Fromont, *Cinquante ans de la République fédérale d'Allemagne*, Éditions de la Sorbonne, 2000
- A. Grosser et H. Ménudier, *La vie politique en Allemagne*, A. Colin, 1978
- « La République fédérale d'Allemagne », *Pouvoirs* 1993, n° 66

Exemples de sujets d'examen donnés :

Dissertations :

- Le chancelier allemand
- En quoi le régime politique allemand est-il un régime parlementaire rationalisé ?
- Les relations entre le chancelier et le Parlement
- Les éléments du fédéralisme allemand

Chapitre 4
L'évolution de la Russie et des pays d'Europe centrale et orientale

L'essentiel

L'effondrement du régime soviétique et des régimes communistes des pays d'Europe centrale et orientale a donné naissance à un univers qui n'est pas encore stabilisé. Si, à des degrés divers, les anciens pays satellites de l'Union soviétique se sont dotés de systèmes parlementaires pluralistes, l'Union soviétique, remplacée par une vague confédération, la Communauté des États indépendants qui tente d'évoluer vers un marché commun, a laissé la place à des États, dont au premier chef la Russie, qui n'ont pas encore réussi à trouver une forme constitutionnelle définitive. Sur le territoire de l'ancienne Union soviétique, comme sur celui de l'ancienne République de Yougoslavie, sont apparus des États marqués par la résurgence des nationalismes et par les affrontements ethniques que le régime communiste avait dissimulés sans pour autant les faire disparaître. Dans ces conditions, toute étude ne peut que se borner à faire un constat d'une situation dont le trait essentiel est le caractère évolutif.

Section 1 – Le régime soviétique

Le régime soviétique était fondé sur une doctrine, le marxisme-léninisme. Dans ces conditions, le rôle du droit constitutionnel était essentiellement différent de celui qu'il joue dans les démocraties occidentales. En effet, selon la doctrine marxiste, l'élément fondamental qui détermine la nature d'un régime politique est constitué par le système de production. À chaque système de production, infrastructure, correspond un type de rapport entre classes sociales qui donne naissance à des structures politiques spécifiques. Le prisme de l'analyse marxiste conduit donc à une vision particulière du droit constitutionnel. Si le rôle joué par l'idéologie a actuellement disparu, le système soviétique a laissé des traces profondes quant au style de gouvernement.

§ 1 – Les fondements idéologiques du régime

Trois concepts essentiels méritent un examen, ceux de démocratie, d'État et de constitution.

I – La démocratie

Le courant démocratique dont s'inspirait le régime soviétique se rattache à la tradition rousseauiste. L'homme n'est pas libre dans une société de classes où il est aliéné par le mode de production capitaliste. La liberté ne peut être que le produit d'une désaliénation, le résultat d'une libération de la domination de la classe bourgeoise.

Même lorsque la bourgeoisie libérale met en place une démocratie pluraliste et institue le droit de vote, il ne s'agit que d'une démocratie formelle. La bourgeoisie, en tant que classe conserve le pouvoir, et le droit de vote n'est au fond que le droit de choisir son oppresseur parmi les oppresseurs.

La liberté résulte d'une conquête de la classe ouvrière. Le régime soviétique, tel que le concevait Lénine, ne se voulait pas démocratique, mais il devait être plus démocratique que celui qu'il renversait puisqu'il substituait la domination du plus grand nombre, le prolétariat, à celle d'une minorité, la bourgeoisie. Cette substitution, qui donne naissance à une dictature du prolétariat, n'est pas nécessairement pacifique. Si le régime soviétique est démocratique, c'est par ses fins et non par ses moyens.

La démocratie ne sera pleinement réalisée que, dans le cadre d'une société sans classes, après la disparition de la bourgeoisie. Ce jour-là, l'aliénation résultant du mode de production capitaliste ayant disparu, les hommes seront libres puisque la raison principale de leurs oppositions, la lutte des classes, n'existera plus. Sans classes sociales opposées, il n'y a plus de raison pour que se poursuivent les oppositions idéologiques. La société sans classes sera composée d'hommes libres et égaux qui ne seront plus divisés par le combat idéologique. La société sans classes est donc une société unanime. Dans la pensée marxiste, comme chez Rousseau, la liberté se trouve dans l'unanimité.

Le socialisme, marqué par la domination du prolétariat, crée progressivement les conditions d'une liberté réelle. La liberté n'est pas donnée immédiatement, elle se conquiert, parfois violemment.

II – L'État

Dans la conception marxiste, l'État est le produit de la société à un moment donné de l'histoire. En tant qu'instrument de la classe dominante, l'État est un moyen de domination à son service. Dans une société sans classes, l'État devrait disparaître. C'est **la théorie du dépérissement de l'État**.

Cependant, dans une phase intermédiaire, les moyens de contrainte dont dispose l'État sont mis au service du prolétariat pour vaincre le pouvoir de la bourgeoisie et éviter tout retour en arrière. C'est **la dictature du prolétariat**.

En fait, la théorie du dépérissement de l'État est restée lettre morte et la transformation progressive de la structure étatique en une société communiste, illusion.

Cependant, après la disparition de Staline, la dictature du prolétariat s'est transformée en **État du peuple tout entier**. Selon le xxe Congrès du parti communiste soviétique, en 1961 : « Après avoir assuré la victoire totale et définitive du socialisme et le passage de la société à la construction du communisme, la dictature du prolétariat a rempli sa mission historique et a cessé d'être une nécessité historique en Union soviétique. L'État qui a surgi comme un État de la dictature du prolétariat s'est converti en État de tout le peuple ».

Cette vision qui procédait de la volonté de libéralisation de Khrouchtchev, ne s'est pas accompagnée d'une transformation fondamentale de la société et du régime.

III – La constitution

Dans un tel contexte idéologique, la notion de constitution ne peut revêtir le même sens que celui qui lui est donné dans les démocraties pluralistes.

En effet, la constitution ne peut servir de fondement à la légitimité. Dans la conception marxiste, la légitimité ne repose pas sur un texte, mais découle de la conformité de la structure constitutionnelle à l'idéologie.

Certes, la constitution établit bien les organes des pouvoirs publics et détermine leurs rapports. Mais, si l'on s'en tient à ce point de vue, il est difficile d'appréhender le régime soviétique dans la mesure où le fonctionnement des pouvoirs publics s'écarte considérablement du texte constitutionnel. Il faudrait en conclure que le système repose sur une violation permanente du texte constitutionnel. C'est que, dans un État fondé sur la dictature du prolétariat et sur la domination du parti communiste qui constitue l'avant-garde du prolétariat, la violation des règles constitutionnelles par les pouvoirs publics est justifiée dès lors qu'elle est conforme aux intérêts du prolétariat. La superstructure constitutionnelle est subordonnée à l'évolution des rapports sociaux. *La légitimité du régime n'est pas fondée sur le respect de la règle constitutionnelle, mais sur l'adéquation entre la pratique et les intérêts du prolétariat.*

Dans ce contexte, la constitution constitue seulement un bilan des conquêtes du prolétariat à l'époque à laquelle elle a été rédigée. Elle légalise l'ordre établi, mais la réalité est en constante évolution. Il existe donc une constitution non écrite qui prime le texte constitutionnel et qui repose sur les principes fondamentaux dont le parti est l'interprète.

§ 2 - Les institutions soviétiques

Le régime soviétique n'était pas fondé sur la séparation des pouvoirs, mais sur l'unité du pouvoir de l'État. Il en résulte une structure pyramidale dans laquelle l'ensemble du pouvoir est détenu par les assemblées. Mais, en fait, comme dans bien des régimes d'assemblée, la réalité du pouvoir échappe à ces dernières au profit de l'exécutif qui, théoriquement, leur est subordonné. Quant à l'exécutif, il est étroitement contrôlé par le parti communiste détenteur réel du pouvoir.

I - Les organes du pouvoir d'État

A - Le Soviet suprême

Le Soviet suprême est l'organe suprême du pouvoir dans l'appareil de l'État. Il est composé de deux chambres : Le **Soviet des nationalités** qui reflète la réalité fédérale de l'Union soviétique en représentant républiques fédérées et collectivités autonomes et le **Soviet de l'union** qui représente la population dans son ensemble.

Le Soviet suprême détient le pouvoir de réviser la Constitution et de voter la loi. Il adopte également le budget et le plan. Il est chargé de contrôler les organes de l'État. Malgré ces attributions étendues, il ne siège en réalité qu'une semaine par an. Cette durée limitée des sessions traduit bien le rôle limité du Soviet suprême. Il se borne à enregistrer des décisions prises ailleurs.

B - Le Présidium

Dans l'intervalle des sessions du Soviet suprême, les décisions sont prises par le **Présidium** qui est élu par le Soviet suprême en son sein. Il comporte 39 membres dont 15 vice-présidents représentant les 15 Républiques fédérées. Le Présidium peut voter la loi et exerce un certain nombre de pouvoirs propres dont le pouvoir réglementaire, les pouvoirs en matière de relations internationales et de défense. Délégué du Soviet suprême au contrôle duquel il est soumis, le Présidium apparaît également comme un chef d'État collégial.

II – L'administration du pouvoir d'État

• Elle est confiée au **Conseil des ministres** qui est désigné par le Soviet suprême et est responsable devant ce dernier.

• Le **Conseil des ministres** est essentiellement responsable de l'administration de l'État. Il exécute le plan et le budget, est responsable du maintien de l'ordre et de la conduite des relations internationales. En théorie, il est entièrement subordonné au Soviet suprême.

III – Le parti communiste

Le régime soviétique était fondé sur la primauté du parti sur l'État. Parti unique, le parti communiste était, selon la Constitution, « la force qui dirige et oriente la société soviétique [...] l'élément central de son système politique et de toutes les organisations tant sociales que d'État ».

→ *Organisé de façon hiérarchisée et fondé sur le principe du centralisme démocratique, selon lequel à la discussion lors de la préparation des décisions devait succéder une stricte discipline dans leur mise en œuvre,* marqué par le monolithisme qu'imposait l'interdiction de tendances internes au parti, le parti exerçait non seulement une dictature idéologique, mais contrôlait le fonctionnement de l'État dont il choisissait les dirigeants. Cette symbiose était souvent marquée par l'exercice de fonctions parallèles au sein du parti et de l'État, telles au plus haut niveau celles de Secrétaire général du parti et de président du Conseil des ministres ou de président du Présidium du Soviet suprême.

Section 2 – L'évolution de l'Union soviétique

Cette évolution est marquée par une première phase de réforme sous l'impulsion de M. Gorbatchev. L'échec de cette tentative entraînera l'éclatement de l'Union soviétique et la Russie traversera une période conflictuelle dont il n'est pas certain que l'adoption d'une nouvelle Constitution et l'élection de nouvelles institutions parlementaires marquent la fin.

§ 1 – Les tentatives de réforme

• L'arrivée au pouvoir de M. Gorbatchev en 1985 est marquée par une série de réformes destinées à mettre fin à la crise que traverse le régime tant sur le plan économique que sur le plan politique. La rupture essentielle avec les tentatives précédentes de réformes tient à la perception que des réformes économiques ne sont pas suffisantes pour permettre au système de rattraper son retard sur le monde occidental. Elles doivent s'accompagner de profondes transformations politiques.

Cependant, les autorités vont perdre le contrôle du processus, chaque réforme suscitant des revendications en faveur de nouvelles réformes.

• L'accélération du phénomène entraînera la décomposition de l'Empire soviétique en une nébuleuse d'États qui se regrouperont, en 1991, dans le cadre faiblement structuré de la Confédération des États indépendants (CEI). Les membres de la CEI poursuivront, chacun pour leur part, une difficile démocratisation et tentent de faire face aux difficultés économiques nées de la rupture du lien avec la Russie et aux difficultés politiques entraînées par l'explosion des nationalismes que contenait auparavant la domination du parti communiste. Seuls les États baltes connaissent une relative stabilité.

• En Union soviétique, la période gorbatchévienne a été marquée par six révisions constitutionnelles successives. Les éléments les plus marquants ont été la réforme du système électoral, la suppression du rôle dirigeant du parti, l'institution d'un président de l'Union, la réforme du Parlement afin de lui permettre de fonctionner avec davantage d'efficacité, l'instauration du droit de propriété privée, l'établissement d'un système de contrôle de la constitutionnalité des lois.

Les tentatives de modifier les structures fédérales de l'Union n'ont pu aboutir.

• Le putsch avorté des conservateurs du 19 août 1991 entraînera la disparition de l'Union soviétique, malgré l'existence de la confédération des États indépendants créée par les accords de Minsk le 8 décembre 1991 et la suppression du parti communiste.

§ 2 – La Russie actuelle

• La Fédération russe est née de la dissolution de l'Union soviétique. Dans les premiers temps, son existence a été marquée par des crises constitutionnelles incessantes.

• Ces crises opposaient le président de la Fédération, Boris Eltsine, élu au suffrage universel direct le 12 juin 1991 et réinvesti de la confiance populaire par le référendum du 25 juin 1993, à un « Parlement » élu en 1990, dans le cadre de l'Union soviétique, et composé pour une large partie de nostalgiques de l'ancien système.

• La Fédération de Russie était régie par l'ancienne Constitution, telle qu'amendée sous Gorbatchev. Le Parlement ne pouvait être dissous et la hiérarchie des normes entre la loi et le règlement était mal assurée, d'où des conflits incessants entre le président et le Soviet suprême qui ont rendu impossibles tant la mise en place d'une réforme économique cohérente que l'adoption d'une nouvelle Constitution.

• Ces conflits ont débouché en septembre 1993 sur la destitution du président par le Soviet suprême suivie de la dissolution du Soviet suprême exécutée *manu militari* par le président Boris Eltsine.

• À la suite de cette crise, les électeurs ont adopté le 12 décembre 1993 la nouvelle Constitution de la Russie, proposée par Boris Eltsine, et élu une nouvelle Assemblée.

§ 3 – La Constitution russe

La nouvelle Constitution met en place un pouvoir présidentiel fort. Cependant, la structure de l'État est fédérale.

I - Le président

Le **président** est élu au suffrage universel direct. Son mandat de quatre ans est renouvelable une fois. Il est chef de l'État et chef des Armées. Il peut organiser un référendum et dissoudre le Parlement. Il choisit le Premier ministre dont la nomination requiert le consentement du Parlement. Cependant après trois tentatives infructueuses, il peut nommer le Premier ministre et décider de dissoudre la Chambre basse. Après 1998, le président Eltsine n'a pu obtenir le plus souvent le consentement du Parlement pour la nomination du Premier ministre qu'à la troisième reprise, l'éventualité d'une dissolution s'étant révélée très dissuasive. Il détient le pouvoir de révoquer le Premier ministre. Il dispose d'un droit de veto qui ne peut être levé qu'à la majorité des deux tiers dans les deux chambres. Enfin, il est titulaire du pouvoir réglementaire et peut prendre les mesures nécessaires en cas d'urgence. Le président est irresponsable et ne peut être destitué qu'après un vote des deux chambres du Parlement à la majorité des deux tiers sur mise en accusation de la Chambre basse confirmée par la Cour suprême et la Cour constitutionnelle. Boris Eltsine a été réélu président en juillet 1996. Il a mis fin à son mandat à la fin de 1999 et a été remplacé à titre provisoire par le Premier ministre Poutine. Ce dernier a été élu président au premier tour du scrutin, le 26 mars 2000. Il a été réélu en 2004. En 2008, le président Poutine n'a pas souhaité modifier la Constitution pour solliciter un troisième mandat. Il s'est effacé au profit de son Premier ministre Medvedev et a pris la tête du gouvernement. Mais il s'est présenté aux élections présidentielles de 2012 et a été élu avec 63,64 % des voix. En 2018, il a été réélu avec 76,6 % des suffrages. Une révision de la Constitution adoptée par référendum en 2020 remet les compteurs à zéro et ouvre la voie à M. Poutine pour deux nouveaux mandats.

II - Le Parlement

Le **Parlement** est bicaméral.

• La Chambre haute ou **Conseil de la Fédération** est composée de 178 membres élus pour deux ans au nombre de deux pour chacune des collectivités qui composent la Fédération. Elle approuve les décrets présidentiels et l'état de nécessité. Elle approuve la nomination des juges et partage le pouvoir législatif avec la Chambre basse ou *Douma*.

• La ***Douma*** est composée de 450 membres élus pour moitié à la représentation proportionnelle et pour moitié au scrutin uninominal majoritaire à un tour. Après les élections présidentielles de 2004, le président Poutine a annoncé son intention de proposer une réforme du système de scrutin afin de renforcer le poids des grands partis politiques. Cette réforme adoptée en 2005 accroît le seuil de représentation à la proportionnelle et empêche la formation de coalitions de partis lors des élections. Elle devrait favoriser le parti présidentiel « Russie unie » et le parti communiste qui pratique une opposition constructive au détriment des autres formations d'opposition. La *Douma* approuve la désignation du Premier ministre et peut mettre en jeu sa responsabilité. Cependant, le président peut refuser la démission du Premier ministre et à l'issue d'un nouveau vote de censure dans les trois mois, choisir entre la démission du Premier ministre et la dissolution de la *Douma*. La *Douma* détient le pouvoir législatif et peut adopter à la majorité des deux tiers les lois rejetées par le Conseil de la Fédération. Le pouvoir fiscal et budgétaire est exercé avec l'accord du gouvernement.

III - La prééminence présidentielle

Le président dispose donc d'un pouvoir fort appuyé sur l'arme absolue de la **dissolution**. Le président Eltsine a été amené à menacer fréquemment d'user de ce pouvoir compte tenu des résultats des élections législatives qui ne lui ont pas permis d'obtenir une majorité au sein d'une *Douma* où la représentation est éclatée entre douze partis politiques ce qui a rendu très difficile la nomination du chef du gouvernement. Depuis une certaine stabilité s'est établie grâce au renforcement progressif du pouvoir présidentiel et à la majorité détenue à la *Douma* par le parti présidentiel.

La mise en œuvre de la Constitution a été chaotique et le jeu des nouvelles institutions a été fréquemment perturbé tant en raison du comportement de la *Douma* que de celui, parfois imprévisible, du président Eltsine. Après l'élection du président Poutine, on a assisté à une énergique reprise en main du système au profit de l'exécutif dont la primauté sur les autres pouvoirs aussi bien que sur l'économie est considérable comme en attestent le contrôle sur la nomination des juges, le remplacement de l'élection au suffrage universel des gouverneurs par une désignation présidentielle approuvée par les assemblées locales et les poursuites contre l'oligarchie dont le procès *Ioukos* fut l'une des illustrations. Selon la formule utilisée par Vladimir Poutine, le système repose sur la « verticale du pouvoir », c'est-à-dire une très forte centralisation du pouvoir politique et un contrôle étroit de l'État sur la vie économique. Plus qu'un État de droit, la Russie apparaît aux observateurs comme une « démocratie dirigée » ou une forme de césarisme démocratique, c'est-à-dire un système qui accepte certaines pratiques démocratiques tout en renforçant le pouvoir exécutif. Les institutions représentatives sont faibles face à un exécutif légitimé par l'élection directe. Au fil du temps, le président Poutine a concentré entre ses mains l'exercice du pouvoir et la démocratie n'est plus qu'une apparence. S'agit-il d'une transition vers la démocratie parlementaire ou d'un retour au passé impérial ? La seconde hypothèse s'impose. Lors des élections de 2011, la victoire, moins importante qu'attendue, du parti présidentiel a donné lieu à des fortes contestations fondées sur des allégations de fraude. Mais l'absence de cohésion des contestataires rend difficile la constitution d'une importante force d'opposition.

Section 3 - Les régimes d'Europe centrale et orientale

Les perturbations qui ont marqué l'Union soviétique entraînèrent l'avènement d'un processus de démocratisation dans l'ensemble des États d'Europe centrale. Les gouvernements communistes ont été écartés du pouvoir et remplacés à la suite d'élections libres. La division de l'Allemagne a pris fin et les trois pays baltes ont retrouvé leur indépendance.

Au total, la phase actuelle a été marquée par un mouvement de redécouverte du modèle constitutionnel européen d'une ampleur considérable dont, dans le cadre d'une synthèse, trois éléments méritent d'être relevés.

§ 1 – L'établissement de l'État de droit

Alors que, dans les régimes antérieurs, le droit était un instrument mis au service de l'idéologie, la reconnaissance de l'État de droit constitue l'un des éléments fondamentaux de la mutation intervenue. Cette évolution qui était une des conditions indispensables de la démocratisation a été confortée tant par l'observation des modèles européens que par le fait que l'entrée dans la famille européenne, qui s'est traduite par l'admission des nouvelles démocraties au sein du Conseil de l'Europe et par l'établissement de liens avec la Communauté européenne, était conditionnée par l'existence d'un État de droit capable de garantir le respect des libertés individuelles.

Les démocraties d'Europe centrale se sont dotées d'un système juridictionnel de contrôle de la conformité des lois à la Constitution. La composition des cours constitutionnelles et leurs modes de saisine peuvent différer, mais on note en général une participation du législateur à la désignation des juges et la possibilité d'une saisine individuelle par voie d'exception, voire par voie d'action en cas d'atteinte aux droits fondamentaux du requérant.

Le rôle des cours constitutionnelles est fondamental en période de transition démocratique puisqu'il faut tracer les limites de l'intervention législative à un moment où le législateur vient de retrouver son pouvoir. Il s'agit d'une tâche périlleuse, car ce même législateur, issu d'élections pluralistes et représentant réellement la nation, supporte difficilement la tutelle du juge constitutionnel comme en attestent la situation en Hongrie et plus récemment en Pologne. Dans ces pays, on peut craindre une régression de l'État de droit.

§ 2 – Le pluralisme démocratique

Le point de départ de la transformation constitutionnelle a résidé dans la tenue d'élections libres, c'est-à-dire véritablement disputées. Le système électoral est le plus souvent proportionnel, qu'il s'agisse de la proportionnelle intégrale comme en Pologne en 1991 ou d'une proportionnelle avec un seuil minimal de représentativité pour participer à la répartition des sièges, ce qui est le cas général puisque la Pologne s'est ralliée également à ce système en 1993 ou encore d'un système mixte comme en Bulgarie et en Hongrie.

Le recours à la représentation proportionnelle a entraîné une multiplicité partisane et rendu difficile la formation de gouvernements de coalition, mais les structures constitutionnelles ont jusqu'à présent permis d'éviter une trop grande instabilité.

§ 3 – Des régimes parlementaires

Le modèle du régime parlementaire a été adopté d'une façon générale. Il correspondait d'ailleurs à l'expérience de la démocratie pluraliste que les pays d'Europe centrale avaient eue entre les deux guerres. Mais, il ne s'agit pas d'un simple retour au passé.

Depuis la Seconde Guerre mondiale, le régime parlementaire a été rationalisé. En outre, il a subi dans les pays d'Europe du Sud (Grèce, Espagne, Portugal) l'expérience d'une transition démocratique. Aussi, les recettes retenues dans les pays d'Europe centrale ne s'écartent guère, compte tenu des particularités dues au génie propre de chaque État, des solutions qui ont été expérimentées avec succès en Europe du Sud.

Il n'était pas évident que l'évolution se produise en ce sens. En effet, la tradition constitutionnelle était, à l'époque communiste, celle du régime d'assemblée, même si ce régime tournait à une dictature de l'exécutif en raison du rôle dominant du parti communiste. Il était donc tout à fait possible que le retour à la démocratie donne naissance à de véritables régimes d'assemblée, les parlements nouvellement élus étant désireux d'exercer la plénitude de leurs pouvoirs.

Il n'en a pas été ainsi et le modèle qui s'est imposé est largement le modèle parlementaire moniste dans lequel la responsabilité du gouvernement devant le Parlement est tempérée par l'existence d'un droit de dissolution. Sous des formes diverses, la motion de défiance constructive, inspirée de la Loi fondamentale allemande, a été transposée.

Le modèle français a exercé quelque influence en Roumanie et à un degré moindre en Bulgarie. La Pologne a retenu l'idée d'une élection du président au suffrage universel, sans pour autant conférer à celui-ci les mêmes pouvoirs qu'à son homologue français.

On notera l'influence stabilisatrice qu'a exercée au départ, sur ces régimes, la perspective de l'adhésion à l'Union européenne puisque les conditions de l'adhésion portent sur l'existence d'« institutions stables garantissant la démocratie, la primauté du droit, les droits de l'homme, le respect des minorités nationales et leur protection » (Conseil européen de Copenhague, juin 1993). Cependant, les évolutions récentes attestent de l'apparition régulière de forts mouvements populistes qui provoquent une certaine instabilité gouvernementale. Le cas de la Hongrie qui, à la suite de l'adoption d'une nouvelle constitution, évolue vers une « démocratie autoritaire » et nationaliste est particulièrement inquiétant. La Pologne a suivi la même voie et l'État de droit est mis en cause. Dans ces régimes, la doctrine de l'illibéralisme prônée par le président hongrois Orban repose sur la volonté du peuple, laquelle ne doit rencontrer aucun obstacle, notamment ceux liés au respect de l'État de droit. Il en résulte un contrôle politique des nominations dans les juridictions et une limitation de leur pouvoir. Les institutions indépendantes sont soumises au contrôle de l'exécutif et les organisations non-gouvernementales réglementées et contrôlées. De même, les régimes bulgare et roumain sont marqués par des crises politiques à répétition et l'État de droit peine à s'instaurer. La démocratie constitutionnelle qui constitue le ciment de l'Union européenne est remise en cause et suscite des difficultés en son sein.

Pour aller plus loin

Bibliographie

- B. Dutoit, *Le droit russe*, Dalloz, coll. « Connaissance du droit », 2008
- « La Russie de Poutine », *Pouvoirs* 2005, n° 112
- P. Leroy, *Les régimes politiques du monde contemporain*, t. 2, Presses universitaires de Grenoble, 2013

Exemples de sujets d'examen donnés :

Dissertations :

- Existe-t-il en Russie une persistance de certains éléments du régime soviétique ?
- Quels types de systèmes politiques ont inspiré les États d'Europe centrale et orientale dans leur œuvre constitutionnelle ?

Troisième partie

Les régimes politiques français

À l'opposé des États-Unis d'Amérique qui vivent depuis l'origine sous la même Constitution, l'histoire française depuis 1789 témoigne d'une grande richesse constitutionnelle puisqu'elle a connu 17 systèmes constitutionnels successifs. Cette instabilité des régimes politiques témoigne des oscillations historiques dues tant au legs révolutionnaire qu'à la permanence de la tentation autoritaire. Cette succession de constitutions ne doit pas cependant dissimuler les éléments de stabilité qui tiennent à la large permanence de la structure administrative étatique et de l'organisation des collectivités territoriales. La Ve République apparaît ainsi comme le produit d'une longue évolution et intègre l'ensemble des leçons de l'histoire constitutionnelle française.

141 Titre 1 – Histoire constitutionnelle française (1789-1958)
142 Chapitre 1 – De la Révolution à l'Empire (1789-1815)
146 Chapitre 2 – De la Restauration au Second Empire (1815-1870)
150 Chapitre 3 – D'une République parlementaire à l'autre (1870-1958)

163 Titre 2 – La Cinquième République
164 Chapitre 1 – Les caractères généraux de la Constitution
183 Chapitre 2 – L'exécutif
225 Chapitre 3 – Le Parlement
253 Chapitre 4 – Le contrôle de la constitutionnalité des lois

Titre 1

Histoire constitutionnelle française (1789-1958)

Sur un plan chronologique, on peut distinguer trois grandes phases dans l'histoire constitutionnelle française. La première est étroitement liée aux événements révolutionnaires et prend fin avec la chute du Premier Empire. La seconde est marquée par la Restauration monarchique et par l'instauration du régime parlementaire. Elle s'achèvera par la restauration impériale. La troisième période est caractérisée par la succession de deux régimes parlementaires à prédominance de l'Assemblée séparés par l'avatar fascisant du régime de Vichy pendant la Seconde Guerre mondiale. Elle prendra fin avec l'adoption de la Constitution du 4 octobre 1958.

Chapitre 1
De la Révolution à l'Empire (1789-1815)

L'essentiel

Les conflits révolutionnaires n'ont pas permis à la France de se doter d'un système constitutionnel stable. La période révolutionnaire apparaît comme un champ d'expérimentation constitutionnelle, dont, faute de stabilité politique, les acquis ne pourront être définitivement consacrés. L'instabilité suscitant un besoin d'ordre, le Consulat et l'Empire viendront satisfaire ce besoin.

Section 1 – Les expériences révolutionnaires

Le point de départ de cette période est constitué par ce que l'on a appelé le *coup d'État du tiers état*, le 17 juin 1789, c'est-à-dire par la décision prise par le tiers état de se constituer en Assemblée nationale et, aux termes du serment du Jeu de paume du 20 juin, de ne se séparer qu'après avoir voté une Constitution.

C'était la rupture avec la monarchie et l'ouverture d'une période nouvelle. Après avoir adopté la *Déclaration des droits de l'homme et du citoyen le 26 août 1789*, l'Assemblée mettra davantage de temps pour élaborer la Constitution du 14 septembre 1791.

§ 1 – La Constitution du 14 septembre 1791

La Constitution établit un régime représentatif fondé sur la souveraineté nationale. La nation a deux représentants, le corps législatif et le roi qui n'est plus roi de France, mais roi des Français. Les relations entre les pouvoirs reposent sur la séparation des pouvoirs inspirée de Montesquieu. Il s'agit d'*une séparation rigide*, encore qu'il ne soit pas certain que si la durée lui avait été accordée, le régime n'eût pas évolué dans un sens parlementaire.

I – L'exécutif

Le roi est titulaire du pouvoir exécutif. Il est irresponsable politiquement et sa personne est inviolable. Il porte le titre de roi des Français.

Il gouverne par l'intermédiaire de ministres choisis et révoqués par lui. Les ministres ne peuvent être membres de l'Assemblée.

Le roi dispose d'un veto législatif suspensif. Un texte voté par l'Assemblée à laquelle il aurait opposé son veto ne peut devenir loi qu'après avoir été voté à nouveau par trois législatures successives.

II - Le législatif

Il est constitué par une chambre unique de 745 membres élue pour deux ans dont les membres ne sont rééligibles qu'une fois. Le suffrage est censitaire. L'Assemblée vote la loi. Elle ne peut être dissoute.

Le 10 août 1792, après de nombreux conflits entre le roi et l'Assemblée, l'usage par le roi de son droit de veto amène l'Assemblée à concentrer les pouvoirs entre ses mains et à convoquer une Convention pour rédiger une nouvelle Constitution. Le 20 septembre 1792, la Convention abolit la monarchie.

§ 2 - La Première République

Paradoxalement, l'œuvre constitutionnelle de la Convention est importante non pas en raison des qualités propres de la Constitution de 1793, qui ne fut jamais appliquée, mais bien plutôt parce que cette Constitution, peut-être parce qu'elle ne fut jamais appliquée, a été revêtue d'une aura mystique qui en a fait une référence permanente dans le débat constitutionnel français des siècles derniers.

Mais, plus que la Constitution de 1793, la réalité de la Première République, c'est le gouvernement révolutionnaire et la Terreur.

I - La Constitution du 24 juin 1793, an I de la République

Cette Constitution met en place un régime d'assemblée et instaure le recours à la démocratie semi-directe.

• L'Assemblée ou **Corps législatif**, élue au suffrage universel pour un an, dispose de l'ensemble des pouvoirs. Elle élit pour deux ans un Conseil exécutif de vingt-quatre membres, renouvelable par moitié chaque année, qui est chargé de l'exécution des lois. Ce Conseil nomme et révoque les ministres.

• Les **lois** votées par le Corps législatif n'entrent en vigueur qu'après un délai de quarante jours pendant lequel le dixième des assemblées primaires (composées des électeurs) dans plus de la moitié des départements peut faire opposition. Dans ce cas, un référendum est organisé.

II - Le gouvernement révolutionnaire

En raison des périls extérieurs et des soulèvements intérieurs, la Convention suspendra l'application de la Constitution en proclamant que le gouvernement sera révolutionnaire jusqu'à la paix.

• Dans un premier temps, la Convention exerce elle-même le pouvoir avec le Conseil exécutif provisoire qui avait été nommé le 10 août.

• Puis l'accroissement des périls exige une concentration de l'autorité. Le pouvoir est exercé au nom de la Convention par des comités créés par celle-ci. Le **Comité de salut public**, créé le 6 avril 1793 et dirigé par Danton puis Robespierre concentra le pouvoir entre ses mains. C'est la dictature révolutionnaire et la Terreur.

• La réaction du 9 thermidor, avec l'exécution de Robespierre, marque une reprise en main par la Convention. On renonce à appliquer la Constitution de 1793 et une nouvelle Constitution est rédigée, celle de l'an III. Les membres de la Convention par le décret dit « des deux tiers » se réservent les deux tiers des sièges du nouveau législatif.

§ 3 – La Constitution du 5 fructidor an III

Elle se caractérise par un rejet complet des institutions précédentes. Le suffrage universel est abandonné au profit du suffrage censitaire et indirect. Sont électeurs les contribuables âgés de 21 ans au moins et sachant lire et écrire. Ils élisent des assemblées primaires pour désigner des électeurs qui, à leur tour, éliront les députés. Le recours au référendum est abandonné sauf en matière constitutionnelle. Une séparation rigide des pouvoirs est instituée. On veut éviter, en effet, que les pouvoirs se trouvent à nouveau rassemblés entre les mains d'une assemblée. Enfin, dans le même but d'éviter un retour à la dictature de l'Assemblée, le bicaméralisme est institué alors qu'auparavant on estimait que l'indivisibilité de la nation imposait que cette dernière soit représentée par une seule chambre.

I – Les conseils

Le pouvoir législatif est exercé par deux chambres, le **Conseil des Cinq-Cents** et le **Conseil des Anciens**. Les conseils sont élus par le même corps électoral et renouvelés tous les ans, par tiers. Seules diffèrent les conditions d'éligibilité, trente ans et dix ans de résidence pour les Cinq-Cents, quarante ans et quinze ans de résidence pour les Anciens qui doivent également être mariés ou veufs.

Les pouvoirs des deux conseils sont inégaux. Les Cinq-Cents votent les projets de lois qui doivent être approuvés par les Anciens. Ces derniers disposent donc d'un veto absolu. Les conseils ne peuvent être dissous.

II – Le Directoire

Le pouvoir exécutif est attribué à un organe collégial, le Directoire, composé de cinq membres élus par les conseils et renouvelé par cinquième, chaque année. La séparation des pouvoirs est totale et le Directoire n'est pas responsable devant les conseils.

Les élections annuelles modifièrent progressivement la composition des conseils qui se trouveront en opposition avec le Directoire. La séparation des pouvoirs n'offre aucune possibilité de résoudre les conflits entre conseils et Directoire. Ceux-ci ne pouvaient être tranchés que par un coup d'État. Ce fut le coup d'État du 18 brumaire an VIII qui mit fin au régime en instituant un Consulat provisoire composé de Bonaparte, Sieyès et Ducos. La nouvelle Constitution du 22 frimaire an VIII fut rédigée par ce Consulat.

Section 2 – Le Consulat et l'Empire

La Constitution procède des idées de Sieyès parmi lesquelles Bonaparte a choisi celles qui lui convenaient.

§ 1 – Le système électoral

Il est fondé sur la méfiance à l'égard de l'électorat. Les électeurs n'élisent pas leurs représentants, mais désignent des listes de confiance sur lesquelles le gouvernement et le Sénat choisissent ceux qui seront nommés représentants. Les électeurs désignent donc les candidats. Selon la formule de Sieyès, « l'autorité vient d'en haut et la confiance d'en bas ».

§ 2 - Le législatif

La Constitution ne met pas moins de quatre assemblées en place : *le Corps législatif, le Tribunat, le Conseil d'État et le Sénat.*

Le Sénat est inamovible et se recrute par cooptation. Le Corps législatif et le Tribunat sont renouvelables par cinquième annuellement. Les membres en sont choisis par le Sénat sur les listes de confiance. Les membres du Conseil d'État sont nommés par le premier Consul.

Les assemblées n'ont pas l'initiative de la loi. Le Tribunat émet un avis sur les projets qui lui sont soumis. Cet avis est présenté au Corps législatif par trois représentants du Tribunat qui en débattront avec trois représentants du Conseil d'État chargés de défendre le point de vue du gouvernement. Le Corps législatif vote sans débattre.

Le Sénat est chargé des nominations et du contrôle de la constitutionnalité des lois sur demande du Tribunat ou du premier Consul.

§ 3 - L'exécutif

Il est composé de trois consuls nommés pour dix ans par le Sénat. Le premier Consul détient le pouvoir de décision, les deux autres émettent des avis. Il exerce la plénitude du pouvoir exécutif et dispose seul de l'initiative des lois.

§ 4 - L'évolution vers l'Empire

Le premier Consul gouvernera avec l'appui du Sénat et du Conseil d'État. Après la campagne d'Italie, il sera nommé Consul à vie par le sénatus-consulte du 14 thermidor an X. Le sénatus-consulte du 28 floréal an XII établira l'Empire.

Chapitre 2
De la Restauration au Second Empire (1815-1870)

L'essentiel

À la chute de l'Empire et après l'intermède des Cent Jours, la France fera l'expérience de la monarchie parlementaire. C'est pendant cette période que se constituera la tradition constitutionnelle parlementaire française. La chute de la monarchie entraînera le rétablissement de la République, puis de l'Empire.

Section 1 – La Restauration et la monarchie de Juillet

Après la chute de l'Empire, la monarchie restaurée ne pouvait faire l'impasse sur certains acquis de la Révolution. La Charte de 1814 institue une monarchie limitée à laquelle l'évolution donnera progressivement les traits d'une monarchie parlementaire. Ces caractères seront accentués dans la Charte de 1830 qui tirera les leçons de la pratique du régime précédent.

§ 1 – La Charte de 1814

Il s'agit d'une constitution octroyée, œuvre du pouvoir royal. Elle ne met pas en place un régime parlementaire, mais n'interdit pas que le jeu des institutions aille en ce sens.

I – Les institutions

A – Le roi est le détenteur exclusif du pouvoir exécutif

Il détient également le droit de prendre des ordonnances pour l'exécution des lois et la sûreté de l'État. Le roi nomme et révoque les ministres, lesquels sont seulement responsables pénalement. Il peut dissoudre la Chambre des députés.

B – Le Parlement est bicaméral

• **La Chambre des pairs** est composée de membres héréditaires ou à vie, nommés par le roi qui dispose ainsi du pouvoir de passer outre à l'opposition de la Chambre en nommant un nombre de Pairs suffisant pour en changer la majorité.

• **La Chambre des députés** est élue au suffrage censitaire. Le cens est très élevé ce qui restreint considérablement le nombre d'électeurs et d'éligibles. Les présidents de la Chambre des députés et de la Chambre des pairs sont nommés par le roi.

→ Les chambres exercent le pouvoir législatif. Elles n'ont cependant ni l'initiative des lois, ni celle des amendements qui doivent être approuvés par le roi lequel dispose également d'un veto législatif absolu.

II – L'évolution vers un régime parlementaire

Elle est due à de multiples causes.

• Tout d'abord, Louis XVIII se comportera comme un monarque parlementaire. S'il détient le pouvoir suprême, il ne gouverne pas directement et laisse agir ses ministres, quitte à les renvoyer lorsqu'il en est mécontent ou lorsqu'ils mécontentent la Chambre. De plus, la majorité parlementaire est divisée entre ultra-monarchistes et libéraux. Le roi doit gouverner en tenant compte de ces tendances. Il saura se séparer de ses ministres lorsqu'il apparaîtra que ceux-ci ont perdu la confiance de la Chambre des députés. Progressivement, le cabinet ministériel sera solidaire et sa responsabilité collective.

• De leur côté, les chambres vont créer les instruments d'un **contrôle parlementaire** :

– le vote annuel de l'*Adresse en réponse au discours du Trône* permet au Parlement de s'exprimer sur la politique annoncée par le monarque, voire de critiquer celle-ci. Bien que ne disposant pas de l'initiative législative, les parlementaires peuvent demander au roi de proposer une loi ;

– l'examen des *pétitions* présentées aux chambres, les *enquêtes parlementaires*, les *questions* posées aux ministres constituent autant de moyens de contrôler le gouvernement ;

– le *vote du budget* fournit également l'occasion d'un examen général de la politique du gouvernement et le Parlement peut utiliser l'arme budgétaire comme un moyen de pression.

Si le régime n'est pas formellement parlementaire, le fait qu'aucun gouvernement n'est maintenu par le roi s'il vient à perdre de façon manifeste la confiance du corps électoral tel qu'il est représenté par la Chambre des députés, atteste d'une *évolution dans un sens parlementaire*.

D'ailleurs, la révolution de 1830 se produira parce que Charles X méconnaît ce caractère en maintenant en place un gouvernement qui avait perdu les élections et en gouvernant par ordonnances. Les journées révolutionnaires de juillet 1830 précipiteront l'évolution parlementaire.

§ 2 – La monarchie de Juillet

La Charte de 1830 n'est plus octroyée, elle est adoptée par les chambres et acceptée par le roi. Les chambres disposent désormais du pouvoir de réviser la charte qui prend la forme d'un *pacte* entre le roi et les chambres. Le roi Louis-Philippe porte le titre de **roi des Français**.

I – Les changements institutionnels

Les modifications introduites sont limitées. Le roi conserve l'essentiel de ses pouvoirs, y compris le veto législatif qui tombera en désuétude. Les chambres disposent du droit d'initiative législative. Leur président n'est plus nommé par le roi. La pairie héréditaire sera supprimée. Mais si le pouvoir de dissolution du roi est maintenu, aucune disposition de la charte n'établit la responsabilité du gouvernement.

II – Un régime parlementaire

L'essentiel réside dans le jeu de la responsabilité ministérielle et de la dissolution. Si le monarque exerce l'autorité et détermine les orientations politiques, il laisse au gouvernement le soin de la gestion des affaires et des relations avec le Parlement. Selon la formule consacrée, « Le roi règne, mais ne gouverne pas », cependant, « le Trône n'est pas un fauteuil vide ». Pour se maintenir, le gouvernement a besoin de la confiance du roi et de celle de la Chambre. En cas de difficulté avec la Chambre, il est possible soit de faire appel aux électeurs au moyen de la dissolution, soit de renvoyer le gouvernement. L'usage de la dissolution est courant puisqu'aucune Chambre n'a atteint le terme de son mandat. De son côté, la Chambre peut utiliser l'arme de l'*interpellation* pour provoquer un vote défavorable au gouvernement.

Ce système de parlementarisme dualiste ou orléaniste fonctionnera de façon satisfaisante jusqu'en 1840. Ensuite, l'immobilisme qui caractérisera les ministères Guizot, et surtout le refus de démocratiser le régime en élargissant le corps électoral par un allégement du cens, provoqueront la Révolution de 1848 et la fin de la monarchie.

Section 2 – La Deuxième République et le Second Empire

Après la Révolution de 1848, une assemblée constituante est élue au suffrage universel. L'emploi du suffrage universel ne sera plus remis en cause en France. Il est vrai qu'il s'agit du suffrage universel masculin et qu'il faudra attendre la fin de la Seconde Guerre mondiale pour que les femmes puissent voter. La Constituante élabore une Constitution républicaine qui est adoptée le 4 novembre 1848.

§ 1 – La Constitution du 4 novembre 1848

La Constitution de 1848 n'opère pas un choix véritable entre le régime parlementaire et le régime présidentiel. En instituant la responsabilité simultanée du gouvernement et du président, elle ne place pas, comme dans un régime de séparation rigide des pouvoirs, les ministres entre les mains du président. En donnant au président une forte légitimité, mais en lui refusant les pouvoirs correspondant à celle-ci, elle crée un risque de dérive du système dans un sens présidentiel ou de crise entre le président et l'Assemblée.

• **Le président** est élu au suffrage universel direct pour quatre ans et n'est pas immédiatement rééligible. Il dispose du pouvoir exécutif et de l'initiative des lois. Il nomme et révoque les ministres. La Constitution prévoit la responsabilité du président et des ministres, mais elle n'indique pas clairement s'il s'agit d'une responsabilité pénale ou politique.

La Constitution témoigne d'une certaine méfiance à l'égard du président. S'il dispose de la force armée, il ne peut en exercer le commandement. Le Conseil d'État, nommé par l'Assemblée, joue un rôle important dans l'exercice du pouvoir réglementaire.

• **L'Assemblée** est élue pour trois ans au suffrage universel direct. Elle est unique et dispose du pouvoir de voter la loi.

• Le neveu de Napoléon, Louis-Napoléon Bonaparte, sera élu président de la République. Assez rapidement, les relations entre le président et l'Assemblée se dégraderont. L'impossibilité constitutionnelle de réélire le président et l'échec d'une tentative de révision qui ne parvint pas à obtenir la majorité des trois quarts exigée pour le vote du vœu de révision conduiront Louis-Napoléon Bonaparte à s'emparer du pouvoir, le 2 décembre 1852. Ce coup d'État sera approuvé par plébiscite le 22 décembre.

§ 2 - Le Second Empire

• Dans un premier temps, le régime présidentiel est maintenu. La Constitution du 14 janvier 1852 renforce les pouvoirs du président désormais élu pour dix ans qui dispose, outre le pouvoir exécutif, du droit de dissolution de l'Assemblée, de l'initiative législative exclusive et d'un veto absolu. Un Sénat composé de sénateurs inamovibles et nommés à vie par l'Empereur est créé.

• Le sénatus-consulte du 7 novembre 1852 rétablit l'**Empire**. Pendant une première phase de consolidation du pouvoir impérial, l'Empire sera *autoritaire*. Le rétablissement de l'Adresse en réponse au discours du trône, puis de l'interpellation marqueront à partir de 1860 le début d'une ère *libérale* qui devait conduire, en 1870, à un Empire *parlementaire* avec une responsabilité des ministres devant la Chambre. Mais la défaite de Sedan entraîne la chute du régime et la mise en place d'un gouvernement provisoire qui fait élire en 1871 une assemblée constituante.

Chapitre 3
D'une République parlementaire à l'autre (1870-1958)

L'essentiel

> *La chute de l'Empire entraîne un retour au régime parlementaire. Cependant, si les auteurs de la Constitution de 1875 avaient envisagé la mise en place d'un régime parlementaire dualiste, leurs espoirs seront rapidement déçus. La IIIe République fonctionnera comme un régime parlementaire moniste et la tendance au parlementarisme sera encore accentuée sous la IVe République.*

Section 1 – La Troisième République

Une assemblée constituante est élue le 8 février 1871.

Elle mettra cinq ans à rédiger une constitution. Il est vrai qu'elle aura à faire face à une situation difficile. Il fallait faire la paix avec la Prusse, affronter la Commune de Paris de mars à mai 1871, et enfin dégager un accord sur une constitution, ce qui, compte tenu des divisions de l'Assemblée entre monarchistes, républicains et bonapartistes, et des divisions internes aux monarchistes entre légitimistes et orléanistes, est une tâche difficile.

§ 1 – L'Assemblée constituante

Il était difficile à l'Assemblée constituante de trouver un accord en son sein sur la forme du régime futur puisque si les monarchistes étaient majoritaires, ils étaient divisés entre partisans du comte de Chambord, légitimistes, et du comte de Paris, orléanistes. À défaut d'accord, le comte de Chambord n'ayant pas d'héritier, son décès devait permettre de refaire l'unité des monarchistes autour du comte de Paris, seul descendant. L'Assemblée devait donc s'organiser pour durer au-delà de ce qui était prévisible lors de son élection.

I – La résolution du 2 février 1871

Par cette résolution, l'Assemblée nomme Thiers à la tête du pouvoir exécutif. Il exerce ses fonctions avec des ministres choisis par lui, sous le contrôle de l'Assemblée qui peut le révoquer. Thiers, malgré son statut, jouit d'une grande autorité, due aux circonstances et notamment à la façon dont il réprime la Commune de Paris.

II – La loi du 31 août 1871 ou Constitution Rivet

Thiers est nommé président de la République à titre provisoire pour ne pas préjuger de la forme définitive du régime. Ses actes doivent être contresignés par un ministre. Il reste responsable devant l'Assemblée, mais ses ministres le sont également, dans l'espoir sans doute que la crainte de voir leur responsabilité mise en jeu les conduise à contrôler Thiers. On joue donc sur la responsabilité des ministres pour limiter le pouvoir de Thiers.

Le pouvoir de Thiers reste intact, mais il est contesté par les monarchistes qui s'opposent à son vœu de voir la République se perpétuer.

III – La loi du 13 mars 1873 ou Constitution de Broglie

Pour diminuer encore le pouvoir de Thiers, ses possibilités de participer aux débats parlementaires sur les affaires intérieures sont réduites. Il ne peut intervenir que par messages au terme d'une procédure compliquée que l'on qualifiera de « cérémonial chinois ». Par contre, il dispose du droit d'intervenir librement sur les questions de politique extérieure, domaine auquel l'Assemblée souhaite le voir limiter son activité.

En fait, l'évolution a conduit à partager la conduite de l'exécutif entre le président de la République, qui en était le seul titulaire à l'origine, et le gouvernement responsable devant l'Assemblée au même titre que le président, mais de manière distincte.

Les succès électoraux républicains, le désir de Thiers de faire avancer plus rapidement la rédaction de la nouvelle Constitution suscitèrent l'hostilité monarchiste et Thiers donnera sa démission le 24 mai 1873 à la suite du vote d'un ordre du jour de défiance par l'Assemblée contre le gouvernement avec lequel il se solidarise. L'Assemblée élit le maréchal de Mac Mahon pour succéder à Thiers.

IV – Le septennat et la République

Cependant la question de la forme du régime n'est toujours pas réglée. Le 20 novembre 1873, l'Assemblée vote le septennat personnel pour Mac Mahon ce qui, en donnant une durée fixe à son mandat, établit l'irresponsabilité politique du président. Le 30 juin 1875, toute tentative de restaurer la monarchie ayant provisoirement échoué, l'Assemblée vote à une voix de majorité l'amendement Wallon qui, en prévoyant le mode d'élection du président de la République, établit en fait la République. Les lois constitutionnelles seront alors rapidement votées et la IIIe République sera établie.

§ 2 – L'organisation des pouvoirs publics

Le régime politique mis en place est parlementaire. Aussi bien, la forme parlementaire du régime n'a jamais été sérieusement contestée lors de la rédaction des lois constitutionnelles de 1875. La grande question était de savoir s'il s'agirait d'une République ou d'une monarchie. Sur ce point, on a qualifié la Constitution de la IIIe République de « Constitution républicaine d'attente monarchique ». En effet, de légères modifications constitutionnelles auraient permis de transformer la République en monarchie parlementaire. D'ailleurs la procédure de révision est particulièrement aisée puisqu'il suffit, après le vote d'un vœu de révision dans chaque chambre, qu'une majorité absolue des deux chambres réunies en Assemblée nationale approuve la révision.

Les lois constitutionnelles établissent un régime parlementaire dualiste.

I – L'exécutif est bicéphale

A – Le président de la République

Élu pour sept ans par les deux chambres réunies en Assemblée nationale statuant à la majorité absolue, il est irresponsable politiquement.

Il détient le pouvoir exécutif, mais ses actes doivent être contresignés par le ou les ministres chargés de leur application. Il dispose de l'initiative de la loi et a la faculté de demander au Parlement une seconde délibération.

B – Les ministres

Nommés et révoqués par le président de la République, ils ont le droit d'entrée et de parole dans les chambres. Les lois constitutionnelles sont fort brèves en ce qui concerne le gouvernement, mais on peut penser que leurs auteurs envisageaient que se poursuivent les pratiques qui s'étaient développées sous la monarchie de Juillet.

II – Le Parlement est bicaméral

Le Sénat est composé de 75 membres inamovibles nommés par l'Assemblée constituante et de 225 sénateurs élus au suffrage indirect par des collèges comprenant les députés et des représentants des collectivités territoriales. Selon la formule de Gambetta, le Sénat est le « grand conseil des communes de France », mais l'existence de sénateurs inamovibles est une réminiscence de la Chambre des pairs.

La Chambre des députés est élue au suffrage universel direct dans le cadre des arrondissements.

Les deux chambres exercent ensemble le pouvoir législatif et possèdent le droit d'initiative des lois. Elles ont le pouvoir de réviser les lois constitutionnelles.

III – Les rapports entre exécutif et législatif

Ils sont caractérisés par l'existence d'une responsabilité du gouvernement devant le Parlement et par la reconnaissance d'un droit de dissolution au profit du président de la République.

• Les lois constitutionnelles prévoient que les ministres sont responsables devant les chambres. Un doute subsistera sur la responsabilité du gouvernement devant le Sénat, mais la pratique ira dans le sens d'une telle responsabilité. La procédure de mise en jeu de la responsabilité n'est pas codifiée et la pratique de l'interpellation se poursuivra. Tout parlementaire peut interpeller le gouvernement, ce qui donne lieu à un débat à la suite duquel la Chambre vote une résolution par laquelle elle décide de passer à la suite de son ordre du jour tout en exprimant éventuellement sa confiance ou sa défiance à l'égard du gouvernement. De son côté, le gouvernement peut, lors d'un débat important, poser la question de confiance à la Chambre, ce qui implique qu'un vote défavorable peut entraîner sa démission.

• Le président dispose du droit de dissoudre la Chambre des députés, mais pour ce faire il doit obtenir l'avis conforme du Sénat. En 1875, on postulait que le Sénat, aidé en cela par l'existence de sénateurs inamovibles, serait monarchiste et qu'il soutiendrait le président de la République qui lui-même était monarchiste. De son côté, le Sénat ne peut être dissous.

→ Les lois constitutionnelles mettent donc en place un système dualiste dans lequel le gouvernement a besoin de l'accord du président de la République et des chambres. Le président de la République dispose de pouvoirs importants.

La crise du 16 mai 1877 allait entraîner de profondes modifications dans le fonctionnement du régime.

§ 3 - La crise du 16 mai 1877

La crise résulte d'un affrontement entre le président et la Chambre des députés.

I - Les événements

Le 16 mai 1877, le président de la République, Mac Mahon, écrit au chef du gouvernement, Jules Simon, pour lui marquer son désaccord avec le manque de fermeté du gouvernement à l'égard de propos anticléricaux tenus à la Chambre. Jules Simon démissionne et son successeur se voit refuser la confiance de la Chambre.

Mac Mahon obtient l'avis conforme du Sénat en vue de la dissolution de la chambre. Lors de la campagne électorale, deux conceptions s'affronteront. Celle du président de la République qui estime que le gouvernement ne dépend pas seulement de la Chambre, mais aussi du président, faute de quoi on aboutirait à un régime conventionnel. À cette thèse dualiste s'oppose celle des républicains, selon lesquels le gouvernement doit refléter la majorité parlementaire. Si le président de la République est en désaccord avec cette majorité, il devra *se soumettre ou se démettre*.

Les républicains remporteront les élections du 14 octobre 1877 et Mac Mahon acceptera leur victoire en nommant un gouvernement républicain. Après les élections sénatoriales de 1879 qui marquaient la prise du contrôle du Sénat par les républicains, Mac Mahon démissionne à l'occasion d'un conflit avec le gouvernement sur des nominations militaires. Il est remplacé par Jules Grévy.

II - Les conséquences

• La crise marque la *fin des espérances de restauration monarchique et l'établissement définitif de la République*. Les chambres reviennent s'établir à Paris. La révision constitutionnelle de 1884 supprime l'institution des sénateurs inamovibles, tout en laissant ceux qui sont en fonction poursuivre leur mandat, et proclame l'inéligibilité des familles ayant régné sur la France. Elle prévoit que la forme républicaine de l'État ne peut faire l'objet d'une révision.

• La seconde conséquence de la crise sera l'*impossibilité politique de recourir à la dissolution*. La dissolution de 1877 a été ressentie comme un coup d'État antiparlementaire. Dans l'esprit des républicains, la dissolution a dès lors acquis une connotation péjorative. En outre, il devint douteux que le Sénat donne dorénavant son avis conforme. En effet, les députés font partie du corps électoral sénatorial et les sénateurs seront peu portés à les mécontenter. Enfin, la solidarité parlementaire joue contre la dissolution.

• Il en résulte un *déclin du pouvoir du chef de l'État* qui est privé en fait largement de l'arme que lui conférait la Constitution. Les pouvoirs de l'exécutif passent entre les mains du gouvernement. De dualiste, le régime parlementaire devient moniste.

§ 4 - L'évolution du régime

Si la IIIe République a duré soixante ans, ce qui est une sorte de record de longévité en France, c'est qu'elle a pu évoluer. Mais elle s'est montrée incapable de s'adapter profondément aux nécessités politiques des années précédant la Seconde Guerre mondiale et a disparu prisonnière de ses défauts. Le problème essentiel a été l'instabilité ministérielle que n'ont pu contrebalancer les tentatives de renforcement de l'exécutif.

I - L'instabilité ministérielle

• *La désuétude du droit de dissolution* a détruit l'équilibre des pouvoirs entre législatif et exécutif. Mais ce n'est pas la seule cause d'une instabilité qui entraîne la faiblesse de l'exécutif et un excès de puissance parlementaire.

• *Le gouvernement est responsable devant les deux chambres* alors qu'en principe il ne devrait y avoir de responsabilité que devant la Chambre basse qui est élue au suffrage universel et que l'on peut dissoudre. La responsabilité devant les deux chambres impose au gouvernement une double confiance et multiplie les risques de crise.

• *La procédure de mise en jeu de la responsabilité n'est pas rationalisée.* Le gouvernement peut être interpellé à tout moment devant le Parlement et mis en minorité à la majorité simple. La responsabilité du gouvernement peut être engagée par un ministre sans délibération gouvernementale préalable.

• *Le gouvernement est constitué sur la base d'alliances partisanes* et la crise peut être provoquée en dehors de tout mécanisme parlementaire par la décision d'un parti de retirer son soutien au gouvernement. *Le gouvernement n'est pas seulement responsable devant les chambres, mais aussi devant chaque parti de la majorité gouvernementale.*

→ Il en résulte une grande instabilité qui s'est accrue après la Première Guerre mondiale. En soixante ans, la IIIe République a connu 94 gouvernements.

II - Les tentatives de renforcement de l'exécutif

Le mal essentiel du régime, l'instabilité gouvernementale, a été identifié fort tôt, mais, malgré un courant favorable à la réforme de l'État, aucune tentative de transformation n'aboutira. Seuls des remèdes limités seront mis en œuvre.

• Pour *renforcer le gouvernement*, on a tenté d'accroître sa cohésion autour du président du Conseil. Le président du Conseil qui propose les ministres à la nomination apparaît comme le véritable chef du gouvernement. L'institution d'un Secrétaire général du Conseil en 1924 devait contribuer au renforcement du gouvernement. Mais l'habitude voudra que le président du Conseil ne limite pas ses activités à la direction de la politique gouvernementale. Il disposera généralement d'un portefeuille ministériel lui donnant la charge d'un département particulier.

• On tente de remédier à l'inefficacité parlementaire par le recours aux *décrets-lois*. La procédure des décrets-lois consiste à demander au Parlement d'autoriser le gouvernement à prendre par décret des mesures qui peuvent modifier des lois existantes. Les décrets-lois restent des actes réglementaires jusqu'à ce que le Parlement procède à leur ratification. Cette procédure permet au gouvernement dans des périodes difficiles d'adopter des mesures devant lesquelles le Parlement reculerait en raison de leur impopularité.

Mais ces mesures restent limitées face à la montée des périls et à l'antiparlementarisme de droite. La défaite de 1940 allait entraîner la fin de la IIIe République.

Section 2 - De Vichy à la Constitution de 1946

La défaite est à l'origine du gouvernement de Vichy qui exercera le pouvoir avec l'accord de l'occupant allemand. Elle provoque également la naissance d'un mouvement de libération qui reconstruira une France libre.

§ 1 - Le gouvernement de Vichy

Le maréchal Pétain est nommé président du Conseil le 16 juin 1940 avant l'ouverture des négociations d'armistice. Le 1er juillet 1940, les pouvoirs publics s'installent à Vichy. Le 10 juillet est adoptée, conformément à la procédure prévue par les lois constitutionnelles de 1875, une révision par laquelle tous les pouvoirs sont donnés au gouvernement, sous l'autorité du maréchal Pétain, à l'effet de promulguer par un ou plusieurs actes « la nouvelle Constitution de l'État français » qui devait garantir les droits du travail, de la famille et de la patrie. Elle serait ratifiée par la nation et appliquée par les assemblées qu'elle aurait créées. Cette Constitution rédigée sous l'inspiration du maréchal Pétain ne fut jamais promulguée.

On est en présence d'une révision-abrogation qui transfère le pouvoir constituant au gouvernement. Il s'agit d'un changement idéologique fondamental puisqu'à la République est substitué l'État français et que les valeurs de liberté, d'égalité et de fraternité sont remplacées par le travail, la famille et la patrie. *L'invalidité d'un tel changement pratiqué alors que le territoire national était occupé est évidente.*

En application de cette révision, le maréchal Pétain supprime la présidence de la République et s'attribue le titre de chef de l'État français. Les chambres sont ajournées.

Il s'agit donc d'un régime autoritaire qui sera rapidement engagé dans une collaboration étroite avec l'occupant, notamment dans l'application de la politique raciale allemande, les déportations et la répression.

§ 2 - Les Français libres

Le 18 juin 1940, le général de Gaulle, qui a été sous-secrétaire d'État à la Guerre du cabinet Paul Reynaud, lance depuis Londres un appel à la poursuite des hostilités. Il regroupe ceux qui veulent continuer le combat dans les Forces Françaises Libres.

En 1941 est créé un embryon de gouvernement, le Comité national français, qui deviendra en 1943 le Comité français de libération nationale, établi à Alger libérée. À la veille du débarquement, le Comité se transforme en gouvernement provisoire de la République française. Il s'installe à Paris en août 1944.

La légalité républicaine est rétablie par l'ordonnance du 9 août 1944 et le gouvernement s'attache à la libération et à la reconstruction du territoire.

Le 21 octobre 1945, les Français sont consultés par référendum sur l'avenir des institutions et procèdent simultanément à l'élection d'une Assemblée. Par la première question, il leur est demandé s'ils souhaitent que l'Assemblée élue soit constituante. Une réponse négative impliquerait qu'il n'y a pas lieu d'élaborer une nouvelle Constitution et que l'Assemblée élue constituerait la Chambre des députés de la IIIe République. La réponse sera positive entraînant ainsi la disparition définitive de la IIIe République.

La seconde question porte sur l'approbation d'un projet d'organisation provisoire des pouvoirs publics dans l'attente de l'entrée en vigueur de la nouvelle Constitution. Une réponse négative à cette question eût impliqué que la Constituante disposerait, comme celle de 1870, de pouvoirs illimités. Les électeurs choisissent de répondre positivement à cette seconde question.

§ 3 - Les assemblées constituantes

• L'Assemblée dispose d'un délai de sept mois pour élaborer une Constitution qui doit être soumise à référendum. À défaut ou si le référendum est négatif, une nouvelle constituante est élue qui dispose d'un nouveau délai de sept mois.

• Pendant ce délai, l'organisation des pouvoirs publics est régie par les dispositions provisoires approuvées par le référendum du 21 octobre 1945.

Le président du gouvernement provisoire est élu par l'Assemblée qui se prononce également sur la composition et le programme du gouvernement. Le gouvernement est responsable devant l'Assemblée et doit démissionner à la suite du vote d'une motion de censure à la majorité absolue. Le gouvernement et l'Assemblée disposent du droit d'initiative des lois, mais le gouvernement a seul l'initiative des dépenses. L'Assemblée vote la loi, mais le gouvernement peut demander une nouvelle délibération lors de laquelle l'Assemblée peut confirmer son premier vote à la majorité absolue.

Ce régime provisoire est-il un régime parlementaire ou un régime d'assemblée ? La question se posera rapidement lorsque le général de Gaulle, devenu président du gouvernement voudra utiliser la question de confiance pour obtenir le vote des crédits militaires. Ce droit lui sera contesté en application du principe selon lequel le gouvernement est un commis de l'Assemblée et ne peut démissionner de sa propre initiative. De Gaulle obtiendra la confiance, mais démissionnera peu après.

• L'Assemblée est divisée entre le parti communiste (PCF, 148 sièges), la démocratie chrétienne (Mouvement républicain populaire, MRP, 143 sièges), les socialistes (Section française de l'Internationale ouvrière, SFIO, 135 sièges). Les radicaux n'ont obtenu que 31 sièges. C'est une majorité de gauche (PCF et SFIO) qui va rédiger le projet de Constitution. Elle donne naissance à un régime qui établit la suprématie de l'Assemblée. Les instruments classiques du régime parlementaire (motion de censure, question de confiance et dissolution) sont réglementés de telle manière que l'exécutif est entièrement placé dans les mains de l'Assemblée.

Le projet sera refusé par le peuple le 5 mai 1946. Les votes négatifs représentent 53 % des suffrages. Pour la première fois, un référendum donne un résultat négatif en France.

• Une nouvelle Assemblée est élue. La gauche perd la majorité absolue et le MRP qui s'était prononcé en faveur du *non* devient le premier parti de l'Assemblée.

La nouvelle Constitution sera le résultat d'un compromis entre les partis représentés à l'Assemblée. Malgré une volonté de renforcer l'exécutif, le nouveau projet constitutionnel assure encore la suprématie de l'Assemblée. *En fait, il reproduit largement le* *modèle de la IIIe République tel qu'il fonctionnait après la Première Guerre mondiale.* Le projet sera approuvé le 13 octobre 1946 par 53 % des votants, mais avec 33 % d'abstentions.

Section 3 – La Quatrième République

Le régime établi par la Constitution de 1946 durera douze ans. Il sera marqué par les mêmes maux que la IIIe République, au premier rang desquels l'instabilité ministérielle. Comme la république précédente, il prendra fin en raison de son incapacité à se réformer et à faire face aux crises, en l'occurrence, en 1958, celle liée à la décolonisation de l'Algérie.

§ 1 – Les institutions

La philosophie du régime telle que la présentait le doyen Vedel est de confier le pouvoir à une Assemblée entourée de deux magistratures morales, le président de la République et le Conseil de la République. L'Assemblée est donc le centre de gravité du système.

I – Le Parlement

Il se compose de deux chambres aux pouvoirs inégaux : l'Assemblée nationale et le Conseil de la République.

A – L'Assemblée nationale

Elle est élue au suffrage universel direct au scrutin proportionnel. Malgré le mode de scrutin, la situation est assez cohérente jusqu'en 1947 en raison du tripartisme, c'est-à-dire de l'accord entre les trois grands partis politiques (PCF, SFIO, MRP) pour gouverner ensemble. La guerre froide entraînera le départ des communistes du gouvernement et leur entrée dans une opposition durable. Aussi, en 1951, pour limiter la représentation des forces contestataires, gaullistes et communistes, qui par une coalition des extrêmes auraient pu empêcher la constitution des gouvernements sans, pour autant, pouvoir gouverner ensemble, le scrutin proportionnel est corrigé par la loi sur les apparentements qui donne une prime aux regroupements électoraux. Ce qui revient à écarter les gaullistes et les communistes qui ne peuvent s'allier ni avec une autre formation, ni entre eux.

L'Assemblée vote la loi. La Constitution précise qu'elle ne peut déléguer ce droit, ce qui semble interdire le recours aux décrets-lois. Elle investit et contrôle le gouvernement.

B – Le Conseil de la République

Comme le Sénat de la IIIe République, le Conseil de la République est élu au suffrage indirect par les représentants des collectivités territoriales.

Il donne un avis sur les lois votées par l'Assemblée nationale. Si cet avis est adopté à la majorité absolue, l'Assemblée ne peut passer outre qu'à la même majorité. Le Conseil de la République ne peut mettre en jeu la responsabilité gouvernementale.

Il dispose donc de pouvoirs qui se rapprochent davantage de ceux de la Chambre des lords que de ceux du Sénat de la IIIe République.

II – L'exécutif

L'exécutif est bicéphale comme sous la IIIe République, mais les pouvoirs du président de la République ont été réduits par rapport à ceux que les lois constitutionnelles de 1875 accordaient nominalement à son prédécesseur.

A – Le président de la République

Le président est élu par les deux chambres réunies en Congrès statuant à la majorité absolue. Il n'est plus le chef de l'exécutif et ne signe plus les décrets. Il préside les réunions du Conseil des ministres et propose le président du Conseil à l'investiture de l'Assemblée. Tous ses actes sont contresignés, ce qui implique qu'il ne peut agir sans l'accord du gouvernement.

B – Le président du Conseil des ministres

Le président du Conseil est investi à la majorité absolue par l'Assemblée, puis forme son gouvernement. Assez rapidement, naîtra la pratique de la double investiture par laquelle le président du Conseil investi soumet son gouvernement à l'approbation de l'Assemblée, ce qui complique le processus et allonge la durée des crises en raison de l'existence de gouvernements mort-nés. La révision de 1954 tentera de remédier à cet inconvénient en prévoyant l'investiture du gouvernement dans son entier à la majorité simple. Le président du Conseil est le véritable chef de l'exécutif et exerce le pouvoir réglementaire. Chef du gouvernement, il a le pouvoir de révoquer les ministres.

III – Les relations entre le Parlement et le gouvernement

La Constitution de 1946 a tenté de rationaliser les procédures de mise en jeu de la responsabilité gouvernementale.

A – La motion de censure

La motion de censure déposée par un député est l'héritière de l'interpellation. Un délai d'un jour franc, destiné à permettre la réflexion, doit s'écouler entre le dépôt et le vote. Si la majorité absolue est atteinte, le gouvernement doit démissionner. Ceci signifie que le gouvernement peut rester en fonction tant qu'il n'a pas la majorité absolue contre lui et même s'il n'a pas de majorité positive en sa faveur.

B – La question de confiance

La question de confiance est posée à l'initiative du gouvernement. La confiance ne peut être refusée qu'à la majorité absolue des suffrages exprimés.

La logique du système est donc que, pour être investi, le président du Conseil doit prouver que la majorité absolue (la majorité simple après la révision de 1954) est en sa faveur. Il ne peut être contraint à démissionner que si l'Assemblée prouve qu'une majorité absolue de ses membres souhaite le départ du gouvernement. Le système aurait pu permettre la stabilité gouvernementale s'il avait fonctionné comme prévu. L'expérience montrera que s'il est difficile d'investir un gouvernement, il est aisé d'obtenir le départ de celui-ci même à la majorité relative.

C - La dissolution

Le recours à la dissolution est extrêmement difficile. Tout d'abord, l'Assemblée ne peut être dissoute pendant les dix-huit premiers mois de la législature qui sont destinés à permettre à la majorité de se chercher. Ensuite, la dissolution ne peut avoir lieu que si deux crises ministérielles constitutionnelles se produisent dans un délai de dix-huit mois. Seules sont prises en compte les crises provoquées par l'adoption d'une motion de censure ou le refus de la confiance dans les conditions prévues par la Constitution. Dans cette hypothèse, le Conseil des ministres peut décider de la dissolution laquelle est prononcée par le président de la République. En cas de dissolution, le président de l'Assemblée devient président du Conseil. Cette situation sera corrigée en 1954 sauf dans les cas où la dissolution fait suite à une motion de censure.

Ainsi, l'Assemblée a non seulement la maîtrise des conditions de la dissolution, mais le président du Conseil n'est pas incité à dissoudre puisque la première conséquence de la dissolution est qu'il perd son poste avant même que les électeurs ne se soient prononcés.

Le régime tel qu'il était conçu ne pouvait fonctionner comme un système parlementaire équilibré et conduisait à la domination absolue de l'Assemblée. C'est ce que montrera l'évolution.

§ 2 - La pratique : le retour à la Troisième République

Le retour à la IIIe République sera le résultat de la pratique, mais aussi de la réforme constitutionnelle de 1954.

I - La valorisation des organes secondaires

A - La présidence de la République

Même si le président de la République joue un rôle protocolaire, il dispose de moyens d'action sur les institutions. Un de ses principaux moyens d'influence réside dans le choix du président du Conseil. Certes, le président du Conseil est investi par l'Assemblée, mais le choix du candidat est déterminant. Il permet au président de la République de dessiner les contours de la majorité, d'essayer certaines combinaisons et d'en écarter d'autres. Le président de la République peut aussi apprécier s'il doit ou non accepter la démission du Cabinet lorsque celui-ci l'offre sans avoir été renversé par le Parlement.

Enfin, la présidence des réunions du Conseil des ministres, les contacts qu'il entretient avec le personnel politique lui permettent d'exercer une magistrature d'influence dont l'importance variera en fonction de la personnalité du titulaire de l'emploi.

B - Le Conseil de la République

Le Conseil de la République conquiert le droit de contrôler le gouvernement. Il crée à son profit un droit d'interpellation à travers la procédure de la question orale avec débat suivi d'un vote. Le gouvernement, après avoir résisté, acceptera de jouer le jeu tout comme il posera la question de confiance devant le Conseil de la République en contradiction avec le texte même de la Constitution.

Enfin, la réforme constitutionnelle de 1954 redonne au Conseil de la République le droit d'initiative législative et rétablit la navette législative en limitant celle-ci puisque le Conseil ne dispose que de cent jours pour se prononcer sur un texte voté par l'Assemblée après quoi celle-ci a, en toute hypothèse, le dernier mot.

II – Le blocage des mécanismes destinés à établir la stabilité ministérielle

• *Les règles relatives à la dissolution sont telles qu'elles offrent à l'Assemblée la possibilité de tout mettre en œuvre pour éviter de se trouver dans une situation qui permette son utilisation.* En effet, pour empêcher le recours à la dissolution, il suffit d'éviter que se produisent deux crises ministérielles constitutionnelles, c'est-à-dire provoquées par un vote à la majorité absolue, dans un délai de dix-huit mois.

Dès lors, les parlementaires vont calibrer leurs votes sur la confiance de telle sorte que cette majorité ne soit pas atteinte. Le gouvernement qui a posé la question de confiance sur un texte se voit refuser celle-ci à la majorité relative. Il n'est certes pas obligé de démissionner, mais dans la mesure où son projet n'est pas adopté, il démissionne volontairement faute d'avoir obtenu les moyens de réaliser sa politique. Puisque la crise n'a pas été provoquée par un vote intervenu à la majorité prévue par la Constitution, elle n'est pas considérée comme une crise constitutionnelle. Elle ne sera pas prise en compte pour la dissolution.

Les parlementaires ont ainsi trouvé le moyen de provoquer des crises sans risque de dissolution. De fait, les conditions ne seront réunies, et la dissolution prononcée, qu'une seule fois en 1955.

• La pratique de la *double investiture* rend difficile la constitution des gouvernements et allonge la durée des crises. La réforme de 1954 tentera de remédier à cet inconvénient en prévoyant que le gouvernement sera investi dans son ensemble à la majorité simple.

• *L'instabilité ministérielle est importante* puisque la IVe République comptera 22 gouvernements en 12 ans. Elle s'accompagne d'une grande stabilité des ministres qui survivent aux changements de gouvernements. Cette circonstance a pour effet de dédramatiser les crises puisque les hommes restent en place. Elle contribue également à donner à l'opinion publique l'image négative d'un système dans lequel « on prend toujours les mêmes et on recommence ».

• L'instabilité n'est pas due exclusivement à des facteurs constitutionnels. Elle tient avant tout au fait qu'avec le mode de scrutin mis en place, *les alliances électorales lorsqu'il y en a, ne débouchent pas sur des alliances de gouvernement.* Les gouvernements de coalition sont minés par les divergences partisanes et le mode de scrutin ne permet pas de sanctionner ces divergences.

III – Le retour aux décrets-lois

Bien que la Constitution interdise les délégations du pouvoir législatif, l'Assemblée va reprendre la pratique de la IIIe République. La procédure utilisée sera celle de l'extension du pouvoir réglementaire. La loi définit les matières qui relèvent du pouvoir réglementaire dans lesquelles le gouvernement peut intervenir par décret. Cette solution, approuvée par l'avis du Conseil d'État du 6 février 1953, permet au gouvernement de prendre les mesures devant lesquelles l'Assemblée reculerait.

La pratique a pour l'essentiel accentué les défauts du système en le faisant évoluer vers un parlementarisme absolu. Tel qu'il fonctionnait, il ne pouvait faire face à la crise algérienne.

§ 3 - La fin de la Quatrième République

Le conflit algérien met en évidence l'inefficacité des pouvoirs publics et l'absence de légitimité du régime. La situation insurrectionnelle qui se crée à Alger en mai 1958 en précipite la fin. Le président du Conseil, Pierre Pflimlin, ne parvient pas à maîtriser la crise et à écarter le risque d'un coup d'État militaire.

Le général de Gaulle est prêt à assumer le pouvoir et les principaux leaders politiques se rallient à lui. Il est investi le 1er juin 1958. Il devient le dernier président du Conseil de la IVe République, car une des conditions qu'il avait mises à son acceptation était l'élaboration d'une nouvelle Constitution.

Le 2 juin, l'Assemblée et le Conseil de la République accordent au général de Gaulle le pouvoir de prendre par ordonnances les mesures nécessaires au rétablissement de la situation et les pouvoirs exceptionnels en Algérie.

Elles votent également, conformément à la Constitution, une loi constitutionnelle instituant une procédure d'élaboration d'une nouvelle Constitution. La Constitution sera rédigée par le gouvernement du général de Gaulle après avis du Conseil d'État et d'un Comité consultatif dont les deux tiers des membres seront des parlementaires. La Constitution devra être approuvée par référendum.

La loi du 3 juin fixe les principes qui devront gouverner l'élaboration de la Constitution : suffrage universel, séparation des pouvoirs, responsabilité du gouvernement devant le Parlement, indépendance du pouvoir judiciaire de telle sorte qu'il puisse assurer le respect des libertés essentielles, définition des rapports avec les peuples d'outre-mer. La délégation de pouvoir constituant opérée par la loi du 3 juin est donc soigneusement encadrée et, compte tenu de ces principes, le régime ne pouvait que prendre la forme d'une démocratie parlementaire.

Le projet de Constitution sera soumis au peuple le 28 septembre 1958 et approuvé par 80 % de votes favorables.

→ *Avec l'entrée en vigueur de la Constitution du 4 octobre 1958 prend fin une longue période de parlementarisme à la française*. Les réformes qui n'ont pu être apportées en temps utile aux lois constitutionnelles de 1875 et à la Constitution de 1946 seront intégrées dans la nouvelle Constitution qui, tout en conservant les mécanismes parlementaires, renforce considérablement l'exécutif.

Pour aller plus loin

Bibliographie

- J.-J. Chevallier, *Histoire des institutions et des régimes politiques de la France de 1789 à 1958*, Dalloz, 2009
- M. Morabito, *Histoire constitutionnelle de la France de 1789 à nos jours*, LGDJ, coll. « Précis Domat », 16e éd., 2020

Exemples de sujets d'examen donnés :

Dissertations :

- Le régime parlementaire rationalisé sous la Ve République
- Le constitutionnalisme en France de 1870 à 1958
- Le développement du système parlementaire en France à partir de 1815
- Les conséquences de la crise du 16 mai 1877
- Les causes de l'instabilité ministérielle sous la IVe République
- La loi du 3 juin 1958

Titre 2

La Cinquième République

L'appréciation portée sur la Constitution de 1958 a longtemps souffert des circonstances qui ont entouré son élaboration. Le péché originel du 13 mai, le fait qu'elle restaurait le pouvoir exécutif, la fréquence du recours au référendum dans les premières années de son application conduisaient l'opposition à considérer que le texte et la pratique se résumaient dans un bonapartisme plébiscitaire, vision renforcée par la révision de 1962 sur l'élection du président de la République au suffrage universel direct. Mais le temps a fait son œuvre et un consensus national s'est formé autour des éléments essentiels du système. L'alternance politique de 1981, l'adaptabilité du régime qui a permis un fonctionnement normal des institutions pendant les différentes périodes de cohabitation alors que la majorité présidentielle ne coïncidait pas avec la majorité parlementaire, l'expérience du second septennat de M. Mitterrand pendant lequel les gouvernements socialistes ont gouverné cinq ans avec une majorité relative ont contribué à la réalisation de ce consensus en témoignant des qualités du système institué en 1958 qui a également permis une cohabitation de cinq ans entre le président Chirac et le gouvernement Jospin. La réduction du mandat présidentiel à cinq ans, mais surtout le fait que l'élection présidentielle précède les élections législatives, ont sans aucun doute modifié considérablement le fonctionnement du système. En outre, la brièveté du mandat présidentiel limite le temps disponible pour l'action présidentielle hors des préoccupations électorales. On a souvent critiqué un texte qui pouvait donner lieu, soit à une lecture présidentialiste, soit à une lecture parlementaire, mais cette ambivalence est sans doute l'une des conditions de sa durée. Lors de la campagne présidentielle de 2007, le thème de la réforme des institutions avait été évoqué par les deux candidats. Le vainqueur, M. Nicolas Sarkozy, a entrepris un processus de révision constitutionnelle, qui a trouvé son aboutissement le 21 juillet 2008. Menée dans un but d'adaptation des institutions au monde actuel et notamment en réponse à la mutation née de l'introduction du quinquennat, la révision est d'une envergure considérable puisqu'elle touche à des degrés divers de très nombreux articles et remet en cause certains acquis de 1958. Elle conduit notamment à déconstruire partiellement la rationalisation du parlementarisme introduite en 1958, mais ses effets ont jusqu'à présent été limités en raison de la cohérence entre majorité présidentielle et majorité parlementaire.

Chapitre 1
Les caractères généraux de la Constitution

L'essentiel

La Constitution de 1958 n'est pas sortie, toute armée, du cerveau de ses rédacteurs. Elle procède d'une réaction à l'égard des régimes précédents dont elle en intègre également les apports. Elle se situe à cet égard dans une tradition républicaine et parlementaire qui n'a pas été fondamentalement remise en cause par les modifications constitutionnelles intervenues depuis, même par celle de 1962.

Section 1 – Les sources d'inspiration constitutionnelle

Les éléments de réflexion qui sont à l'origine de l'édifice constitutionnel trouvent leur origine sous la IIIe République que le général de Gaulle avait pratiquée puisqu'il fut membre de l'un de ses derniers gouvernements. Sur cette base, le général de Gaulle s'était forgé une vision propre qu'il avait exprimée, lors de l'élaboration de la Constitution de 1946, dans le discours de Bayeux du 16 juin 1946. Enfin, le gouvernement, qui comportait en son sein plusieurs anciens présidents du Conseil de la IVe République, joua un rôle important dans l'œuvre de rationalisation du parlementarisme.

§ 1 – Les sources lointaines

La question de la réforme de l'État avait été l'un des thèmes essentiels de débat des années trente. Outre Tardieu, les constitutionnalistes de l'époque avaient réfléchi aux remèdes à apporter au régime. On en trouve l'expression dans les écrits de René Carré de Malberg, professeur à Strasbourg. Ils contiennent une vive critique du parlementarisme absolu : « Il faudrait être bien crédule pour se laisser persuader que les volontés énoncées par une oligarchie sont l'expression de la volonté générale de la Communauté ; alors surtout que les soi-disant représentés sont exclus de la possibilité d'opposer une volonté contraire à celle qui passe pour représenter la leur ».

Pour Carré de Malberg, il faut redonner la parole au peuple qui est le souverain, ce qui passe par le recours au référendum. Pour limiter le Parlement, il convient de placer à côté de lui un organe fort, le président de la République, qui assurera un rééquilibrage du pouvoir. Ces idées seront partagées par René Capitant, professeur de droit et proche du général de Gaulle.

§ 2 – La pensée du général de Gaulle

Elle ne trouve pas son originalité dans sa conception générale qui est d'inspiration parlementaire. Tirant les leçons de l'impuissance de l'exécutif sous les régimes précédents et de sa volonté d'éviter le « gouvernement des partis », son apport se situe dans la volonté de mettre en place un exécutif fort, indépendant des partis politiques et qui puisse jouer un rôle d'arbitre.

Pour assurer l'indépendance du président de la République, il doit être élu par un corps électoral plus large que le Parlement. Il est garant de la continuité et de l'indépendance nationale. À ce titre, il nomme le Premier ministre, car ce soin ne peut être laissé aux partis et il dispose du droit de dissolution.

Cependant, il n'y a pas séparation absolue des pouvoirs et le gouvernement reste responsable devant le Parlement.

Le discours prononcé par le général de Gaulle à Bayeux le 16 juin 1946 porte en lui la trame de la Constitution de 1958.

§ 3 - L'apport du gouvernement

Le gouvernement étant chargé par la loi du 3 juin 1958 de rédiger le projet de Constitution, Michel Debré et les anciens présidents du Conseil, membres du gouvernement, ont surtout fait porter leur réflexion sur la rationalisation du parlementarisme. On doit notamment au premier la distinction du domaine de la loi et du règlement sur le respect de laquelle veillera le Conseil constitutionnel ainsi que l'organisation du travail législatif. Les seconds contribueront à la réforme des procédures de mise en jeu de la responsabilité gouvernementale.

Section 2 - Une République parlementaire ?

La Ve République se reconnaît dans l'héritage idéologique de la République. Même si celui-ci est susceptible d'interprétations diverses, les traits essentiels en sont mentionnés dans la Constitution. Elle ne rompt pas davantage avec ce qui constitue l'essence du régime parlementaire, la responsabilité gouvernementale.

§ 1 - La tradition républicaine

Elle s'exprime dans l'article 1er de la Constitution : « La France est une République indivisible, laïque, démocratique et sociale ».

Certes la loi constitutionnelle du 3 juin 1958 n'imposait explicitement pas au constituant de retenir la forme républicaine. Mais, la loi du 3 juin instituait une procédure générale de révision de la Constitution de 1946. Il ne pouvait donc être porté atteinte à l'article 95 de la Constitution de 1946 qui interdisait toute révision de la forme républicaine du gouvernement, prohibition qui sera d'ailleurs reprise à l'article 89 de la Constitution de 1958.

I - L'indivisibilité de la République

A - L'unité de l'État

Dire que la République est indivisible, c'est affirmer le caractère **unitaire** de l'État qui trouve son fondement dans la souveraineté du peuple. Il en découle l'unité du peuple français comme l'a indiqué le Conseil constitutionnel en refusant la reconnaissance de l'existence d'un peuple corse (décis. n° 91-290 du 9 mai 1991). Le principe d'unité de la République qui figurait dans les constitutions antérieures n'est pas repris dans la Constitution de 1958 qui mentionne seulement l'indivisibilité de celle-ci sans que cela ait empêché le Conseil constitutionnel de rappeler l'exigence d'unité du peuple français. Une des conséquences du principe est l'interdiction pour une loi d'attribuer aux collectivités territoriales des compétences normatives que la Constitution réserve au législateur. L'unité du pouvoir législatif sur le territoire de la République et les compétences que la Constitution accorde au gouvernement et au Parlement doivent être préservées comme le rappelle le Conseil constitutionnel dans sa décision du 9 mai 1991 (n° 91-290 DC) relative au statut de la Corse. De même le Conseil constitutionnel a considéré que « si la loi peut fixer les conditions de la libre administration des collectivités territoriales, c'est sous la réserve qu'elle respecte les prérogatives de l'État [...] ; que ces prérogatives ne peuvent être ni restreintes ni privées d'effets, même temporairement ; que l'intervention du législateur est donc subordonnée à la condition que le contrôle administratif prévu par l'article 72 [...] permette d'assurer le respect des lois et, plus généralement, la sauvegarde des intérêts nationaux auxquels, de surcroît, se rattache l'application des engagements internationaux contractés à cette fin » (décis. n° 82-137 DC du 25 févr. 1982). Certes la réforme constitutionnelle de 2003 affirme que l'organisation de la République est décentralisée, mais elle ne remet pas en cause l'unité de la République. L'article 72 de la Constitution prévoit que la loi ou le règlement peuvent permettre aux collectivités territoriales de déroger temporairement et, à titre expérimental, aux dispositions de la loi ou du règlement, l'idée étant que si cette expérience est fructueuse, elle pourrait être consolidée et étendue. Mais ces dérogations doivent toujours être prévues par la loi ou le règlement. Dans cette mesure, la liberté des collectivités territoriales reste encadrée par la volonté nationale. Le projet de révision constitutionnelle du 29 août 2019 visait à étendre cette liberté des collectivités locales, mais toujours dans le cadre de la loi. *La décentralisation ne peut donc franchir le pas qui la sépare du fédéralisme.*

B – L'intégrité du territoire

L'indivisibilité de la République a comme conséquence que l'**intégrité du territoire** doit être maintenue. Cependant, l'article 53 prévoit que « nulle cession, nul échange, nulle adjonction de territoire n'est valable sans le consentement des populations intéressées ».

On a discuté sur le point de savoir si cet article visait également les cas de sécession et, dans l'affirmative, s'il était d'une portée générale ou s'il s'appliquait aux seuls territoires d'outre-mer. Dans sa décision du 30 décembre 1975 (n° 75-59 DC) relative aux Comores, le Conseil constitutionnel a estimé que l'article 53 couvrait le cas de sécession. Il est donc possible d'ériger un territoire d'outre-mer en État indépendant sous réserve du vote d'une loi et de l'accord des habitants de ce territoire. Le Conseil n'a pas pris parti dans cette décision sur le point de savoir si cette possibilité jouait également pour les départements métropolitains, question qui n'était pas posée. En faveur d'une réponse négative, il faut observer que dans sa décision du 2 juin 1987 (n° 87-226 DC) relative à la Nouvelle-Calédonie, le Conseil a fait référence au Préambule de la Constitution qui évoque le principe de libre détermination des peuples prévu pour les peuples d'outre-mer, ce qui tend à écarter la thèse selon laquelle la faculté de sécession serait possible pour les départements métropolitains.

C – La consécration jurisprudentielle

Le Conseil constitutionnel a rappelé le principe d'indivisibilité de la République et d'unité du peuple français dans sa décision n° 99-412 DC du 15 juin 1999 relative à la charte européenne des langues minoritaires dans laquelle il a estimé que ces principes s'opposaient à la reconnaissance de droits collectifs à un groupe défini par une communauté d'origine, de culture, de langue ou de croyance.

II – Une République laïque

Principe : l'affirmation de la laïcité signifie que la République respecte la liberté de conscience des citoyens et n'exerce aucune discrimination entre eux sur la base de la religion. Il ne s'agit donc pas de combattre les religions, mais d'observer un comportement neutre à leur égard. Comme l'indique l'article 1er de la Constitution, la République « respecte toutes les croyances ».

A – La séparation des Églises et de l'État

Selon la loi de séparation des Églises et de l'État de 1905, « la République ne reconnaît, ne salarie, ni ne subventionne aucun culte ». Il faut cependant faire exception des départements d'Alsace et de Moselle où, pour des raisons historiques, le régime concordataire est toujours en vigueur, ce qui signifie que les ministres du culte sont salariés par l'État. Le Conseil constitutionnel a confirmé la conformité à la Constitution de cette situation particulière (Cons. const. 21 févr. 2013, n° 2012-297 QPC).

La question de la laïcité a revêtu une importance particulière dans l'enseignement. S'agissant de l'enseignement public, le Conseil d'État a estimé, dans un avis du 27 novembre 1989 rendu à propos de la question du port du voile islamique, que le principe de la liberté de conscience autorisait le port par des élèves d'insignes religieux. Cependant, « cette liberté ne saurait permettre aux élèves d'arborer des signes d'appartenance religieuse qui, par leur nature, par les conditions dans lesquelles ils seraient portés individuellement ou collectivement ou par leur caractère ostentatoire ou revendicatif constitueraient un acte de pression, de provocation ou de propagande [...] ». Le port des symboles religieux à l'école fait l'objet d'une controverse permanente et a entraîné l'adoption d'une législation sur la laïcité qui reprend pour l'essentiel la situation existante. Le port du voile intégral dans les lieux publics est également prohibé par la loi qui ne se fonde pas sur des considérations liées à la religion, mais principalement à l'ordre public (Cons. const. 7 oct. 2010, n° 2010-613 DC). Cette prohibition a été acceptée par la Cour européenne des droits de l'homme, qui s'est fondée non sur l'ordre public, mais sur le fait que l'interdiction de la dissimulation du visage dans les lieux publics pouvait être justifiée par la conception française du « vivre ensemble dans la diversité » (*SAS c/ France*, 1er juill. 2014). La question de la laïcité fait l'objet de débats politiques constants. La loi du 24 août 2021 confortant le respect des principes de la République, promulguée à la suite de très vifs débats et d'une censure partielle du Conseil constitutionnel (décis. n° 2021-823 DC du 13 août 2021), comporte un ensemble de mesures destinées à lutter contre le séparatisme et à préserver la laïcité.

B – Séparation et enseignement confessionnel

En ce qui concerne les établissements d'enseignement privé, qui sont fréquemment confessionnels, le principe constitutionnel de la liberté d'enseignement autorise l'octroi d'une aide à ces établissements (Cons. const. 23 nov. 1977, n° 77-87 DC). On a même estimé que l'octroi de cette aide était obligatoire afin de permettre un exercice réel de la liberté d'enseignement. Cette conclusion a été démentie par la décision n° 99-414 DC du 8 juillet 1999 du Conseil constitutionnel. Celui-ci a estimé qu'il n'existait aucune obligation d'établir un système d'aide dans l'enseignement supérieur agricole. On en a conclu que si aucune obligation ne portait sur l'établissement d'un système d'aide, la suppression d'un système existant pourrait par contre se heurter à la liberté de l'enseignement, si elle conduisait à la disparition d'établissements d'enseignement. Ceci impliquerait qu'une fois qu'une aide a été accordée, celle-ci ne saurait être vraisemblablement supprimée, car la suppression porterait atteinte à la liberté de l'enseignement si elle devait conduire à la fermeture d'établissements privés.

C – Impartialité à l'égard des cultes

Au total, le principe de laïcité impose à l'État une obligation d'impartialité à l'égard des cultes. Ceci n'empêche pas le gouvernement d'intervenir dans l'organisation des cultes, notamment en suscitant la création d'organismes relatifs à l'organisation du culte musulman.

III – Une République fondée sur le respect des droits fondamentaux

La tradition française n'est pas avare en déclarations des droits fondamentaux inscrits au frontispice des constitutions. Pour sa part, le Préambule de la Constitution de 1958 rappelle l'attachement de la République aux droits de l'homme « définis par la Déclaration de 1789, confirmée et complétée par le Préambule de la Constitution de 1946 ainsi qu'aux droits et devoirs définis dans la Charte de l'environnement de 2004 ». Mais ces proclamations restaient d'ordre rhétorique tant que l'on considérait que la volonté du législateur était souveraine et que l'expression de celle-ci ne pouvait faire l'objet d'aucun contrôle. La souveraineté de la loi s'opposait à l'octroi de toute garantie des droits des citoyens contre la loi alors que les juridictions contrôlaient le comportement de l'administration. C'est le mérite du Conseil constitutionnel, dont ce n'était pas la mission au départ, d'avoir de son propre mouvement contrôlé la constitutionnalité de la loi par rapport aux droits fondamentaux dans sa célèbre décision sur la liberté d'association en 1971 (16 juill. 1971, n° 71-44 DC). L'élargissement de la saisine en 1974 à soixante députés ou soixante sénateurs a permis le développement de ce contrôle et le Conseil a perfectionné sa jurisprudence sur l'insertion des droits fondamentaux dans les normes en fonction desquelles il exerce son contrôle (« bloc de constitutionnalité », v. p. 173). L'introduction par la révision constitutionnelle de 2008, après plusieurs tentatives infructueuses, de la mise en œuvre du contrôle en matière de droits fondamentaux et par voie d'exception par les particuliers (question préliminaire de constitutionnalité) constitue l'aboutissement d'une longue évolution et témoigne du changement de mentalité de la classe politique. Sur cette base, de nouvelles évolutions sont sans doute à prévoir.

Mais le contrôle de constitutionnalité des lois n'est qu'une des formes de protection des droits des citoyens. Il existe des alternatives aux solutions contentieuses. En effet, outre le rôle imparti aux juridictions ordinaires, la loi a créé en 1973, à l'image des démocraties nordiques, la fonction de médiateur de la République chargé de régler les conflits entre les citoyens et l'administration. Ici encore la révision de 2008 a innové en instituant un **Défenseur des droits** chargé de veiller au respect des droits et libertés par les administrations nationales et territoriales ainsi que les établissements publics et tout organisme chargé d'une mission de service public (art. 71). Dans des conditions prévues par la loi organique et la loi ordinaire du 29 mars 2011, il peut être saisi par toute personne ou se saisir d'office alors que le médiateur ne pouvait être saisi que par l'intermédiaire d'un parlementaire. Cet élargissement du mode de saisine devrait accroître la tâche du Défenseur des droits par rapport à celle du médiateur. Le Défenseur des droits succède au Médiateur, au Défenseur des enfants, à la Commission nationale de déontologie de la sécurité et à la Haute Autorité de lutte contre les discriminations et pour l'égalité.

IV - Une république démocratique et sociale

A - Le caractère démocratique de la République

Il réside dans le fait que la République repose, conformément à l'article 3 de la Constitution, sur le suffrage universel. La Constitution fait également dans son article 2, alinéa 5, référence à la définition de la démocratie donnée par Lincoln et déjà utilisée dans la Constitution de 1946 : « le gouvernement du peuple, par le peuple et pour le peuple ».

Cependant, dans les républiques précédentes, la référence à la démocratie se concrétisait exclusivement par l'instauration d'un système représentatif dans lequel le rôle des citoyens se limitait à élire leurs représentants. La souveraineté nationale se confondait avec la souveraineté des représentants. La Constitution de 1958, si elle conserve un rôle primordial aux représentants dans l'élaboration de la loi, permet aux citoyens de participer directement à l'œuvre législative par le référendum. Certes, le recours à ce procédé de démocratie directe n'était possible à l'origine que dans des domaines limités et sans que soit possible une initiative populaire. La révision constitutionnelle de 1995 a élargi les possibilités de recours au référendum et celle de 2008 rend possible le référendum d'initiative à la demande d'un cinquième des membres du Parlement soutenu par un dixième des électeurs inscrits. Le référendum a donc progressivement trouvé sa place dans le texte constitutionnel, sinon dans le jeu institutionnel.

B - L'égalité et le pluralisme

Mais une République démocratique repose également sur **l'égalité et le pluralisme**. L'article premier de la Constitution met en évidence le principe républicain d'égalité des citoyens sans distinction d'origine, de race ou de religion. La révision de 2008 va plus loin et prend en compte les préoccupations particulières de notre époque en indiquant que « la loi favorise l'égal accès des femmes et des hommes aux mandats électoraux et fonctions électives, ainsi qu'aux responsabilités professionnelles et sociales ». L'égal accès aux mandats électoraux et fonctions électives figurait déjà dans le texte de la Constitution depuis la révision de 1999.

Autre manifestation du principe de démocratie, l'article 4 de la Constitution qui concerne les partis politiques est complété depuis 2008 par une garantie de « l'expression pluraliste des opinions et la participation équitable des partis et groupements politiques à la vie démocratique de la Nation ». Il faut voir dans ce texte le point d'ancrage d'un statut de l'opposition qui trouve sa traduction sur le plan parlementaire notamment dans le nouvel article 51-1 de la Constitution selon lequel : « Le règlement de chaque assemblée détermine les droits des groupes parlementaires constitués en son sein. Il reconnaît des droits spécifiques aux groupes d'opposition de l'assemblée intéressée ainsi qu'aux groupes minoritaires ».

C – Le concept de démocratie sociale

En France, il date de 1946. Le Préambule de la Constitution de 1946 reconnaît, en effet, à côté des droits civils et politiques du citoyen, l'existence de droits sociaux « particulièrement nécessaires à notre temps ». *L'incorporation de ces droits dans le Préambule de la Constitution de 1946 qui est repris par le Préambule de la Constitution de 1958 a eu pour conséquence de permettre au Conseil constitutionnel de contrôler le respect de ces droits sociaux par le législateur.* Certes, le contrôle reste limité en raison de la large marge d'appréciation laissée au législateur dans la concrétisation de ces droits. Il a cependant pour effet d'empêcher des remises en cause de certains acquis sociaux. Il a permis également au Conseil d'intervenir pour protéger le droit de grève.

V – Une République décentralisée

La révision constitutionnelle de 2003 complète l'article 1er de la Constitution en mentionnant l'organisation décentralisée de la République. Il s'agissait de répondre aux controverses qui avaient animé les derniers mois du gouvernement Jospin à propos du statut particulier de la Corse. L'opposition de l'époque avait souligné qu'il n'était pas question de mettre en place un statut dérogatoire, mais qu'au contraire le statut de la Corse devait s'inscrire dans le cadre de mesures générales de décentralisation. La révision constitutionnelle constitue un préalable indispensable à une législation d'ensemble sur la décentralisation. Le texte constitutionnel fait référence aux collectivités locales dans leur ensemble et leur applique le principe de subsidiarité en leur confiant les compétences « qui peuvent le mieux être mises en œuvre à leur niveau ». Elle prévoit qu'une loi organique pourra leur permettre à titre expérimental de déroger aux lois et règlements nationaux et leur reconnaît un pouvoir réglementaire propre pour l'exercice de leurs compétences. Sur le plan financier, la loi constitutionnelle confirme l'existence d'un système de péréquation afin de favoriser l'égalité et pose le principe que tout transfert de compétences doit s'accompagner de l'attribution de ressources équivalentes. Enfin, pour favoriser la démocratie locale, le droit de pétition et le recours au référendum sont prévus. Avec cet encadrement constitutionnel de la décentralisation, la France rejoint le mouvement de dévolution qui s'est manifesté dans la plupart des grands États européens. Dans le projet de loi constitutionnelle du 29 août 2019, les collectivités territoriales pouvaient se voir attribuer des compétences spécifiques et être autorisées à déroger, après une éventuelle expérimentation, à la loi et au règlement. Outre les dispositions spécifiques aux collectivités d'outre-mer, la Corse se serait vu reconnaître la qualité de collectivité à statut particulier et les lois et règlements pourraient être adaptés à sa spécificité. Elle aurait pu procéder elle-même à ces adaptations lorsqu'elle y serait est autorisée par la loi. Cependant toutes ces compétences ne pouvaient être exercées que dans le respect des « conditions essentielles d'exercice d'une liberté publique ou d'un droit constitutionnellement garanti ». Cette dernière condition devait préserver l'égalité entre les citoyens. Le projet n'a pu être adopté, mais il est vraisemblable, compte tenu de la tendance forte à la décentralisation, que ces dispositions reviendront à l'ordre du jour. Certaines réformes spécifiques et techniques relatives aux collectivités locales ont été apportées par la loi dite 3DS (différenciation, décentralisation, déconcentration, simplification) adoptée le 9 février 2022.

§ 2 – Un régime parlementaire ?

Le régime de la Ve République a été conçu comme un régime parlementaire. Cependant, depuis la réforme de 1962 qui a instauré l'élection du président de la République au suffrage universel direct, l'interrogation sur la nature du régime est devenue un des ponts aux ânes du droit constitutionnel. D'où la floraison de nouvelles catégories constitutionnelles, régime semi-présidentiel ou régime présidentialiste, ou l'aveu de l'impossibilité de faire entrer la Ve République dans les catégories existantes. Ces incertitudes ont été partagées par le comité consultatif pour la révision de la Constitution dans son rapport du 15 février 1993 : « Notre Constitution institue incontestablement un régime parlementaire. Mais nombre de ses traits et notamment le mode d'élection évoquent certains traits du régime présidentiel. Entre les deux existe-t-il un mélange et selon quelles doses respectives ? Peut-on aller jusqu'à parler d'un cumul ? Ou à l'inverse n'a-t-on pas affaire à un régime hors des catégories traditionnelles et qui n'a d'autre définition que lui-même ? ».

I – L'origine parlementaire

L'intention des constituants est évidente. Comme il ressort du discours de présentation de la Constitution par M. Michel Debré au Conseil d'État, le gouvernement a voulu écarter le régime d'assemblée en raison des expériences du passé et le régime présidentiel parce que la structure politique française aurait conduit le système à la paralysie en raison des oppositions entre exécutif et législatif et aussi parce que la loi du 3 juin 1958 imposait la responsabilité du gouvernement devant le Parlement.

Comme le déclarait M. Michel Debré : « Pas de régime conventionnel, pas de régime présidentiel : la voie devant nous est étroite, c'est celle du régime parlementaire. À la confusion des pouvoirs dans une seule assemblée, à la stricte séparation des pouvoirs avec priorité au chef de l'État, il convient de préférer la collaboration des pouvoirs, un chef de l'État et un Parlement séparés, encadrant un gouvernement issu du premier et responsable devant le second, entre eux un partage des attributions donnant à chacun une semblable importance dans la marche de l'État et assurant les moyens de résoudre les conflits qui sont, dans tout système démocratique, la rançon de la liberté ».

Le renforcement de l'exécutif que consacre la Constitution conduit à la conclusion que celle-ci crée *un régime parlementaire dualiste*. C'est le retour à la conception initiale du régime parlementaire telle qu'elle prévalait à la fin de la monarchie de Juillet ou au début de la IIIe République avant la crise du 16 mai 1877.

II – L'évolution postérieure à 1962

L'élection du président de la République au suffrage universel direct ne change pas, en elle-même, la nature du régime puisque subsiste la responsabilité du gouvernement devant le Parlement. Certes, le mode d'élection confère au chef de l'État une forte légitimité, mais un monarque constitutionnel ne dispose-t-il pas également d'une légitimité aussi forte bien qu'elle ne doive rien au suffrage et tout au principe monarchique ?

Ce qui a changé, ce ne sont pas les pouvoirs du président, mais la pratique. *La présidence paraît absorber les pouvoirs du gouvernement*. Cette perte d'indépendance du gouvernement varie selon les hommes et les majorités au pouvoir, mais elle n'en est pas moins importante dans tous les cas.

La raison est moins d'ordre juridique que politique. Le président élu au suffrage universel direct apparaît comme le véritable chef de la majorité dès lors qu'il y a coïncidence entre majorité parlementaire et majorité présidentielle. Il est l'élu de la nation tout entière alors que les parlementaires, bien que théoriquement représentant la nation dans son ensemble, ne sont que les élus des départements. *Sa légitimité est donc supérieure.*

Ce qui fait la force du président, c'est l'unité de la majorité. D'ailleurs, la présidence est moins forte lorsque la majorité est divisée comme ce fut le cas sous la présidence de M. Giscard d'Estaing ou celle de M. Hollande.

Il suffit cependant que les deux majorités ne coïncident plus pour que la présidence soit limitée dans son action et que l'on en revienne à une application stricte du texte de la Constitution, comme le montrent les deux expériences de cohabitation de 1986 à 1988, de 1993 à 1995 et depuis 1997. La réduction de la durée du mandat présidentiel à cinq ans devait permettre de limiter autant que possible le décalage entre majorité parlementaire et majorité présidentielle afin d'éviter le retour de la cohabitation.

La nature juridique du régime reste bien parlementaire, mais en période de coïncidence des majorités, ce fait est occulté par une prépondérance présidentielle dont l'effet est amplifié par l'importance que lui donne une couverture médiatique importante.

III – La révision de 2008 en vue de la modernisation des institutions

La révision constitutionnelle de 2008 tranche par son ampleur avec les révisions précédentes. Elle fait suite à un débat récurrent sur la réforme institutionnelle et l'instauration d'une « VIe République » que certains socialistes appelaient de leurs vœux. Dans son discours d'Épinal du 12 juillet 2007, le président de la République décidait d'ouvrir la voie à une révision constitutionnelle et chargeait un comité présidé par l'ancien Premier ministre, M. Édouard Balladur, de présenter un rapport sur la réforme des institutions. Sur la base de ce rapport un projet de loi constitutionnelle était préparé et la réforme adoptée le 21 juillet 2008 par le Congrès à la majorité des trois cinquièmes selon la procédure de l'article 89 alinéa 3 de la Constitution.

Le champ couvert par la révision est considérable et les appréciations sont diverses. Pour les uns, elle renforcerait les pouvoirs du président, pour les autres elle redonnerait des pouvoirs au Parlement. Sur le plan des textes, le renforcement des pouvoirs du président est faible à l'exception de la réforme largement symbolique du droit de message. *Cependant, si la rationalisation du parlementarisme établie en 1958 est très largement atténuée, les équilibres mis en place en 1958 et 1962 ne sont pas fondamentalement modifiés.*

Mais il existe au-delà des textes une réalité politique. L'instauration du quinquennat et la décision de tenir les élections parlementaires après les élections présidentielles ont conduit à une situation dans laquelle, lorsque le vote des électeurs est cohérent, le président de la République est assuré du soutien d'une majorité parlementaire. Dans ces conditions, la rationalisation du parlementarisme qui avait été conçue à une époque où il n'existait pas de majorité stable à l'Assemblée, avait moins de raison d'être et il a paru possible de limiter l'emprise des textes constitutionnels sur l'activité parlementaire. Cette réforme bénéficie bien entendu à la majorité du moment.

La révision de 2008 qui conserve le principe de la responsabilité gouvernementale ne modifie donc pas les caractéristiques de la Ve République qui demeure un régime parlementaire avec la particularité de l'élection du chef de l'État au suffrage universel.

Section 3 – Les règles constitutionnelles : « le bloc de constitutionnalité »

Définition : *la doctrine qualifie de « bloc de constitutionnalité » l'ensemble des normes de référence auxquelles doivent satisfaire les lois pour être conformes à la Constitution.*

§ 1 – La Constitution, son Préambule et la Déclaration des droits de 1789

Les normes de rang constitutionnel comportent tout d'abord et à l'évidence **les articles de la Constitution**. Cependant ceux-ci n'incluent pas de catalogue des droits fondamentaux. En effet, lors de l'élaboration de la Constitution, il n'avait pas été jugé opportun de rédiger une nouvelle déclaration des droits et on se contenta de mentionner dans le Préambule la Déclaration des droits de l'homme et du citoyen de 1789 ainsi que le Préambule de la Constitution de 1946 qui complétait la déclaration en ce qui concerne les droits économiques et sociaux. Cependant la valeur juridique de ces références contenues dans le Préambule de la Constitution restait incertaine. Faisaient-elles ou non partie du bloc de constitutionnalité ?

La réponse à cette question sera apportée par la décision du Conseil constitutionnel du 16 juillet 1971 sur la liberté d'association (n° 71-44 DC) laquelle consacre le caractère constitutionnel de la liberté d'association à travers une référence au Préambule de 1946. Dorénavant tant la **Déclaration de 1789** que le **Préambule de 1946** sont intégrés dans le bloc de constitutionnalité. Dans la mesure où la **Charte de l'environnement de 2004** est mentionnée dans le Préambule de la Constitution à la suite de la révision constitutionnelle de 2005, elle est, de ce fait, intégrée dans le bloc de constitutionnalité comme en atteste la décision du Conseil constitutionnel du 28 avril 2005 (n° 2005-54 DC), ce qui fait du principe de précaution un principe constitutionnel, mais n'implique pas pour autant que toutes les dispositions de la Charte puissent faire l'objet d'une question prioritaire de constitutionnalité (v. p. 261).

La décision du 27 décembre 1973 (n° 73-51 DC) censure pour la première fois une loi en raison de sa contrariété avec la déclaration de 1789 en l'espèce le principe d'égalité. Dorénavant la loi est soumise au respect des droits garantis par la déclaration. Cette dernière n'occupe pas cependant une place particulière au sein du bloc de constitutionnalité. En présence d'un éventuel conflit de normes entre le texte de la déclaration et celui de la Constitution, il appartient au juge constitutionnel de rétablir la cohérence par le recours aux techniques de l'interprétation. Ne font pas partie de ce bloc de constitutionnalité les lois organiques et les règlements des assemblées. Leur adoption par une procédure spéciale ne leur confère pas un rang constitutionnel, même si les lois ordinaires doivent respecter les lois organiques.

§ 2 - Les principes fondamentaux reconnus par les lois de la République

Le Préambule de 1946 faisant mention des « **principes fondamentaux reconnus par les lois de la République et des principes particulièrement nécessaires à notre temps** », il appartenait également au Conseil constitutionnel de dégager le contenu de ces indications. La décision du 16 juillet 1971 sur la liberté d'association fait appel pour la première fois aux principes fondamentaux reconnus par les lois de la République. Depuis, cette notion a été largement utilisée par le Conseil constitutionnel (liberté d'enseignement, de conscience, droits de la défense…). Elle comporte des principes établis par le législateur républicain avant 1946 et qui ont été appliqués depuis de manière continue. Le Conseil constitutionnel a reconnu à ce jour les principes suivants : la liberté d'association ; les droits de la défense ; la liberté individuelle ; la liberté d'enseignement particulièrement en ce qui concerne l'enseignement supérieur ; la liberté de conscience ; l'indépendance de la juridiction administrative ; l'indépendance des professeurs d'université ; la compétence exclusive de la juridiction administrative pour l'annulation ou la réformation des décisions prises dans l'exercice des prérogatives de puissance publique ; le rôle de l'autorité judiciaire en sa qualité de gardienne de la propriété privée immobilière ; l'existence d'une justice pénale des mineurs ; la pérennité du droit local d'Alsace-Moselle. Les principes « nécessaires à notre temps » sont énumérés dans les alinéas 3 à 18 du Préambule de 1946 et ont été consacrés pour la première fois dans la décision du 15 janvier 1975 (n° 74-54 DC) relative à l'interruption volontaire de grossesse à propos du principe selon lequel « la Nation garantit à l'enfant la protection de la santé ». C'est également dans le cadre de ces principes qu'a été reconnu le droit de grève. Dans la mesure où la formulation du Préambule est souple, le juge constitutionnel dispose d'une large liberté d'interprétation.

§ 3 - Les principes et objectifs à valeur constitutionnelle

Le juge constitutionnel a également dégagé des **principes et objectifs à valeur constitutionnelle**. Les principes à valeur constitutionnelle sont œuvre prétorienne même s'ils trouvent un appui dans les textes. Il en va ainsi de la dignité de la personne humaine reconnue par la décision du 19 janvier 1995 (n° 94-359 DC). L'objectif à valeur constitutionnelle définit un principe d'action comme la sauvegarde d'ordre public ou le droit à disposer d'un logement décent. À ce titre, les objectifs ont été largement utilisés pour justifier des limites apportées à certaines libertés comme la libre communication des opinions qui doit se concilier avec les objectifs à valeur constitutionnelle que sont l'ordre public, la liberté d'autrui et le pluralisme des courants d'opinion (Cons. const. 27 juill. 1982, n° 82-141 DC) ou celle d'aller et de venir qui doit être conciliée avec le maintien de l'ordre public (Cons. const. 19 et 20 janv. 1981, n° 80-127 DC). Plus récemment, le Conseil constitutionnel a décidé que la qualité d'objectif constitutionnel reconnue à la protection de l'environnement pouvait justifier des restrictions à la liberté d'entreprendre (Cons. const. 31 janv. 2020, n° 219-823 QPC). En la matière, le contrôle est restreint et le Conseil ne censure que les atteintes disproportionnées à une liberté.

§ 4 – L'exclusion des accords internationaux

La question des accords internationaux a donné lieu à davantage de controverses. Selon l'article 55 de la Constitution « Les traités régulièrement ratifiés ou approuvés ont, dès leur publication, une autorité supérieure à celle des lois, sous réserve, pour chaque traité ou accord, de son application par l'autre partie ». Pour le Conseil constitutionnel, il n'en découle pas pour autant que les traités fassent partie du bloc de constitutionnalité et qu'il puisse contrôler la conformité des lois aux traités. Il explique cette position dans sa décision du 15 janvier 1975 (n° 74-54 DC) relative à l'interruption volontaire de grossesse. Les décisions prises dans le cadre du contrôle de constitutionnalité sont absolues et définitives. Or, la prise de telles décisions n'est pas possible en ce qui concerne les traités puisque leur valeur est relative et contingente. En effet, l'autorité du traité ne s'impose que dans le champ d'application de celui-ci et peut varier à tout moment en raison du jeu de la réciprocité. Il en résulte qu'une loi peut être aujourd'hui contraire à un traité et ne plus l'être demain. Il appartient donc au juge ordinaire d'exercer au fil des cas qui lui sont soumis ce contrôle de conventionnalité (pour une affirmation de cette jurisprudence, décis. n° 2006-535 DC du 30 mars 2006, à propos de la loi sur l'égalité des chances). Cette vision est parfaitement adaptée aux traités bilatéraux classiques, mais elle pose des problèmes lorsqu'elle est utilisée à propos d'instruments comme la Convention européenne des droits de l'homme ou le Traité sur l'Union européenne dont l'application n'est ni contingente, ni relative puisqu'ils ne sont pas soumis au jeu de la réciprocité. Dans ce cas, la contrariété entre le traité et la loi peut donner lieu à une décision définitive.

Le Conseil constitutionnel l'a bien saisi en ce qui concerne le droit de l'Union puisqu'il accepte d'apprécier la conformité d'une loi de transposition d'une directive communautaire à ladite directive à condition que la directive n'aille pas à l'encontre d'une règle ou d'un principe inhérent à l'identité constitutionnelle de la France (Cons. const. 27 juill. 2006, n° 2006-540 DC). Il a pour la première fois dégagé un tel principe, en l'occurrence l'interdiction de déléguer à des personnes privées l'usage de la force publique, dans sa décision du 15 octobre 2021 (2021-940 QPC). Au cas où un tel principe est en cause, le Conseil vérifie si le droit de l'Union lui apporte une protection équivalente. Dans le cas contraire, il sera amené à constater le caractère inconstitutionnel du texte qui lui est soumis. Lorsque le Conseil contrôle la conformité d'une loi à une directive, son examen ne saurait porter que sur des dispositions manifestement contraires à la directive. Si d'autres contrariétés subsistaient, il appartiendrait au juge ordinaire de saisir la Cour de justice de l'Union européenne d'une demande préjudicielle. Le Conseil a fondé sa compétence sur l'article 88-1 de la Constitution (« La République participe aux Communautés européennes et à l'Union européenne [...] »). Dans sa décision du 12 mai 2010 (2010-65 DC), le Conseil rappelle que le contrôle de la conformité de la loi aux engagements internationaux relève du juge ordinaire et que la question prioritaire de constitutionnalité n'empêche pas ce dernier de statuer sur la conventionnalité et, le cas échéant, de saisir la CJUE d'un renvoi préjudiciel avant même que le Conseil ait statué. Il confirme également sa jurisprudence sur le contrôle des lois de transposition des directives. S'agissant de la décision-cadre sur le mandat d'arrêt européen qui a été intégré dans la Constitution par l'article 88-2, le Conseil constitutionnel, appelé à se prononcer sur certains aspects de sa mise en œuvre, a usé de la procédure du renvoi préjudiciel à la Cour de justice de l'Union avant de se prononcer sur la constitutionnalité des dispositions nationales (Cons. const. 4 avr. 2013, n° 2013-314 QPC).

→ *Le bloc de constitutionnalité, c'est-à-dire l'ensemble des normes qui servent au juge à contrôler la conformité d'une loi à la Constitution, a été, en l'absence d'indication dans le texte même de la Constitution, construit par le juge constitutionnel.*

Section 4 - La révision de la Constitution

La procédure normale de révision est décrite dans l'article 89 de la Constitution. Cependant l'emploi, à cette fin, en 1962, de l'article 11 a créé une nouvelle voie dont la conformité à la Constitution a été contestée. Dans tous les cas, la révision est limitée dans son objet puisqu'elle ne peut porter sur la forme républicaine du gouvernement (art. 89). Elle ne peut intervenir à certaines périodes : atteinte à l'intégrité du territoire (art. 89), intérim de la présidence (art. 7), période d'application de l'article 16 (interprétation donnée par le Conseil constitutionnel dans sa décision du 2 sept. 1992).

§ 1 - La voie de l'article 89

Cette voie comporte plusieurs phases.

I - L'initiative de la révision

Elle appartient aux parlementaires et au président de la République sur proposition du Premier ministre. Le président a donc besoin de l'accord du Premier ministre pour déposer un projet de révision, mais il ne peut prendre de lui-même l'initiative d'une révision. Dans la pratique, cette limitation n'est guère opérante hormis les cas de cohabitation.

II - La discussion et le vote de la révision

Ils sont effectués dans les deux chambres. S'il s'agit d'un projet, la discussion porte sur le texte proposé par le gouvernement et non, comme c'est le cas dans la procédure législative ordinaire depuis la révision de 2008, sur le texte amendé en commission parlementaire. Le délai de six semaines instauré par la révision de 2008 entre le dépôt du texte et sa discussion s'applique également aux projets de révision. Il permettra ainsi une période de réflexion fort appropriée en matière constitutionnelle. Le texte doit être voté dans des termes identiques, ce qui implique une navette entre l'Assemblée nationale et le Sénat jusqu'à ce qu'un accord soit trouvé. Contrairement à ce qui se passe dans le cadre de la procédure législative ordinaire, le gouvernement ne peut interrompre la navette par la convocation d'une commission mixte paritaire. L'arme de la question de confiance (art. 49, al. 3) pour obtenir l'approbation implicite du texte par l'Assemblée est inappropriée puisqu'il faut en tout état de cause l'accord du Sénat devant lequel le gouvernement ne peut engager sa responsabilité. Il en résulte qu'aucune modification n'est possible sans l'accord du Sénat.

III – L'approbation définitive du texte

Elle suit des voies différentes selon qu'il s'agit d'un projet ou d'une proposition de révision.

• La **proposition** doit dans tous les cas être soumise au référendum.

• Le **projet** est soumis au référendum à moins que le président ne décide de le faire approuver par le *Congrès des députés et sénateurs.* Le Congrès qui réunit l'ensemble des parlementaires siège à Versailles. Il statue à la majorité des trois cinquièmes des suffrages exprimés.

Le président est donc maître de l'opportunité de poursuivre la procédure après l'approbation du texte dans les deux chambres. Ainsi, Georges Pompidou n'a jamais donné suite à son projet de révision sur le quinquennat après qu'il ait été adopté par les deux chambres. De même, M. Chirac a retiré en janvier 1999 sa décision de convoquer le Congrès pour statuer sur la réforme du Conseil supérieur de la magistrature. Le président a-t-il également le choix du moment ? Les opinions sont partagées sur ce point. Certains considèrent que le projet devient caduc après expiration d'un certain délai. Cependant, en 1963, le vote par le Congrès de la modification de la date des sessions parlementaires (art. 28) est intervenu trois ans après l'approbation dans les deux chambres alors qu'une assemblée avait été renouvelée.

En fait, le choix du président de la République se porte rarement sur le référendum en raison du risque politique qu'il implique pour lui en cas de réponse négative ou d'approbation à une faible majorité. La seule révision fondée sur l'article 89 qui fut soumise à référendum est celle de 2000 sur la réduction de la durée du mandat présidentiel. Les référendums organisés par le général de Gaulle étaient fondés sur l'article 11.

Le projet de révision, déposé par le président Mitterrand devant le Sénat en 1993, prévoyait la suppression de la distinction entre le régime des projets et celui des propositions. Le président aurait eu dans tous les cas le choix entre le Congrès et le référendum, ce qui aurait ouvert la voie du Congrès aux propositions de révision. Il ne lui a pas été donné suite.

L'article 89 donne au Sénat un droit de veto sur toute révision constitutionnelle. Il en use quelquefois pour monnayer son accord en échange de quelques avantages institutionnels. Il est légitime de se demander s'il est bien logique d'avoir octroyé à une chambre élue au suffrage indirect le pouvoir de s'opposer à la volonté commune de l'exécutif et de l'Assemblée nationale au point d'interdire la consultation des Français par référendum. C'est ce droit de veto qui conduisit le général de Gaulle à utiliser une autre voie pour réviser la Constitution.

§ 2 – La voie de l'article 11

En 1962, la réforme du mode d'élection du président de la République a été obtenue par un référendum organisé conformément à l'article 11 de la Constitution. Le président de la République avait trouvé là un moyen de contourner l'opposition sénatoriale. Le recours à cette procédure a été vivement critiqué par ceux qui estimaient que la voie de l'article 89 était exclusive de toute autre.

I – Les défenseurs du recours à l'article 11

On a fait observer que celui-ci permet le recours au référendum pour tout projet (sous-entendu de loi ordinaire, organique ou constitutionnelle) portant sur l'organisation des pouvoirs publics (ce qui inclut les pouvoirs publics constitutionnels).

De plus, l'*équilibre des pouvoirs* impliquerait que puisqu'il existe une voie parlementaire de révision, celle de l'article 89, il doit également exister une voie gouvernementale qui serait celle de l'article 11.

De la même manière, l'article 3 de la Constitution précise que la souveraineté nationale appartient au peuple qui l'exerce par ses représentants et par la voie du référendum. *L'article 89 correspondrait à la voie des représentants, l'article 11 à celle du référendum*.

Enfin, en application de la *règle du parallélisme des formes*, la Constitution qui a été adoptée par le peuple sur proposition du gouvernement peut être révisée de la même manière.

II – Les adversaires du recours à l'article 11

Ils font observer que l'article 89 institue une procédure générale de révision de la Constitution. Dès lors qu'une procédure spéciale aurait été mise en place, celle-ci devrait indiquer expressément qu'elle déroge à l'article 89, ce qui était le cas de l'article 85, aujourd'hui abrogé, relatif à la révision des dispositions de la Constitution relatives à la Communauté ; mais non celui de l'article 11 qui ne peut de ce fait être utilisé pour une révision constitutionnelle.

Sur le plan du texte même de la Constitution, l'article 11 traite des *projets de loi* et l'article 89 des *projets de révision*, ce qui montre bien que ces articles couvrent des domaines différents. De la même manière, l'expression « organisation des pouvoirs publics » ne pourrait être étendue jusqu'à couvrir les pouvoirs publics constitutionnels, notion reconnue par la Constitution puisque l'article 16 fait référence à la notion de « pouvoirs publics constitutionnels ». On peut penser que l'article 89 concerne les pouvoirs publics constitutionnels et l'article 11, les autres.

La référence à l'équilibre des pouvoirs dans le cadre de la révision n'est pas convaincante. Après tout, *l'article 89 contient bien deux voies de révision* possibles selon qu'il s'agit de propositions parlementaires ou de projets de l'exécutif. Il en va de même de la thèse du parallélisme des formes qui amène à *confondre les notions de pouvoir constituant originaire et de pouvoir constituant institué*. Le parallélisme des formes n'est pas applicable ici parce que le pouvoir constituant institué est un pouvoir subordonné qui doit respecter les limites qui lui ont été imposées par le pouvoir constituant originaire et ne peut s'affranchir de la procédure de révision prévue par la Constitution.

III – Une coutume constitutionnelle ?

Au fond, il semble bien que le recours à l'article 11 n'était pas prévu par le constituant et a constitué un moyen de fortune pour éviter le veto sénatorial.

On a tiré argument du précédent de 1962 pour soutenir qu'une **coutume constitutionnelle** s'était créée. C'était d'ailleurs l'opinion du président Mitterrand qui estimait que le recours à l'article 11 était légitimé par l'usage établi et approuvé par le peuple français. Outre le fait qu'il soit douteux que les conditions de formation de la coutume aient été réunies, on a vu plus haut que le recours à la coutume constitutionnelle pour modifier la Constitution soulève des objections sérieuses dans le cas de constitutions écrites.

Cependant, il est difficile de sanctionner *a posteriori* une révision opérée par la voie de l'article 11. Le Conseil constitutionnel estime, en effet, que ne possédant que des compétences d'attribution, il ne peut se prononcer sur une loi référendaire (décis. du 6 nov. 1962 et du 2 sept. 1992).

Sur la suggestion du comité consultatif présidé par le doyen Vedel, le président de la République, François Mitterrand, avait proposé, dans le projet déposé devant le Sénat en 1993, d'exclure l'utilisation de l'article 11 pour réviser la Constitution. En revanche, il proposait la création d'une voie pour surmonter l'opposition d'une des deux chambres dans le cadre de l'article 89. Le président pouvait, en effet, soumettre un projet ou une proposition au référendum dès lors que le texte avait été adopté à la majorité des trois cinquièmes par l'une des deux chambres. Une telle réforme avait peu de chances d'être acceptée par le Sénat qui aurait perdu le droit de veto que lui confère la procédure actuelle. Mais, c'est précisément l'existence de ce droit de veto qui peut rendre politiquement inévitable le recours, constitutionnellement contestable, à la procédure de l'article 11.

La question est revenue à l'ordre du jour lors de la campagne présidentielle de 2022 puisque Madame Le Pen envisageait d'avoir recours à l'article 11 pour réviser la Constitution. Mais on ne se trouve plus dans la situation de 1962 puisque le Conseil constitutionnel, dans sa décision *Hauchemaille* du 25 juillet 2000, s'est reconnu compétent pour examiner la régularité des actes préparatoires au référendum « dans les cas où l'irrecevabilité qui serait opposée à ces requêtes risquerait de compromettre gravement l'efficacité de son contrôle des opérations référendaires, vicierait le déroulement général du vote ou porterait atteinte au fonctionnement normal des pouvoirs publics » (décis. n° 2000-21 REF). Il lui appartiendrait, dans ce cadre, de faire respecter la distinction entre l'article 11 et l'article 89 et de s'opposer à un référendum qui utiliserait la voie de l'article 11 pour réviser la Constitution ou qui sortirait du domaine prévu par celui-ci. La controverse semble donc tranchée et l'impossibilité d'un contrôle de constitutionnalité *a posteriori* est compensée par l'existence d'un contrôle *a priori* dans le cadre d'un examen des actes préparatoires au référendum.

§ 3 – La querelle de la supraconstitutionnalité

La doctrine s'est interrogée sur l'existence d'une hiérarchie entre les normes constitutionnelles. Existait-il des normes supraconstitutionnelles qui s'imposeraient au pouvoir constituant et seraient ainsi à l'abri d'une révision ?

Pour les partisans d'une telle thèse (notamment les professeurs Ardant et Rials), l'idée trouve appui dans le texte même de la Constitution qui prohibe les révisions touchant à la forme républicaine de l'État, mais feraient également l'objet d'une prohibition identique, certaines valeurs fondamentales de notre système politique, comme, par exemple, certains droits fondamentaux. De la sorte, serait assurée la pérennité des principes fondateurs.

Par contre, pour des auteurs comme le doyen Vedel ou le président Luchaire, le constituant dispose de la plénitude du pouvoir de révision dès lors qu'il exerce celui-ci dans le respect des formes prescrites par la Constitution (ces formes pouvant elles-mêmes faire l'objet d'une révision). Même la prohibition tenant à la forme républicaine du gouvernement pourrait être levée par une révision de la disposition qui la contient. La seule réserve quant à ce dernier est que la révision ne saurait être implicite et devrait porter expressément sur cet article. On trouve ici l'expression d'un strict positivisme.

Dans sa décision n° 92-312 DC du 2 septembre 1992 relative à la ratification du traité sur l'Union européenne, le Conseil constitutionnel a considéré que le pouvoir constituant était souverain et qu'« il lui est loisible d'abroger, de modifier ou de compléter des dispositions de forme constitutionnelle, en respectant bien entendu les règles de forme qui lui sont imposées par la Constitution ».

§ 4 – Les révisions de la Constitution de 1958

I – La Constitution de 1958 a été révisée à vingt-quatre reprises

Ces révisions sont d'inégale importance :

4 juin 1960 (loi n° 60-525)	Révision des dispositions relatives à la Communauté française.
6 novembre 1962 (loi n° 62-1292)	Révision du mode d'élection du président de la République. Cette révision fondamentale a été opérée par la voie de l'article 11.
30 décembre 1963 (loi n° 63-1327)	Révision des dates des sessions parlementaires.
29 octobre 1974 (loi n° 74-904)	Révision des modes de saisine du Conseil constitutionnel. Cette révision constitue un progrès important sur la voie de l'État de droit.
18 juin 1976 (loi n° 76-527)	Révision de certaines modalités relatives à l'élection présidentielle.
25 juin 1992 (loi n° 92-554)	Révision de la Constitution afin de permettre la ratification du traité sur l'Union européenne.
27 juillet 1993 (loi n° 93-952)	Révision relative à la réforme du Conseil supérieur de la magistrature et à la création de la Cour de justice de la République.

25 novembre 1993 (loi n° 93-1256)	Révision relative au droit d'asile.
4 août 1995 (loi n° 95-880)	Révision de l'article 11 pour étendre le champ des questions pouvant être soumises à référendum, modifier le régime de l'inviolabilité parlementaire et mettre en place une session unique du Parlement.
22 février 1996 (loi n° 96-138)	Révision pour donner compétence au Parlement pour se prononcer annuellement sur les lois de financement de la Sécurité sociale.
20 juillet 1998 (loi n° 98-610)	Révision relative à l'avenir de la Nouvelle-Calédonie.
25 janvier 1999 (loi n° 99-49)	Révision en vue de la ratification du traité d'Amsterdam.
8 juillet 1999 (loi n° 99-568)	Révision en vue de la ratification du traité instituant la Cour pénale internationale.
8 juillet 1999 (loi n° 99-569)	Révision en vue d'insérer des dispositions relatives à l'égalité entre les hommes et les femmes.
2 octobre 2000 (loi n° 2000-64)	Révision en vue de substituer le quinquennat au septennat.
25 mars 2003 (loi n° 2003-267)	Révision en vue de permettre le mandat d'arrêt européen.
28 mars 2003 (loi n° 2003-276)	Révision portant sur l'organisation décentralisée de la République.
1er mars 2005 (loi n° 2005-204)	Révision modifiant le titre XV de la Constitution en vue de la ratification du traité instituant une Constitution européenne.
1er mars 2005 (loi n° 2005-205)	Révision relative à la Charte de l'environnement.
23 février 2007 (loi n° 2007-237)	Révision relative au corps électoral de la Nouvelle-Calédonie (art. 77).
23 février 2007 (loi n° 2007-238)	Responsabilité pénale du président de la République (modification du titre IX).
23 février 2007 (loi n° 2007-239)	Interdiction de la peine de mort.
4 février 2008 (loi n° 2008-103)	Traité de Lisbonne (modification du titre XV)
23 juillet 2008 (loi n° 2008-724)	Modernisation des institutions de la Ve République.

II – Dix réformes importantes ne sont pas allées à leur terme

• Réforme du Sénat et des régions repoussée par le peuple par référendum en 1969.

• Passage du septennat au quinquennat en 1973. La révision a été votée par les deux assemblées, mais le président de la République n'a pas poursuivi la procédure. Une nouvelle procédure a été mise en œuvre en 2000.

• Réforme du régime des suppléants en 1974 qui est suspendue.

• Réforme permettant le recours au référendum en matière de libertés publiques en 1984. La réforme s'est heurtée au veto du Sénat.

• Réforme permettant la saisine du Conseil constitutionnel par la voie de l'exception d'inconstitutionnalité en 1990 qui a échoué pour les mêmes raisons. Cette réforme a été soumise à nouveau aux assemblées en 1993 en même temps que la révision des dispositions sur le Conseil supérieur de la magistrature et la Cour de justice de la République. Le gouvernement et les assemblées se sont accordés sur la suppression des dispositions relatives au Conseil constitutionnel.

• En 1992, le président de la République avait rendu public un ensemble de modifications de la Constitution qui ont été soumises à un comité consultatif présidé par le doyen Vedel. Le comité a rendu son rapport le 15 février 1993. Sur la base de ce rapport, deux projets ont été déposés sur le bureau du Sénat. Le premier a abouti à la révision sur le Conseil supérieur de la magistrature et la Cour de justice de la République, les dispositions relatives à la création d'une exception d'inconstitutionnalité ayant été écartées. Le second qui comporte de nombreuses modifications sur l'organisation et le fonctionnement des pouvoirs publics n'a pas été examiné.

• En 1999, le président a convoqué le Congrès en vue de la modification du Conseil supérieur de la magistrature, mais cette révision a été reportée.

• Projet de loi constitutionnelle du 23 décembre 2015 de protection de la Nation et de déchéance de la nationalité des binationaux nés français condamnés pour des crimes très graves.

• Le projet de loi constitutionnelle du 23 mai 2018 pour une démocratie plus représentative, responsable et efficace visait notamment à rendre plus efficace et rapide l'exercice de la fonction législative, à réorganiser la responsabilité pénale des ministres et à étendre les interdictions de cumuls de fonctions pour ceux-ci, à transformer le Conseil économique, social et environnemental, et à accroître l'autonomie des collectivités locales et enfin à faire adopter la réforme du Conseil supérieur de la magistrature qui avait fait l'objet de plusieurs propositions de réforme infructueuses. Il était accompagné d'un projet de loi organique et d'un projet de loi ordinaire visant à réduire le nombre de membres des assemblées, à introduire l'élection de 15 % des députés au scrutin proportionnel et à limiter le cumul des mandats dans le temps à trois mandats consécutifs. L'examen de ce projet a été abandonné suite à l'affaire *Benalla* et à la résistance du Sénat.

• À la suite de l'abandon du projet de 2018, le président de la République a déposé, le 29 août 2019, une nouvelle proposition de révision qui reprend les éléments de précédente, à l'exception des mesures relatives à la fonction législative, et vise à élargir le recours au référendum d'initiative partagée. Elle contient également un certain nombre de dispositions visant à renforcer la démocratie participative.

Pour aller plus loin

Bibliographie (outre les ouvrages généraux cités p. 2)

- P. Avril, *La Vᵉ République, Histoire politique et institutionnelle*, PUF, 1994
- G. Carcassonne, *Petit dictionnaire de droit constitutionnel*, Seuil, 2014
- G. Carcassonne et M. Guillaume, *La Constitution*, Seuil, 2019
- H. Portelli, *La Vᵉ République*, Grasset, 1994

Exemples de sujets d'examen donnés :

Dissertations :

- Le régime politique français est-il parlementaire ?
- Les droits fondamentaux dans le système constitutionnel français
- L'incidence de la réforme constitutionnelle de 2008 sur le parlementarisme rationalisé
- La révision de la Constitution de 1958 : article 11 ou 89 de la Constitution ?

Chapitre 2
L'exécutif

L'essentiel

Conformément à la logique parlementaire, l'exécutif est dualiste et les pouvoirs sont partagés entre un président de la République élu au suffrage universel direct et un gouvernement nommé par le président et responsable devant le Parlement.

Section 1 – Le président de la République

Par rapport aux républiques précédentes, la fonction présidentielle n'est pas seulement caractérisée par le mode d'élection du président qui confère à celui-ci une légitimité propre, mais aussi par les pouvoirs propres dont dispose le chef de l'État. Sur ce point, la Constitution s'écarte de la règle parlementaire classique qui voulait que tous les pouvoirs du président soient soumis à contreseing ministériel puisque seul le gouvernement est responsable devant la chambre. Ainsi à la logique classique qui imposait qu'un président irresponsable politiquement ne puisse disposer de pouvoirs réels, la Constitution substitue une logique nouvelle selon laquelle le président dispose librement des pouvoirs nécessaires à l'exercice de sa fonction d'arbitre. L'autorité présidentielle ne procède pas seulement de l'élection, mais aussi de pouvoirs attribués au président.

§ 1 – Le statut du président

À cet égard, l'originalité réside bien entendu dans le mode d'élection puisque, en ce qui concerne la durée du mandat, la Constitution de 1958 reprenait initialement la tradition du septennat républicain.

I – L'élection présidentielle

Le mode d'élection mis en place en 1958 correspondait aux considérations exposées par le général de Gaulle dans le discours de Bayeux. Le président devait être élu par un corps électoral plus large que les chambres pour éviter que celles-ci ne choisissent un homme qui soit dépendant des partis politiques. La solution retenue était de faire élire le président par un collège de notables du type de celui qui élit le Sénat (parlementaires, conseillers généraux, représentants des conseils municipaux). C'est en application de ce mode d'élection que le général de Gaulle est élu en 1958 avec 78,5 % des suffrages exprimés. L'élection au suffrage universel était difficilement envisageable à cette époque compte tenu du cumul entre la fonction de président de la République et celle de président de la Communauté formée par les anciennes colonies françaises ainsi que de la situation algérienne.

A – La réforme de 1962

On peut s'interroger sur les mobiles qui ont conduit, en 1962, le président de la République à proposer une modification du mode d'élection.

• Il existe, bien sûr, une **cause immédiate**, l'attentat du Petit-Clamart, perpétré contre le général de Gaulle le 22 août 1962, qui a permis à l'opinion de prendre conscience des problèmes que poserait une succession présidentielle qui permette le maintien du régime après le départ du général de Gaulle. L'élection par des notables n'était pas suffisante pour assurer au chef de l'État une légitimité comparable à celle dont, pour des raisons historiques, jouissait le général de Gaulle.

• Cependant, l'idée est plus ancienne puisque le général de Gaulle l'évoquait déjà dans une conférence de presse le 11 avril 1961. La disparition de la Communauté et l'indépendance algérienne rendent le projet praticable. La **cause profonde** du projet de réforme réside également dans la détérioration des relations avec le Parlement. Avec la fin de la guerre d'Algérie, le Parlement se réveille et la nomination en qualité de Premier ministre de Georges Pompidou qui n'est pas député, et n'a jamais été ministre, est mal acceptée. La politique européenne du chef de l'État, hostile à une Europe supranationale, fait perdre à celui-ci le soutien du Mouvement républicain populaire (démocrates-chrétiens) et les ministres issus de ce parti quittent le gouvernement, lequel est alors à la merci d'une crise provoquée par l'Assemblée nationale.

• Dans un tel climat, le chef de l'État estime que, pour éviter une évolution vers le parlementarisme, il est nécessaire de **renforcer le chef de l'État**. Comme le déclare le général de Gaulle lorsqu'il annonce la révision, si, en ce qui le concerne, compte tenu de sa légitimité personnelle, le mode de scrutin n'avait pas grande importance : « La question serait très différente pour ceux qui [...] viendront après moi [...] Ceux-là, pour qu'ils soient entièrement en mesure et complètement obligés de porter la charge suprême, quel que puisse être son poids [...] il faudra qu'ils en reçoivent directement mission de l'ensemble des citoyens ».

• Le projet de révision constitutionnelle est soumis à référendum selon **la procédure de l'article 11**. L'annonce du référendum, par une allocution présidentielle du 22 septembre 1962, soulève une vive émotion parlementaire et le gouvernement Pompidou est renversé, fait unique dans les annales de la Ve République. Le projet est adopté à la large majorité de 62 % des suffrages exprimés.

B – Les modalités de l'élection

Elles sont établies par une loi organique. Mais, sans qu'existe aucune obligation légale, la pratique du recours aux élections primaire en vue du choix des candidats à l'élection s'est récemment imposée.

1. Le choix des candidats par les partis politiques

Jusqu'en 2012, le choix des candidats relevait d'une alchimie entre une femme ou un homme et un parti politique. À droite, dans la tradition gaulliste, la candidature était essentiellement une démarche personnelle suivie d'un adoubement par un ou plusieurs partis politiques. À gauche, le processus n'était guère différent si ce n'était une implication plus grande des partis. Le renouvellement du processus est intervenu avec l'organisation d'une élection primaire ouverte par le parti socialiste en vue des élections de 2012. L'idée s'est imposée et a été reprise en vue de l'élection de 2017 par Les Républicains. La participation à ces élections n'est pas seulement ouverte aux adhérents. Les sympathisants peuvent également voter moyennant une déclaration d'adhésion aux principes du parti et le versement d'une modeste contribution. Pour Les Républicains, les candidats à la primaire issus du parti devaient bénéficier du soutien d'au moins 250 élus dans 30 départements, dont au moins 25 parlementaires et de 2 500 adhérents de 15 fédérations. Pour la primaire socialiste de 2011, un système de parrainage avait été également établi qui comportait « 5 % des parlementaires socialistes soit 17 parrainages, ou 5 % des membres titulaires du conseil national du parti socialiste soit 16 parrainages, ou 5 % des conseillers régionaux ou généraux socialistes soit 100 parrainages issus d'au moins 10 départements et 4 régions, ou 5 % des maires socialistes des villes de plus de 10 000 habitants soit 16 parrainages issus d'au moins 4 régions ». Ces mesures devaient éviter les candidatures marginales et préserver l'intérêt d'une compétition entre des candidats de stature nationale. Le parti Europe Écologie-Les Verts a également organisé une primaire ouverte en vue de désigner son candidat aux élections présidentielles de 2012. Il semblait admis que le président sortant ne soit pas soumis aux primaires s'il pouvait et désirait se représenter, car les oppositions qui se manifestent pendant la primaire rendraient ensuite plus difficile l'unité du parti pendant la campagne présidentielle. Cela n'a pas été la vision du parti socialiste en 2017, ce qui a sans doute contribué à la décision du président Hollande de ne pas se représenter.

L'avantage des élections primaires est qu'elles confèrent au candidat vainqueur une légitimité plus grande que s'il était désigné par l'appareil d'un parti. Elles mobilisent les adhérents en vue de l'élection et sensibilisent les électeurs aux thèmes qui feront l'objet de débats lors de la campagne officielle. Elles peuvent éviter les candidatures marginales et unifier un parti autour du candidat choisi. Ce n'a cependant pas été le cas en 2017 puisque c'est un candidat autoproclamé qui a remporté le scrutin dans la droite ligne de la tradition gaulliste. L'inconvénient est que les primaires fragmentent les partis politiques et rendent plus difficile ensuite l'unité autour du candidat choisi. Aujourd'hui la pratique des primaires ouvertes semble abandonnée. D'une part, les grandes formations politiques ont fait le choix de désigner leur candidat en leur sein, soit par les instances du parti, soit par un vote des adhérents, d'autre part se présentent des candidats sérieux hors de toute formation politique.

2. La candidature

Pour être candidat, il faut être français, électeur, âgé de 18 ans, remplir les conditions pour être électeur et ne pas être privé de ses droits d'éligibilité.

Il faut surtout être **parrainé**. En effet, le constituant a voulu éviter les candidatures peu sérieuses qui compliqueraient l'organisation de la campagne électorale tout en nuisant à la dignité du scrutin. Les candidats doivent donc être présentés par 500 élus (maires, conseillers généraux, conseillers régionaux, parlementaires...) émanant de 30 départements ou collectivités d'outre-mer différents sans que plus du dixième ne provienne du même département. Les formulaires de présentation sont vérifiés par le Conseil constitutionnel qui établit la liste des candidats et fait publier le nom des cinq cents parrains au *Journal officiel* (si le nombre de parrains excède 500, les noms publiés seront tirés au sort). Le Conseil constitutionnel a été amené à se prononcer sur la compatibilité de la publicité des présentations avec le pluralisme d'opinion garanti à l'article 4 de la Constitution. La requérante, Mme Le Pen, soutenait que la publicité rendait possible l'exercice de pressions politiques dissuasives sur les personnes habilitées à faire des présentations. Dans sa décision du 21 février 2012, le Conseil a estimé que cette règle participait de la transparence de la vie politique et que la limitation de la publicité à 500 présentations visait à assurer l'égalité entre les candidats (décis. n° 2012-233 QPC). Mais, dans un souci de transparence, la loi organique du 25 avril 2016 prévoit la publication de tous les parrainages dans l'ordre de leur arrivée au Conseil constitutionnel. L'exigence de transparence l'emporte donc sur le souci d'assurer l'égalité entre les candidats. La publicité des parrainages peut rendre difficile l'obtention de ceux-ci, certains élus locaux hésitant à s'engager de peur de se voir reprocher par la suite leur choix par les électeurs ou par leur parti.

Le système du parrainage, s'il a contribué à limiter les candidatures fantaisistes, n'a jamais constitué un obstacle sérieux à la candidature d'une formation même non représentée au Parlement. Le nombre de candidats est généralement proche de la dizaine avec un pic de seize candidatures en 2002. En 2017, le nombre de candidats était de onze. Le système de parrainage peut donner lieu à des manipulations, un candidat incitant les élus locaux qui lui sont favorables à parrainer un autre candidat afin d'affaiblir certains de ses adversaires. Dans son rapport de novembre 2012 intitulé « Pour un renouveau démocratique », la commission mise en place par le président de la République et présidée par l'ancien Premier ministre, M. Lionel Jospin, soulignait que le système actuel de désignation qui donne une place prépondérante aux maires de communes de moins de 1 000 habitants était source d'inégalités, notamment au détriment des partis qui ne disposent pas d'un réseau étendu d'élus locaux et donnait lieu à une course aux signatures sujette aux manipulations. Elle suggérait d'instituer un parrainage citoyen reposant sur un seuil de 150 000 signatures provenant de 50 départements différents. Aucune suite n'a été donnée à cette proposition.

Le système est contesté à chaque élection présidentielle par les candidats ayant des difficultés à réunir les cinq cents signatures. Il est vrai qu'il est plus aisé pour un candidat appartenant à un parti ayant une forte implantation locale de réunir les cinq cents signatures que pour un candidat qui ne bénéficie pas d'un tel soutien.

Les candidats doivent adresser au Conseil constitutionnel une déclaration de situation patrimoniale.

3. La campagne électorale officielle

Elle dure quinze jours pour chacun des tours de scrutin.

Les candidats sont tous traités de la même manière par l'État, et la Commission nationale de contrôle est chargée de veiller au respect de cette égalité. En ce qui concerne l'audiovisuel, l'Autorité de régulation de la communication audiovisuelle et numérique (ARCOM, qui a remplacé le CSA le 1er janv. 2022) veille à ce respect : avant la publication officielle de la liste des candidats effectuée par le Conseil constitutionnel, les candidats déclarés ou présumés et leurs soutiens doivent bénéficier d'un traitement équitable ; après la publication, l'égalité des temps d'antenne et de parole dans des conditions de programmation comparable s'impose. En outre, chaque candidat au premier et au second tour bénéficie de deux heures d'émissions télévisées et de deux heures d'émissions radiophoniques.

4. Le financement de la campagne électorale

S'agissant du financement de la campagne électorale, depuis la loi de 1988 révisée à plusieurs reprises, chaque candidat doit tenir un compte de campagne, portant sur les douze mois précédant le scrutin. Ce compte est remis au Conseil constitutionnel. La campagne est financée par des dons de personnes physiques qui ne peuvent excéder 4 600 euros. Les dons des personnes morales à l'exception des partis politiques ne sont pas autorisés.

Le plafond des dépenses électorales par candidat est de 16,851 millions d'euros au premier tour porté à 22,509 millions d'euros pour les candidats qui participent aux deux tours. L'État accorde forfaitairement un remboursement de 4,75 % de ce montant aux candidats ayant obtenu moins de 5 % des suffrages exprimés et de 47,5 % aux autres, soit 8 004 225 euros au premier tour et 10 691 775 euros pour les deux candidats au second tour. Ce versement est subordonné à la présentation du compte de campagne et au fait que les dépenses soient effectives faute de quoi le remboursement portera sur les sommes réellement dépensées. Cependant une avance de 200 000 d'euros est versée dès publication des candidatures. Ces remboursements ne peuvent intervenir si le candidat n'a pas respecté les dispositions relatives au financement ou si son compte de campagne a été refusé. Cependant, le Conseil constitutionnel peut prendre une décision contraire en cas de méconnaissance non intentionnelle et peu importante de ces dispositions. La Commission des comptes de campagne a rejeté les comptes de M. Sarkozy pour la campagne de 2012. Celui-ci a fait un recours contre cette décision devant le Conseil constitutionnel. Le Conseil a confirmé l'analyse de la Commission et M. Sarkozy a dû rembourser l'avance forfaitaire qui lui avait été attribuée et verser une somme correspondant aux dépenses qui n'avaient pas été prises en considération dans ses comptes de campagne. En 2017, M. Macron a dépensé 16 578 781 euros et a bénéficié d'un remboursement de 10 640 794 euros.

5. Le décès ou l'empêchement d'un candidat

Le déroulement de la campagne peut être perturbé par le décès ou l'empêchement d'un candidat. Depuis la révision de 1962, ces circonstances sont prévues par la Constitution.

Si le décès ou l'empêchement se produit moins de sept jours avant la date limite de dépôt des candidatures et concerne une personne ayant annoncé son intention d'être candidate au moins trente jours avant cette date, le Conseil constitutionnel *peut* décider de reporter l'élection pour une durée de trente-cinq jours au maximum. Ceci a pour effet de proroger le mandat du président sortant.

Si le décès ou l'empêchement se produit entre la date limite pour le dépôt des candidatures et le premier tour, le Conseil constitutionnel *doit* reporter l'élection.

Si ces événements se produisent entre le premier et le second tour, il *doit* être procédé à nouveau à l'ensemble des opérations électorales.

6. Le scrutin est majoritaire à deux tours

Pour être élu au premier tour, un candidat doit obtenir la majorité absolue des suffrages exprimés. Une telle situation ne s'est jamais produite. Le second tour se déroule le second dimanche suivant le premier tour entre « les deux candidats qui, le cas échéant après retrait des candidats plus favorisés, se trouvent avoir recueilli le plus grand nombre de suffrages au premier tour ». L'hypothèse d'un désistement ne s'est pas produite jusqu'à présent.

Le système de scrutin assure donc que le candidat élu l'est toujours à la majorité absolue des suffrages exprimés.

Les résultats du scrutin sont proclamés par le Conseil constitutionnel auquel est également confié le contentieux des élections.

C – Les effets de la réforme de 1962

La réforme de 1962 a produit des effets sur le plan institutionnel et exercé une forte influence sur la vie politique nationale.

1. Sur le plan institutionnel

Le président acquiert une autorité nouvelle par rapport au Premier ministre. Fort de la légitimité populaire qui est la sienne, il se trouve renforcé dans l'exercice de ses pouvoirs.

La Constitution organisait un partage du pouvoir exécutif entre le président et le Premier ministre. En dehors de ses pouvoirs dispensés du contreseing ministériel, le président dispose de pouvoirs que l'on considérait jusqu'à 1962 comme purement nominaux tels, par exemple, la signature des ordonnances, des décrets pris en Conseil des ministres. On concevait mal qu'il puisse refuser sa signature à un Premier ministre qui avait la confiance de l'Assemblée. Or, après 1962, comme le montrera l'expérience de la première cohabitation, *il faut considérer que ces pouvoirs sont des pouvoirs réels et que le président est fondé à refuser sa signature.*

Tableau 5 – Résultats des élections présidentielles (en pourcentage des suffrages exprimés)

Candidats	Premier tour	Second tour
	5 décembre 1965	***19 décembre 1965***
Ch. de Gaulle	44,6	55,2
F. Mitterrand	31,8	44,8
J. Lecanuet	15,6	
J.-L. Tixier-Vignancour	5,2	
P. Marcilhacy	5,2	
M. Barbu	1,1	
Participation	*84,7*	*84,3*

	1er juin 1969	***15 juin 1969***
G. Pompidou	44,5	58,2
A. Poher	23,3	41,8
J. Duclos	21,3	
G. Defferre	3,6	
M. Rocard	3,6	
L. Ducatel	1,3	
A. Krivine	1,0	
Participation	*77,6*	*68,9*

	5 mai 1974	*19 mai 1974*
F. Mitterrand	43,2	49,2
V. Giscard d'Estaing	32,6	50,8
J. Chaban-Delmas	15,1	
J. Royer	3,2	
A. Laguiller	2,3	
R. Dumont	1,3	
J.-M. Le Pen	0,7	
É. Muller	0,7	
A. Krivine	0,4	
B. Renouvin	0,2	
J.-C. Sebag	0,2	
G. Héraud	0,1	
Participation	*84,2*	*87,3*

	26 avril 1981	*10 mai 1981*
V. Giscard d'Estaing	28,5	48,2
F. Mitterrand	25,9	51,8
J. Chirac	18,0	
G. Marchais	15,3	
B. Lalonde	3,9	
A. Laguiller	2,3	
M. Crépeau	2,2	
M. Debré	1,7	
M.-F. Garaud	1,3	
H. Bouchardeau	1,1	
Participation	*81,1*	*85,9*

	24 avril 1988	*8 mai 1988*
F. Mitterrand	34,1	54,0
J. Chirac	19,9	46,0
R. Barre	16,5	
J.-M. Le Pen	14,4	
A. Lajoinie	6,8	
A. Waechter	3,8	
P. Juquin	2,1	
A. Laguiller	2,0	
P. Boussel	0,4	
Participation	*81,3*	*84,1*

	23 avril 1995	*7 mai 1995*
L. Jospin	23,2	47,3
J. Chirac	20,5	52,7
É. Balladur	18,5	
J.-M. Le Pen	15,3	
R. Hue	8,7	
A. Laguiller	5,4	
P. De Villiers	4,8	
D. Voynet	3,5	
J. Cheminade	0,3	
Participation	*79,5*	*80,4*

	21 avril 2002	*5 mai 2002*
J. Chirac	19,88	82,21
J.-M. Le Pen	16,86	17,79
L. Jospin	16,18	
F. Bayrou	6,84	
A. Laguiller	5,72	
J.-P. Chevènement	5,33	
N. Mamère	5,25	
J. Saint-Josse	4,33	
O. Besancenot	4,25	
A. Madelin	3,91	
R. Hue	3,37	
B. Mégret	2,34	
C. Taubira	2,32	
C. Lepage	1,88	
C. Boutin	1,19	
D. Gluckstein	0,47	
Participation	*71,60*	*79,71*

	22 avril 2007	*6 mai 2007*
N. Sarkozy	31,18	53,06
S. Royal	25,87	46,94
F. Bayrou	18,57	
J.-M. Le Pen	10,44	
O. Besancenot	4,08	
P. De Villiers	2,23	
M.-G. Buffet	1,93	
D. Voynet	1,57	
A. Laguiller	1,33	

J. Bové	1,32	
F. Nihous	1,15	
G. Schivardi	0,34	
Participation	*83,77*	*83,97*

	22 avril 2012	***6 mai 2012***
F. Hollande	28,63	51,63
N. Sarkozy	27,18	48,37
M. Le Pen	17,90	
J.-L. Mélenchon	11,10	
F. Bayrou	9,13	
E. Joly	2,31	
N. Dupont-Aignan	1,79	
P. Poutou	1,15	
N. Arthaud	0,56	
J. Cheminade	0,25	
Participation	*79,48*	*80,55*

	22 avril 2017	***7 mai 2017***
E. Macron	24,01	66,10
M. Le Pen	21,30	33,90
F. Fillon	20,01	
J.-L. Mélenchon	19,58	
B. Hamon	6,36	
N. Dupont-Aignan	4,70	
J. Lassalle	1,21	
P. Poutou	1,09	
F. Asselineau	0,92	
N. Arthaud	0,64	
J. Cheminade	0,18	
Participation	*77, 77*	*74,56*

	10 avril 2022	***24 avril 2022***
E. Macron	27,84	58,54
M. Le Pen	23,15	41,46
J.-L. Mélenchon	21,95	
É. Zemmour	7,07	
V. Pécresse	4,78	
Y. Jadot	4,63	
J. Lassalle	3,13	
F. Roussel	2,28	

N. Dupont-Aignan	2,06	
A. Hidalgo	1,75	
P. Poutou	0,77	
N. Arthaud	0,56	
Participation	*73,69*	*71,8*

→ *La primauté présidentielle est renforcée par la réforme de 1962 et le président exerce pleinement les prérogatives que lui reconnaît la Constitution. C'est la raison pour laquelle l'article 5 qui définit la fonction présidentielle en faisant référence à l'arbitrage du président doit, après 1962, être interprété comme impliquant un arbitrage très actif.*

2. Sur le plan politique

L'élection présidentielle devient un des moments essentiels de la vie nationale et la vie politique s'organise autour d'elle. Compte tenu du fait qu'aucun des grands partis politiques ne mobilise un électorat suffisant pour espérer remporter seul l'élection, la capacité du candidat de pouvoir compter sur un regroupement sur son nom au second tour est essentielle. L'élection du président au suffrage universel entraîne de ce fait une bipolarisation de la vie politique. Le premier tour apparaît comme une élection primaire qui permettra aux électeurs de choisir le candidat de chaque camp pour le second tour. À celui-ci ensuite de mobiliser suffisamment son camp. Lorsqu'il ne le peut pas, il perd les élections, comme ce fut le cas de M. Giscard d'Estaing en 1981 et de M. Chirac en 1988. La dispersion de la gauche au premier tour des élections de 2002 a privé celle-ci de participation au second tour au profit du Front national lequel, en raison de son isolement sur le plan politique, ne pouvait guère espérer augmenter son score lors du second tour et était condamné à l'échec. L'élection présidentielle est un instrument majeur de composition et de recomposition du champ politique. La montée du Front national a conduit en 2017 à une situation comparable à celle de 2002, mais le candidat qui lui était opposé avait la particularité de ne provenir d'aucun des partis traditionnels et a rassemblé largement au second tour des électeurs en provenance de ceux-ci.

II – Le mandat

A – La durée du mandat

Elle est de cinq ans depuis la révision constitutionnelle de 2000. Depuis la révision de 2008, le président ne peut effectuer plus de deux mandats consécutifs.

a) Évolution : avant 2000, le septennat reconduisait la règle républicaine initiée sous la IIIe République. Inventée pour des raisons conjoncturelles, attendre la réunification des monarchistes, elle s'était imposée aux républiques suivantes. Il est vrai qu'une durée plus longue que celle d'une législature, permettait au président, monarque républicain, d'apparaître comme le garant de la continuité. Le président Chirac, dans sa déclaration du 14 juillet 1997, illustrait cette thèse en distinguant le temps court, celui de la gestion des affaires quotidiennes, qui relevait du gouvernement et le temps long, « nécessaire à une certaine vision et à une certaine réflexion sur l'évolution du monde » qui était celui du président.

Le président était indéfiniment rééligible. Comme il pouvait, sauf sanction populaire, légitimement espérer deux mandats, il disposait alors d'une durée de quatorze ans qui n'avait pas d'équivalent dans les régimes occidentaux.

Après le général de Gaulle, tous les présidents avaient, généralement au début de leur septennat, exprimé leur souhait de **réduire la durée du mandat présidentiel**. Seul Georges Pompidou avait tenté sans succès d'y donner suite pour des raisons qui ne sont, sans doute, pas sans rapport avec la maladie qui devait l'emporter pendant son mandat. Il avait fait voter par les deux assemblées un projet de révision ramenant la durée du mandat à cinq ans, sans aucune coïncidence avec le mandat parlementaire. La faiblesse des majorités obtenues dans les assemblées laissant augurer d'un rejet par le Congrès et le président n'ayant pas l'intention de recourir au référendum, la procédure fut suspendue jusqu'à des jours meilleurs.

Lorsque la discussion a repris, les solutions envisagées étaient, soit un mandat de cinq ans renouvelable, soit un mandat de sept ans non renouvelable. Cette dernière hypothèse présentait le grand inconvénient de rendre le président, déjà irresponsable politiquement, irresponsable devant le peuple puisqu'il ne pouvait plus se représenter. Finalement, la réduction du mandat présidentiel à cinq ans fut adoptée par référendum en 2000 sur proposition du président Chirac.

En faveur d'une réduction du mandat, on invoquait souvent la nécessaire coïncidence entre le mandat présidentiel et le mandat parlementaire, mais cette coïncidence ne pouvait être atteinte avec certitude qu'en supprimant le droit de dissolution ou en mettant le mandat présidentiel en jeu lors d'une dissolution, ce que nul ne souhaitait. Si le droit de dissolution subsistait, la similitude des majorités présidentielle et législative était entre les mains des électeurs. Si ces derniers permettent que la coïncidence des mandats s'accompagne de la coïncidence des majorités, le péril de la cohabitation est écarté. Si tel n'est pas le cas, il faudra se résigner à la cohabitation et à une éventuelle dissolution qui romprait la coïncidence des mandats. Dans l'avenir, il n'est donc pas exclu que de nouvelles cohabitations s'instaurent puisque rien ne garantit que, lors d'une élection législative survenant en cours de mandat, les électeurs envoient à l'Assemblée nationale une majorité favorable au président. La rupture de la simultanéité pourrait être également le fruit d'une vacance de la présidence en cours de mandat, ce qui impliquerait une nouvelle élection présidentielle. Dans ce cas, la cohérence ne pourrait être retrouvée qu'au prix d'une dissolution.

Le pari est cependant que, sauf accident qui pourrait être corrigé par une dissolution, la simultanéité actuelle des élections se maintiendrait parce que les électeurs auront toujours la sagesse de voter dans le même sens lors des élections législatives ou présidentielles. Le quinquennat permettrait donc de réduire, sans les supprimer, les risques de cohabitation. Il donne également au mandat présidentiel une durée comparable à celle des exécutifs des autres démocraties occidentales. Ce sont ces arguments qui ont été pris en considération et qui ont motivé la révision constitutionnelle du 2 octobre 2000 en vue d'établir le quinquennat. À cette occasion, le calendrier électoral a été modifié de telle sorte que l'élection présidentielle précède l'élection législative de manière à bien affirmer la primauté de la première et à inviter les électeurs à confirmer lors de l'élection législative leur vote à l'élection présidentielle.

b) La révision constitutionnelle de 2008 limite le nombre de mandats présidentiels à deux mandats consécutifs. Le projet gouvernemental estimait qu'une telle mesure permettrait « une respiration démocratique » et inciterait le président à agir plus qu'à se maintenir au pouvoir. Cependant l'effet de la limitation peut avoir un impact négatif sur l'exercice du pouvoir présidentiel à la fin de son deuxième mandat dans la mesure où aucune incertitude n'existera plus sur une nouvelle candidature. Le président Chirac a connu une telle situation lors de son deuxième mandat. Cependant une durée maximale de dix ans s'inscrit dans la durée moyenne de l'exécutif dans les démocraties occidentales. La révision constitutionnelle s'est accompagnée d'une inversion de la date des élections législatives qui se situent désormais immédiatement après les élections présidentielles. Sans offrir de garantie absolue, cette solution permet d'espérer que, dans un souci de cohérence, les électeurs enverront à l'Assemblée nationale une majorité de soutien au président de la République.

L'un des inconvénients de la réforme est de réduire le temps dévolu à l'action du président de la République. Les préoccupations électorales viennent rapidement limiter sa volonté d'agir d'autant plus que les élections locales et européennes permettent aux mécontents de sanctionner sans risque d'instabilité l'action présidentielle.

B – L'interruption définitive du mandat avant son terme

Une élection est organisée dans un délai de vingt jours au moins et trente-cinq jours au plus après la constatation de la vacance. Pendant ce délai, l'intérim est exercé par le président du Sénat. Le président du Sénat assure également l'intérim en cas d'empêchement provisoire.

• **La vacance** est toujours définitive. Elle résulte du décès, de la démission ou de la destitution du président pour haute trahison. Elle est constatée par le Conseil constitutionnel.

• **L'empêchement** résulte de l'incapacité du président à exercer ses fonctions. Il peut être définitif ou temporaire. L'empêchement est constaté par le Conseil constitutionnel saisi par le gouvernement statuant à la majorité de ses membres.

• **L'intérimaire** exerce la plénitude des pouvoirs du président de la République, à l'exception de ceux qui pourraient entraîner une modification des rapports entre institutions à la veille d'une élection présidentielle : référendum, dissolution, révision constitutionnelle. De son côté, le gouvernement ne peut engager sa responsabilité devant l'Assemblée nationale.

L'intérim a été exercé à deux reprises par M. Poher, président du Sénat, après la démission du général de Gaulle en 1969 et après le décès du président Pompidou en 1974. Dans le premier cas, il était lui-même candidat à la présidence de la République.

→ *Ainsi, au terme des révisions constitutionnelles intervenues depuis 1958, le président de la République est élu au suffrage universel direct pour un mandat de cinq ans renouvelable une fois consécutivement.*

§ 2 – Les pouvoirs du président

La place prépondérante accordée au président dans les institutions témoigne de l'importance des fonctions présidentielles. Selon l'article 5 de la Constitution : « Le président [...] assure, par son arbitrage, le fonctionnement régulier des pouvoirs publics ainsi que la continuité de l'État. Il est garant de l'indépendance nationale, de l'intégrité du territoire et du respect des traités ». L'existence de pouvoirs sans contreseing lui permet d'exercer son arbitrage par le choix du Premier ministre, la dissolution, le référendum et le recours aux pouvoirs de l'article 16 en cas de crise. Mais, au-delà de ces interventions ponctuelles qui traduisent la fonction d'arbitrage, l'élection au suffrage universel conduit le président à intervenir de manière plus continue dans la vie politique. On ne gouverne pas uniquement par la nomination du Premier ministre, la dissolution ou le référendum. Le président ne peut donc, avec ses pouvoirs sans contreseing, intervenir dans la gestion courante des affaires de l'État pour faire valoir son point de vue. Dans la pratique, le président devrait définir les lignes essentielles qu'il appartiendrait au Premier ministre de mettre en œuvre. Bien entendu, cet équilibre entre les deux têtes de l'exécutif varie en fonction des situations politiques, notamment dans l'hypothèse de cohabitation, mais aussi en fonction de la personnalité des acteurs. Hors cohabitation, le président de la République peut aller aussi loin qu'il le désire dans la gestion de l'État. En tout cas, la révision de 1962 confère au président une autorité qui lui permet d'intervenir dans les actes politiques essentiels de l'exécutif.

I - Les pouvoirs dispensés du contreseing

L'une des innovations de la Constitution réside dans l'article 19 qui *dispense certains actes du président du contreseing*. Il s'agit d'une rupture profonde avec la tradition des républiques précédentes qui voulait que tous les actes du président soient contresignés par les ministres responsables. Dans la mesure où le président était irresponsable politiquement, le contreseing avait pour effet de soumettre l'action présidentielle au contrôle d'une autorité politique responsable devant le Parlement. Il signifiait aussi que, pour agir, le président devait obtenir le consentement du gouvernement.

Dans ces conditions dispenser du contreseing certains actes du président signifie, dans la mesure où l'irresponsabilité politique est maintenue, que le président dispose de pouvoirs qu'il exerce sans aucun contrôle. La seule possibilité de sanction résiderait dans le vote par l'Assemblée d'une motion de censure à l'égard du Premier ministre lorsque celui-ci dispose du soutien du président.

Les pouvoirs sans contreseing sont destinés à permettre au président d'exercer la fonction d'arbitrage que lui attribue l'article 5 de la Constitution. Ces pouvoirs sont parfois qualifiés de pouvoirs « propres » du président. Ceci ne signifie pas qu'il en dispose toujours de la pleine maîtrise. Dans bien des cas, leur usage est subordonné à l'intervention d'autres autorités.

A - Les pouvoirs à l'égard du gouvernement

L'article 8, alinéa 1er, dispose : « Le président de la République nomme le Premier ministre. Il met fin à ses fonctions sur la présentation par celui-ci de la démission du Gouvernement ».

1. La nomination du Premier ministre procède du président seul

Certes, ce dernier ne peut ignorer totalement l'existence de l'Assemblée qui, au cas où le Premier ministre ne correspondrait pas au vœu de la majorité parlementaire, pourrait renverser le gouvernement par le vote d'une motion de censure. Mais, malgré tout, le choix ouvert au président est d'autant plus large que le Premier ministre ne doit pas nécessairement être parlementaire (Georges Pompidou, Dominique de Villepin). Si la majorité parlementaire et la majorité présidentielle ne coïncident pas, la marge de liberté présidentielle est très faible. En fait, le président a, dans ce cas, toujours choisi jusqu'à présent l'homme proposé par la nouvelle majorité parlementaire (MM. Chirac, Balladur, Jospin).

Toute référence expresse à une procédure d'investiture a disparu de la Constitution. Cependant il semble bien que la procédure de l'article 49, alinéa 1er, qui prévoit que « le Premier ministre [...] engage devant l'Assemblée nationale la responsabilité du Gouvernement sur son programme ou éventuellement sur une déclaration de politique générale », devait, dans l'esprit des constituants, faire fonction d'investiture. La nomination opérée par le président était juridiquement suffisante, mais le Premier ministre devait, dans un délai raisonnable, présenter son programme devant l'Assemblée. L'obligation peut se déduire d'ailleurs du fait que la Constitution indique que l'engagement de la responsabilité du gouvernement sur une déclaration de politique générale n'est qu'éventuel, ce qui implique *a contrario* que le gouvernement a l'obligation d'engager sa responsabilité sur son programme. Cependant la pratique depuis 1962 ne va pas dans le sens de l'automaticité et dépend de l'appréciation de chaque gouvernement. Quatre premiers ministres n'ont d'ailleurs pas engagé leur responsabilité après leur nomination (M. Couve de Murville, M. Rocard, E. Cresson, P. Bérégovoy).

Le comité consultatif présidé par le doyen Vedel avait proposé de revenir aux intentions initiales des constituants et d'obliger le gouvernement à soumettre son programme à l'approbation parlementaire dans les quinze jours qui suivent sa nomination. L'idée a été reprise dans le projet de révision déposé en 1993 devant le Sénat. Le retour à la procédure d'investiture aurait signifié que, lors de sa nomination, le gouvernement devait établir qu'il disposait du soutien de la majorité des suffrages exprimés à l'Assemblée nationale alors qu'en l'absence d'investiture, c'est à l'Assemblée nationale de démontrer, par le vote d'une motion de censure, que la majorité absolue de ses membres s'opposent au gouvernement. La seconde position est plus confortable pour le gouvernement. Accepterait-on de perdre cet avantage au profit d'un renforcement du rôle du Parlement et de l'autorité du Premier ministre investi par rapport au président qui voit le choix qu'il a opéré soumis au contrôle de l'Assemblée ? Ces propositions de réforme n'ont eu aucune suite, mais, dans la pratique, le recours à l'investiture a tendance à devenir la règle sans que pourtant l'obligation en soit reconnue. Il est vrai que l'investiture est sans risque tant que le gouvernement dispose d'une majorité à l'Assemblée nationale. Ainsi le Premier ministre Valls a fait une déclaration de politique générale devant l'Assemblée suivie d'un vote à l'occasion de sa première nomination et lors de la constitution de son second gouvernement. Dans la mesure où le gouvernement dispose d'une majorité à l'Assemblée, il ne court aucun risque en engageant généralement sa responsabilité. Les premiers ministres E. Philippe et J. Castex ont engagé leur responsabilité sur une déclaration de politique générale après leur nomination.

2. Le président de la République ne détient pas le pouvoir de révoquer le Premier ministre

Le départ de ce dernier est lié à une démission volontaire.

Cependant, dès lors que la majorité présidentielle et la majorité parlementaire coïncident, il est difficile au Premier ministre de résister à une demande présidentielle de démission, car il ne peut s'appuyer sur le Parlement pour résister au président, puisque la majorité parlementaire soutient le président. La pratique s'est donc établie d'un pouvoir de révocation présidentielle. Le Premier ministre présente sa démission à la demande du président de la République. Le seul cas de démission volontaire, rendue publique, d'un Premier ministre est celui de M. Chirac, en 1976, sous la présidence de M. Giscard d'Estaing.

Bien entendu, dans les hypothèses de cohabitation entre un président et une majorité parlementaire qui lui est opposée, le président ne dispose d'aucun moyen de révoquer le Premier ministre. Tout conflit avec ce dernier se traduirait par un conflit avec l'Assemblée nationale qui ne pourrait trouver de solution qu'au prix d'une dissolution. En période de cohabitation, le Premier ministre est, selon la formule de M. Giscard d'Estaing « indéboulonnable ».

B – Les pouvoirs à l'égard du Parlement

Le président dispose de deux pouvoirs à l'égard du Parlement : le droit de message (art. 18) et le droit de dissolution (art. 12).

1. Le droit de message

C'est le moyen de communication traditionnel du président avec les chambres. Selon la tradition, le chef de l'État ne pouvait se rendre dans l'hémicycle. Les messages étaient donc lus par les présidents des assemblées. Ils ne donnaient lieu à aucun débat en raison de l'irresponsabilité politique du président. Cette procédure désuète n'était utilisée que dans des circonstances protocolaires (après l'élection d'un président ou de l'assemblée) ou exceptionnelles (guerre du Golfe). Le président Sarkozy avait attaché beaucoup de prix à ce que soit reconnue au président la faculté de s'exprimer devant les chambres. Cette idée a suscité de fortes réactions de ceux qui voyaient dans cette possibilité une manifestation d'« hyper-présidentialisme ». Finalement la révision de 2008 autorise le président à s'exprimer devant le Parlement réuni en Congrès. Mais il ne peut participer au débat qui fait suite à sa déclaration, débat qui ne peut être conclu par un vote en raison de l'irresponsabilité du président devant le Parlement. Ce retour au « cérémonial chinois » qui avait été adopté pour limiter l'influence de Thiers sur l'Assemblée constituante réduit considérablement la portée de la réforme. La lourdeur de la procédure en rend peu probable une utilisation fréquente. Le président Sarkozy n'en a usé qu'une seule fois et le président Hollande y a eu recours après les attentats terroristes du 13 novembre 2015. Le président Macron s'est engagé à y avoir recours de manière régulière afin de faire le point sur l'exécution de son programme. En fait, il n'y a eu recours que deux fois, la première après son élection, la seconde après les manifestations des Gilets jaunes pour ouvrir ce qu'il a appelé l'acte II de son quinquennat. Il s'était également engagé à proposer de réviser la Constitution pour permettre un débat à l'issue du message. Mais la révision constitutionnelle qui reprenait cet engagement n'est pas allée à son terme. La pratique des messages lus par les présidents des assemblées s'est maintenue.

2. La dissolution

Par la **dissolution**, le chef de l'État met fin au mandat de l'Assemblée nationale et provoque de nouvelles élections. Le Sénat ne peut être dissous conformément à la tradition selon laquelle seule la chambre élue au suffrage universel direct peut faire l'objet d'une dissolution.

La Constitution accorde au président le pouvoir discrétionnaire de dissoudre l'Assemblée nationale et la dissolution peut être prononcée à tout moment. La seule prohibition, pour éviter des dissolutions à répétition, est qu'une nouvelle dissolution ne peut avoir lieu dans l'année qui suit une dissolution (« dissolution sur dissolution ne vaut »).

Les conditions de forme sont très simples puisqu'il suffit d'une consultation du Premier ministre et des présidents des assemblées. Les élections ont lieu dans un délai de vingt à quarante jours après la dissolution.

L'Assemblée nationale vit donc en permanence sous l'épée de Damoclès de la dissolution. Cette dernière devrait apparaître de ce fait comme une arme de dissuasion de nature à maintenir la stabilité ministérielle. Prendre l'initiative de renverser le gouvernement, c'est courir le risque de se voir renvoyé devant les électeurs.

De son côté, puisque le président prend seul l'initiative de la dissolution, un échec électoral met en jeu sa responsabilité. Même s'il ne démissionne pas, son autorité politique sera diminuée et il sera amené à vivre une cohabitation au cours de laquelle ses pouvoirs seront réduits dans la stricte application de la lettre de la Constitution. Le dilemme de Mac Mahon, « se soumettre ou se démettre », est toujours d'actualité et le président Chirac en a fait l'amère expérience après la dissolution de 1997 qui l'a conduit à accepter une cohabitation.

Les présidents ont fait un usage modéré de la dissolution puisqu'en plus de trente-cinq ans, seules cinq assemblées ne sont pas allées jusqu'au terme de leur mandat :

– la dissolution de 1962 sanctionne le vote d'une motion de censure contre le gouvernement Pompidou ;

– la dissolution prononcée à la suite des événements de mai 1968 offre aux électeurs la possibilité d'arbitrer une crise politique nationale ;

– la dissolution de 1981 permet au président Mitterrand, nouvellement élu, de faire coïncider majorité parlementaire et majorité présidentielle ;

– la dissolution de 1988 réédite l'opération, mais le président ayant demandé que la majorité parlementaire ne soit pas trop écrasante, il est entendu et n'obtient qu'une majorité relative ;

– la dissolution de 1997 avait, selon le président de la République, pour objet « de redonner la parole au peuple français afin qu'il se prononce sur l'ampleur et le rythme des changements à conduire dans les prochaines années ». En fait, il s'agissait d'une dissolution tactique qui visait à profiter d'une amélioration supposée de popularité pour remplacer une majorité divisée par les séquelles du conflit entre Jacques Chirac et Édouard Balladur par une majorité plus fidèle au président. Les motifs de la dissolution n'ont pas été compris par les électeurs dès lors que le gouvernement disposait d'une large majorité parlementaire et l'opposition a remporté les élections condamnant le président à vivre une longue cohabitation. L'échec de cette « dissolution tactique » condamne sans doute pour longtemps l'emploi de la technique.

En fait, la dissolution ne peut être utilisée avec succès qu'en cas de crise, soit parlementaire, soit dans le pays, ou pour mettre en accord majorités parlementaire et présidentielle au lendemain des élections présidentielles. Il n'en demeure pas moins que *la dissolution ou plutôt la menace de dissolution peut être vues comme l'un des éléments de la stabilité gouvernementale sous la Ve République*. Certes, la stabilité doit beaucoup au système électoral qui permet de dégager une majorité de gouvernement et la coïncidence entre majorité présidentielle et majorité parlementaire limite les occasions de recourir à la dissolution. Mais lorsque la majorité est divisée, comme sous le gouvernement Barre, ou lorsqu'elle est relative, comme sous le gouvernement Rocard, la crainte d'une dissolution peut conduire les parlementaires à éviter de mettre en péril la stabilité du gouvernement, tant la peur de la dissolution est le commencement de la sagesse.

C – Les pouvoirs à l'égard du peuple

Le recours au référendum est prévu par l'article 11 de la Constitution.

1. L'initiative du référendum n'appartient pas au président

• Si la décision de recourir au référendum appartient au président de la République, l'initiative relève du Premier ministre qui ne peut l'exercer que pendant la durée des sessions parlementaires et au Parlement sur proposition conjointe des deux assemblées. Cette dernière précision indique que l'on a voulu que le Parlement puisse s'exprimer sur une initiative du Premier ministre, cette faculté pouvant aller, comme en 1962, jusqu'au vote d'une motion de censure. La révision constitutionnelle de 1995 précise la situation en exigeant que, lorsque le référendum est organisé à l'initiative du Premier ministre, une déclaration suivie d'un débat intervienne devant chaque assemblée. Dans les faits, *si le Premier ministre prend juridiquement l'initiative du référendum, la pratique montre qu'en fait l'impulsion vient du président* qui en a bien souvent fait publiquement part, avant que l'initiative formelle lui soit soumise par le Premier ministre. Cependant, en cas de cohabitation, la règle constitutionnelle retrouve toute sa rigueur et le Premier ministre peut résister à la suggestion du président. Il n'existe pas de cas de référendum en période de cohabitation. La révision de 2008 accorde également la faculté de mettre en jeu la procédure référendaire à un cinquième des membres du Parlement soutenue par un dixième des électeurs inscrits.

Il résulte de la rédaction de l'article 11 que, lorsque l'initiative est d'origine parlementaire, elle ne peut porter que sur un projet d'origine gouvernementale et non sur une proposition d'origine parlementaire. En effet, la Constitution prévoit que le référendum ne peut porter que sur des projets de lois. Les deux assemblées n'ont jamais usé de la faculté qui leur était offerte.

• En qui concerne le référendum d'initiative partagée qui apparaît comme un droit offert à l'opposition et qui a été introduit à son initiative dans la révision constitutionnelle de 2008, la procédure est plus complexe. L'initiative d'un cinquième des parlementaires, soutenue par un dixième des électeurs inscrits, prend la forme d'une proposition de loi. Elle ne peut avoir pour objet l'abrogation d'une loi promulguée depuis moins d'un an. Cette proposition est soumise avant son examen au Conseil constitutionnel lequel vérifie sa conformité à la Constitution. Ainsi, par exemple, une proposition qui viserait à rétablir la peine de mort ne pourrait être examinée puisque l'interdiction de la peine de mort figure dans la Constitution. Le référendum ne peut en effet porter que sur les objets visés à l'article 11 (v. ci-après). Si cette proposition n'a pas fait l'objet d'un examen au moins une fois dans chaque assemblée dans un délai de six mois (déduction faite des périodes pendant lesquelles le Parlement n'est pas en session) après la constatation que le nombre de soutiens requis a été atteint, le président soumet cette proposition au référendum. La portée de l'innovation est limitée. Pour éviter qu'un référendum soit organisé, il suffit que la proposition fasse l'objet d'un examen. Si elle est rejetée ou si aucune suite n'est donnée après un débat en première lecture, la proposition restera lettre morte. En revanche, à défaut d'un examen au Parlement, le président de la République n'a d'autre choix que de soumettre la proposition à référendum. La loi organique nécessaire à la mise en œuvre du référendum d'initiative a été publiée au *Journal officiel* du 7 décembre 2013. *En résumé, cette modification constitutionnelle a un effet limité. Elle ne remet pas fondamentalement en cause le caractère représentatif du régime puisque la proposition peut toujours faire l'objet d'une adoption, d'un rejet ou d'une renonciation après première lecture de la part du Parlement. La parole n'est donnée au peuple qu'en cas d'inaction parlementaire.*

La première tentative de mise en application du référendum d'initiative partagée a eu lieu en 2019 et visait à interdire la privatisation des aéroports de Paris. L'objet a donné lieu à discussion puisque la privatisation faisait l'objet d'un texte de loi voté par le Parlement et non encore promulgué. Le Conseil constitutionnel a retenu une interprétation littérale de la Constitution en autorisant l'initiative puisque le texte n'était pas encore en vigueur (Cons. const. 9 mai 2019, décis. n° 2019-1 DC, *RIP*). L'initiative n'a reçu que le soutien d'un peu plus d'un million d'électeurs.

Lors du mouvement des Gilets jaunes, les revendications relatives au référendum d'initiative ont été très nombreuses. Pour cette raison, le projet de révision constitutionnelle de 2019 visait à élargir les possibilités de recours à cette procédure. Tout d'abord, les dispositions relatives au référendum d'initiative partagée ne figuraient plus à l'article 11, mais faisaient l'objet d'une disposition spécifique. Ensuite, pour éviter les difficultés liées au référendum sur la privatisation des aéroports de Paris, il était précisé que le référendum ne pouvait porter sur « l'abrogation d'une disposition législative promulguée depuis moins de trois ans, ni porter sur le même objet qu'une disposition introduite au cours de la législature et en cours d'examen au Parlement ou définitivement adoptée par ce dernier et non encore promulguée ». Enfin, pour établir un équilibre entre la démocratie référendaire et la démocratie représentative, le Parlement ne pouvait pendant la législature adopter une loi contraire à celle adoptée par cette voie référendaire. Les seuils étaient abaissés et l'initiative pouvait être déclenchée soit par un dixième des membres du Parlement ou un million d'électeurs. Le projet de révision a été abandonné en raison de l'opposition du Sénat.

2. L'objet du référendum est limité

À l'origine, il ne pouvait porter que sur un projet de loi « portant sur l'organisation des pouvoirs publics, comportant approbation d'un accord de Communauté ou tendant à autoriser la ratification d'un traité qui, sans être contraire à la Constitution, aurait des incidences sur le fonctionnement des institutions ».

La révision intervenue en 1995 prend acte de la disparition de la Communauté en supprimant les accords de communauté de la liste des matières qui peuvent faire l'objet d'un référendum. Mais elle étend le champ du référendum aux « réformes relatives à la politique économique ou sociale de la Nation et aux services publics qui y concourent ». La révision de 2008 a ajouté l'environnement à la liste des sujets pouvant faire l'objet d'un référendum. Ces extensions ont une portée considérable, car elles touchent à un vaste secteur d'intervention de l'État (fiscalité, emploi, santé, éducation...) bien qu'en ajoutant à la mention des services publics la formule « qui y concourent », le Sénat ait limité le champ d'application du référendum en ce qui concerne les services publics. La formule semble exclure les libertés publiques, mais les droits économiques et sociaux pourraient être concernés. Le président de la République, suivant en cela l'avis de nombreux juristes, a estimé en 1996 que la suppression du service militaire obligatoire ne rentrait pas dans le champ de l'article 11. Quant aux *projets de loi portant sur l'organisation des pouvoirs publics*, on a traité de la controverse sur la possibilité d'utiliser l'article 11 pour réviser la Constitution (v. p. 178). Pour le reste, dès lors qu'il s'agit de pouvoirs publics « non constitutionnels », il n'est pas contesté que l'initiative puisse être relative à un projet de loi ordinaire ou à un projet de loi organique. S'agissant du référendum d'initiative, sa portée est limitée puisqu'il ne peut avoir pour objet l'abrogation d'une loi promulguée depuis moins d'un an, ce qui le différencie du système de veto italien et qui évite que le peuple ne remette en cause dans un bref délai l'œuvre législative du Parlement. Il est vrai cependant que le délai d'un an est relativement bref. De même, pour éviter les initiatives à répétition, un échec référendaire interdit une nouvelle initiative portant sur le même sujet pendant deux ans. L'appréciation de ce qui porte « sur le même sujet » est délicate et il appartiendra au Conseil constitutionnel de statuer éventuellement sur ce point. Le projet de révision constitutionnel de 2019 élargit l'objet du référendum. Celui-ci pourra également porter sur des questions de société, ce qui donne une portée considérable au champ du référendum compte tenu du caractère vague de l'expression, et sur les pouvoirs publics territoriaux, ce qui apporte une précision par rapport à la rédaction actuelle de l'article 11.

Quant à la possibilité d'organiser un référendum sur un *projet de loi de ratification d'un accord international*, elle doit son origine à la controverse sur la création en 1954 d'une Communauté européenne de défense. Les constituants ont voulu que dans de telles circonstances le peuple puisse être appelé à se prononcer. Il est d'ailleurs significatif que les référendums organisés en ce domaine aient tous porté sur des traités relatifs à l'intégration européenne (élargissement de la Communauté économique européenne, traité sur l'Union européenne dit de Maastricht, traité établissant une Constitution pour l'Europe). Le traité établissant une Constitution pour l'Europe a été rejeté par référendum.

L'article 88-5 imposait l'obligation de recourir au référendum pour la ratification des traités d'adhésion à l'Union européenne. Cette disposition avait été introduite en 2006 afin de répondre aux inquiétudes relatives à une adhésion éventuelle de la Turquie. La révision de 2008 allège la procédure afin que toutes les adhésions ne soient pas traitées de manière identique. Le principe du recours au référendum est maintenu, mais une motion votée par les trois cinquièmes dans chaque assemblée peut en dispenser. Dans ce cas, le texte sera soumis au Congrès qui devra l'approuver à la majorité des trois cinquièmes. Dans la mesure où les traités d'adhésion de pays tiers à l'Union européenne doivent être ratifiés par tous les États membres de l'Union, la Constitution confère à la France une faculté de blocage qu'il est difficile de surmonter, compte tenu de la majorité requise. Il est d'ailleurs plus difficile d'approuver une adhésion que de réviser la Constitution puisque si, dans les deux cas la majorité des trois cinquièmes est nécessaire lors du vote au Congrès, elle ne l'est pas dans chaque chambre lors de la première phase de révision constitutionnelle au contraire de ce qui est prévu pour les traités d'adhésion.

3. La décision de recourir au référendum

Elle appartient au seul président de la République, mais, dans le cas d'un référendum d'initiative ou de la ratification d'un traité d'adhésion à l'Union européenne, sa compétence est liée. En ce qui concerne la révision de la Constitution, le référendum est obligatoire, mais le président de la République dispose du pouvoir de soustraire les projets de révision au référendum pour les soumettre au Congrès. Le fait d'attribuer à l'élu du suffrage universel le pouvoir de décider d'un référendum a pour conséquence, que le président le souhaite ou non, de donner à toute opération référendaire, l'allure d'un vote d'approbation ou de désapprobation à l'égard du président. Les électeurs ne répondent pas toujours à la question qui leur est posée, mais manquent rarement d'utiliser l'occasion pour exprimer leurs humeurs à l'égard du pouvoir.

Dans le cas du général de Gaulle qui utilisait le référendum pour faire confirmer par le peuple le soutien accordé à sa politique et qui démissionna en 1969 à la suite d'une réponse négative, une telle utilisation du référendum était naturelle. Dans les autres cas, comme celui du référendum sur l'élargissement de la CEE organisé par le président Pompidou, celui sur le traité d'Union européenne organisé par le président Mitterrand ou celui sur la Constitution européenne organisé par le président Chirac, les problèmes liés au fait qu'une réponse positive aurait pu apparaître comme l'expression d'une approbation de la politique ou de la personne du président et qu'une réponse négative pourrait mettre en cause le mandat présidentiel, ont profondément interféré avec le débat au fond. Quant au référendum sur le quinquennat en 2000, il n'a pas posé ce type de problème en raison de l'accord du président de la République et du Premier ministre, mais, de ce fait, le taux de participation a été très faible, les électeurs ayant l'impression que tout était joué d'avance.

4. La pratique du référendum

Il a été fréquent pendant le mandat du général de Gaulle. Ceci correspondait à la vision gaullienne des institutions dans laquelle un président élu par le peuple, devait, sur des problèmes qu'il considérait comme essentiels, engager sa responsabilité devant le peuple et mettre en jeu son mandat à cette occasion. Il a d'ailleurs abandonné ses fonctions après le référendum négatif de 1969. Par la suite, l'usage fut moins fréquent à tel point qu'en proposant le référendum de 1988 sur la Nouvelle-Calédonie, Michel Rocard évoquait la nécessité « de réveiller une branche de notre Constitution qui était en train de devenir une branche morte ». Mais, jamais le président n'a mis son mandat en jeu lors d'un référendum.

Depuis 1958, neuf référendums ont été organisés :

– Deux sur l'Algérie, le premier sur le principe de l'autodétermination en 1961 et le second, en 1962, sur l'approbation des accords d'Évian, qui consacraient l'indépendance de l'Algérie.

– Trois référendums révisant la Constitution, le premier en 1962 sur l'élection du président de la République au suffrage universel direct, le second, en 1969, qui vit le peuple français refuser la réforme du Sénat et des régions, ce qui entraîna la démission du général de Gaulle et le troisième en 2000 sur le quinquennat.

– Trois référendums sur l'approbation d'accords internationaux, le premier, en 1972, sur l'élargissement de la CEE et le second, en 1992, sur le traité de Maastricht et le troisième en 2005 sur le traité établissant une Constitution pour l'Europe dont le résultat fut négatif.

– Un référendum en 1988 sur la Nouvelle-Calédonie.

D - Les pouvoirs exceptionnels de l'article 16

L'article 16 trouve sa source dans les événements de juin 1940. Le général de Gaulle avait été frappé de l'impuissance du président de la République de l'époque, Albert Lebrun, devant le déroulement des événements qui conduisirent à la mise en place de l'État français. Il en avait conclu à la nécessité de prévoir, lorsque la nation était en péril, la possibilité de recourir à une dictature républicaine provisoire au cours de laquelle le président disposerait des pouvoirs nécessaires pour faire face à la situation. L'article 16 répond à cette nécessité.

• Les **conditions de mise en œuvre** de l'article 16 sont tant des conditions de fond que des conditions de forme.

– Les **conditions de fond** supposent que deux éléments soient réunis. Il faut d'abord une menace grave et immédiate sur les institutions de la République, l'intégrité du territoire, l'indépendance de la nation ou l'exécution de ses engagements internationaux. On peut penser à une guerre étrangère, à une insurrection, à une guerre civile. Mais cet élément subjectif n'est pas suffisant, il doit s'accompagner d'une interruption du fonctionnement régulier des pouvoirs publics constitutionnels.

– Les **conditions de forme** résident dans la consultation du Premier ministre, des présidents des assemblées et du Conseil constitutionnel dont l'avis est publié.

À l'issue de ces consultations, le président informe la nation de sa décision de recourir à l'article 16 par un message.

• Pendant la période d'application de l'article 16, le président de la République prend toutes les mesures nécessaires pour assurer aux pouvoirs publics constitutionnels les moyens d'accomplir leur mission. Le président peut donc intervenir dans le domaine du législateur et dans celui du gouvernement. Les mesures sont soumises pour avis au Conseil constitutionnel, mais cet avis n'est pas publié.

Le Parlement est réuni de plein droit durant toute la période d'application de l'article 16, mais il ne peut interférer par ses débats ou ses votes avec les mesures prises par le président. Il ne peut légiférer dans les autres domaines que pendant la période durant laquelle la réunion de plein droit coïncide avec une session ordinaire. L'Assemblée nationale ne peut être dissoute, et, suite à la décision prise par le président de l'Assemblée durant la période d'application de l'article 16 en 1961, celle-ci n'a pas le droit de voter une motion de censure. Le Parlement est donc un simple témoin de la mise en œuvre de l'article 16, sa seule possibilité d'action consistant à traduire le président en Haute Cour de justice pour haute trahison en cas d'usage abusif de l'article 16.

Le contrôle des mesures prises sur la base de l'article 16 peut être exercé par le Conseil d'État dès lors que ces mesures entrent dans le domaine du pouvoir réglementaire (CE 26 mars 1962, *Rubin de Servens*). Pour les mesures qui relèvent du domaine de la loi, le seul contrôle exercé est celui du Conseil constitutionnel dans le cadre de sa compétence consultative.

La Constitution ne contenait aucune disposition relative à la fin de l'application de l'article 16. Pour corriger cette lacune, le comité consultatif présidé par le doyen Vedel avait suggéré que le Conseil constitutionnel constate, à la demande du président de la République ou des présidents des assemblées, que les conditions d'application de l'article 16 n'étaient plus réunies. La révision de 2008 prévoit qu'après trente jours d'application de l'article 16, les présidents des assemblées ou soixante députés ou sénateurs peuvent saisir le Conseil constitutionnel qui se prononce par un avis public. Après soixante jours, et à tout moment par la suite, il se prononce de plein droit. Certes il s'agit d'une simple constatation sans effet juridique direct, mais il sera politiquement difficile au chef de l'État de persévérer dans de telles circonstances.

• Le comité Vedel n'avait pas jugé opportune l'**abrogation** de l'article 16. Cependant le projet de révision présenté par le président Mitterrand, en 1993, prévoyait une telle abrogation. On sait qu'aucune suite n'a été donnée à ce projet.

• L'article 16 a été utilisé par le général de Gaulle du 23 avril au 29 septembre 1961 à la suite du putsch des généraux en Algérie.

E – Les pouvoirs à l'égard du Conseil constitutionnel

Le président nomme trois des neuf membres du Conseil constitutionnel dont le président. La réforme de 2008 soumet cette nomination au contrôle de la commission permanente compétente de chaque assemblée. L'avis négatif des trois cinquièmes des membres de ces commissions l'empêche de procéder à la nomination souhaitée. Le président peut également saisir le Conseil de la conformité d'un texte de loi avec la Constitution (art. 61) et de la compatibilité d'un accord international non encore ratifié avec la Constitution (art. 54).

II – Les pouvoirs du président soumis à contreseing

L'obligation de soumettre les actes du président au contreseing ministériel était la règle sous les républiques précédentes. La conséquence en était que les pouvoirs présidentiels étaient largement formels en raison de la situation prédominante du chef du gouvernement. La signature du président était donc accordée dès lors que le gouvernement la sollicitait. Sous la Ve République, le président exerce pleinement ces pouvoirs et, si le gouvernement peut refuser son contreseing, le président peut refuser sa signature.

A – Le pouvoir de nomination

1. La nomination des membres du gouvernement

Si le pouvoir de nommer le Premier ministre est un pouvoir sans contreseing, il n'en va pas de même pour la nomination des autres membres du gouvernement. Il aurait d'ailleurs été étonnant que le Premier ministre n'intervienne pas dans le choix des membres de l'équipe ministérielle qu'il dirigera.

La nomination des membres du gouvernement fait donc l'objet d'un accord entre président et Premier ministre, ce dernier disposant d'un pouvoir de proposition (Const., art. 8). Le président veille particulièrement au choix des titulaires des portefeuilles qui correspondent aux domaines dans lesquels la Constitution lui octroie une responsabilité particulière, les affaires étrangères et la défense. Pour les autres portefeuilles, en période de coïncidence entre la majorité présidentielle et la majorité parlementaire, le président exerce une influence prépondérante. En revanche, en période de cohabitation, le Premier ministre retrouve ses prérogatives, mais le président peut s'opposer à certaines nominations. La pratique veut qu'en tout cas, un accord soit trouvé sur les portefeuilles de la Défense et des Affaires étrangères. Le président Chirac dans sa déclaration du 14 juillet 1997, commentant la nomination du gouvernement Jospin indiquait qu'il avait été attentif à la manière dont ces portefeuilles ainsi que celui de la Justice avaient été pourvus.

La révocation des ministres suit le même processus. Leur démission doit être acceptée par le chef de l'État.

2. La nomination aux emplois supérieurs de l'État

L'article 13 de la Constitution confère au président le soin de nommer aux emplois civils et militaires de l'État. Elle énumère les hauts fonctionnaires qui sont nommés en Conseil des ministres et prévoit que cette liste peut être complétée par une loi organique. La nomination à des emplois ou fonctions, autres que ceux énumérés au troisième alinéa de l'article 13 dont la liste sera établie par une loi organique en raison de leur importance pour « la garantie des droits et libertés ou la vie économique et sociale de la Nation », est subordonnée à l'avis public des commissions permanentes compétentes des chambres. Un avis négatif à la majorité des trois cinquièmes des suffrages exprimés fera obstacle à la nomination. Si, dès lors que le président dispose du soutien d'une majorité parlementaire, il est peu probable qu'il rencontre de difficultés à moins de circonstances exceptionnelles, il se verra contraint de tenir néanmoins compte de l'avis de sa majorité. *En cela, il s'agit d'une limitation de son pouvoir de nomination.*

Par deux fois, jusqu'à présent, une commission parlementaire s'est opposée à une nomination, au Sénat à propos d'un membre du Conseil supérieur de la magistrature, et à l'Assemblée à propos de la Haute Autorité pour la transparence de la vie publique. La liste établie par la loi organique du 23 juillet 2010 comporte essentiellement les nominations à la présidence des autorités administratives indépendantes et des agences, de certains organismes de recherche et d'établissements financiers.

S'agissant des autres hauts fonctionnaires dont l'emploi est à la discrétion du gouvernement, leur nomination est proposée par le Premier ministre, mais l'accord du président de la République est indispensable. Le Premier ministre s'assure de cet accord avant de faire une proposition au Conseil des ministres. En période de cohabitation, cet accord a revêtu une grande importance, car, même si le président accepte le plus souvent les nominations proposées, il veille à éviter ce qui pourrait apparaître comme une « chasse aux sorcières » contre les fonctionnaires nommés par les gouvernements précédents.

B – La responsabilité de l'armée et de la diplomatie

1. Le chef des armées

Le président est le **chef des armées**. Cette compétence doit se concilier avec celle détenue par le Premier ministre qui, selon l'article 21 de la Constitution, est responsable de la Défense nationale. La compétence présidentielle fait du chef de l'État le titulaire du pouvoir de décider du recours à l'arme nucléaire et de l'engagement d'opérations militaires. Par la présidence des conseils et comités de la défense nationale (art. 15), le président joue un rôle essentiel dans la définition de la stratégie. Le chef du gouvernement a une mission d'organisation et d'exécution que le comité consultatif présidé par le doyen Vedel de même que le projet de révision de 2006, avaient proposé, sans succès, de préciser. Par contre, la révision de 2008 organise un contrôle parlementaire sur les interventions militaires à l'étranger. Le Parlement doit être informé trois jours après le début d'une intervention. Cette information peut être suivie d'un débat sans vote. Après quatre mois, la prolongation de l'opération est soumise à l'approbation parlementaire, l'Assemblée nationale ayant le dernier mot.

Il s'agit d'une véritable limitation des pouvoirs présidentiels puisque des opérations du type de celle en Afghanistan, en Bosnie ou dans certains États africains qui impliquent un engagement de longue durée devront recueillir l'approbation du Parlement si elles se prolongent au-delà de quatre mois. Cette approbation est intervenue à plusieurs reprises depuis 2008.

La déclaration de guerre doit être autorisée par le Parlement (art. 35). L'état de siège s'applique en cas de péril imminent de guerre étrangère ou d'insurrection armée. Selon l'article 36 de la Constitution, il est déclaré par un décret en Conseil des ministres et sa prolongation au-delà de douze jours est autorisée par le Parlement. Il a pour conséquence le transfert des pouvoirs des autorités civiles aux autorités militaires.

2. Le chef de la diplomatie

Selon l'article 52, le président **négocie et ratifie les traités**. Il est informé de toute négociation d'un accord international non soumis à ratification. Ces pouvoirs, que détenait déjà le président de la IIIe République, font du président l'autorité responsable de la politique étrangère. C'est à ce titre qu'il siège au Conseil européen.

C – La participation au pouvoir normatif

1. En matière législative

Le président **promulgue les lois (art. 10)**. Par la promulgation, il atteste que la loi a été régulièrement votée et donne l'ordre aux autorités publiques de l'observer et de la faire exécuter (Cons. const. 23 août 1995, *Nouvelle-Calédonie*). Il s'agit d'un pouvoir formel et, dès lors que la régularité formelle de la loi est constatée, *le président ne peut refuser sa signature* et doit promulguer dans un délai de quinze jours. Comme le déclarait M. Mitterrand en 1993 : « Lorsque le Parlement vote une loi, je deviens un notaire et quand, dans le délai qui m'est imparti je dois signer, je signe, sans quoi je serais en situation de forfaiture ».

Il a cependant la faculté de demander une **seconde délibération**, mais doit obtenir à cette fin l'accord du Premier ministre. Ce pouvoir n'a été utilisé que deux fois.

2. Dans le domaine de l'exécutif

• **Le président signe les ordonnances**, héritières des décrets-lois des républiques précédentes (art. 13). Pendant la première cohabitation (1986-1988), le président a refusé sa signature à trois reprises. Bien que ce refus ait été contesté, on a cru pouvoir déduire du fait que la Constitution ne fixait aucun délai pour la signature des ordonnances par opposition aux quinze jours prévus pour la promulgation des lois, la faculté pour le président de refuser sa signature.

• **Le président signe les décrets délibérés en Conseil des ministres**. Il participe ainsi à l'exercice du pouvoir réglementaire (sur la détermination des décrets délibérés en Conseil des ministres, v. p. 223).

D - Les pouvoirs à l'égard du Parlement

Le président peut convoquer le Parlement en *session extraordinaire sur un ordre du jour déterminé* à la demande du Premier ministre ou de la majorité des parlementaires (art. 29 et 30). À ce titre, il a la faculté de refuser une demande de session extraordinaire comme l'ont fait le général de Gaulle en 1960 ou M. Mitterrand en 1983. Il peut également refuser l'inscription d'un point à l'ordre du jour comme l'a fait M. Mitterrand qui a refusé d'inscrire à l'ordre du jour d'une session extraordinaire l'abrogation de la loi Falloux sur la liberté de l'enseignement en 1993. À noter que depuis la révision constitutionnelle de 1995, le Parlement étant en session ordinaire d'octobre à juin, les sessions extraordinaires ne peuvent être convoquées qu'en juillet, août, septembre.

E - Les pouvoirs dans le domaine judiciaire

1. La garantie de l'indépendance judiciaire et le Conseil supérieur de la magistrature

Le président est **garant de l'indépendance de l'autorité judiciaire** (art. 64). À ce titre, il présidait le **Conseil supérieur de la magistrature** dont, avant 1993, tous les membres étaient nommés par lui. La révision de 2008 a profondément modifié le Conseil supérieur de la magistrature (art. 65). Il n'est plus présidé par le président de la République. Il est composé de deux formations.

Celle compétente pour les magistrats du siège est présidée par le premier président de la Cour de cassation. Elle est composée de cinq magistrats du siège, d'un du parquet, d'un conseiller d'État désigné par le Conseil d'État, d'un avocat et de six personnalités qualifiées, n'appartenant ni au Parlement, ni à la magistrature, nommés respectivement par le président de la République, le président de l'Assemblée nationale et le président du Sénat. Elle fait des propositions pour les nominations à la Cour de cassation, de premier président de cour d'appel et de président de tribunal de grande instance et donne un avis conforme pour les autres nominations. Elle statue comme conseil de discipline et il lui est alors adjoint le magistrat du siège membre de la formation réservée au Parquet.

La formation compétente pour le parquet est présidée par le procureur général près la Cour de cassation. Elle est composée de cinq magistrats du parquet, d'un magistrat du siège auxquels s'ajoutent le conseiller d'État, l'avocat et les six personnalités membres de la formation du siège. Elle donne son avis sur les nominations et sur les sanctions disciplinaires.

Le Conseil peut également donner des avis à la demande du président de la République et se prononcer sur des questions relatives à la déontologie et au fonctionnement de la justice.

La réforme de 2008 a renforcé symboliquement l'autorité judiciaire en ne plaçant plus le Conseil sous l'autorité du président de la République. Pour le reste, les avis sont fort partagés sur sa composition. Il convient cependant de noter que les personnalités qualifiées sont nommées par le président après avis public des commissions parlementaires compétentes avec possibilité de veto à la majorité des trois cinquièmes. Celles nommées par les présidents des assemblées seront contrôlées selon la même procédure par les commissions compétentes des assemblées respectives. Une nouvelle révision constitutionnelle pour réformer le Conseil, notamment en ce qui concerne le parquet, avait été annoncée par M. Hollande. Elle n'est pas allée à son terme, mais a été reprise dans les projets de révision constitutionnelle présentés par le gouvernement Édouard Philippe. Il semble qu'il n'existe pas d'opposition de fond à cette réforme, mais comme elle a toujours été présentée dans le cadre de projets de révision plus large, elle a suivi le sort malheureux de ceux-ci.

2. Le droit de grâce

Le président de la République dispose du **droit de grâce (art. 17)** qui dispense le condamné de l'exécution totale ou partielle de sa peine. La révision de 2008 restreint considérablement ce pouvoir régalien puisque le président ne peut plus accorder de grâces collectives. L'article 17 n'autorise que les grâces individuelles.

F – La présidence du Conseil des ministres

Le président préside les réunions hebdomadaires du Conseil des ministres (art. 9). Il les convoque et en fixe l'ordre du jour. Il accorde la parole et tire les conclusions des délibérations.

§ 3 – La responsabilité du président

Conformément à la pratique du régime parlementaire, la Constitution consacre le principe de l'irresponsabilité du président de la République pour les actes accomplis dans l'exercice de ses fonctions. La seule exception est le cas de manquement à ses devoirs incompatible avec l'exercice de ses fonctions. Cependant, *l'accroissement des pouvoirs présidentiels amène à s'interroger sur la permanence de la règle de l'irresponsabilité politique*.

I – Le manquement grave

La procédure actuelle fait suite à la révision constitutionnelle de 2008. À la suite de diverses affaires pénales survenues pendant le septennat de M. Chirac, on s'était interrogé sur l'existence d'une responsabilité pénale du président pour les actes commis avant son entrée en fonction ou pendant celles-ci. Dans sa décision du 22 janvier 1999 (n° 98-408 DC) relative à la Cour pénale internationale, le Conseil constitutionnel avait confirmé l'irresponsabilité présidentielle. Cette décision a été critiquée par une partie de la doctrine qui a estimé que le Conseil constitutionnel s'était prononcé sur un point qui n'était pas nécessaire pour répondre à la question posée. Il était cependant indispensable de déterminer l'étendue de la responsabilité présidentielle pour apprécier la compatibilité du traité instituant la Cour pénale internationale avec la Constitution. Dans un arrêt du 10 octobre 2001, la Cour de cassation, s'écartant de l'interprétation du Conseil constitutionnel avait jugé que si celui-ci ne pouvait « être entendu comme témoin assisté, ni être mis en examen, cité ou renvoyé pour une infraction quelconque devant une juridiction de droit commun », voire obligé de comparaître en qualité de témoin. Cependant, la prescription de l'action publique n'était que suspendue et les poursuites pouvaient être entreprises après l'expiration du mandat présidentiel.

Le président de la République avait alors chargé une commission présidée par le professeur Pierre Avril de se pencher sur la question. Dans son rapport, celle-ci rappelait à juste titre que l'inviolabilité dont bénéficie le président est attachée à sa fonction. Afin de préserver la continuité de son mandat, d'assurer la séparation des pouvoirs et d'éviter des poursuites qui n'auraient qu'un objet politique, le président ne devrait pas pouvoir être poursuivi pendant la durée de son mandat. La commission préconisait également l'abandon du recours classique à l'exception de haute trahison et lui substituait celle de manquement à ses devoirs manifestement incompatible avec l'exercice de son mandat. Elle suggérait de réformer la procédure.

La révision de 2008 substitue à l'incrimination de haute trahison, celle de manquement à ses devoirs incompatible avec l'exercice des fonctions présidentielles (art. 68). Il peut s'agir d'un délit pénal, mais aussi de tout autre comportement présidentiel. La notion de manquement est donc politique et est soumise à l'appréciation d'un corps politique, le Parlement. La convocation de la Haute Cour fait l'objet d'un vote dans les deux assemblées à la majorité des deux tiers des membres les composant à l'initiative de l'une d'entre elles. La Haute Cour, composée des deux assemblées réunies sous la présidence du président de l'Assemblée nationale statue dans un délai d'un mois. Elle peut prendre la décision de destituer le président à la majorité des deux tiers des membres composant la Haute Cour. Dans tous les cas, le vote est personnel puisqu'aucune délégation n'est admise. *Cette procédure rappelle l'*impeachment *américain. Compte tenu de la majorité nécessaire, elle ne peut intervenir que dans des cas exceptionnels.*

En ce qui concerne les poursuites contre le président devant une juridiction ordinaire (art. 67), la Constitution s'inspire de la solution de la Cour de cassation. Pendant son mandat, il ne peut être appelé à témoigner ni faire l'objet d'un acte d'information, d'instruction ou de poursuite. Les délais sont suspendus et les instances pourront reprendre un mois après l'expiration de ses fonctions. C'est ainsi que le président Chirac a été condamné en 2011 pour des faits antérieurs à ses douze années de mandat présidentiel.

II - L'apparition d'une responsabilité politique

La règle de l'irresponsabilité était traditionnellement justifiée par la faiblesse des pouvoirs présidentiels et par l'existence de l'obligation du contreseing ministériel pour tous les actes du président. Dans ces conditions, si la responsabilité du président ne pouvait être mise en cause pour ses propres actes, celle du gouvernement pouvait l'être en raison du contreseing.

Or, sous la Ve République, certains actes du président sont exemptés du contreseing. Il existe donc une nécessaire responsabilité politique du président pour ces actes. *En outre, puisque, dans la pratique, l'intervention du président va bien au-delà de son pouvoir d'arbitrage, il est logique que sa responsabilité politique puisse être mise en cause et d'ailleurs les électeurs savent utiliser tous les moyens à leur disposition pour faire connaître leur position.*

Élu au suffrage universel, le président est en fait responsable devant le peuple. Cette responsabilité peut jouer de différentes façons.

Tout d'abord, bien entendu, la candidature à une réélection entraîne un jugement des électeurs sur l'action du président. Ensuite, et cela a été la pratique du général de Gaulle, le président peut mettre en jeu sa responsabilité en posant la question de confiance au peuple lors d'une consultation référendaire. Ici encore la pratique montre que même lorsque le président ne met pas en jeu sa responsabilité lors d'un référendum, les électeurs profitent de cette occasion pour exprimer leur opinion sur la politique qu'il suit. Le référendum sur la Constitution pour l'Europe est significatif à ce sujet. Aux voix des adversaires de la Constitution se sont largement mêlées les voix de mécontents de la politique présidentielle.

Si le président se pose en chef de la majorité, il est inévitable que toute élection nationale ou locale devienne une occasion de s'exprimer sur la politique initiée par le président. Mais, bien entendu, cette responsabilité ne débouche pas sur une sanction dès lors que le président n'a pas lié son maintien dans ses fonctions au résultat de l'élection.

La responsabilité présidentielle pourrait être indirectement mise en jeu à l'occasion d'une crise ministérielle comme ce fut le cas en 1962 avec la motion de censure votée contre Georges Pompidou. Cette motion visait en fait le président qui avait demandé au Premier ministre de proposer un référendum sur l'élection du président de la République au suffrage universel direct. La dissolution qui a suivi cette crise ministérielle a permis aux électeurs de trancher le conflit en accordant leur confiance au président. Ainsi une crise ministérielle à l'encontre d'un gouvernement appartenant à la majorité présidentielle suivie d'une dissolution aboutit à une mise en jeu de la responsabilité présidentielle dès lors que les électeurs envoient à l'Assemblée nationale une majorité hostile au président. Il devra alors se soumettre ou se démettre.

→ *En résumé, dès lors que le président agit, il est bien entendu soumis au jugement des électeurs, mais ce jugement ne comporte pas de sanction immédiate. Instaurer la responsabilité politique du président impliquerait de modifier profondément la nature du régime. S'il était responsable devant le Parlement, il ne pourrait exister une responsabilité concurrente du Premier ministre et celui-ci ne pourrait jouer qu'un rôle subalterne. Il n'empêche qu'il puisse paraître anormal que, dans une démocratie, il existe un pouvoir politique qui ne soit pas responsable de ses décisions. La seule voie indirecte serait d'atteindre le président à travers le vote d'une motion de censure contre le gouvernement.*

Conclusion : Malgré l'importance des pouvoirs attribués au président par la Constitution, l'accent a souvent été mis sur l'existence de **pouvoirs « réservés »** au président de la République. Si l'on entendait par-là, l'existence de pouvoirs que le président exercerait seul, on se trouverait simplement renvoyé à l'énumération de l'article 19 de la Constitution. Si l'on veut viser des domaines dans lesquels l'influence présidentielle serait prépondérante, la situation est différente selon que l'on se trouve ou non en période de cohabitation. Lorsque majorités parlementaire et présidentielle coïncident, le président peut, en raison des liens étroits qui l'unissent au Premier ministre, privilégier certains domaines dans lesquels son intervention sera décisive, le Premier ministre mettant en œuvre les orientations présidentielles après avoir, le cas échéant, fait valoir son point de vue. L'interventionnisme présidentiel peut être plus ou moins grand selon les présidents et il est grand actuellement. Il ne trouverait de limites que dans un éventuel, et peu probable, refus du Premier ministre qui dispose des moyens constitutionnels de préserver les pouvoirs du gouvernement. En période de cohabitation, le président est renvoyé à ses prérogatives constitutionnelles. Il interviendra alors plus particulièrement en matière de défense et de relations extérieures, domaines dans lesquels la Constitution lui accorde certaines compétences. Pour le reste, il peut, bien entendu, faire valoir son opinion tant au sein du Conseil des ministres que devant l'opinion publique et tenter ainsi d'exercer une influence sur les décisions. L'idée de domaine réservé, qui date de la présidence du général de Gaulle, n'est plus aujourd'hui d'actualité. Dans sa déclaration du 14 juillet 1997, le président Chirac avait confirmé qu'il n'existait pas de domaine réservé, mais qu'il serait attentif à la place de la France dans le monde, à l'acquis européen et aux acquis sociaux. « Sur tous ces points-là, le président de la République se doit d'être extrêmement vigilant pour s'assurer que rien n'est fait qui puisse mettre en cause ces grands principes sur lesquels sont finalement fondés ceux de la République ». M. Jospin avait suscité une controverse lors d'un voyage en Israël en 1999 en prononçant un discours qui paraissait s'écarter de la position officielle française. On a évoqué à ce propos une remise en cause de la prééminence présidentielle en matière de politique étrangère. Mais, après les vives critiques suscitées par cette initiative, la situation est rentrée dans l'ordre. En fait, en dehors des périodes de cohabitation, le président peut librement évoquer les affaires dans lesquelles il décide de s'impliquer. La répartition des pouvoirs avec le Premier ministre varie selon les présidences, mais ce dernier dispose seul des moyens de mettre en œuvre concrètement les directives du président. Le système ne peut donc fonctionner que sur la base d'un accord entre les deux hommes. Le Premier ministre a été parfois vu comme « un fusible » protégeant le président en cas de crise puisqu'il peut suffire à ce dernier dans de telles circonstances d'imposer sa démission pour apaiser l'opinion. Mais plus le président se place au-devant de scène, moins il lui est possible d'utiliser cette arme.

Section 2 - Le gouvernement

L'étude des pouvoirs présidentiels pourrait donner l'impression que le gouvernement ne joue qu'un rôle secondaire. Il n'en est rien. En effet, si le président intervient de manière essentielle dans la décision et parfois dans l'impulsion, il ne dispose pas des moyens juridiques et administratifs qui lui permettraient de préparer les décisions, de les exécuter et de gérer quotidiennement l'État. Le président n'intervient pas non plus de manière directe dans le processus législatif. Compte tenu de ces contraintes, il faut une volonté forte et une grande persévérance à la présidence pour faire aboutir une réforme. C'est dire que, sans le concours du gouvernement, la présidence n'a pas les moyens de conduire la politique voulue par le président.

Ceci se manifeste clairement pendant les périodes de cohabitation au cours desquelles le président est ramené à une conception stricte de son rôle d'arbitre. Mais, même dans les autres cas, le président doit tenir compte de l'opinion du gouvernement, sauf à demander au Premier ministre de présenter sa démission.

Comme le déclarait le Premier ministre Georges Pompidou en 1964 : « [...] Je ne saurais continuer ma tâche, ni porter mes responsabilités qu'autant que je suis ou que je serai pleinement d'accord sur tous les aspects de la politique qu'il m'appartient d'ailleurs de conduire au fur et à mesure des événements avec le gouvernement dont je dirige l'action ».

→ *Le Premier ministre est donc plus qu'un simple exécutant des volontés présidentielles. Il dispose seul des moyens de mettre en œuvre les volontés du président qui sans lui ne disposerait que du ministère de la parole. Cette réalité est plus ou moins marquée selon les personnalités du président et du Premier ministre.*

§ 1 - L'organisation du gouvernement

Le gouvernement est un *collège solidaire*. Il est responsable collectivement devant l'Assemblée nationale et la responsabilité politique individuelle des ministres ne peut être engagée. Cette solidarité est également marquée par le fait que le départ du Premier ministre entraîne celui du gouvernement dans son ensemble. La conséquence de la solidarité est qu'un ministre qui ne pourrait plus donner son approbation à la politique gouvernementale devrait démissionner s'il ne voulait pas en assumer la responsabilité devant le Parlement et l'opinion.

La collégialité exige que les ministres participent à la prise des décisions qui engagent l'exécutif, car on ne saurait être solidaire sans avoir eu l'occasion d'exprimer son point de vue. La pratique du premier gouvernement sous la présidence de M. Sarkozy a pu donner l'impression d'une certaine cacophonie en raison de l'appel fait à des ministres dits d'ouverture parce qu'ils n'appartenaient pas à la majorité présidentielle et que le président avait au départ admis l'expression de points de vue divers. Mais, après quelques mois, le président et le Premier ministre ont tenté, sans toujours y parvenir, de rétablir la discipline indispensable à une action cohérente. Il en est allé de même pendant les premières années de la présidence Hollande, mais la liberté de propos de M. Montebourg qui a entraîné la constitution du gouvernement Valls II et le départ de plusieurs ministres semble avoir rétabli une certaine discipline, même si la garde des Sceaux, Mme Taubira s'en exemptait parfois. La pratique selon laquelle l'expression par un ministre d'un désaccord public avec la politique du gouvernement devrait naturellement s'accompagner de la démission de celui-ci ne semble malheureusement plus guère être suivie ce qui ne concourt pas à renforcer la solidarité ministérielle. Cependant la discipline a été davantage respectée sous la présidence de M. Macron.

I – La structure du gouvernement

À l'exception du Premier ministre, et du garde des Sceaux en ce qui concerne le Conseil supérieur de la magistrature, la Constitution ne contient aucune disposition relative à la structure gouvernementale. Il appartient donc à chaque gouvernement de définir sa structure, le nombre de ministres qui le composent et leurs attributions. Lors de la révision constitutionnelle de 2008, le projet de révision contenait une disposition qui prévoyait que le nombre maximum de membres du gouvernement serait fixé par une loi organique. Le Parlement n'a pas retenu cette disposition. Il a jugé qu'il appartenait au président et au Premier ministre de fixer en fonction des circonstances le nombre de ministres et la structure du gouvernement. En avril 2020, le gouvernement Philippe comportait 19 ministres, dont 3 ministres auprès d'un ministre et 17 secrétaires d'État. Il a connu depuis les élections législatives plus de dix remaniements, certains liés à des désaccords politiques comme celui de M. Hulot, ministre de l'Environnement, d'autres liés à des « affaires » comme ceux de M. de Rugy ou de M. Delevoye, d'autres liés à la volonté de se présenter à des élections comme M. Colomb ou Mme Loiseau. En juillet 2020, le gouvernement Castex comportait 16 ministres, 14 ministres délégués et 12 secrétaires d'État.

A – Le Premier ministre

L'article 21 confie au Premier ministre le soin de diriger l'action du gouvernement. Le chef du gouvernement dispose donc d'une autorité sur les ministres dont il propose la nomination au chef de l'État. Il lui appartient également de proposer leur révocation en cas de manquement à la solidarité gouvernementale (cf. par exemple la révocation de M. Servan-Schreiber en 1974 ou celle de M. Madelin en 1995) ou de tout autre comportement incompatible avec l'appartenance au gouvernement. Il peut arriver que, pour éviter une révocation, le ministre concerné présente sa démission ou que la révocation d'un ou de plusieurs ministres soit dissimulée par un remaniement gouvernemental global (gouvernement Valls I en 2014).

Le Premier ministre dispose, en cas de désaccords entre membres du gouvernement, du pouvoir de trancher ceux-ci par son arbitrage. C'est par exemple le cas des arbitrages rendus au moment de la préparation du budget sur les différends qui opposent le ministre des Finances aux autres ministres ou encore, sous réserve de l'intervention éventuelle du président de la République, des arbitrages rendus sur les conflits à propos de la définition de la position française dans les débats du Conseil des ministres de l'Union européenne.

En cas d'absence du Premier ministre, un décret signé par le président et contresigné par lui peut confier son intérim à un ministre. L'intérimaire exerce la plénitude des attributions du Premier ministre.

De son côté, le Premier ministre peut suppléer le président de la République pour la présidence d'un Conseil des ministres sur délégation expresse et sur un ordre du jour déterminé.

B – Les ministres d'État

Le titre de ministre d'État est un titre honorifique conféré à certains membres du gouvernement, à raison de leur personnalité ou du fait qu'ils représentent, au sein du gouvernement, une sensibilité politique particulière. Le gouvernement d'Édouard

Philippe comportait deux ministres d'État : le ministre de l'Intérieur et le ministre de l'Environnement. Il n'en compte plus aujourd'hui.

Tableau 6 – Liste des gouvernements de la Ve République

Présidence du général de Gaulle	
8 janvier 1959-14 avril 1962	*Michel Debré*
14 avril 1962-28 novembre 1962	*Georges Pompidou*
28 novembre 1962-8 janvier 1962	*Georges Pompidou*
8 janvier 1966-10 avril 1967	*Georges Pompidou*
10 avril 1967-10 juillet 1968	*Georges Pompidou*
10 juillet 1968-20 juin 1969	*Maurice Couve de Murville*

Présidence de Georges Pompidou	
20 juin 1969-5 juillet 1972	*Jacques Chaban-Delmas*
5 juillet 1972-2 avril 1973	*Pierre Messmer*
2 avril 1973-27 février 1974	*Pierre Messmer*
27 février 1974-27 mars 1974	*Pierre Messmer*

Présidence de Valéry Giscard d'Estaing	
27 mai 1974-25 août 1976	*Jacques Chirac*
25 août 1976-28 mars 1977	*Raymond Barre*
28 mars 1977-3 avril 1978	*Raymond Barre*
3 avril 1978-21 mai 1981	*Raymond Barre*

Présidence de François Mitterrand	
21 mai 1981-22 juin 1981	*Pierre Mauroy*
22 juin 1981-22 mars 1983	*Pierre Mauroy*
22 mars 1983-17 juillet 1984	*Pierre Mauroy*
17 juillet 1984-20 mars 1986	*Laurent Fabius*
20 mars 1986-10 mai 1988	*Jacques Chirac*
10 mai 1988-23 juin 1988	*Michel Rocard*
23 juin 1988-15 mai 1991	*Michel Rocard*
15 mai 1991-2 avril 1992	*Édith Cresson*
2 avril 1992-29 mars 1993	*Pierre Bérégovoy*
29 mars 1993-17 mai 1995	*Édouard Balladur*

Présidence de Jacques Chirac	
17 mai 1995-7 novembre 1995	*Alain Juppé*
7 novembre 1995-2 juin 1997	*Alain Juppé*
2 juin 1997-6 mai 2002	*Lionel Jospin*
7 mai 2002-30 mai 2005	*Jean-Pierre Raffarin*
31 mai 2005-15 mai 2007	*Dominique de Villepin*

Présidence de Nicolas Sarkozy	
18 mai 2007	*François Fillon*

Présidence de François Hollande	
15 mai 2012-30 mars 2014	*Jean-Marc Ayrault*
31 mars 2014-6 décembre 2016	*Manuel Valls*
6 décembre 2016-15 mai 2017	*Bernard Cazeneuve*

Présidence d'Emmanuel Macron	
15 mai 2017-6 juillet 2020	*Édouard Philippe*
6 juillet 2020	*Jean Castex*

C – Les ministres

Ils sont chargés de la gestion d'un département ministériel et prennent part au Conseil des ministres.

D – Les ministres délégués

Ils sont placés auprès du Premier ministre ou d'un ministre et exercent leurs attributions par délégation du membre du gouvernement auquel ils sont rattachés. Ils disposent de services sur lesquels ils exercent leur autorité. Ils participent au Conseil des ministres.

E – Les secrétaires d'État

Ils sont placés auprès du Premier ministre ou d'un ministre et ils exercent leur activité par délégation de celui-ci. Ils ne participent en principe au Conseil des ministres que pour les affaires qui relèvent de leurs attributions. Leur contreseing sur les textes relatifs à leurs attributions doit être accompagné de la signature du ministre auprès duquel ils sont placés. Il a cependant existé des secrétaires d'État autonomes qui disposaient en fait d'un statut ministériel.

II – Les formations gouvernementales

La principale de ces formations est le **Conseil des ministres** qui constitue le point de passage obligé de toutes les décisions importantes. L'engagement de la responsabilité gouvernementale, l'adoption des projets de loi, l'adoption des ordonnances et celle d'un certain nombre de décrets exigent notamment une délibération du Conseil des ministres. Les autres actes sont pris par le Premier ministre. Le Conseil se réunit en principe une fois par semaine, généralement le mercredi, sous la présidence du président de la République. Même s'il semble que, dans la pratique, les réunions du Conseil ne soient pas le lieu des débats politiques essentiels, le Conseil des ministres est un point de passage obligé pour un certain nombre de décisions (nominations, décrets pris en Conseil des ministres, adoption de projets de lois, engagement de la responsabilité gouvernementale…).

Le **Conseil de cabinet** n'a pas d'existence constitutionnelle. Il réunit les ministres sous la présidence du Premier ministre. Les conseils de cabinet sont rares sous la Ve République, car compte tenu de la prépondérance présidentielle, on voit mal le gouvernement se réunir hors la présence du président. Ils pourraient retrouver un intérêt en période de cohabitation.

Les **comités interministériels** sont consacrés à une question déterminée et réunissent les ministres intéressés par cette question. Les comités permettent de coordonner l'action des ministres et sont le lieu où le Premier ministre rend ses arbitrages.

Les **conseils restreints** réunissent, sous la présidence du chef de l'État, un nombre limité de ministres concernés par un problème spécifique notamment en matière de défense ou de sécurité. Ainsi le Conseil de défense se réunit chaque semaine avant le Conseil des ministres.

§ 2 - Le statut des ministres

La discussion sur le statut des ministres a été longtemps dominée sous la Ve République par la question des incompatibilités. En outre, l'actualité a conduit le constituant à modifier le régime de la responsabilité pénale des ministres.

I - Les incompatibilités

A - Avec des activités publiques ou privées

Pour assurer l'indépendance des ministres et leur plein engagement au service du gouvernement, l'activité ministérielle est **incompatible avec toute autre activité publique ou privée**. On voit mal un ministre exercer simultanément à son activité ministérielle une activité dans la fonction publique qui le placerait sous l'autorité d'un de ses collègues du gouvernement ou une activité privée dans laquelle il pourrait tirer profit de son titre de membre du gouvernement.

B - Avec un mandat électif

L'interdiction du **cumul avec un mandat parlementaire** est une innovation de la Ve République. Elle est prévue par l'article 23 de la Constitution. La compatibilité était considérée comme normale auparavant. En effet, il était dans la nature du régime parlementaire que les ministres soient également membres du Parlement ce qui leur conférait le droit d'entrée et de parole dans les assemblées.

• Si la Ve République a **rompu avec la tradition**, c'est d'abord pour marquer que la gestion de l'État ne peut être exercée par des hommes qui participent, en même temps, au sein de l'assemblée aux combats entre partis politiques. L'exécutif doit rester au-dessus des partis. La séparation des pouvoirs est ainsi renforcée.

L'incompatibilité évite également cette situation peu morale dans laquelle on voyait des gouvernements se maintenir en place uniquement grâce aux voix de leurs ministres au sein de l'assemblée.

Enfin, la compatibilité de la fonction ministérielle avec un mandat parlementaire rendait les crises ministérielles peu coûteuses puisque les membres du gouvernement renversé continuaient à exercer leur mandat parlementaire. L'incompatibilité devait être facteur de stabilité.

• **L'incompatibilité n'est pas l'inéligibilité**. Elle n'interdit pas à un ministre de se présenter aux élections parlementaires. Seul le cumul des mandats est prohibé. Dès que se réalise la situation d'incompatibilité, le titulaire du mandat parlementaire dispose d'un mois pour opter entre la fonction ministérielle et le mandat parlementaire.

S'il choisit d'être membre du gouvernement, il sera remplacé par un suppléant, élu en même temps que le titulaire. Pendant le délai d'option, le siège reste inoccupé. Avant la révision de 2008, le suppléant siégeait jusqu'à la fin de la législature ou jusqu'à une élection partielle. Ceci signifiait que le ministre qui perdait son portefeuille ministériel ne pouvait retrouver son mandat parlementaire que lors des prochaines élections générales à moins que son suppléant ne démissionne. Le suppléant ne pouvait pas se présenter aux élections contre l'ancien titulaire du mandat. Il jouait un rôle de « garde-place ».

• L'interdiction du cumul est rapidement apparue comme une **mesure inutile**. Les ministres ne sauraient se désintéresser de leur circonscription, car ils savent que les fonctions gouvernementales sont temporaires. Ils continuent donc, bien que ministres, à suivre assidûment les affaires de leur circonscription. Les ministres non parlementaires ont souvent comme premier objectif de trouver une circonscription. Après avoir quitté le gouvernement, les anciens ministres faisaient pression sur leur suppléant afin qu'il démissionne, leur permettant de retrouver leur siège lors de l'élection partielle qui suit. Enfin, l'existence d'une majorité stable faisait disparaître l'argument selon lequel le cumul menacerait la stabilité gouvernementale.

• Dès 1974, le président de la République avait déposé un projet de révision constitutionnelle pour aménager le régime de l'incompatibilité. Ce projet fut abandonné, car il apparaissait qu'il n'atteindrait pas la majorité requise au Congrès.

La Commission Vedel avait formulé de nouvelles propositions qui ont été retenues dans le projet déposé au Sénat. L'incompatibilité était préservée. Elle était même étendue aux fonctions de président d'un exécutif ou d'une assemblée d'une collectivité territoriale. Mais les membres du gouvernement pouvaient retrouver leur mandat un mois après cessation de leurs fonctions ministérielles. La révision constitutionnelle de 2008 règle enfin cette question en suspens depuis plus de trente ans. L'article 25 de la Constitution confie à une loi organique les conditions du remplacement temporaire des parlementaires appelés à exercer une fonction gouvernementale. *Après la cessation de leurs fonctions gouvernementales, les membres du gouvernement qui étaient parlementaires pourront donc retrouver leur siège au Parlement.* Cette disposition a été mise en œuvre par la loi organique du 13 janvier 2009. Le législateur avait également souhaité permettre aux ministres qui le désiraient de renoncer définitivement à leur mandat parlementaire au profit de leur suppléant à la cessation de leur fonction ministérielle. Cette disposition a été censurée par le Conseil constitutionnel qui a estimé qu'elle allait au-delà de ce que permettait l'article 25.

La question du cumul entre une fonction gouvernementale et un mandat exécutif local est également débattue depuis longtemps. En sa faveur, on invoque à la fois la nécessité pour un ministre de se consacrer pleinement à ses activités et le renouvellement du personnel politique qu'elle permettrait. À son encontre, on souligne l'intérêt d'un ancrage local et le contact direct avec les problèmes concrets de la population. Le gouvernement Jospin avait demandé aux membres du gouvernement de renoncer à cumuler leur fonction avec un mandat exécutif local. Il a tenté de faire passer cette pratique dans la législation, mais s'est heurté à l'hostilité du Sénat. Les gouvernements successifs ont suivi cette pratique avec plus ou moins de fidélité. Le président Hollande a imposé aux membres du gouvernement de renoncer à toute fonction exécutive locale. Une exception a cependant été consentie en faveur de M. Le Drian, ministre de la Défense et élu président du conseil régional de Bretagne, afin de lui permettre de conserver ses fonctions ministérielles aussi longtemps que la situation interne et internationale de la France l'exigerait. Il a cependant démissionné après avoir été nommé ministre de l'Europe et des affaires étrangères dans le gouvernement d'Édouard Philippe. Le projet de révision constitutionnelle de 2018 présenté par le gouvernement réglait le problème en prévoyant l'incompatibilité d'une fonction ministérielle avec une présidence ou une fonction exécutive dans une collectivité locale. Cette disposition a disparu du projet de 2019 et le ministre du Budget a été autorisé à cumuler (temporairement ?) sa fonction avec un mandat de maire.

II – La responsabilité pénale des ministres

Jusqu'en 1993, la responsabilité pénale des ministres pour les actes accomplis dans l'exercice de leurs fonctions ne pouvait être mise en cause que par la procédure de la Haute Cour de justice. Cette procédure était difficile à mettre en œuvre puisque la mise en accusation résultait d'un vote des deux assemblées, à la majorité absolue, dans des termes identiques. L'affaire *Nucci* (mauvais usage de fonds publics), puis le scandale du sang contaminé, amenèrent l'opinion à remettre en cause une procédure qui paraissait conférer l'impunité aux membres du gouvernement. La loi constitutionnelle du 27 juillet 1993 crée une **Cour de justice de la République** composée de six députés, de six sénateurs et de trois magistrats du siège à la Cour de cassation. La saisine de la Cour échappe aux parlementaires puisque : « Toute personne qui se prétend victime d'un crime ou d'un délit commis par un membre du gouvernement dans l'exercice de ses fonctions peut porter plainte auprès d'une commission des requêtes ».

La commission composée de sept magistrats transmet le dossier au procureur général de la République près la Cour de cassation ou le classe. Le procureur saisit la Cour de justice de la République du dossier qui lui a été transmis. Il peut également la saisir d'office après avis conforme de la commission des requêtes. Le dossier est instruit par une commission d'instruction composée de magistrats. À l'issue de l'instruction, la commission soit décide qu'il n'y a pas lieu de poursuivre, soit renvoie à la Cour. Les arrêts de la Cour sont susceptibles de pourvoi devant l'assemblée plénière de la Cour de cassation. *En ouvrant la saisine à toute victime et en juridictionnalisant la procédure, la révision constitutionnelle rendait praticable la responsabilité pénale des ministres*. Le procès du sang contaminé a abouti à déférer trois ministres devant la Cour de justice de la République. Le déroulement du procès a donné lieu à de nombreuses critiques. L'interdiction faite aux parties civiles de participer au procès, l'impossibilité de joindre les dossiers des responsables administratifs qui relèvent des juridictions ordinaires ainsi que les difficultés de faire témoigner ceux-ci, ont suscité des réflexions sur la nécessaire distinction entre responsabilité pénale et responsabilité politique. La composition de la Cour rend inévitable qu'un soupçon de partialité s'attache à ses décisions. Aussi le président de la République avait-il envisagé une modification du système. La Commission Jospin a proposé en 2012 de soumettre les ministres au régime de droit commun en instituant des « règles de compétence et de procédures adaptées » pour éviter les mises en cause abusives. C'est ce que prévoyait le projet de révision constitutionnelle de 2018 qui attribue compétence à la Cour d'appel de Paris qui statue sans appel. Pour éviter des poursuites abusives, une commission des requêtes, composées de trois magistrats du siège à la Cour de cassation, de deux membres du Conseil d'État et de deux magistrats de la Cour des comptes peut être saisie pour apprécier la suite à donner à la procédure. Lorsque les poursuites résultent d'une inaction d'un ministre, les poursuites ne sont possibles que si cette inaction leur est directement et personnellement imputable. Cette règle évite d'engager la responsabilité pénale pour des absences d'agir imputables à la seule administration. Elle ne résout pas la question des poursuites devant les juridictions de droit commun, devant lesquelles l'appel est possible, des coauteurs des mêmes délits. Cette situation peut conduire à des solutions contradictoires. La pandémie liée à la Covid-19 a donné lieu à une multitude de plaintes dont une partie a déjà été déclarée irrecevable. Dix affaires ont donné lieu à un jugement depuis la création de la Cour dont six ont abouti à une reconnaissance de culpabilité.

En l'absence de tout lien entre les faits reprochés et la fonction ministérielle, les ministres sont jugés par la juridiction de droit commun.

III – La situation patrimoniale des ministres

Au moment de leur prise de fonctions, les ministres doivent déposer une déclaration relative à leur situation patrimoniale. La loi du 11 octobre 2013 relative à la transparence de la vie publique et adoptée après l'affaire *Cahuzac* (ministre possédant des comptes bancaires à l'étranger) impose également une déclaration d'intérêts. Ces déclarations sont soumises au contrôle de la Haute autorité pour la transparence de la vie publique laquelle peut saisir le président de la République s'agissant du Premier ministre ou ce dernier s'agissant des ministres. Toute modification dans la situation de l'intéressé doit faire l'objet d'une notification à la Haute autorité, une autre déclaration est déposée au moment de la cessation des fonctions. Au moment de leur nomination, la situation fiscale des ministres fait l'objet d'une vérification. En outre, la loi du 15 décembre 2017 pour la confiance dans la vie politique interdit à un ministre de nommer son conjoint ou un parent dans son cabinet.

§ 3 – Les pouvoirs du gouvernement

La Constitution attribue certains pouvoirs au gouvernement dans son ensemble, mais la plupart sont confiés expressément au Premier ministre.

I – Les pouvoirs du gouvernement dans son ensemble

A – La mission du gouvernement

La mission du gouvernement est définie par l'article 20 de la Constitution. « Le Gouvernement détermine et conduit la politique de la Nation. Il dispose de l'administration et de la force armée ».

La logique de cet article, dans une lecture parlementaire, voudrait que le gouvernement, choisi dans la majorité parlementaire, mette en œuvre le programme sur lequel cette majorité a été élue. Mais, on le sait, la lecture de la Constitution varie suivant les périodes. Si cette lecture parlementaire est exacte en période de cohabitation, par contre lorsque la majorité parlementaire coïncide avec la majorité présidentielle, le gouvernement considère qu'il est chargé de mettre en œuvre le programme sur lequel le président a été élu. Le président est alors la force d'impulsion et le gouvernement, qui dispose de l'administration et de la force armée, agit. Les débats sur la révision constitutionnelle de 2008 ont largement abordé la question de l'opportunité d'une modification des articles 20 et 21 pour prendre en compte les nouvelles relations qui s'étaient établies entre le président de la République et le Premier ministre depuis l'élection du président de la République au suffrage universel. En fin de compte, aucune modification n'a été apportée à la Constitution sur ce point. Le projet de révision proposait la suppression du deuxième alinéa de l'article 21 selon lequel le Premier ministre est responsable de la Défense nationale pour le remplacer par une indication selon laquelle le Premier ministre mettait en œuvre les décisions du président en ce domaine. Cette partie du projet n'a pas été retenue par le Parlement qui n'a pas souhaité bouleverser les équilibres établis d'autant plus que la pratique peut varier selon les époques.

On s'est demandé, au début de la Ve République, si le partage des pouvoirs entre le président et le gouvernement ne s'organisait pas autour de la distinction entre un *domaine réservé* qui appartiendrait au président et le reste qui relèverait du gouvernement (v. p. 210).

B – Les ordonnances

L'article 38 permet au gouvernement de prendre des ordonnances dans des matières qui relèvent du domaine de la loi. Le recours aux décrets-lois, tel qu'il se pratiquait dans les républiques précédentes, est ainsi constitutionnalisé. Il est à l'initiative du gouvernement. Le recours aux ordonnances n'a cessé de croître depuis la présidence Sarkozy. Ainsi la loi du 23 mars 2020 pour face à la pandémie a donné lieu à 63 ordonnances.

1. L'habilitation parlementaire

Le recours aux ordonnances est subordonné au vote par le Parlement d'une loi d'habilitation. La demande d'habilitation ne peut qu'être d'initiative gouvernementale et le Conseil constitutionnel a censuré une habilitation introduite par initiative parlementaire (Cons. const. 13 janv. 2005, n° 2004-509 DC). Le contenu de la loi d'habilitation doit répondre à plusieurs conditions.

• Les ordonnances sont prises pour l'**exécution du programme du gouvernement**. On s'est demandé si l'emploi du terme « programme » ne faisait pas référence à l'article 49, alinéa 1, de la Constitution et si le gouvernement ne devait pas engager sa responsabilité sur son programme avant de solliciter une habilitation parlementaire. La réponse du Conseil constitutionnel a été négative (Cons. const. 12 janv. 1977, n° 76-72 DC). Il suffit que le gouvernement indique au Parlement la finalité des mesures qu'il désire adopter dès lors.

• L'habilitation est **limitée dans le temps** ce qui exclut le transfert définitif de certains domaines au gouvernement. Les lois d'habilitation comportent un délai d'habilitation pendant lequel le gouvernement pourra adopter des ordonnances et un délai de ratification pendant lequel il devra déposer un projet de loi de ratification sur le bureau de l'Assemblée.

• L'habilitation porte, selon le texte de l'article 38, sur **des** matières qui sont du domaine de la loi, ce qui exclut qu'elle puisse porter sur **toutes** les matières qui sont du domaine de la loi. La pratique qui consisterait à accorder au gouvernement les pleins pouvoirs ne serait donc pas conforme à la Constitution.

2. Le régime des ordonnances

• Les ordonnances sont prises en Conseil des ministres, après avis du Conseil d'État. Elles sont donc signées par le président de la République dont on a dit, plus haut, que ne pesait sur lui aucune obligation de signer.

• À l'expiration du délai d'habilitation, le gouvernement ne peut plus prendre d'ordonnances, mais les ordonnances adoptées restent en vigueur sauf si le gouvernement omet de les déposer dans le délai prévu devant le Parlement auquel cas elles sont caduques. Après l'expiration du délai d'habilitation, les ordonnances ne peuvent être modifiées que par une loi.

• Avant la révision constitutionnelle de 2008, la ratification des ordonnances pouvait être explicite à la suite d'un vote du Parlement ou implicite par l'adoption d'une loi qui, sans procéder à la ratification, l'impliquait clairement, telle la modification par le législateur de certaines dispositions d'une ordonnance sans toucher aux autres qui étaient cependant liées (Cons. const. 29 févr. 1972, n° 72-73 L). Depuis la révision de 2008, les ordonnances doivent faire l'objet d'une ratification expresse et le refus de ratification entraîne leur caducité. L'obligation de ratification expresse avait pour objet de protéger les droits du Parlement mais, en fait, elle n'a guère modifié la situation. La ratification des ordonnances est rarement l'occasion d'un examen approfondi. La pratique des ratifications groupées dans un seul texte est fréquente. Ainsi, la loi de 2004 de simplification du droit a donné lieu à la ratification des ordonnances. Dans ces conditions, il est vain d'espérer qu'un examen sérieux du contenu des ordonnances prenne place.

• Les ordonnances sont des actes réglementaires dont la légalité peut, dans les mêmes conditions que les actes administratifs, être soumise au contrôle du Conseil d'État. Elles perdent cette nature réglementaire dès lors qu'elles sont ratifiées par le législateur. Avant la révision de 2008, en l'absence d'une décision sur leur ratification, elles demeuraient des actes réglementaires qui ne pouvaient être modifiés que par la loi et étaient soumises au contrôle du Conseil d'État. Le Conseil constitutionnel a modifié cette situation (décis. n° 2020-843 QPC du 28 mai 2020 et n° 2020-851/851 QPC du 3 juill. 2020). Il a considéré qu'une ordonnance non ratifiée, mais qui a fait l'objet d'un projet de loi de ratification déposé devant le Parlement avant la date prévue par la loi d'habilitation a une valeur législative puisqu'elle ne peut plus être modifiée que par la loi et porte sur une matière législative. Le contrôle peut désormais être exercé par le Conseil constitutionnel par la voie d'une question prioritaire de constitutionnalité, mais seulement, conformément aux conditions prévues pour une question prioritaire, au regard des droits et libertés garantis par la Constitution. Pour le reste, le contrôle exercé par le Conseil d'État subsiste en ce qui concerne le respect de la loi d'habilitation, des principes généraux du droit ou des accords internationaux (CE 16 déc. 2020).

C - Les pouvoirs de crise

Outre l'article 16 dont l'emploi est entre les mains du président (v. p. 203) et l'état de siège qui est déclenché par un décret en Conseil des ministres (v. p. 206), la loi du 3 avril 1955 autorise le recours à l'état d'urgence qui peut être déclaré « soit en cas de péril imminent résultant d'atteintes graves à l'ordre public, soit en cas d'événements présentant, par leur nature et leur gravité, le caractère de calamité publique ». Il est mis en œuvre par un décret en Conseil des ministres et doit être prorogé par le Parlement au-delà de douze jours. Son application comporte des restrictions aux libertés (assignation à résidence, interdiction des manifestations, perquisitions de jour et de nuit autorisées par les préfets). Le contrôle des mesures est assuré par les juridictions administratives. Le Conseil constitutionnel a confirmé dans sa décision sur la Nouvelle-Calédonie que la loi de 1955 pouvait continuer à s'appliquer et qu'elle n'avait pas fait l'objet d'une abrogation implicite par la Constitution de 1958 qui ne mentionne pas cette situation (décis. n° 85-187 DC). Plus récemment, à propos de la déclaration de l'état d'urgence en novembre 2015, le Conseil constitutionnel a confirmé sa jurisprudence antérieure : « [...] la Constitution n'exclut pas la possibilité pour le législateur de prévoir un régime d'état d'urgence ; qu'il lui appartient, dans ce cadre, d'assurer la conciliation entre, d'une part, la prévention des atteintes à l'ordre public et, d'autre part, le respect des droits et libertés reconnus à tous ceux qui résident sur le territoire de la République » (n° 2015-527 QPC). Il n'est donc pas indispensable d'introduire l'état d'urgence dans la Constitution. C'est cependant la volonté qu'exprimait le gouvernement dans son projet de révision constitutionnelle de décembre 2015, suscitant les critiques de ceux qui voyaient dans cette intention le souci de se prémunir d'une éventuelle censure constitutionnelle si des mesures trop attentatoires aux libertés étaient décidées par voie législative dans le cadre de l'état d'urgence. Le gouvernement Philippe a résolu le problème par l'adoption d'une loi qui incorpore certaines des mesures qui relevaient de l'état d'urgence dans la législation ordinaire (loi du 30 octobre 2017 renforçant la sécurité intérieure et la lutte contre le terrorisme). À l'exception des cas liés à la guerre d'Algérie, l'état d'urgence a été déclaré trois fois : situation en Nouvelle-Calédonie en décembre 1984, émeutes dans les banlieues en novembre 2005, attentats terroristes de novembre 2015. En raison de l'épidémie due au Covid-19, le Parlement a voté le 22 mars 2020 une loi établissant l'urgence sanitaire. L'état d'urgence est instauré pour un mois par un décret pris en Conseil des ministres et peut être prorogé par le Parlement. Il l'a été en fait jusqu'en juillet 2022. Il permet de restreindre la liberté d'aller et de venir ainsi que de procéder à des réquisitions de manière proportionnée aux risques encourus. Les autres libertés ne peuvent donc faire l'objet de limitations. Cependant, de plus en plus de voix se sont élevées contre la durée de ces états d'urgence et contre la banalisation de ceux-ci par l'incorporation de certaines des limitations apportées aux libertés dans la législation ordinaire.

D - Les relations avec le Parlement

À l'exception de certains pouvoirs confiés au Premier ministre, les pouvoirs dont dispose l'exécutif dans le déroulement de la procédure législative sont exercés par le gouvernement.

II - Les pouvoirs du Premier ministre

Outre les pouvoirs d'avis (dissolution, art. 16) ou de proposition (référendum, révision constitutionnelle, convocation du Parlement en session extraordinaire), la Constitution (art. 21) attribue au Premier ministre des compétences particulières et lui confie le soin de diriger l'action du gouvernement.

A - Le pouvoir réglementaire

L'article 21 précise que le Premier ministre est chargé de l'exécution des lois et qu'il exerce le pouvoir réglementaire. À ce titre, il prend les mesures nécessaires à l'exécution des lois et il dispose du pouvoir réglementaire autonome défini à l'article 37 de la Constitution. Il s'agit d'un pouvoir qu'il exerce avec le contreseing des ministres chargés de l'exécution de ces règlements.

Cependant, le président signe les décrets pris en Conseil des ministres. La détermination de ces décrets revêt donc une importance particulière. Sont délibérés en Conseil des ministres, les décrets que la Constitution ou une loi soumettent à cette formalité ainsi que les textes que le président ou le Premier ministre jugent opportun de soumettre à la délibération du gouvernement. Or, un décret délibéré en Conseil des ministres ne peut être modifié que selon la même procédure. La conséquence en est, que même si annuellement un nombre limité de textes réglementaires sont signés par le président, leur nombre s'accroît, par un effet d'accumulation, avec l'écoulement du temps, le pouvoir du Premier ministre s'érodant progressivement.

Conscient de ce fait, le comité consultatif présidé par le doyen Vedel avait proposé que les textes adoptés en Conseil des ministres, sans que la Constitution ou une loi n'imposent cette formalité, puissent être modifiés par un décret du Premier ministre. Cette suggestion, qui renforçait le pouvoir réglementaire du Premier ministre, n'a pas été retenue par le président de la République dans le projet de révision qu'il avait transmis au Sénat en 1993.

B - Le pouvoir de nomination

Réserve faite du pouvoir de nomination reconnu au président par la Constitution, le Premier ministre nomme aux emplois civils et militaires.

C - Les pouvoirs dans les rapports avec le Parlement

Le Premier ministre dispose de l'initiative des lois, mais les projets de loi doivent être délibérés en Conseil des ministres. Dans le cadre de la procédure législative, si les pouvoirs de l'exécutif sont, en général, attribués au gouvernement, il appartient au Premier ministre de convoquer une commission mixte paritaire afin d'interrompre la navette d'un texte entre les deux chambres. Il peut déférer une loi au Conseil constitutionnel. Enfin, il appartient au Premier ministre, après délibération du Conseil des ministres, d'engager la responsabilité de son gouvernement devant l'Assemblée nationale.

III - Les pouvoirs des ministres

Chargé de la gestion d'un département ministériel, le ministre dispose des pouvoirs relatifs à l'organisation de ses services, comme l'a reconnu le Conseil d'État dans l'arrêt *Jamart* (7 févr. 1936). Il ne peut exercer le pouvoir réglementaire sauf délégation du

Premier ministre ou habilitation expresse par un texte législatif ou réglementaire. Par contre, les ministres chargés de l'exécution des décrets du Premier ministre contresignent ceux-ci, ce qui leur permet de participer à leur élaboration. De même les ministres responsables contresignent les décrets pris en Conseil des ministres et signés par le président.

Pour aller plus loin

Bibliographie

Sur le président de la République :

- M.-A. Cohendet, *Le président de la République*, Dalloz, coll. « Connaissance du droit », 2012
- B. Lacroix et J. Lagroye, *Le président de la République, usages et genèse d'une institution*, Fondation nationale des sciences politiques, 1992
- A. Levade, B. Mathieu et D. Rousseau (dir.), *L'élection présidentielle*, Dalloz, coll. « Thèmes et commentaires », 2013
- M. Morabito, *Le chef de l'État en France*, Montchrestien, coll. « Clefs », 1996
- J. Massot, *L'arbitre et le Capitaine*, Flammarion, 1987
- « La candidature à la présidentielle », *Pouvoirs* 2011, n° 138
- « Le président », *Pouvoirs* 1987, n° 91
- « Les primaires », *Pouvoirs* 2015, n° 154

Sur le Premier ministre et le gouvernement :

- Ph. Ardant, *Le Premier ministre en France*, Montchrestien, coll. « Clefs », 1991
- O. Schramek, *Les cabinets ministériels*, Dalloz, 1995
- « Le Premier ministre », *Pouvoirs* 1997, n° 83
- « Le Ministre », *Pouvoirs* 1986, n° 36
- « Qui gouverne la France ? », *Pouvoirs* 1994, n° 68

Exemples de sujets d'examen donnés :

Dissertations :

- Le mode d'élection du chef de l'État sous la Ve République
- La présidentialisation du régime de la Ve République
- L'incidence de la révision constitutionnelle de 1962 sur le fonctionnement du système politique français
- Les pouvoirs sans contreseing du président de la République
- Responsabilité et dissolution depuis 1875 en France
- Le référendum
- La responsabilité du président de la République
- Les relations entre le président et le Premier ministre
- Le gouvernement
- Faut-il supprimer le Premier ministre ?

Chapitre 3
Le Parlement

L'essentiel

La Constitution de 1958 a été rédigée en réaction contre les abus du parlementarisme qui caractérisaient les régimes précédents. D'où la volonté de rationaliser les procédures afin de permettre au gouvernement de mener à bien sa politique dès lors qu'il ne rencontrerait pas l'opposition d'une majorité absolue de membres de l'Assemblée nationale. Mais ces dispositions avaient été conçues pour s'appliquer à un système dans lequel il n'existerait pas de majorité stable. À partir de 1962, la combinaison des dispositions rationalisant tant la procédure législative que la mise en jeu de la responsabilité gouvernementale avec l'existence d'une majorité parlementaire stable va soumettre très largement le Parlement à la volonté gouvernementale.

Cette situation fera naître des interrogations sur le déclin du Parlement et renforcera le fond d'antiparlementarisme latent en France. Les scandales liés au financement des partis politiques alimenteront ce courant.

La révision de 2008 a profondément modifié le système en l'adaptant à la situation politique nouvelle. L'existence d'une majorité stable rend moins nécessaire le carcan établi par la rationalisation de 1958. Aussi assiste-t-on à un allégement des contraintes qui pèsent sur le Parlement. Certes l'opposition a fait valoir que cette libération partielle du Parlement profitait essentiellement à la majorité, mais c'est la logique naturelle du système majoritaire et, au gré des alternances, elle pourra être utilisée par les majorités successives. Par contre, dans la mesure où les moyens d'action du gouvernement sur le Parlement sont limités, le pouvoir du Premier ministre peut paraître davantage dépendant de la solidité de sa majorité.

Section 1 – Les membres du Parlement

La Ve République a connu une grande stabilité en ce qui concerne le mode de désignation des parlementaires, puisque le système de scrutin n'a été modifié qu'épisodiquement pendant le premier septennat de M. Mitterrand en ce qui concerne l'Assemblée nationale.

Le statut des parlementaires, lui, est un produit de l'histoire. Progressivement des règles destinées à protéger l'indépendance des parlementaires contre le pouvoir exécutif ont vu le jour. L'apport essentiel de la Ve République réside dans le développement du régime des incompatibilités.

§ 1 – Les élections

Le régime électoral des deux chambres du Parlement relève de la loi. On s'est demandé s'il n'était pas nécessaire que le système de scrutin soit fixé par la Constitution afin d'éviter qu'il ne varie en fonction des majorités au pouvoir.

Cependant, faut-il conférer au système de scrutin la même rigidité que celle qui s'attache aux règles constitutionnelles ? Dès lors que la Constitution assure que les principes essentiels quant à la sincérité des votes et à l'égalité des citoyens en matière électorale sont préservés, le système de scrutin ne doit-il pas pouvoir être modifié afin de tenir compte des changements qui pourraient se produire dans le système des partis ?

À l'opposé, on peut plaider que faire relever la détermination du système de scrutin de la loi ordinaire, c'est courir le risque que la majorité du moment ne le modifie pour se perpétuer au pouvoir.

Jusqu'à présent, même si l'idée de faire inscrire le mode de scrutin dans la Constitution a été émise, elle n'a jamais rencontré un grand support.

I – Les élections à l'Assemblée nationale

L'Assemblée est élue pour cinq ans. Elle comporte 577 membres. Le projet de loi organique présenté par le gouvernement Édouard Philippe le 29 août 2019 prévoyait de réduire d'un quart le nombre de députés qui serait limité à quatre cent trente-trois. L'objectif était d'améliorer l'efficacité du travail législatif. Comme le déclarait le président de la République le 3 juillet 2017 : « un Parlement moins nombreux mais renforcé dans ses moyens c'est un Parlement où le travail devient plus fluide, où les parlementaires peuvent s'entourer de collaborateurs mieux formés et plus nombreux, c'est un Parlement qui travaille mieux ». L'inconvénient est d'éloigner les élus des électeurs d'autant que l'interdiction du cumul avec la responsabilité d'un exécutif local avait déjà accentué cette distance. Le projet n'a pas poursuivi sa voie au Parlement comme la révision constitutionnelle à laquelle il était associé.

A – Les circonscriptions électorales

À l'exception des élections de 1986 qui se sont déroulées au scrutin proportionnel départemental, le mode de scrutin de la Ve République est le scrutin uninominal majoritaire à deux tours dans le cadre de circonscriptions établies par une loi organique. La détermination des circonscriptions doit être revue régulièrement afin de tenir compte de l'évolution démographique (v. p. 33). La révision de 2008 impose la consultation d'une commission indépendante qui donne un avis public sur la modification des circonscriptions et la répartition des sièges. Présidée par une personne qualifiée nommée par le président de la République après avis public de la commission compétente de l'Assemblée selon la procédure de l'article 13, la commission comporte un membre nommé par le président de la République, un membre nommé par le président de l'Assemblée nationale, un membre nommé par le président du Sénat, un conseiller d'État élu par l'assemblée générale du Conseil d'État, un conseiller à la Cour de cassation élu par l'assemblée générale de ladite Cour et un membre de la Cour des comptes élu par la chambre du Conseil de la Cour des comptes (loi du 13 janvier 2009). Les membres de la Commission ne peuvent exercer de mandat électif.

En ce qui concerne le mode de scrutin, le système uninominal majoritaire à deux tours semble faire l'objet d'une acceptation générale, mais nombreuses sont les prises de positions en faveur de l'introduction d'une « dose » de représentation proportionnelle qui permettrait la représentation de tous les courants politiques. L'inconvénient pourrait être de réintroduire un risque d'instabilité gouvernementale au cas où les courants politiques élus à la proportionnelle joueraient un rôle charnière dans la formation des majorités. Il n'est donc pas surprenant que les propositions en ce sens n'aient pas été retenues en 2008. Elles étaient incompatibles avec le renforcement des pouvoirs du Parlement lequel repose sur l'existence d'une majorité stable. Pourtant, l'idée a été régulièrement reprise dans la mesure où il était difficile de justifier que des partis représentant plus de 10 % de l'électorat ne bénéficient d'aucun élu. Dans son rapport en 2012, la commission Jospin suggérait d'attribuer 10 % des sièges à la proportionnelle. Les élections au scrutin majoritaire et au scrutin proportionnel seraient distinctes et chaque électeur voterait séparément pour les candidats au scrutin uninominal majoritaire et pour les listes au scrutin proportionnel. La commission considérait que l'introduction d'une dose limitée de proportionnelle ne porterait pas atteinte au fait majoritaire. Si, à l'époque, aucune suite n'avait été donnée à cette proposition, elle a été reprise par le président Macron en vue de permettre la représentation des différentes sensibilités politiques qui était entravée par le scrutin majoritaire. Le projet de loi du 29 août 2019 prévoyait l'élection de quatre-vingt-sept députés (soit 15 % de l'effectif) au scrutin proportionnel à la plus forte moyenne dans le cadre national. Les électeurs auraient donc voté deux fois, une fois au scrutin majoritaire uninominal dans le cadre de circonscriptions et une fois au scrutin proportionnel pour une liste nationale. Afin de limiter la représentation aux courants politiques d'une certaine importance un seuil de 5 % aurait été institué en dessous duquel une formation politique n'aurait pas participé pas à la distribution des sièges. Ce nouveau système était conçu en vue de ne pas contrarier la constitution d'une majorité stable grâce à la prépondérance numérique des députés élus au scrutin majoritaire. Il n'était pas possible d'être simultanément candidat au scrutin majoritaire et au scrutin proportionnel. Cette réforme n'a pas été menée à son terme comme la révision constitutionnelle à laquelle elle était liée.

B - L'éligibilité

En ce qui concerne l'**éligibilité**, les candidats doivent être électeurs, âgés de 18 ans au moins et jouir de leurs droits civiques. Sont inéligibles les fonctionnaires d'autorité en poste dans une circonscription pendant la durée de leurs fonctions dans cette circonscription et pendant un certain délai après les avoir quittées. Si le projet de loi organique du 29 août 2019 avait été adopté, les personnes ayant exercé trois mandats consécutifs auraient été inéligibles. Cette règle visait à assurer un renouvellement régulier de la classe politique et elle n'était pas applicable aux seuls parlementaires, mais aussi aux détenteurs de mandats exécutifs locaux. Elle n'interdisait pas d'être à nouveau candidat après une pause d'une durée d'un mandat, ni de se présenter à d'autres élections qui visaient à pourvoir une autre fonction que celle de parlementaire. Si cette règle avait été adoptée, le Conseil constitutionnel aurait été appelé à se prononcer sur la compatibilité de cette interdiction avec la liberté de choix de l'électeur. Selon sa jurisprudence, l'article 5 de la Déclaration des droits de l'homme et du citoyen garantit le droit des citoyens de concourir à l'expression de la volonté générale par leur représentant ce qui impose le respect de la liberté de l'électeur. Toute limitation doit être justifiée par un motif d'intérêt général et être proportionnelle à l'objectif poursuivi (décis. n° 2014-689 DC du 13 févr. 2014 à propos des incompatibilités et décision n° 2017-752 du 8 sept. 2017).

C – Le financement des campagnes électorales

Les dépenses électorales sont plafonnées à un montant de 38 000 € par candidat, augmenté de 0,15 € par habitant de la circonscription. Le plafond est soumis à un ajustement tous les trois ans. Les dons ne peuvent excéder 4 600 € s'ils émanent d'une personne privée. Depuis 1995, les dons provenant de personnes morales autres qu'un parti politique sont interdits. Les dons en espèces sont plafonnés à 150 €. Enfin, les candidats ayant obtenu au moins 5 % des voix peuvent se voir rembourser un montant forfaitaire de 50 % du plafond après contrôles des dépenses par la Commission nationale des comptes de campagne et des financements politiques.

Les comptes de campagne qui retracent les dépenses des candidats sont soumis à la Commission nationale des comptes de campagne qui se prononce sur chaque compte et peut, le cas échéant, saisir le Conseil constitutionnel. Le candidat qui n'a pas respecté la législation encourt le risque d'être frappé d'inéligibilité pendant un an ainsi que de sanctions pénales. Cette législation a conduit plusieurs candidats à se voir frappés d'inéligibilité.

D – Le mode de scrutin

D'après les règles relatives au mode de scrutin, est élu, au premier tour, le candidat qui a obtenu la majorité absolue des suffrages exprimés et le quart des voix des électeurs inscrits.

Ne peuvent se maintenir au second tour que les électeurs qui, présents au premier tour, ont atteint le *seuil de 12,5 % des électeurs inscrits*. Cette règle a eu pour conséquence d'éliminer les petits partis (Front national, écologistes et, dans de nombreux cas, le parti communiste). S'agissant du Front national, il est de moins en moins frappé par cette règle, ce qui entraîne une multiplication des élections triangulaires au second tour de scrutin.

II – Les élections au Sénat

Les sénateurs étaient élus pour neuf ans au suffrage universel indirect et le Sénat était renouvelable par tiers tous les trois ans. Sur proposition du Sénat, la durée du mandat a été réduite à six ans en juillet 2003, le renouvellement intervenant par moitié tous les trois ans. Se réformant lui-même, le Sénat entendait renforcer sa légitimité en s'alignant sur la tendance à la réduction du mandat et en se rapprochant de ses électeurs. Il comporte 343 membres et ce nombre a été porté à 348 au renouvellement de 2011 pour tenir compte de l'évolution démographique. Pour être éligibles, les candidats devaient être âgés de trente-cinq ans au moins. Cet âge a été ramené à trente ans par la réforme de 2003. La réforme proposée par le gouvernement Philippe ramenait le nombre de sièges à 261. L'interdiction d'accomplir plus de trois mandats successifs se serait appliquée également aux sénateurs. La réticence du Sénat face à ces nouvelles règles a été l'un des obstacles à la révision constitutionnelle.

A – Le mode de scrutin

Le mode de scrutin sénatorial traduit la volonté du constituant, inchangée depuis la IIIe République, de faire du Sénat, le représentant des collectivités territoriales.

• **Le collège électoral** est composé d'élus : députés, conseillers régionaux, conseillers généraux, délégués des conseils municipaux.

Le nombre de délégués des conseils municipaux varie selon l'importance de la commune. Dans les communes de moins de 9 000 habitants, les membres du conseil municipal sont électeurs, au nombre de 1 à 15, selon l'importance de la commune. Au-delà de 9 000 habitants, le conseil municipal tout entier participe aux élections sénatoriales. Au-delà de 30 000 habitants, un délégué élu par tranche de 1 000 habitants supplémentaires vient s'y ajouter.

En raison du nombre important de petites communes, et malgré les correctifs apportés au nombre des électeurs, en faveur des grandes communes, *la France rurale est surreprésentée au sein du collège électoral*.

• **Le système électoral** varie selon le nombre de sénateurs à désigner dans le département. Le scrutin est majoritaire à deux tours, sauf dans les départements qui élisent au moins quatre sénateurs où est utilisée la représentation proportionnelle à la plus forte moyenne. Lorsque le scrutin est majoritaire, l'accès au second tour est autorisé à des candidats qui n'étaient pas présents au premier tour.

B – Les critiques de la représentativité sénatoriale

Le mode de désignation des sénateurs donne lieu depuis les débuts de la Ve République à des **critiques** qui n'ont pas cependant, depuis l'échec du référendum de 1969, entraîné de tentatives de réformes de l'institution.

• La surreprésentation de la France rurale jointe à la longueur du mandat sénatorial a donné naissance à *une chambre plutôt conservatrice et peu sensible aux mouvements d'opinion*. Les électeurs sénatoriaux issus des communes de moins de 10 000 habitants constituent les deux tiers du corps électoral sénatorial alors que ces communes ne représentent que 50 % de la population française. En fait, le Sénat représente les notabilités locales. Cette composition a entraîné des conflits avec le général de Gaulle, car le Sénat approuvait peu le recours fréquent au référendum qui dépossédait les chambres de leurs pouvoirs. L'orientation conservatrice a conduit le Sénat à s'opposer également à la politique poursuivie par le président Mitterrand. Cependant, compte tenu des progrès notables de la gauche aux élections locales, une évolution progressive de l'orientation politique se produit à chaque renouvellement. Elle a fini par donner une majorité à la gauche en 2011. Depuis, la majorité sénatoriale est de nouveau à droite.

• On doit cependant noter que le bicaméralisme n'a de sens que si les deux chambres procèdent d'un mode de scrutin différent. La longueur du mandat permet au Sénat, qui est à l'abri de la dissolution, de traduire une certaine *continuité* face à l'Assemblée nationale. De plus, la qualité du travail législatif au Sénat n'est pas contestée et, en tout état de cause, le gouvernement dispose, avec l'article 45 de la Constitution, des moyens de passer outre à l'opposition du Sénat et de donner le dernier mot à l'Assemblée nationale.

• Dans une interview donnée au journal *Le Monde* le 21 avril 1998, le Premier ministre de l'époque, M. Lionel Jospin, avait fortement critiqué le Sénat le qualifiant « d'anomalie parmi les démocraties » et de « survivance des Chambre hautes conservatrices ». Mais, il n'avait évoqué, comme réforme possible à court terme, qu'une extension du nombre de départements auquel s'applique le système proportionnel et une réforme du mode de calcul du nombre des grands électeurs de telle sorte que celui-ci soit fixé en fonction de la population et non des membres des conseils municipaux, ce qui conduirait à diminuer le poids des communes rurales. Cependant, dans sa décision du 6 juillet 2000 (n° 2000-431 DC), le Conseil constitutionnel a censuré les dispositions relatives à la réforme du corps électoral sénatorial qui visaient à renforcer le poids des grandes communes en prévoyant la désignation d'un délégué sénatorial supplémentaire par 300 habitants dans les communes de plus de 8 700 habitants. Le Conseil a rappelé que le Sénat qui représente les collectivités territoriales devait être élu par un corps électoral essentiellement composé des membres des assemblées territoriales, la désignation de délégués supplémentaire n'ayant que le caractère d'un correctif démographique, ces délégués ne pouvant constituer une part substantielle des électeurs sénatoriaux. Le projet de révision présenté en 2008 tentait de contourner cet obstacle en indiquant que le Sénat représentait les collectivités territoriales « en tenant compte de leur population ». Cette modification n'a pas pu passer l'obstacle du Sénat.

§ 2 - Le statut des parlementaires

Le statut parlementaire a pour objet essentiel d'assurer l'indépendance des membres du Parlement tant à l'égard du gouvernement qu'à l'égard des intérêts privés.

I - Les incompatibilités

Principe : si l'on excepte l'incompatibilité entre le mandat parlementaire et les fonctions ministérielles (v. p. 216), le mandat parlementaire est incompatible avec toute fonction publique et avec certaines activités privées.

A - L'incompatibilité avec une fonction publique et un mandat électif

Le principe de l'incompatibilité avec toute fonction publique fait suite aux abus de la monarchie de Juillet sous laquelle les députés fonctionnaires constituaient une masse de manœuvre entre les mains du gouvernement. Les fonctionnaires élus députés doivent être placés en position de disponibilité dans leur corps d'origine. Sont exemptés de cette règle, en raison de l'indépendance qui s'attache à leur statut, les professeurs des universités et les ministres des cultes d'Alsace-Lorraine. En outre, les parlementaires peuvent être chargés par le gouvernement d'une mission de six mois sans que cela n'entraîne d'incompatibilité.

Cependant, le mandat parlementaire était traditionnellement compatible avec des fonctions électives. Dans le but d'éviter le cumul des mandats qui nuit au bon exercice de la fonction parlementaire, cette compatibilité a été réduite. Le gouvernement Jospin a proposé une réforme radicale du cumul des mandats. Mais, l'opposition résolue du Sénat à la suppression du cumul d'un mandat national et d'un mandat local a conduit à l'échec de la réforme. Il a fallu attendre 2014 pour que soit adoptée une législation prohibant le cumul des mandats (loi organique du 14 février 2014). Le mandat parlementaire est à partir de 2017 incompatible avec un mandat exécutif local. Il est également impossible d'être simultanément membre des deux assemblées ou parlementaire européen. Il est également incompatible avec plus d'un des mandats suivants : conseiller régional, conseiller à l'Assemblée de Corse, conseiller général, conseiller de Paris, conseiller municipal d'une commune de plus de 3 500 habitants. L'adoption de la loi interdisant le cumul avec un mandat exécutif local devait profondément modifier la vie politique française en ouvrant l'accès à des mandats représentatifs locaux ou nationaux à de nouvelles personnalités puisque près de 60 % des parlementaires étaient en situation de cumul. Le mandat parlementaire devient un mandat à temps plein, ce qui aurait pu entraîner une revalorisation du Parlement. Les opposants mettent en avant le fait que le cumul permettait un meilleur enracinement de l'élu national dans la vie locale d'où en découlait une meilleure perception des problèmes concrets des électeurs. L'interdiction du cumul a entraîné un profond renouvellement de l'Assemblée nationale puisque 211 députés sortants ne se sont pas représentés, notamment en raison de la règle de non-cumul et parce que certains préféraient un mandat local à un mandat national. En fait, la revalorisation attendue du Parlement n'a pas eu lieu en raison notamment du phénomène majoritaire.

B - L'incompatibilité avec une activité privée

S'agissant de l'**incompatibilité avec une activité privée**, elle n'est pas absolue. Elle concerne seulement les situations dans lesquelles l'indépendance du parlementaire ne serait pas assurée. Elle vise essentiellement les fonctions de direction ou de membre d'un conseil dans des entreprises nationales et des établissements publics nationaux ou dans des sociétés recevant une aide financière d'une collectivité publique, ayant pour principale activité l'exécution de travaux ou la prestation de fournitures ou de services pour le compte d'une collectivité publique, exerçant une activité de construction ou de promotion immobilière, ayant exclusivement un objet financier ou faisant publiquement appel à l'épargne, ou dont plus de la moitié du capital est constituée par des participations aux sociétés sus-énumérées. De plus, un parlementaire ne peut faire figurer son nom suivi de l'indication de sa qualité financière dans une publicité relative à une entreprise financière, industrielle ou commerciale. Les parlementaires avocats ne peuvent exercer leur activité dans certaines affaires. Selon la loi du 11 octobre 2013 adoptée après l'affaire *Cahuzac*, les parlementaires doivent faire une déclaration de patrimoine et d'intérêts dans les deux mois suivants leur élection. Cette déclaration est vérifiée par la Haute autorité pour la transparence de la vie publique. L'absence de déclaration ou le caractère incomplet de celle-ci sont sanctionnés de trois ans d'emprisonnement et de 45 000 euros d'amende, peine qui peut être assortie de l'inéligibilité et de l'interdiction d'exercer une fonction publique pendant dix ans.

II - L'indemnité

L'indemnité permet d'assurer tant l'indépendance du parlementaire que sa disponibilité. L'absence de toute rémunération conduirait à faire de la possession d'une fortune personnelle une condition de fait d'éligibilité.

L'indemnité parlementaire est calculée sur la base du traitement moyen des fonctionnaires hors échelle (hauts fonctionnaires) auquel vient s'ajouter une indemnité de fonction égale au quart du montant de la précédente. L'indemnité parlementaire est imposable. Le montant net de ces indemnités s'élève à 7 239,91 euros par mois. Les députés reçoivent également une indemnité forfaitaire pour frais de mandat et de secrétariat de 5 373 € par mois qui constitue une avance et disposent d'un crédit de 10 581 euros par mois qui doit être affecté à la rémunération de collaborateurs et qui, s'il n'est pas employé, peut revenir à l'Assemblée ou être cédé au groupe politique auquel appartient le député. Les collaborateurs ne peuvent être conjoints ou parents de l'élu.

III – Les immunités

Leur fonction est également d'assurer l'indépendance du parlementaire en le protégeant de poursuites judiciaires qui pourraient être motivées par le désir de l'empêcher d'exercer son mandat.

A – L'irresponsabilité parlementaire

L'irresponsabilité interdit les poursuites contre un parlementaire en raison des opinions ou des votes émis par lui dans l'exercice de ses fonctions. Elle ne s'applique qu'aux actes accomplis dans l'exercice des fonctions et est d'interprétation stricte. Elle concerne aussi bien les poursuites civiles que pénales.

B – L'inviolabilité parlementaire

L'inviolabilité protège le parlementaire contre les poursuites ou les arrestations. Le régime de l'inviolabilité a été modifié par la révision constitutionnelle de 1995, laquelle supprime toute exigence d'une autorisation pour les poursuites. En ce qui concerne les arrestations et les mesures privatives de liberté, l'autorisation préalable du bureau de l'Assemblée est nécessaire, sauf en cas de flagrant délit ou de condamnation définitive. Cependant, l'Assemblée peut ordonner la suspension des mesures pendant la durée de la session. L'Assemblée est réunie de plein droit, en séance supplémentaire, pour demander, le cas échéant, la suspension des poursuites pour la session en cours.

Section 2 – L'organisation des assemblées

Traditionnellement, en dehors du régime des sessions, l'organisation des assemblées relevait entièrement de leur compétence. Sous la Ve République, la Constitution prévoit certaines règles et, surtout, soumet au contrôle du Conseil constitutionnel, les règlements des assemblées.

§ 1 – Le règlement

Le règlement de chaque assemblée est la charte qui régit son organisation et ses travaux. Il est adopté librement par les assemblées dans le respect de la Constitution. Cette liberté est la marque de l'autonomie de l'assemblée par rapport au gouvernement.

Cependant, sous les républiques précédentes, l'autonomie des assemblées avait été utilisée pour instaurer des règles qui n'étaient pas conformes à la Constitution, comme celles qui avaient permis, sous la IVe République, le retour à la mise en jeu de la responsabilité gouvernementale par la voie de l'interpellation au Conseil de la République.

Dorénavant, cette pratique est rendue impossible puisque *les règlements des assemblées sont obligatoirement soumis au Conseil constitutionnel* qui se prononce sur leur conformité à la Constitution (art. 61, § 1). À de nombreuses reprises, le Conseil a d'ailleurs constaté la non-conformité de dispositions des règlements des assemblées non seulement avec la Constitution, mais aussi avec les lois organiques.

§ 2 - Les organes des assemblées

La gestion des assemblées et la direction de leurs travaux sont assurées par des organes propres à celles-ci (président, bureau, conférence des présidents). Les commissions parlementaires et les groupes politiques constituent les formations de travail des assemblées.

I - Les organes de direction

A - La présidence

Les présidents sont élus par les assemblées, le président de l'Assemblée nationale pour la durée de la législature et le président du Sénat après chaque renouvellement partiel. Ils conduisent les travaux parlementaires. Ils disposent de certains pouvoirs propres : consultation en cas de dissolution ou de recours à l'article 16, nomination de trois membres du Conseil constitutionnel et saisine de celui-ci, irrecevabilité des projets de loi, des propositions de loi et des amendements, nomination de deux membres du Conseil supérieur de la magistrature. En outre le président du Sénat assure l'intérim de la présidence de la République.

B - Le bureau

Le bureau est composé du président, des vice-présidents, des questeurs et des secrétaires. Les vice-présidents suppléent le président dans la présidence des séances. Les questeurs sont chargés de l'administration de l'Assemblée et les secrétaires de la surveillance de la rédaction des procès-verbaux et du déroulement des scrutins.

Le bureau est élu à la proportionnelle des groupes politiques. Il préside aux délibérations de l'Assemblée et est chargé de l'organisation et de la direction des services de celle-ci. Il exerce des fonctions spécifiques telles que la vérification des incompatibilités ou de la recevabilité des propositions ou amendements.

C - La conférence des présidents

La conférence des présidents comprend, dans chacune des deux assemblées, outre le président et les vice-présidents, les présidents des groupes parlementaires, les présidents des commissions permanentes, le rapporteur général de la commission des Finances, le président de la commission chargée des Affaires européennes et, au Sénat, le rapporteur général de la commission des Affaires sociales. Le gouvernement peut y être représenté.

La réforme de 2008 a officialisé son existence dans la Constitution en lui confiant certaines missions dans le cadre de la procédure législative : vérification du respect des conditions pour le dépôt des projets de lois, procédure accélérée. Elle est chargée notamment de la détermination de l'ordre du jour dans les conditions fixées par la Constitution (v. p. 236).

II - Les formations internes

A - Les commissions parlementaires sont les organes de travail des assemblées

a) Les commissions permanentes sont chargées de l'examen des projets et propositions de loi. Les constituants se sont méfiés des commissions permanentes qui, sous les IIIe et IVe Républiques, se comportaient comme de petites assemblées contrôlant en permanence l'activité des ministres. Le nombre de commissions permanentes ne pouvait excéder six dans chaque assemblée ce qui a comme conséquence de donner naissance à des commissions à fort effectif et large champ de compétences. Chaque parlementaire ne peut siéger que dans une seule commission. La répartition des parlementaires entre les commissions est effectuée à la proportionnelle des groupes. Les commissions ne siègent en public que lorsqu'elles procèdent à des auditions. La révision constitutionnelle de 2008 fixe à huit le nombre de commissions dans chaque assemblée. L'importance du travail législatif en commission est considérablement accrue depuis la révision de 2008 qui prévoit que les assemblées délibèrent sur le texte adopté en commission et non plus sur le projet déposé par le gouvernement.

b) Les commissions spéciales sont constituées pour examiner un projet ou une proposition spécifique à la demande du gouvernement ou de l'Assemblée saisie du texte. La Constitution faisait de la commission spéciale, la règle et de la commission permanente, l'exception. Mais, dans la pratique, le recours à une commission spéciale est rare.

c) Les commissions d'enquête sont créées par l'Assemblée nationale ou le Sénat « en vue de recueillir des éléments d'information, soit sur des faits déterminés, soit sur la gestion des services publics ou des entreprises nationales ». Après la révision de 2008, la Constitution consacre l'existence des commissions d'enquête dont les conditions de création sont déterminées par les règlements des assemblées et dont les règles d'organisation et de fonctionnement sont déterminées par la loi. La commission est créée à l'initiative parlementaire par un vote à la majorité. Cependant, dans un souci de respect des droits de l'opposition, les groupes minoritaires peuvent demander la création d'une commission d'enquête lors de chaque session annuelle et cette demande ne peut être refusée qu'à la majorité des trois cinquièmes. Les commissions ne peuvent enquêter sur des faits qui donnent lieu à des poursuites judiciaires tant que ces poursuites sont en cours. Cette incompatibilité a été vivement critiquée, car elle permettrait au gouvernement de s'opposer à une enquête par l'ouverture de poursuites. Selon l'interprétation parlementaire, l'ouverture de poursuites n'empêche par la création d'une commission, mais lui interdit seulement d'examiner les faits qui donnent lieu aux poursuites.

La commission comporte 30 membres à l'Assemblée et 21 au Sénat. Elle est composée à la proportionnelle des groupes et la fonction de président ou de rapporteur doit être automatiquement attribuée à un membre de l'opposition. Elle doit rendre son rapport dans un délai de six mois. Elle peut convoquer toute personne dont elle juge la comparution utile, le refus de comparaître et le faux témoignage étant pénalement sanctionnés. Les auditions et le rapport sont publics sauf s'il en est décidé autrement. Une nouvelle commission ne peut être instituée pour les mêmes faits avant l'expiration d'un délai de douze mois après la remise du rapport de la précédente commission.

d) Compte tenu de la limitation du nombre de commissions permanentes, ont été créées plusieurs **délégations parlementaires**. La délégation aux communautés européennes, qui, dans le cadre de l'article 88-4 de la Constitution, étudie, dans chaque assemblée, les propositions d'actes communautaires est devenue depuis la réforme de 2008 une commission qui constitue la neuvième commission de chaque assemblée.

B - Les groupes politiques

Les groupes politiques rassemblent les élus par affinités politiques. La constitution des groupes est libre moyennant le dépôt d'une déclaration sur le bureau de l'Assemblée. Pour constituer un groupe, le nombre minimum de parlementaires requis est de 10 au Sénat et de 15 à l'Assemblée nationale. Nul n'est obligé de faire partie d'un groupe. Il est possible à un élu qui ne désire pas faire partie d'un groupe de s'apparenter administrativement à celui-ci.

Les groupes jouent un rôle essentiel dans les travaux parlementaires dont ils assurent l'animation politique. Ils assistent leurs membres dans la préparation des débats et déterminent la position qu'ils adopteront sur les textes à l'examen. Par leurs attributions dans la composition des commissions, la fixation de l'ordre du jour, la répartition du temps de parole et par la possibilité qui leur est donnée de provoquer certains incidents de procédure, ils contrôlent le déroulement des travaux. *Il serait impossible à une assemblée de se passer de l'élément structurant que constituent les groupes, sauf à vouloir perdre toute efficacité.*

De ce fait, il est très difficile à un parlementaire non-inscrit à un groupe d'exercer avec efficacité son mandat.

§ 3 - Le régime des réunions

Le régime des sessions parlementaires est fixé par l'article 28, alinéa 1, de la Constitution et celui des séances à l'article 33.

I - Les sessions parlementaires

La Ve République a mis fin à la tradition qui laissait aux assemblées une large maîtrise sur la durée des sessions parlementaires, ce qui permettait, en fait, au Parlement de siéger en permanence. En limitant la durée des sessions, la Constitution met le gouvernement à l'abri du contrôle parlementaire pendant une partie de l'année. Les deux assemblées siègent simultanément.

A - Les sessions ordinaires

Avant 1995, le Parlement se réunissait en session ordinaire deux fois par an. La session d'automne qui ne pouvait excéder 80 jours s'ouvrait le 2 octobre tandis que la session de printemps qui ne pouvait excéder 90 jours s'ouvrait le 2 avril.

Cette limitation de la durée des sessions aboutissait à une surcharge de l'ordre du jour. Aussi, à la suggestion du comité consultatif présidé par le doyen Vedel, le projet de révision constitutionnelle déposé par le président de la République, restituait une certaine marge de liberté au Parlement. Le texte de révision constitutionnelle adopté en 1995 dispose que « le Parlement se réunit de plein droit en une session ordinaire qui commence le premier jour ouvrable d'octobre et prend fin le dernier jour ouvrable de juin ». Pendant cette période, le nombre de jours de séance ne peut excéder cent vingt. Il appartient à chaque assemblée de fixer les semaines de séance ainsi que les jours et les horaires des séances. Des jours de séance supplémentaire peuvent être décidés par l'Assemblée à la majorité des membres ou par le Premier ministre après consultation de l'assemblée concernée. En dehors de la session ordinaire, les organes internes du Parlement, et notamment les commissions permanentes, peuvent poursuivre leurs travaux.

B – Les sessions extraordinaires

Des sessions extraordinaires peuvent être convoquées par le président de la République à la demande du Premier ministre ou de la majorité des membres composant l'Assemblée nationale sur un ordre du jour déterminé. Les contraintes qui pèsent sur les sessions ordinaires conduisaient à un recours de plus en plus fréquent aux sessions extraordinaires avant 1995. Cependant, depuis la révision de 1995, la situation semble s'être stabilisée.

C – Les sessions de plein droit

Le Parlement est réuni en session de plein droit dans certaines circonstances prévues par la Constitution. Il en va ainsi après des élections consécutives à une dissolution (art. 12, al. 3) et pendant la durée d'application de l'article 16.

II – Les séances

La Constitution laisse les assemblées libres de fixer le régime de leurs séances. Elle prévoit simplement que les séances sont publiques et qu'une séance par semaine au moins est consacrée aux questions.

A – L'ordre du jour

En 1958, les assemblées avaient perdu la maîtrise de l'ordre du jour des séances. L'article 48 de la Constitution prévoyait que l'ordre du jour comportait par priorité, et dans l'ordre fixé par le gouvernement, la discussion des projets de lois déposés par le gouvernement et des propositions de lois acceptées par lui. Les assemblées ne conservent la maîtrise de leur ordre de jour que dans la mesure où cet ordre du jour prioritaire est épuisé.

Cette situation permettait au gouvernement de contrôler les travaux parlementaires et d'être assuré que ses projets viendront en discussion en temps utile.

Le projet de révision constitutionnelle déposé par le président Mitterrand en 1993 prévoyait de restituer une certaine liberté au Parlement en laissant aux assemblées la maîtrise de leur ordre du jour une séance par semaine. La révision de 1995 disposait qu'une séance par mois serait réservée par priorité à l'ordre du jour fixé par chaque assemblée, ce qui accordait au Parlement une marge de liberté et permettait l'examen de certaines propositions parlementaires. On doit cependant constater que les effets de cette réforme ont été très limités quant à l'accroissement du nombre de lois d'origine parlementaire. La niche parlementaire permettait certes la discussion de propositions parlementaires, mais, à moins que le gouvernement ne les soutienne, l'examen de ces propositions dépassait rarement le stade de la première lecture.

La révision constitutionnelle de 2008 redonne aux assemblées une certaine maîtrise de leur ordre du jour. L'ordre du jour est fixé par la conférence des présidents. Deux semaines par mois sont réservées par priorité aux textes dont le gouvernement demande l'inscription à l'ordre du jour. Cependant le gouvernement peut toujours bénéficier de la priorité pour les lois de finances, le financement de la sécurité sociale, l'état de crise ainsi que les textes transmis par l'autre assemblée depuis au moins six semaines. L'Assemblée a la maîtrise de son ordre du jour pour les semaines restantes, mais une semaine sur quatre doit être consacrée en priorité au contrôle de l'action du gouvernement et à l'évaluation des politiques publiques. Enfin, pour une séance par mois, l'ordre du jour est arrêté à l'initiative des groupes d'opposition et minoritaires. Bien entendu, il s'agit d'une priorité et les différentes catégories ne sont pas étanches. Une séance par semaine au moins est consacrée aux questions au gouvernement et aux réponses de celui-ci. *Le Parlement a retrouvé une relative maîtrise de son ordre du jour sans pour autant qu'il puisse être fait obstacle aux projets gouvernementaux. L'opposition s'est vu accorder une petite niche. Enfin l'importance du contrôle parlementaire est consacrée.*

B – Le vote

La Constitution impose le **vote personnel** des parlementaires. Malgré cette règle, on a vu se maintenir la pratique selon laquelle les parlementaires laissent à des collègues la clé qui permet d'actionner le système de vote électronique, ce qui permet à des lois d'être votées par des majorités squelettiques tout en donnant l'impression que l'ensemble des parlementaires a participé au scrutin. Le Conseil constitutionnel s'est refusé à sanctionner cette pratique dans sa décision du 23 janvier 1987 (n° 86-225 DC). Lorsque M. Seguin était président de l'Assemblée nationale, il avait imposé, suivant en cela une idée de M. Fabius, que les dispositions de la Constitution sur le vote personnel (art. 27, § 2) soient strictement appliquées lors des scrutins publics.

Le vote a lieu en général à main levée et, en cas de doute, par assis et levé. Lorsqu'un vote public est exigé, il a lieu au scrutin électronique sauf lorsqu'un vote public à la tribune est requis.

Section 3 – La fonction législative

En 1958, l'article 34 précisait que le Parlement votait la loi. Après la réforme de 2008, cette mention a été transférée à l'article 24 qui complète la formule en indiquant que le Parlement contrôle le gouvernement et évalue les politiques publiques. L'accent est ainsi mis sur le contrôle parce que les parlementaires et avec eux l'opinion ont réalisé que de nombreuses lois adoptées dans l'urgence, et avec grand fracas médiatique, restaient inappliquées, faute d'adoption par le gouvernement des textes nécessaires à leur mise en œuvre, voire parfois parce ce que ces textes mal conçus étaient inapplicables. D'où l'attention portée par le constituant à l'évaluation et au contrôle.

L'innovation majeure de la Constitution de 1958 reste pourtant inchangée. Il s'agit de la distinction entre les domaines législatif et réglementaire.

En effet, en délimitant dans l'article 34, le domaine dans lequel intervient le législateur, la Constitution a réduit le champ d'intervention du Parlement. De plus, l'article 37 reconnaît l'existence d'un pouvoir réglementaire autonome au profit du gouvernement.

En outre, les modifications introduites en 1958 dans le déroulement de la procédure législative avaient pour effet de permettre au gouvernement de préserver l'intégrité de ses projets et de les soumettre sans modification au vote final de l'Assemblée nationale. Alors que, sous la IVe République, le gouvernement pouvait être conduit à poser la question de confiance à chaque étape de la procédure, le constituant de 1958 avait souhaité que le gouvernement n'utilise ce droit qu'au stade final et puisse faire franchir au projet, sans grandes difficultés, toutes les étapes antérieures de la procédure. *À la limite, un gouvernement minoritaire aura la faculté de faire adopter sans modifications ses projets tant qu'une majorité absolue ne se forme pas contre lui.* La révision constitutionnelle de 2008 renforcera partiellement le pouvoir du Parlement sans pour autant modifier fondamentalement le système.

§ 1 - Le domaine de la loi

Jusqu'en 1958, la loi se définissait comme l'acte voté par le législateur. La Constitution de 1958 paraît ajouter un critère matériel dans la mesure où elle définit les matières soumises à intervention du législateur.

I - La définition du domaine de la loi

L'article 34 de la Constitution énumère limitativement les domaines d'intervention du législateur. L'article 37 précise que les matières qui ne relèvent pas de l'article 34, sont soumises au pouvoir réglementaire. En apparence, la compétence du législateur est l'exception et celle du pouvoir réglementaire, la règle.

La loi fixe les règles en matière de libertés publiques, d'état des personnes, de droit pénal, de finances publiques, d'élection, de création de catégories d'établissements publics, de fonction publique, de nationalisations et dénationalisations. La révision de 2008 ajoute à la liste la liberté, le pluralisme et l'indépendance des médias, le régime électoral des assemblées locales et des institutions représentatives des Français à l'étranger ainsi que les conditions d'exercice des mandats électoraux et des fonctions électives des membres des assemblées de collectivités territoriales. La loi détermine les principes fondamentaux en matière de défense, de collectivités locales, d'enseignement, de propriété, de droit du travail et de droit social. Cette liste peut être précisée et complétée par une loi organique.

La Constitution semble établir une distinction entre les domaines dans lesquels la loi fixe les règles et ceux où elle détermine les principes fondamentaux. Mais le Conseil constitutionnel a considérablement assoupli la distinction entre les deux titres de compétence (décis. n° 59-1 FNR du 27 nov. 1959).

Le Conseil constitutionnel est d'ailleurs allé plus loin en définissant le domaine de la loi non seulement par référence à l'article 34, mais aussi par référence à la Déclaration de 1789 ou à d'autres articles de la Constitution enlevant ainsi beaucoup de sa portée à l'innovation de 1958.

Enfin, le Conseil constitutionnel avait estimé dans sa décision du 30 juillet 1982 (n° 82-143 DC) qu'une loi contenant des dispositions relevant du domaine réglementaire n'était pas inconstitutionnelle de ce fait. Dès lors qu'une majorité parlementaire adoptait un texte selon la procédure législative, celui-ci était une loi nonobstant le domaine sur lequel il porte et il n'était pas possible par la voie de l'article 61 de le faire déclarer inconstitutionnel au motif qu'il empiéterait sur le domaine du pouvoir réglementaire. Sans complètement revenir sur cette jurisprudence, le Conseil a constaté dans sa décision relative à la loi sur l'école la présence dans le texte de quatre dispositions de nature réglementaire (n° 2005-512 DC). Il ne les a pas censurées pour autant et elles gardent un caractère législatif, mais elles pourront être modifiées *sans recours à la procédure de déclassement prévue par l'article 41 de la Constitution.*

Après une période d'indulgence, la jurisprudence du Conseil constitutionnel restaure partiellement l'édifice constitutionnel. En effet, le Conseil sanctionne l'incompétence négative du législateur, c'est-à-dire le fait pour celui-ci de ne pas exercer pleinement sa compétence et de laisser d'autres pouvoirs empiéter sur celle-ci (Cons. const. 26 juill. 1967, n° 67-31 DC). Le Conseil censure la loi lorsqu'elle renvoie à d'autres organes le soin d'édicter des règles qui relèvent de la compétence législative. Il en va de même lorsque la loi comporte des règles imprécises ou insuffisantes. Ainsi, dans sa décision du 29 juillet 2004, le Conseil a indiqué que la loi doit comporter « des dispositions suffisamment précises et des formules non équivoques afin de prémunir les sujets de droit contre une interprétation contraire à la Constitution ou contre le risque d'arbitraire sans reporter sur des autorités administratives ou judiciaires le soin de fixer des règles dont la détermination n'a été confiée par la Constitution qu'à la loi » (n° 2004-500 DC). De ce fait, la compétence du législateur doit être exercée pleinement.

II - Le contrôle du respect de la délimitation

A - Le contrôle du respect du domaine réglementaire par le législateur

Ce contrôle est assuré par le Conseil constitutionnel à différents niveaux.

a) Au moment du dépôt d'une proposition de loi ou d'amendement parlementaire, le gouvernement et, depuis 2008, le président de l'assemblée saisie, peuvent soulever l'irrecevabilité pour non-respect de l'article 34. En cas de désaccord, le Conseil constitutionnel statue dans les huit jours. Avant 2008, puisque seul le gouvernement pouvait soulever l'irrecevabilité, il avait également le droit de fermer les yeux sur celle-ci. La barrière de l'article 34 pouvait donc être franchie si le gouvernement le souhaitait. L'emploi de l'irrecevabilité était rarissime à tel point que le recours à cette procédure semble être tombé en désuétude. Or l'absence de respect des dispositions de l'article 34 n'est dans l'intérêt ni du gouvernement, ni du Parlement. Le gouvernement aliène une partie de sa liberté et le Parlement est victime d'un processus « d'inflation législative » qui surcharge son ordre du jour et le détourne des questions les plus importantes. L'article 41 de la Constitution, révisé en 2008, accorde au gouvernement et au président de l'assemblée concernée le droit d'opposer l'irrecevabilité à une proposition ou à un amendement qui ne relèverait pas du domaine de la loi. Le Conseil constitutionnel est saisi en cas de désaccord entre le gouvernement et le président de l'assemblée intéressée.

b) L'article 37, alinéa 2, permet au gouvernement de demander au Conseil constitutionnel de **déclarer qu'une disposition contenue dans une loi est de nature réglementaire**. Si la réponse du Conseil constitutionnel est positive, le gouvernement pourra modifier cette disposition par décret. Cette procédure de récupération de la compétence réglementaire a été, elle aussi, peu utilisée. Ainsi, pour sortir des contestations nées de l'obligation faite par la loi d'enseigner les aspects positifs de la colonisation, le président de la République a demandé au Conseil de constater le caractère réglementaire de cette disposition, ce qui a été fait (n° 2006-203 L du 31 janv. 2006).

B - Le contrôle du respect du domaine législatif par le gouvernement

Il est assuré par le Conseil d'État qui, saisi dans les conditions du droit commun, peut annuler un acte réglementaire qui porterait sur une matière relevant du législateur.

§ 2 - La procédure législative ordinaire

La procédure législative est surtout marquée par les prérogatives importantes accordées au gouvernement pour lui permettre d'obtenir l'examen et le vote de ses projets de loi.

I - La phase préparatoire

A - L'initiative

L'initiative des lois appartient aux membres du Parlement (propositions) et au Premier ministre (projets). Le projet doit être délibéré en Conseil des ministres et soumis à l'avis du Conseil d'État. L'avis du Conseil d'État n'est pas une simple formalité et le Conseil constitutionnel a déclaré inconstitutionnel l'ajout par le gouvernement à un projet de loi d'une disposition qui n'avait pas été soumise auparavant au Conseil d'État (Cons. const. 3 avr. 2003, n° 2003-468 DC). Il peut cependant arriver que, pour éviter ces obstacles et raccourcir les délais, le gouvernement fasse déposer par des parlementaires amis une proposition de loi qu'il fera inscrire à l'ordre du jour prioritaire (exemple du PACS). Les initiatives purement parlementaires aboutissent rarement et moins de 10 % des lois sont d'origine parlementaire. Après la révision de 2008, le président d'une des assemblées peut demander l'avis du Conseil d'État sur une proposition de loi sauf si l'auteur de la proposition s'y oppose. Il s'agit là d'une simple faculté. Le Conseil économique et social, devenu après la révision de 2008 « économique, social et environnemental » peut, à la demande du gouvernement donner son avis sur les projets et propositions de loi et un de ses membres peut exposer cet avis devant les assemblées. Il est obligatoirement saisi des plans ou projets de loi à caractère économique, social ou environnemental. Le projet de révision du 29 août 2019 étendait la consultation du Conseil, devenu Conseil de la participation citoyenne, à tous les projets ayant un objet économique, social et environnemental. L'avis devait être rendu avant que le Conseil d'État se prononce. Le gouvernement pouvait le consulter plus largement notamment sur les projets relatifs au financement de la sécurité sociale, les orientations pluriannuelles des finances publiques et tout autre projet. Ce Conseil pouvait être également consulté par le Parlement et saisi de pétitions dans des conditions fixées par une loi organique. Ce projet n'est pas arrivé à son terme.

Les projets sont déposés devant les assemblées dans les conditions prévues par une loi organique et ne peuvent être inscrits à l'ordre du jour que si les conditions prévues par cette loi organique ont été respectées. L'idée à l'origine de cette disposition est d'imposer au gouvernement de *procéder à des études sur l'impact que pourra avoir la loi*. La technique des études d'impact s'était développée dans le domaine de l'environnement. Elle devient maintenant une obligation constitutionnelle de portée générale à l'exception des projets de révision constitutionnelle, des projets de loi de finances, des projets de lois de financement de la sécurité sociale, des projets de lois de programmation, des projets de lois prorogeant un état de crise, des projets de loi portant autorisation d'approuver ou de ratifier un accord international. La loi organique du 15 avril 2009 définit le contenu et les modalités des études d'impact que le gouvernement devait mener à bien avant de déposer un projet de loi. L'absence d'une telle étude ou son caractère incomplet pourrait ainsi être sanctionnée par un refus d'inscription à l'ordre du jour. En cas de désaccord sur ce point entre la conférence des présidents de l'assemblée concernée et le gouvernement, le Conseil constitutionnel est saisi et statue dans les huit jours (art. 39). L'étude d'impact n'est pas nécessaire pour les propositions d'origine parlementaire.

L'initiative parlementaire est limitée de deux manières :

– elle doit se situer dans le domaine de la loi à peine d'irrecevabilité (art. 41, v. p. 238) ;

– elle ne doit entraîner ni augmentation d'une charge publique, ni diminution des ressources (art. 40). Il est possible de compenser la diminution d'une ressource par l'augmentation d'une autre ressource, mais la compensation entre les charges est interdite. L'irrecevabilité prévue par l'article 40 est absolue et le gouvernement ne peut couvrir celle-ci en acceptant la proposition ou l'amendement. La procédure d'examen de cette irrecevabilité est réglée par chaque assemblée. Le Conseil constitutionnel saisi après l'adoption du texte peut déclarer celui-ci inconstitutionnel dès lors que l'irrecevabilité a été invoquée et repoussée à tort au cours des débats (Cons. const. 20 juill. 1977, n° 77-82 DC). Dans la pratique, cette irrecevabilité joue davantage à l'égard des amendements que des propositions de lois. Du fait de l'existence d'un contrôle préalable exercé lors du dépôt de l'amendement, l'irrecevabilité n'est presque jamais opposée en séance (pour l'irrecevabilité des amendements v. p. 239).

B – L'examen en commission

Après dépôt devant l'une des assemblées, le texte est renvoyé en commission. À défaut de la constitution d'une commission spéciale, il sera examiné par l'une des commissions permanentes. Avant 2008, la commission ne pouvait modifier le texte des projets de loi, mais proposer seulement des amendements qui étaient examinés en séance (art. 42). Cette disposition évitait au gouvernement d'avoir à poser la question de confiance dès l'ouverture du débat afin que l'on débatte de son texte et non du texte de la commission. En revanche, les commissions jouissaient d'une entière liberté à l'égard des propositions de lois. Après la révision de 2008, la discussion en séance porte sur le texte tel qu'il a été amendé par la commission parlementaire à l'exception des projets de révision constitutionnelle, des projets de lois de finances et des projets de lois de financement de la sécurité sociale et des cas dans lesquels la commission n'a pu terminer ses travaux dans le délai qui lui est imparti. Cette modification constitue un changement important puisque le droit d'amendement parlementaire pourra s'exercer utilement dès le débat en commission. Elle a entraîné un accroissement de l'importance du travail en commission qui permet des débats en profondeur sans les limites de temps qui s'imposent dans le cadre des délibérations en séance plénière. Elle favorise en outre un examen plus approfondi des aspects techniques du texte puisque les membres de la commission sont censés être des spécialistes des questions traitées.

C - L'inscription à l'ordre du jour

L'inscription à l'ordre du jour marque la fin de la première phase. Afin de permettre un délai de réflexion et d'éviter les lois votées dans la précipitation, la révision de 2008 impose, sauf en cas de recours à la procédure accélérée (v. p. 243) un délai de six semaines entre le dépôt d'un projet ou d'une proposition et la discussion en séance et un délai de quatre semaines entre la transmission du texte par une assemblée à l'autre et son examen. Ce délai ne s'applique pas aux lois de finances, de financement de la sécurité sociale ainsi qu'aux projets relatifs aux états de crise.

II - La discussion

L'inscription à l'ordre du jour permet la discussion en séance plénière. La discussion générale est suivie d'un vote article par article. Le Parlement peut s'il le désire organiser un vote sans débat sur des textes dont il estime qu'ils ne méritent pas un débat public.

L'assemblée saisie a la faculté de voter la *question préalable* auquel cas le texte n'est pas examiné. *L'exception d'irrecevabilité* fondée sur l'inconstitutionnalité du texte peut également être invoquée. Le renvoi en commission peut également être demandé.

A - Les amendements

Proposés par le gouvernement ou les parlementaires, le principal problème posé par les amendements est celui de leur dépôt massif qui constitue un instrument efficace d'obstruction parlementaire (plus de 137 000 amendements lors de l'examen du projet de loi sur la fusion entre Gaz de France et Suez). Aussi le droit d'amendement est-il limité.

Les amendements sont soumis aux limitations des articles 40 et 41 (v. p. 241). Le Conseil constitutionnel a insisté à plusieurs reprises sur le caractère absolu de l'irrecevabilité de l'article 40 qui implique un contrôle *a priori* des amendements sur ce point (v. notamment décis. n° 2005-519 DC du 29 juill. 2005). Le contrôle des amendements déposés en commission est effectué par le président de la commission. Pour les amendements déposés en séance, le président de l'Assemblée tranche en suivant en principe l'avis du rapporteur général de la commission des finances. Le gouvernement peut également s'opposer à l'examen de tout amendement qui n'a pas été soumis antérieurement en commission. Cette disposition permet d'éviter le vote d'amendements de dernière minute qui défigureraient le texte.

L'amendement ne doit pas être dépourvu de tout lien avec le texte à l'examen (Cons. const. 13 déc. 1985, n° 85-198 DC et 23 janv. 1987, n° 86-225 DC). Pour répondre à l'exigence de clarté et de sincérité des débats parlementaires, le Conseil constitutionnel a limité le droit d'amendement en deuxième lecture. Il ne peut plus porter que sur les articles encore en discussion du fait des divergences entre les deux assemblées (Cons. const. 19 janv. 2006, n° 2005-532 DC). Fréquemment la rédaction des amendements est discutée par le gouvernement et leur auteur avant le dépôt et certains amendements parlementaires sont, en réalité, d'origine gouvernementale. La révision de 2008 apporte une réponse à ces questions. L'article 45 dispose que les amendements ne sont recevables que s'ils présentent un lien, même indirect, avec le texte. Cette modification vise à assouplir la jurisprudence du Conseil constitutionnel sans en remettre en cause le fondement. Le projet de révision du 23 mai 2018 ajoutait à cette liste l'irrecevabilité des amendements dépourvus de caractère normatif.

En outre, l'article 44 confie à une loi organique le soin de fixer le cadre dans lequel s'exercera le droit d'amendement. La loi organique du 15 avril 2009 indique que les amendements ne sont plus recevables après le début de l'examen du texte en séance publique. Seuls les sous-amendements, c'est-à-dire les amendements à un amendement, le sont. La loi prévoit également que les règlements des assemblées peuvent prévoir un délai limité pour l'examen des textes, les amendements des membres du Parlement pouvant dans ce cas être mis au vote sans discussion. Enfin, les règlements peuvent prévoir une procédure simplifiée qui n'est mise en œuvre qu'en l'absence d'opposition du gouvernement, du président de la commission ou d'un groupe politique. Dans ces cas, seul le texte de la commission est discuté, l'ensemble des travaux se déroulant au sein de celle-ci. Si elles sont utilisées, ces formules pourraient limiter l'obstruction parlementaire provoquée par le dépôt d'un nombre considérable d'amendements examinés en séance. Le débat en séance deviendrait plus clair et la qualité du travail législatif en serait améliorée, la séance plénière se consacrant aux questions essentielles.

B – Les moyens d'accélérer le débat

Soit parce que l'urgence l'impose, soit parce que l'on est en présence d'une obstruction parlementaire, le gouvernement ou le Parlement disposent des moyens d'accélérer les débats.

• Tout d'abord, le gouvernement peut avoir recours à la **procédure accélérée** qui limite la navette entre la Chambre et le Sénat à une seule lecture dans chaque chambre. Cette procédure est très fréquemment utilisée (près de 70 % des lois).

• De son côté, le Parlement peut utiliser le « **temps législatif programmé** » qui consiste à limiter la durée maximale du débat. Dans ce cas, le temps attribué au débat est reparti entre les groupes politiques, les groupes d'opposition bénéficiant d'un avantage. À l'expiration du temps imparti, les amendements sont soumis au vote sans débat. Cette procédure n'a pu être utilisée en 2020 lors du débat sur la réforme des retraites qui comportait 40 291 amendements. En effet, le règlement de l'Assemblée nationale prévoit que lorsque le délai de six semaines entre le dépôt du texte et le débat n'a pas été respecté, un président de groupe peut s'opposer au temps législatif programmé, ce qui fut le cas en l'espèce (art. 49 du règlement de l'Assemblée).

• La **procédure du vote bloqué** permet au gouvernement de demander à l'Assemblée de se prononcer par un vote unique sur tout ou partie du texte en ne retenant que les amendements proposés ou acceptés par lui. Cette procédure peut être utilisée pour mettre fin à l'obstruction, mais elle a un effet limité, car elle ne suspend pas le débat sur l'ensemble des amendements. Elle a pour finalité essentielle de rappeler à l'unité une majorité qui serait tentée de modifier le texte gouvernemental en adoptant des amendements que le gouvernement n'accepte pas. Comme le notait le Conseil constitutionnel, elle constitue un substitut de la question de confiance sans obligation pour le gouvernement d'engager sa responsabilité (Cons. const. 15 janv. 1960, n° 59-5 DC).

C – La mise en jeu de la responsabilité du gouvernement sur le texte

Il peut cependant arriver que le gouvernement soit amené à engager sa responsabilité devant l'Assemblée nationale pour obtenir l'adoption du texte.

L'article 49, alinéa 3, de la Constitution permet au gouvernement d'engager sa responsabilité sur un texte devant l'Assemblée nationale. Le texte est alors adopté à moins qu'une *motion de censure* ne soit déposée dans les 48 heures. En cas de dépôt et d'adoption d'une motion de censure à la majorité absolue, le gouvernement doit donner sa démission. Si la motion de censure ne recueille pas la majorité absolue des voix, le texte est adopté.

L'article 49, alinéa 3, permet ainsi de déplacer l'objet du débat qui ne porte plus sur un texte mais sur la confiance. Le sort du texte est alors lié à celui du gouvernement. Il est dès lors adopté lorsque la majorité absolue n'est pas réunie pour prononcer la censure.

Dans la mesure où l'utilisation de l'article 49, alinéa 3, doit être autorisée par le gouvernement, son ombre pèse sur le débat parlementaire. Cette arme absolue peut être employée à des fins diverses : légiférer alors que l'on ne dispose que d'une majorité relative, mais que l'opposition n'est pas unie contre le gouvernement (cas du gouvernement Rocard), surmonter les divisions de sa majorité (cas des gouvernements Barre et Valls notamment), mettre fin à l'obstruction. Malgré sa majorité « plurielle », le gouvernement Jospin n'a jamais utilisé l'article 49, alinéa 3. Il a préféré utiliser la question de confiance implicite en indiquant à ses partenaires verts et communistes qu'un vote hostile entraînerait la fin du gouvernement. Le gouvernement Raffarin a utilisé l'article 49, alinéa 3, pour venir à bout de l'obstruction organisée par l'opposition, mais de manière non systématique. La même tactique a été suivie par le gouvernement Villepin.

Le recours à l'article 49, alinéa 3, a été vivement critiqué parce qu'il permettait une adoption sans vote et les critiques ont sans doute été les plus vives lors de son utilisation par le gouvernement Villepin pour obtenir l'adoption des dispositions sur le contrat pour le premier emploi ou de M. Valls pour obtenir l'adoption des lois dites Macron et El Khomri portant respectivement sur la modernisation économique et le droit du travail. Cependant la démarche est logique. *Si le gouvernement estime qu'un projet est indispensable, il peut mettre sa responsabilité en jeu sur ce programme. Il appartient alors à l'Assemblée nationale de choisir entre le renvoi du gouvernement et l'adoption implicite du projet.*

Sans supprimer le recours à l'article 49, alinéa 3, la révision constitutionnelle de 2008 tente d'en limiter l'usage. Désormais, à l'exception des projets de loi de finances et de financement de la sécurité sociale, le gouvernement ne peut recourir à cette procédure qu'une fois par session. Le choix peut paraître être le fruit du hasard. Pourquoi une fois, et pas deux ou trois ? En fait, l'examen de la pratique montre qu'à l'exception du gouvernement de M. Rocard qui l'a utilisé 28 fois, et de celui de Mme Cresson qui en a fait usage 8 fois, aucun gouvernement n'a utilisé cet article plus d'une fois par session. Depuis 1958, l'article 49, alinéa 3, a été utilisé 87 fois sur 52 textes et a donné lieu à 53 motions de censure, toutes rejetées. *La réforme ne change rien en fait à la situation actuelle à condition que le gouvernement soit soutenu par un parti majoritaire uni. En présence d'une coalition instable, l'action gouvernementale pourrait cependant être fortement contrariée.*

D – La navette et la commission mixte paritaire

Le texte doit être adopté dans des termes identiques par les deux assemblées, d'où la navette et la commission mixte paritaire.

• Normalement le texte est transmis d'une assemblée à l'autre jusqu'à ce que les deux assemblées se soient mises d'accord. Si le Sénat est opposé au texte, cette *navette* pourrait durer indéfiniment puisque le gouvernement ne peut engager sa responsabilité devant le Sénat et ne dispose donc pas à l'égard de celui-ci de l'arme de l'article 49, alinéa 3.

• Aussi l'article 45 de la Constitution permet-il au gouvernement d'interrompre la navette après deux lectures dans chaque assemblée, ou une seule en cas d'urgence (aujourd'hui « procédure accélérée »), et de convoquer une commission mixte paritaire.

Avant 2008 le gouvernement décidait seul de l'urgence. La révision constitutionnelle donne aux Conférences des présidents des assemblées le droit de s'opposer conjointement à la mise en œuvre de la procédure accélérée. Le droit de convoquer une commission mixte paritaire qui était une des prérogatives du gouvernement est accordé aux présidents des deux assemblées agissant conjointement pour une proposition de loi. Cette dernière réforme est la suite logique de la modification de l'ordre du jour prioritaire au bénéfice des assemblées. Une proposition de loi pourra être inscrite plus facilement à l'ordre du jour. Elle suivra son chemin de manière accélérée si le Parlement le souhaite.

La commission mixte paritaire est composée d'un nombre égal de députés et de sénateurs et a pour mission de trouver un accord sur texte.

Si elle y parvient, le gouvernement a la faculté de soumettre pour adoption le texte aux deux assemblées. Si ce texte est adopté en des termes identiques par les deux assemblées, la procédure est terminée. Si tel n'est pas le cas, la navette entre les deux assemblées peut reprendre, mais le gouvernement peut donner le *dernier mot à l'Assemblée nationale* qui statuera sur la base du dernier texte adopté par elle modifié le cas échéant d'amendements adoptés par le Sénat, soit sur la base du texte de la commission mixte paritaire.

Le fait que, lorsque le Parlement examine l'accord établi par la commission mixte paritaire, seuls les amendements proposés ou acceptés par le gouvernement soient recevables a entraîné des abus et suscité de vives critiques. Le gouvernement, avec l'approbation du Conseil constitutionnel (Cons. const. 22 juill. 1980, n° 80-117 DC ; 31 déc. 1981, n° 81-136 DC ; et 29 déc. 1989, n° 89-268 DC) a utilisé en effet ce moyen pour faire voter des articles additionnels ou revenir sur des dispositions qui ont été adoptées antérieurement en termes identiques par les deux chambres. Le Conseil constitutionnel a été amené à préciser sa jurisprudence en limitant ce droit d'amendement pour interdire l'introduction, par ce biais de dispositions nouvelles. Ne sont autorisés, après l'échec d'une commission paritaire, que les amendements en relation directe avec une disposition en discussion et les amendements de coordination avec d'autres textes (Cons. const. 25 juin 1998, n° 98-402 DC).

La procédure de l'article 45 a pour objet de permettre au gouvernement de surmonter l'opposition du Sénat en faisant statuer en dernier ressort une assemblée devant laquelle il peut utiliser l'article 49, alinéa 3. Elle est la traduction du bicaméralisme inégalitaire institué par la Ve République.

Après son adoption, le texte est transmis au président de la République en vue de sa promulgation. Il a le pouvoir de demander une seconde lecture, mais il ne l'utilise qu'à titre exceptionnel (deux fois depuis 1958). Ainsi, lors de la crise liée à l'introduction du contrat de travail dit de première embauche en 2006, le président de la République a refusé d'utiliser ce pouvoir, préférant promulguer la loi et recommander qu'elle soit ensuite modifiée par initiative parlementaire.

§ 3 – Les procédures spéciales

I – Les lois organiques

Ce sont les lois relatives à l'organisation et au fonctionnement des pouvoirs publics. Elles interviennent dans les cas prévus par la Constitution.

La procédure législative normale leur est applicable, mais lorsque l'Assemblée nationale a le *droit de dernier mot*, elle doit statuer à la *majorité absolue*. De plus, une loi organique ne peut être examinée que quinze jours après son dépôt et les lois organiques relatives au Sénat doivent être votées en termes identiques par les deux assemblées, c'est-à-dire que le Sénat dispose, en la matière, d'un droit de veto. Le Conseil constitutionnel est obligatoirement saisi des lois organiques.

II – Les lois de finances

Elles sont adoptées selon la procédure de la loi organique (art. 47).

Le vote du budget est enfermé dans un délai de 70 jours dont 40 pour l'Assemblée nationale devant laquelle les lois de finances sont toujours déposées, 20 pour le Sénat et 10 pour la navette. À l'expiration de ce délai, le budget est mis en vigueur par ordonnance. Le projet de révision constitutionnelle vise à raccourcir les délais, soit vingt-cinq jours pour l'Assemblée nationale et un délai global d'examen de cinquante jours.

On a fréquemment contesté la brièveté de délais qui ont pour objet de permettre à l'État de disposer d'un budget en début d'exercice alors qu'auparavant l'adoption du budget pouvait intervenir avec plusieurs mois de retard.

III – Les lois de financement de la Sécurité sociale

Elles ont été introduites par la révision constitutionnelle du 22 février 1996. Elles déterminent les conditions de l'équilibre de la Sécurité sociale et, « compte tenu de leurs prévisions de recettes, fixent ses objectifs de dépenses, dans les conditions et sous les réserves prévues par une loi organique » (art. 34). Comme les lois de finances, elles sont soumises en premier lieu à l'Assemblée nationale (art. 39). Elles sont votées dans les conditions prévues par une loi organique (art. 41) selon une procédure fort proche de celle des lois de finances. Le projet de révision constitutionnelle prévoit que la loi de finances et la loi de financement de la sécurité sociale peuvent être examinées conjointement ce qui donnera au Parlement une vue globale.

Pour ces deux catégories de lois, le gouvernement dispose d'un certain nombre de prérogatives. Elles sont notamment inscrites en priorité à l'ordre du jour, les délais de réflexion établis pour la procédure ordinaire ne s'appliquent pas à elles et elles peuvent sans aucune limitation faire l'objet de la procédure de l'article 49, alinéa 3.

IV - Les lois de programmation

Introduites dans l'article 34 de la Constitution par la réforme de 2008, elles ont pour objet de déterminer pour plusieurs années les objectifs de l'action économique et sociale de l'État dans un domaine spécifique ainsi que les orientations pluriannuelles des finances publiques. En tant que telles, elles n'ont pas de valeur normative. Les lois de programme sont adoptées selon la procédure législative ordinaire, mais le projet doit être soumis pour avis au Conseil économique et social (Const., art. 70).

V - Les lois autorisant la ratification d'un traité

Si le président ratifie les traités, l'article 53 de la Constitution soumet la ratification de certains traités ou accords internationaux à une autorisation parlementaire préalable. Il s'agit des traités de paix, de commerce, de ceux qui engagent les finances de l'État, modifient une disposition législative, sont relatifs à l'état des personnes, comportent une cession, adjonction ou échange de territoire. Dans la mesure où le texte d'un traité est définitif après sa signature, le Parlement ne peut qu'accepter ou refuser l'autorisation sans pouvoir amender le traité. L'autorisation de ratifier peut dans certains cas être soumise à référendum.

Section 4 - Le vote de résolutions

La Constitution de la Vᵉ République ne permettait pas au Parlement de voter des résolutions. Cette prohibition visait à éviter la mise en jeu de la responsabilité gouvernementale en dehors de formes prévues par la Constitution. Il s'agissait d'éviter le retour à la pratique de l'interpellation qui s'était développée sous les régimes précédents. L'interpellation pouvait donner lieu au vote d'un texte critique à l'égard du gouvernement lequel mettait alors en jeu sa responsabilité pour obtenir un vote favorable.

En l'absence de toute autre forme d'expression que le vote d'une loi, la pratique s'est développée de voter des lois sans contenu normatif et purement déclaratoires dont l'objet était d'exprimer la position du Parlement sur une question. C'est cette situation qui a conduit l'Assemblée nationale à voter en première lecture une loi sur le génocide arménien.

La révision constitutionnelle de 2008 introduit dans l'article 43-1 la possibilité pour les assemblées de voter des résolutions dans les conditions fixées par une loi organique. Le Parlement pourra ainsi exprimer sa position sur des questions d'actualité. La procédure a été encadrée pour éviter le retour de l'interpellation. Les propositions de résolutions sont déposées par un ou plusieurs parlementaires ou un président de groupe. Elles sont en principe inscrites à l'ordre du jour par la conférence des présidents. Le gouvernement peut opposer l'irrecevabilité aux propositions de résolution dont il juge qu'elles seraient de nature à engager sa responsabilité ou contiendraient des injonctions à son égard. La loi organique du 15 avril 2009 précise que les propositions de résolution ne peuvent être discutées qu'à l'expiration d'un délai de six jours francs après leur dépôt. *Le Parlement retrouve un droit qu'il avait perdu dans le respect des prérogatives du gouvernement et des règles relatives à la mise en jeu de la responsabilité gouvernementale.*

Section 5 – Le suivi de l'activité de l'Union européenne

Le Parlement exerçait depuis longtemps un suivi de l'activité législative de l'Union dans le cadre de délégations parlementaires instituée dans chaque assemblée. Ces délégations pouvaient dialoguer avec le gouvernement et donner à celui-ci des orientations. Elles adressaient leurs rapports aux assemblées. L'entrée en vigueur du traité de Lisbonne modifie radicalement la situation et tant au moment de la ratification française que dans le cadre de la révision de 2008, des modifications importantes ont été apportées à l'article 88 de la Constitution.

Après transmission aux assemblées des projets d'actes législatifs ou non européens, ils sont étudiés par une commission parlementaire spécialisée dite des affaires européennes et des résolutions peuvent être adoptées par les assemblées. Le traité de Lisbonne permettant aux assemblées des Parlements nationaux d'émettre des avis motivés sur le respect de la subsidiarité par les actes européens, l'article 88-6 organise cette procédure. Elle est importante puisque si plus de la moitié des chambres des Parlements nationaux émettent des objectifs de cette nature, la Commission européenne doit réexaminer sa proposition et le Parlement européen et le Conseil de l'Union doivent se prononcer expressément sur le respect de la subsidiarité par le projet d'acte. Enfin le même article consacre le droit des assemblées, prévu par le traité de Lisbonne, de saisir la Cour de justice d'un recours en annulation d'un acte législatif de l'Union pour violation du principe de subsidiarité. Il établit un recours de droit à la demande de soixante députés ou de soixante sénateurs. Les assemblées peuvent se prononcer sur l'opportunité d'un recours par des résolutions adoptées en dehors des sessions puisque les délais de saisine de la Cour de justice de l'Union ne coïncident pas nécessairement avec les sessions parlementaires. Enfin le traité de Lisbonne créant une procédure de révision simplifiée des traités qui repose sur l'absence d'objection des Parlements nationaux, l'article 88-7 prévoit la possibilité pour le Parlement de s'opposer à une telle révision par la voie d'une motion votée par les deux assemblées en des termes identiques.

Section 6 – La fonction de contrôle

Comme l'imposait la loi du 3 juin 1958, le gouvernement est responsable devant l'Assemblée nationale. Cependant la fonction de contrôle est exercée par les deux assemblées. *Mais l'innovation essentielle de la Constitution réside dans la rationalisation des procédures de mise en œuvre de la responsabilité du gouvernement afin de préserver la stabilité gouvernementale.* À vrai dire, les idées n'étaient pas neuves, car les constituants ont repris des projets déposés par les derniers gouvernements de la IVe République. Combinées avec le jeu de la dissolution, ces procédures ont contribué à assurer la stabilité gouvernementale depuis 1958. Sur ce point, la révision de 2008 n'apporte pas de modifications fondamentales aux mécanismes mis en place en 1958. En revanche, elle met l'accent sur la fonction de contrôle de l'action du gouvernement et d'évaluation des politiques publiques qui est impartie au Parlement. Si ce dernier était depuis longtemps préoccupé des défaillances dans l'exécution des lois qui condamnaient certaines d'entre elles à rester lettre morte, il ne trouvait guère le temps de se pencher sur la question soit par manque d'intérêt réel, soit en raison de la charge législative. Désormais, la Constitution prévoit qu'une semaine par mois devra être consacrée au contrôle. Cette contrainte est de nature à rendre plus effectif le contrôle parlementaire.

§ 1 - Le contrôle sans mise en jeu de la responsabilité gouvernementale

Le Parlement dispose d'une gamme traditionnelle de moyens pour s'informer sur la politique gouvernementale.

I - Les questions écrites

Elles sont posées aux membres du gouvernement et au Premier ministre qui disposent d'un mois pour y répondre, ce délai pouvant être prorogé. Ce moyen, très utilisé (plus de 16 000 questions par an), permet aux parlementaires d'obtenir du gouvernement des informations très diverses, notamment sur le plan juridique, mais aussi sur l'attitude d'un gouvernement à l'égard d'une question particulière.

II - Les questions orales

Elles sont posées au gouvernement lors de la séance hebdomadaire réservée aux questions.

Avant la réforme constitutionnelle de 1995, une seule séance par semaine pouvait être consacrée aux questions. Le texte actuel de la Constitution fait référence à une séance au moins, ce qui implique qu'il puisse y en avoir plusieurs. Elles peuvent être avec ou sans débat.

III - Les questions au gouvernement

La procédure des questions au gouvernement qui, à l'Assemblée nationale, est télévisée, a la préférence des parlementaires. Ces derniers peuvent poser des questions d'actualité au gouvernement. Les questions sont posées à bref délai, deux heures au plus tard avant la séance, et triées par le bureau de l'assemblée. Le temps de parole est réparti à la proportionnelle des groupes. Depuis avril 1993, les questions ne sont plus communiquées au préalable au gouvernement.

Enfin, les questions orales traditionnelles sont déposées à l'avance. Elles peuvent être avec débat ou sans débat. On note un net déclin de la pratique des questions orales avec débat.

IV - Les déclarations

Le gouvernement peut faire des déclarations suivies d'un débat devant l'Assemblée nationale sans engager sa responsabilité. En 1993, le gouvernement avait accepté de faire une déclaration hebdomadaire devant l'Assemblée sur un thème de son choix. Cette déclaration était suivie d'un débat. L'article 50-1 consacre cette pratique. La déclaration fait l'objet d'un débat qui peut être suivi d'un vote si le gouvernement le décide. La responsabilité du gouvernement ne peut être engagée. Cette dernière précaution n'est pas une garantie absolue, le gouvernement pouvant toujours menacer de démissionner s'il n'obtenait pas un vote favorable. La vigilance s'impose pour éviter le développement d'une pratique en ce sens.

V - Les commissions d'enquête

V. p. 234.

§ 2 - Le contrôle avec mise en jeu de la responsabilité gouvernementale

I - La responsabilité devant l'Assemblée nationale

La responsabilité du gouvernement ne peut être mise en jeu que devant l'Assemblée nationale. Deux raisons militent en faveur de cette solution.

Tout d'abord, l'Assemblée est élue au suffrage universel direct. Elle est donc seule à disposer de la légitimité suffisante pour renverser un gouvernement nommé par un président élu également au suffrage universel direct.

Ensuite le Sénat ne peut être dissous. Aussi lui accorder le droit de mettre en jeu la responsabilité gouvernementale créerait-il un risque d'instabilité ministérielle puisque le Sénat pourrait à loisir renverser les gouvernements sans craindre d'être renvoyé devant les électeurs.

L'article 49, alinéa 4, permet cependant au gouvernement de demander au Sénat d'approuver une déclaration de politique générale. Dans un tel cas, un vote négatif n'entraîne pas, pour le gouvernement, l'obligation juridique de démissionner.

II - Les procédures de mise en jeu de la responsabilité gouvernementale

L'**article 49** de la Constitution prévoit trois formes d'engagement de la responsabilité gouvernementale.

A - L'engagement de la responsabilité du gouvernement sur son programme ou sur une déclaration de politique générale

Le gouvernement peut, après délibération du Conseil des ministres, engager sa responsabilité sur son programme ou sur une déclaration de politique générale. Dans ce cas, il doit démissionner si l'Assemblée nationale ne lui donne pas son approbation à la majorité des suffrages exprimés.

Cette disposition constitutionnelle semblait imposer au gouvernement nouvellement nommé de solliciter l'investiture de l'Assemblée en lui présentant son programme (v. p. 196). Mais la pratique est allée dans un sens différent. Récemment on en est revenu à la pratique de l'investiture, mais sans grand mérite, puisque le gouvernement dispose d'une large majorité parlementaire.

B - La motion de censure

Elle est prévue par l'alinéa 2 de l'article 49. Une motion peut être déposée par un *dixième des parlementaires*. Avant 1995, il y avait deux sessions par an et un parlementaire ne pouvait signer qu'une motion par session. Depuis la révision constitutionnelle de 1995, un parlementaire peut signer trois motions de censure durant la session unique. Cette limitation empêche le dépôt répétitif de motions de censure pendant une même session tout en préservant l'opportunité pour l'opposition de mettre en jeu à plusieurs reprises la responsabilité du gouvernement.

Pour permettre la réflexion, le vote ne peut avoir lieu qu'après un délai de 48 heures. Lors du scrutin, *seules sont décomptées les voix favorables à la censure*. Comme la motion doit être adoptée à la majorité absolue des membres composant l'Assemblée, cette règle de décompte des votes signifie que les abstentions comptent en fait comme des voix favorables au gouvernement.

Cette disposition est importante. En effet, sous la IVe République, le résultat d'un vote sur la confiance aurait dû être annoncé de la manière suivante :

– nombre de membres composant l'Assemblée	677
– majorité absolue	339
– votes favorables au gouvernement	110
– votes défavorables au gouvernement	310
– abstentions	257

Le gouvernement n'était pas renversé puisque la majorité absolue n'était atteinte, mais la faiblesse de sa position devenait tellement évidente qu'il perdait toute autorité.

Sous la Ve République, le résultat du même vote ne ferait apparaître que les 310 voix défavorables au gouvernement. Les autres membres seraient présumés être favorables au gouvernement et la majorité absolue contre le gouvernement ne serait pas atteinte.

Ainsi le résultat du scrutin permet donc de savoir si le gouvernement a une majorité absolue contre lui, il ne permet pas, par contre, de savoir s'il dispose d'une majorité en sa faveur.

La procédure de la motion de censure est utilisée par l'opposition qui y voit plus, compte tenu de l'existence d'une majorité parlementaire stable, le moyen de provoquer un débat général sur la politique gouvernementale que celui de renverser le gouvernement. Une seule motion de censure a abouti. Elle a entraîné, en 1962, la chute du gouvernement Pompidou.

C - L'engagement de la responsabilité sur un texte

Enfin, conformément, à l'alinéa 3 de l'article 49, le gouvernement peut **engager sa responsabilité sur un texte** (v. p. 244). La révision de 2008 n'autorise cette pratique que pour un seul texte par session. La suite dépend, comme on l'a vu plus haut, du dépôt ou non d'une motion de censure. En cas de dépôt, le fait de signer la motion de censure, sur la base de l'article 49, alinéa 3, n'est pas soumis à la règle qui limite le nombre de motions de censure que peut signer un parlementaire par session. Le dépôt d'une motion de censure en réponse à l'engagement de la responsabilité du gouvernement sur un texte est donc toujours possible pour un parlementaire. Les conditions de vote de la censure sont identiques à celles qui s'appliquent dans le contexte de l'article 49, alinéa 2.

Le texte, sur lequel la responsabilité gouvernementale est engagée, est adopté dès lors qu'aucune motion de censure n'est soit déposée, soit adoptée.

Aucun gouvernement n'a jusqu'à présent été renversé sur la base d'une motion de censure votée dans les conditions de l'article 49, alinéa 3.

III - Les conséquences de la mise en œuvre de la responsabilité gouvernementale

L'article 50 de la Constitution impose au gouvernement qui a fait l'objet d'un vote de censure ou dont le programme ou une déclaration de politique générale n'ont pas été approuvés par l'Assemblée nationale, de remettre au président de la République sa démission.

Le gouvernement démissionnaire continuera, dans l'attente de la nomination d'un autre gouvernement, à expédier les affaires courantes.

Dans la logique de la Ve République, la survenance d'une crise ministérielle peut inciter le président de la République à user de son droit de dissolution afin de faire trancher par les électeurs le conflit entre le gouvernement et l'Assemblée. C'est ce qui s'est passé lors de la seule crise ministérielle du régime, en 1962. La possibilité du recours à la dissolution vient donc tempérer les risques de crise provoqués par la mise en jeu de la responsabilité gouvernementale.

Pour aller plus loin

Bibliographie

- J.-P. Camby et P. Servent, *Le travail parlementaire sous la Ve République*, Montchrestien, coll. « Clefs », 2010
- P. Avril, J. Gicquel et J.-E. Gicquel, *Droit parlementaire*, LGDJ, 6e éd., 2021
- « Le Sénat », *Pouvoirs* 1988, n° 44
- « Le Parlement », *Pouvoirs* 1993, n° 64
- « La responsabilité des gouvernants », *Pouvoirs* 2000, n° 92
- « La loi », *Pouvoirs* 2005, n° 144
- « Le renouveau du Parlement », *Pouvoirs* 2013, n° 146
- « Le Sénat, pour quoi faire ? », *Pouvoirs* 2016, n° 159

Exemples de sujets d'examen donnés :

Dissertations :

- La rationalisation du Parlement sous la Ve République
- La place du Parlement dans les institutions de la Ve République a-t-elle été améliorée par la révision constitutionnelle du 23 juillet 2008 ?
- La loi
- Le bicaméralisme français est-il équilibré ?
- Les pouvoirs du gouvernement dans le cadre de la procédure législative
- La délégation de pouvoir législatif au gouvernement depuis 1875
- La mise en jeu de la responsabilité gouvernementale en France
- Le Parlement joue-t-il encore un rôle politique important ?
- Le président de la République et le Parlement

Chapitre 4
Le contrôle de la constitutionnalité des lois

L'essentiel

Les auteurs de la Constitution de 1958 n'imaginaient pas lorsqu'ils ont créé le Conseil constitutionnel la place que celui-ci prendrait dans nos institutions et les effets que son existence aurait sur l'application des normes constitutionnelles.
Il n'était pas dans les intentions des constituants, comme en attestent les travaux préparatoires, d'instaurer un système juridictionnel de contrôle de la constitutionnalité des lois. L'ambition était plus limitée. La mission essentielle du Conseil constitutionnel était de faire respecter par le Parlement la délimitation du domaine de la loi mise en place par l'article 34 et d'empêcher, d'une manière générale, que le Parlement n'en revienne aux errements du passé dans ses rapports avec le gouvernement. C'est d'ailleurs la raison pour laquelle lois organiques et règlements des assemblées sont soumis obligatoirement au contrôle du Conseil constitutionnel.
La place qu'occupe aujourd'hui, au sein des institutions, le Conseil est due à cette institution elle-même qui a su, malgré les controverses et à travers les changements de majorité, s'imposer non seulement comme régulateur de l'activité des pouvoirs publics, mais aussi, depuis sa décision historique du 16 juillet 1971 sur la liberté d'association (n° 71-44 DC), comme juge de la constitutionnalité des lois et, plus particulièrement, comme gardien des droits fondamentaux consacrés par la Constitution. La révision de 2008 accroît considérablement le rôle du Conseil puisqu'il est chargé d'apprécier a posteriori la constitutionnalité des lois à l'initiative d'un particulier sur la base d'une demande préjudicielle.

Section 1 – L'organisation du Conseil constitutionnel

Durant de longues années, la doctrine s'est interrogée sur le point de savoir si, en raison de sa composition et de son mode de fonctionnement, le Conseil constitutionnel devait être regardé comme un organe politique ou comme un organe juridictionnel.

Plaidait en faveur du caractère juridictionnel le fait que le Conseil constitutionnel tranche sur la base du droit et avec autorité de chose jugée des différends. Plaidaient en faveur du caractère politique le mode de nomination des juges et l'absence d'une procédure contradictoire. Cependant le mode de nomination est-il un élément fondamental pour qualifier la nature du Conseil dès lors que l'indépendance des membres de l'institution est assurée ? Le mode de nomination des membres de la Cour suprême des États-Unis est-il moins politique ? Pour le reste, le contentieux électoral suit une procédure contradictoire de même que l'examen des questions prioritaires de constitutionnalité. Par contre, il est difficile dans un procès fait à la loi, dans le cadre d'un contrôle abstrait *a priori*, d'isoler deux parties et d'organiser entre elles une procédure contradictoire. Quel devrait être le défendeur ? Le gouvernement qui n'est pas l'auteur de la loi ou la majorité parlementaire ? Dans la pratique, le Conseil a cependant réussi à organiser une procédure qui garantit une place minimale au principe du contradictoire. La situation s'est modifiée après la révision constitutionnelle de 2008 puisque le Conseil doit se prononcer sur une question posée dans le cadre d'un litige opposant deux parties. Le principe du contradictoire s'est imposé.

§ 1 – La composition

I – La désignation des membres

Le Conseil constitutionnel accueille en son sein, en qualité de *membres de droit*, les anciens présidents de la République. Cette situation constitue un anachronisme qui cadre mal avec le caractère actuel du Conseil surtout depuis l'introduction de la question prioritaire de constitutionnalité. Le projet de révision constitutionnelle déposé par le président Mitterrand devant le Sénat proposait de supprimer les membres de droit. Le constituant de 2008 a cependant maintenu cette situation. La participation des membres de droit est épisodique. Le président Chirac ne siège plus ; le président Sarkozy a renoncé à siéger après le rejet par le Conseil de son compte de campagne afin de conserver sa liberté d'expression ; enfin, le président Giscard d'Estaing ne siège pas pour l'examen des questions prioritaires de constitutionnalité. Le projet de loi constitutionnelle du 29 août 2019 prévoit de supprimer les membres de droit, seuls seront maintenus les anciens présidents qui ont siégé au Conseil l'année précédant la délibération du projet de loi en Conseil des ministres.

Les *neuf membres nommés* le sont pour un mandat de neuf ans non-renouvelable. Ils sont nommés à raison de trois dont le président, qui est actuellement M. Laurent Fabius, par le président de la République, trois par le président de l'Assemblée nationale et trois par le président du Sénat. Le Conseil est renouvelé par tiers tous les trois ans afin d'assurer la continuité de l'institution. La révision de 2008 applique à la nomination des membres du Conseil constitutionnel la procédure prévue pour d'autres nominations. Les propositions de nomination du président de la République seront soumises aux commissions compétentes des assemblées qui rendent un avis public. Un avis négatif à la majorité des trois cinquièmes des votants empêche la nomination. En ce qui concerne les nominations effectuées par les présidents des assemblées, l'avis est donné par la seule commission compétente de l'assemblée concernée. En 2022, le Conseil comptait deux anciens premiers ministres dont l'un a appartenu au Conseil d'État, deux avocats ayant une carrière politique et deux magistrats administratifs membres du Conseil d'État, une magistrate judiciaire, une ancienne haut fonctionnaire de l'Assemblée nationale et une ancienne ministre sans qualification juridique. Aucun ancien président de la République n'y siège effectivement. Parmi ses neuf membres, trois sont des femmes.

II – Le statut des membres

• L'**indépendance** est d'abord assurée par le caractère non renouvelable du mandat.

• De plus, la fonction est **incompatible** avec celle de membre du gouvernement, du Parlement, du Conseil économique et social. L'incompatibilité n'interdit pas de se présenter aux élections, mais elle oblige l'élu à opérer un choix entre deux mandats incompatibles. Le Conseil a estimé qu'un ancien président de la République, membre à vie, avait la faculté de se présenter aux élections parlementaires, mais que, pendant la durée de son mandat parlementaire, il ne pourrait siéger au Conseil.

• Il n'existait pas à l'origine d'incompatibilité avec les mandats locaux, la juridictionnalisation progressive du Conseil impliquait une extension de l'incompatibilité à la présidence d'une collectivité territoriale. Depuis la loi du 19 janvier 1995, l'incompatibilité a été étendue aux mandats locaux.

• Un membre du Conseil ne peut accepter aucune nomination à une fonction publique, ni une promotion au choix dans la fonction publique.

• Enfin les membres du Conseil ne peuvent prendre aucune position publique sur les questions de la compétence du Conseil, ni donner des consultations sur ces mêmes questions. Ils doivent garder le secret des délibérations et des votes. Ils prêtent serment d'exercer leur fonction en toute impartialité et dans le respect de la Constitution.

• La mise en examen de M. Roland Dumas, président du Conseil constitutionnel a amené à s'interroger sur la poursuite de son mandat. M. Dumas, invoquant le soutien du président de la République, a indiqué qu'il conserverait ses fonctions. Par la suite, M. Dumas s'est mis en congé du Conseil constitutionnel. Il a été remplacé dans ses fonctions par le doyen d'âge qui a fait fonction de président intermédiaire. Puis, à la suite de sa mise en accusation, M. Dumas s'est résigné à présenter sa démission. Cet épisode a nui au crédit de l'institution et a mis en valeur le fait qu'aucune disposition ne permettait actuellement de faire face à une telle situation. Il convient d'indiquer que M. Dumas a été acquitté en appel.

§ 2 - Le fonctionnement

En dehors des dispositions relatives à la saisine, il n'existe pas de règles de procédure, sauf en matière de contentieux électoral. Les modalités suivies sont donc essentiellement coutumières.

I - La saisine

Les modalités de saisine diffèrent selon les domaines de compétence.

• Le Conseil peut être saisi par les présidents des assemblées, soixante députés ou soixante sénateurs afin de donner un avis public sur la persistance des conditions de mise en œuvre de l'article 16 trente jours après celle-ci. Il se prononce de plein droit, sans qu'une saisine soit nécessaire, soixante jours après cette mise en œuvre et par la suite.

• En **matière électorale**, le Conseil peut être saisi par les électeurs et les candidats dans le cadre des élections législatives. Pour les élections présidentielles, les préfets peuvent saisir le Conseil ainsi que les électeurs et les candidats. Le contentieux des opérations référendaires est ouvert aux électeurs et aux préfets.

• Lorsqu'il statue sur les **incompatibilités parlementaires**, le Conseil se prononce à la demande du parlementaire concerné, du bureau de l'Assemblée ou du garde des Sceaux. S'agissant du respect de la **législation sur les dépenses électorales**, le Conseil est saisi par la commission de vérification des comptes de campagne.

• Les présidents des assemblées et le gouvernement peuvent saisir le Conseil de l'**irrecevabilité des amendements** au regard de l'article 41 (respect du domaine législatif) et le gouvernement peut demander au Conseil de constater qu'**une disposition d'une loi en vigueur relève du domaine réglementaire** (art. 37, al. 2).

• Le Premier ministre et les présidents des assemblées concernées peuvent demander au Conseil de vérifier si les conditions de dépôt d'un projet de loi respectent la loi organique prévue par l'article 39.

• Le Conseil est automatiquement saisi **des règlements des assemblées et des lois organiques**.

• Le Conseil est automatiquement saisi des propositions de lois présentées à l'initiative d'un cinquième des parlementaires soutenus par un dixième des électeurs inscrits (art. 11 et 61).

• **Après l'adoption d'une loi et avant sa promulgation**, le Conseil peut être saisi par le président de la République, le Premier ministre, les présidents des assemblées et, depuis la révision constitutionnelle de 1974 qui a conduit à une intensification de l'activité du Conseil constitutionnel, par soixante députés ou soixante sénateurs (art. 61, al. 2). Ce dernier mode de saisine limite donc la faculté que pouvait avoir une majorité parlementaire d'ignorer impunément la non-conformité d'une loi à la Constitution puisqu'elle permet à l'opposition de déférer cette loi au Conseil.

• François Mitterrand avait proposé d'instaurer un **contrôle de constitutionnalité par voie d'exception** en permettant à toute partie à un procès de soulever devant le juge ordinaire l'inconstitutionnalité d'une loi applicable au cas d'espèce, à charge pour le juge de transmettre, s'il estimait l'exception sérieuse, la demande au Conseil d'État ou à la Cour de cassation lesquels se prononceraient sur la saisine du Conseil constitutionnel. Une première tentative a échoué en 1990 devant l'opposition du Sénat. Un nouveau projet a été déposé en 1993, mais n'a pas été examiné. La révision de 2008 permet enfin le contrôle par la voie d'une question prioritaire de constitutionnalité alignant les compétences du Conseil sur celle des autres cours constitutionnelles européennes. Le contrôle ne porte que sur le respect des droits et libertés « garantis par la Constitution », c'est-à-dire qui font partie du bloc de constitutionnalité (v. p. 173). Le projet de révision limitait la procédure aux lois adoptées après 1958. Les assemblées n'ont pas retenu cette restriction qui était arbitraire. Pourquoi une loi inconstitutionnelle ancienne devrait-elle subsister alors qu'une loi adoptée après 1958 serait abrogée ? Ceci d'autant plus que ces lois n'ont jamais été soumises au contrôle *a priori* du Conseil constitutionnel. La conformité d'une loi à un accord international n'est pas mentionnée. Le contrôle de la conventionnalité des lois continue donc à relever du juge ordinaire sous réserve de la jurisprudence du Conseil constitutionnel relative au droit de l'Union européenne. Le constituant n'a pas voulu que le contrôle s'applique au respect de la distinction entre la loi et le règlement ou de la procédure législative qui sont des questions qui relèvent des relations entre le Parlement et le gouvernement. Si, à l'occasion d'un procès devant une juridiction, la conformité d'une disposition législative aux droits et libertés garantis par la Constitution est invoquée, le juge peut renvoyer cette question au Conseil d'État ou à la Cour de cassation qui eux-mêmes adresseront une demande préjudicielle au Conseil constitutionnel. La question ne doit pas avoir déjà fait l'objet d'une déclaration préalable de constitutionnalité et avoir un caractère sérieux. La décision du juge ordinaire ne peut faire l'objet d'un appel et ne pourra être contestée qu'avec le jugement rendu au fond, ce qui devrait éviter que la question préalable de constitutionnalité ne soit utilisée abusivement pour retarder la procédure. Il existe un double filtre pour éviter l'encombrement des recours : le juge ordinaire qui devra apprécier s'il convient de saisir le Conseil d'État ou la Cour de cassation et ces hautes juridictions elles-mêmes s'il convient de renvoyer la question au Conseil constitutionnel. Les conditions d'application de l'article 61-1 ont été déterminées par la loi organique du 10 décembre 2009 (v. p. 261 s.). Le contrôle *a priori* et la question prioritaire sont complémentaires. Tout d'abord les lois antérieures à 1958 n'ont pas fait l'objet d'un contrôle et, d'autre part il existe après 1958 des hypothèses dans lesquelles un accord tacite entre le gouvernement et le Parlement a évité la saisine *a priori* du Conseil constitutionnel. La question prioritaire de constitutionnalité vient combler cette lacune.

• Enfin, selon l'article 54 de la Constitution, le Conseil constitutionnel peut être saisi de la **contrariété d'un engagement international avec la Constitution** avant la ratification de celui-ci à la demande du président de la République, du Premier ministre, des présidents des assemblées et, depuis la révision constitutionnelle de 1992, de soixante députés ou de soixante sénateurs.

II - L'examen

Il existe de règles précises pour le *contentieux électoral*, domaine dans lequel, après une procédure écrite contradictoire, l'affaire est confiée à un rapporteur, puis examinée par une section de trois membres qui prépare un projet de décision soumis à l'examen du Conseil. En ce qui concerne le *contrôle de la constitutionnalité des lois*, le délai d'examen est d'un mois, ramené à huit jours, en cas d'urgence. Le Conseil désigne un rapporteur qui prépare un projet de décision. Dans la mesure où il n'existe pas de parties, le Conseil ne dispose que des observations des auteurs de la saisine. Dans la pratique, après la saisine, un rapporteur est désigné et une réunion avec le secrétariat général du gouvernement et les représentants des ministères concernés est organisée. Les observations du secrétariat général sont transmises aux auteurs de la saisine qui peuvent y répondre. Le rapporteur peut également entendre toute autre personne. Un projet de décision est alors préparé. Le Conseil statue à la majorité simple avec un quorum de sept membres, la voix du président étant prépondérante en cas de partage des voix. En ce qui concerne la *question prioritaire de constitutionnalité*, la décision du Conseil constitutionnel du 4 février 2010 portant règlement intérieur organise une procédure contradictoire comportant un échange des pièces de procédure entre les parties avec la possibilité pour le président de la République, le Premier ministre et les présidents des assemblées de présenter des observations. Un membre du Conseil est désigné comme rapporteur et le Conseil peut organiser une audience publique. Le Conseil constitutionnel a adopté le 11 mars 2022 une décision portant règlement intérieur sur la procédure suivie devant le Conseil constitutionnel pour les déclarations de conformité à la Constitution (décis. n° 2022-152 ORGA).

III - La décision

Les décisions du Conseil constitutionnel ont *autorité de chose jugée*. Selon l'article 62 de la Constitution, elles « ne sont susceptibles d'aucun recours. Elles s'imposent aux pouvoirs publics et à toutes les autorités administratives et juridictionnelles ».

Le Conseil constitutionnel a estimé que cette autorité ne s'attachait pas seulement au dispositif, mais également aux motifs qui en sont le « soutien nécessaire et en constituent le fondement même ». Ceci lui permet de donner autorité de chose jugée, non seulement à la déclaration de constitutionnalité ou de non-constitutionnalité, mais aussi à l'interprétation qu'il a faite de la loi pour parvenir à ce résultat.

Il en va ainsi, lorsqu'il vide de son sens, par voie d'interprétation, une disposition de la loi, qu'il y ajoute des dispositions qui n'y figurent pas pour la rendre constitutionnelle ou qu'il indique aux autorités, chargées de l'application de la loi, la manière dont elles devront la mettre en œuvre, ces interprétations seront revêtues de l'autorité de chose jugée et s'imposeront aux pouvoirs publics.

Lorsque le Conseil constate l'inconstitutionnalité d'une loi à la suite de la demande d'un requérant devant un juge ordinaire, l'article 61-2 prévoit que cette loi est abrogée. La décision ne produit pas d'effet rétroactif. Pour éviter les risques d'insécurité juridique liés à une possible remise en cause des effets constitués dans le passé sur la base de la loi abrogée, le Conseil constitutionnel peut déterminer que l'abrogation interviendra à une date ultérieure à celle de la publication de sa décision. Ainsi à l'image d'autres cours constitutionnelles, il se voit également reconnaître le pouvoir de déterminer dans quelles conditions les effets produits par la loi pourront être remis en cause. *Le constituant a compris qu'il était impossible de fixer des règles générales en la matière et a accepté de reconnaître une grande latitude au juge constitutionnel qui devra se prononcer en fonction des éléments propres à chaque cas. Le Conseil n'a pas hésité à en user lors de ses premières décisions. Dans sa décision relative à la discrimination entre les pensions versées aux anciens militaires français et ceux qui ne l'étaient pas, l'annulation de la loi contestée avait pour effet de faire revivre la législation antérieure qui était également discriminatoire. Aussi, le Conseil a-t-il différé l'entrée en vigueur de l'abrogation afin de permettre au législateur d'adopter une loi conforme à la Constitution (Cons. const. 28 mai 2010,* Consorts L., *n° 2010-1 QPC). De même, dans sa décision relative à la présence d'un avocat lors de la garde à vue, il a mesuré l'incidence de l'abrogation de la loi sur les procédures en cours et, soulignant qu'il ne lui appartenait d'indiquer les modifications à apporter à la législation, ce qui relève du seul législateur, il a reporté les effets de l'abrogation d'une année (Cons. const. 30 juill. 2010,* M. Daniel W. et autres, *n° 2010 14/22 QPC). Cette modalité des effets de l'abrogation n'a pas d'incidence sur le requérant qui lui en bénéficiera immédiatement puisque le tribunal qui a renvoyé la question ne pourra appliquer la loi abrogée au procès en cours. Pour le Conseil, le choix entre une abrogation immédiate et une abrogation différée repose sur l'équilibre qui doit être établi entre l'effet utile de la décision et les conséquences éventuellement excessives de la décision. Ces conséquences manifestement excessives peuvent résulter de diverses circonstances : la création d'un vide juridique par l'abrogation, l'atteinte portée à certains principes fondamentaux ou les conséquences concrètes de la décision. Mais une abrogation différée ne doit pas empêcher le requérant de bénéficier des conséquences de la décision. Il s'agit là d'une alchimie délicate dont l'emploi n'est pas spécifique au juge constitutionnel français, mais est bien connu des cours constitutionnelles européennes.*

Section 2 - Les compétences du Conseil constitutionnel

Les compétences du Conseil constitutionnel sont définies par la Constitution. Le Conseil dispose seulement de *compétences d'attribution*. C'est la raison pour laquelle, dans le silence de la Constitution, il s'est refusé à contrôler les lois référendaires.

§ 1 - Le contentieux des opérations électorales

Sous la IVe République, le contrôle des élections parlementaires relevait des assemblées lesquelles procédaient à la validation des mandats des élus. Cette pratique donna lieu à des controverses notamment après les invalidations des députés poujadistes en 1956. Pour assurer un contrôle impartial, il est apparu nécessaire de juridictionnaliser celui-ci.

I - Le contrôle des élections législatives

En tant que juge de l'élection, le Conseil constitutionnel contrôle la régularité du déroulement des opérations électorales. Il peut être saisi de la régularité du décret convoquant les électeurs et fixant le déroulement des opérations électorales. Si, dans le cadre de la contestation d'une élection, il peut être conduit à se prononcer sur l'éligibilité des candidats, il contrôle surtout la régularité de l'élection. Il annule généralement celle-ci en cas d'irrégularités graves lorsqu'il existe un faible écart de voix entre les candidats.

II - Le contrôle des élections présidentielles

Lors des élections présidentielles, le Conseil joue un rôle important. Il arrête la liste des candidats et est consulté sur l'organisation des opérations électorales. Il peut désigner des délégués pour suivre les opérations de vote et est saisi des réclamations portant sur la régularité du scrutin. Enfin, il proclame les résultats. Il peut également se prononcer sur les comptes électoraux des candidats.

III - Le contrôle des opérations référendaires

Ici encore, le Conseil est consulté sur l'organisation de la consultation des électeurs, même s'il ne peut être saisi de la régularité des textes qui organisent le référendum. Il peut désigner des délégués pour suivre le scrutin, examine les réclamations et proclame les résultats.

§ 2 - Le contrôle du respect de la répartition des pouvoirs entre le Parlement et le gouvernement

Cette compétence fut à l'origine de la création du Conseil constitutionnel qui avait été conçu comme un moyen de préserver les compétences du gouvernement contre les tentatives d'empiétement des assemblées.

I - Le respect de la délimitation entre l'article 34 et l'article 37

Il s'exerce sur la base de l'article 41 de la Constitution au cours de la procédure législative en cas de désaccord entre le gouvernement et le président de l'assemblée concernée sur la recevabilité d'une proposition de loi ou d'un amendement dont on prétend qu'il ne respecterait pas la délimitation entre les articles 34 et 37.

Il s'exerce sur la base de l'article 37, alinéa 2, de la Constitution lorsque le Premier ministre demande au Conseil de déclarer qu'un texte législatif est de nature réglementaire. Une réponse positive du Conseil permettra la modification de ce texte de forme législative par décret. Ces dispositions sont d'utilisation peu fréquente.

Saisi sur la base de l'article 61 dans le cadre du contrôle de la constitutionnalité des lois, le Conseil s'est reconnu le droit de déclarer que certaines dispositions de la loi relevaient du domaine parlementaire ce qui devrait permettre leur modification par voie réglementaire sans qu'il soit besoin de recourir à la procédure de l'article 37.

II - Le contrôle du règlement des assemblées

Les règlements des assemblées sont obligatoirement soumis au Conseil constitutionnel. Celui-ci peut ainsi faire respecter les dispositions constitutionnelles qui consacrent les prérogatives gouvernementales dans le déroulement de la procédure législative.

§ 3 - L'intervention dans la procédure législative

De manière classique, le respect des règles procédurales est opéré par le Conseil dans le cadre de son contrôle normal de constitutionnalité des lois. Cependant, dans certains cas, il a semblé important que le Conseil puisse intervenir dans le déroulement même de la procédure pour régler à bref délai des controverses entre le gouvernement et le Parlement au lieu de devoir déclarer l'inconstitutionnalité de la loi après adoption de celle-ci et de réduire ainsi à néant l'œuvre du législateur. Il en va ainsi de la vérification du respect des conditions de dépôt d'un projet de loi. C'est aussi le cas de l'irrecevabilité des propositions de loi et des amendements fondés sur l'article 41 (v. p. 239). Dans ce cas, le Conseil statue dans les huit jours.

§ 4 - Le contrôle de la constitutionnalité des lois

I - Les lois organiques

Ce contrôle s'exerce obligatoirement sur les lois organiques qui ne peuvent être appliquées qu'après avoir été déclarées conformes à la Constitution. Lorsqu'il paraît qu'une loi organique contient des dispositions qui ne relèvent pas du domaine de la loi organique, le Conseil le constate. Ce qui permet, par la suite, au législateur de modifier ces dispositions par une loi ordinaire.

II - Les lois ordinaires

Le contrôle des lois ordinaires a été l'activité la plus importante du Conseil depuis qu'en 1974 le droit de saisine a été accordé à soixante députés ou soixante sénateurs.

C'est la décision du 16 juillet 1971 relative à la liberté d'association qui a donné toute sa portée à ce contrôle. En effet, saisi de la question de la conformité à la Constitution d'une loi relative à la liberté d'association, le Conseil a pour la première fois fait référence au Préambule de la Constitution pour déclarer cette loi contraire à un principe fondamental des lois de la République.

Par cette décision, le Conseil ne faisait plus seulement porter son contrôle sur la conformité de la loi aux articles de la Constitution et aux lois organiques, mais aussi à la Déclaration des droits de l'homme et du citoyen de 1789 et au Préambule de la Constitution de 1946 auxquels fait référence le Préambule de la Constitution de 1958. Il devenait ainsi le gardien non seulement des droits civils et politiques garantis par la déclaration, mais aussi des droits économiques et sociaux garantis par le Préambule de 1946. En outre, dans la mesure où le Préambule de 1946 fait référence aux principes fondamentaux reconnus par les lois de la République, ceux-ci étaient intégrés dans le bloc de constitutionnalité sur la base duquel s'exerce le contrôle. Or, les principes fondamentaux constituent une catégorie non définie qui laisse une large marge d'appréciation au Conseil constitutionnel. Pour qu'un principe bénéficie de cette reconnaissance, il faut qu'il ait été consacré par une loi républicaine antérieure à 1946, le Conseil se réservant le droit de dire si un tel principe est ou non fondamental. Les dispositions de la Charte de l'environnement ont été intégrées dans le bloc de constitutionnalité suite à la révision constitutionnelle de 2005 (sur le « bloc de constitutionnalité », v. p. 173). *Sur cette base, le Conseil a développé une importante jurisprudence dans le domaine des droits fondamentaux et devient un garant du respect de ceux-ci par le législateur.*

Le Conseil ne s'est pas reconnu compétence pour vérifier la conformité des lois référendaires à la Constitution. Mais l'article 61 lui permet de se prononcer sur la conformité à la Constitution des propositions déposées à l'initiative d'un cinquième des parlementaires soutenus par un dixième des électeurs inscrits avant qu'elles soient soumises à référendum. Cette disposition permet d'éviter l'adoption d'une loi référendaire inconstitutionnelle et le Conseil constitutionnel qui intervient avant le référendum n'est pas contraint de s'opposer à la volonté populaire. Une telle procédure aurait pu s'appliquer également aux projets soumis à référendum, car l'inconstitutionnalité est autant à redouter du gouvernement que des parlementaires, mais étendre ainsi le contrôle réglait le conflit entre l'utilisation des articles 11 et 89 pour réviser la Constitution en faveur de l'exclusivité du recours à l'article 89.

III – La question prioritaire de constitutionnalité

Prévue par l'article 61-1 de la Constitution et mise en œuvre par la loi organique du 10 décembre 2009, *la question prioritaire de constitutionnalité permet aux particuliers de contester la constitutionnalité des dispositions législatives applicables à un litige auquel ils sont parties.* Depuis une décision de 2020 (v. *infra*, p. 221), le contrôle peut également porter sur les ordonnances après le dépôt du projet de loi de ratification.

• ***Quant à l'objet du contrôle***, celui-ci peut ne porter que sur la conformité des lois aux droits et libertés garantis par la Constitution et non sur les autres dispositions de la Constitution. Le constituant a notamment voulu éviter que ne soit exercé un contrôle sur le respect des règles de procédures législatives. Le contrôle s'exerce donc exclusivement au regard de la Déclaration des droits de l'homme de 1789, du Préambule de la Constitution de 1946, de la Charte de l'environnement et des principes fondamentaux reconnus par les lois de la République. Il ne saurait porter sur la régularité de la procédure législative ou être utilisé pour sanctionner en elle-même l'incompétence négative du législateur sauf si celle-ci a des conséquences sur les libertés (Cons. const. 6 oct. 2010, *M. Mathieu P.*, n° 2010-45 QPC). Le Conseil a admis que son examen ne portait pas uniquement sur le texte de loi, mais pouvait également être relatif à l'interprétation donnée par les juridictions. Une loi peut fort bien être conforme à la Constitution, mais l'interprétation qui en est donnée par le juge peut lui donner une signification inconstitutionnelle. Ainsi, dans sa décision du 14 octobre 2010, le Conseil constitutionnel indique « qu'en posant une question prioritaire de constitutionnalité, tout justiciable a le droit de contester la constitutionnalité de la portée effective qu'une interprétation jurisprudentielle constante confère à cette disposition » (Cons. const. 14 oct. 2010, *Compagnie agricole de la Crau*, n° 2010-52 QPC ; v. aussi Cons. const. 6 mai 2011, *Consorts C.*, n° 2011-127 QPC). La Cour de cassation s'est opposée dans un premier temps à cette jurisprudence en s'abstenant de transmettre au Conseil constitutionnel les questions prioritaires qui portaient sur l'interprétation. Elle n'acceptait pas l'idée que le Conseil pourrait censurer sa jurisprudence devenant ainsi une Cour suprême. Mais il est difficile d'admettre qu'alors qu'une loi inconstitutionnelle peut être sanctionnée, l'interprétation inconstitutionnelle d'une loi reste soustraite à tout contrôle.

Le contrôle ne porte pas non plus sur les lois qui ont été soumises au Conseil constitutionnel par la voie du contrôle *a priori*. Cependant, l'article 23-2 de l'ordonnance de 1958, tel qu'introduit par la loi organique de 2009, autorise le contrôle des lois déjà déclarées conformes en cas de changement de circonstances. Il devrait s'agir d'un changement des circonstances de droit comme une révision de la Constitution ou une nouvelle interprétation donnée par le Conseil constitutionnel (v. en ce sens, Cons. const. 13 mars 2011, *M. Abderrahmane*, n° 2010-114 QPC). Il n'est pas exclu également que le changement résulte de circonstances de fait.

Enfin, le contrôle de la conformité des lois aux conventions internationales conclues par la France continue à relever du juge ordinaire.

• ***Un filtrage des requêtes*** a été prévu par la Constitution pour éviter que le Conseil constitutionnel ne soit submergé par des requêtes qui n'auraient aucune chance d'aboutir.

Le moyen d'inconstitutionnalité peut être formulé devant toute juridiction dépendant du Conseil d'État ou de la Cour de cassation à l'exception de la Cour d'assises. Cependant, dans ce dernier cas, il est possible de la formuler en cours d'instruction ou lors de l'appel. Le juge ne peut la soulever d'office. La question est alors transmise sans délai au Conseil d'État ou à la Cour de cassation dès lors que trois conditions sont réunies : 1) la disposition contestée doit être applicable au litige ou constituer le fondement des poursuites ; 2) la disposition ne doit pas avoir déjà été déclarée conforme dans les motifs ou le dispositif d'une décision du Conseil sauf changement de circonstances ; 3) la question ne doit pas être dépourvue de caractère sérieux. Au cas où seraient soulevés simultanément des moyens relatifs à la constitutionnalité et à la conventionnalité d'une disposition législative, la question de constitutionnalité doit être traitée de manière prioritaire afin d'éviter que la mesure soit déclarée contraire à un accord international en laissant subsister une éventuelle inconstitutionnalité. Ceci n'interdit pas au juge du fond d'adopter des mesures provisoires pour préserver les droits que les particuliers tirent du droit de l'Union européenne ou de saisir la CJUE d'une demande préjudicielle.

Le Conseil d'État et la Cour de cassation ont trois mois pour examiner la demande et pendant ce temps, sauf exception, le procès au fond est suspendu. Le défaut de statuer pendant le délai requis entraîne un renvoi automatique au Conseil constitutionnel. Le Conseil d'État et la Cour de cassation vérifient si les conditions mentionnées ci-dessus sont remplies. Mais la loi organique ajoute une autre condition, la demande doit présenter un caractère sérieux ou être nouvelle. Selon le Conseil constitutionnel, une demande relative à une disposition constitutionnelle que le Conseil n'a jamais eu l'occasion d'interpréter doit être considérée comme nouvelle. Cette condition laisse aussi une certaine latitude pour apprécier l'intérêt qu'il y aurait à saisir le Conseil notamment dans le cas d'un contentieux de masse. Cette condition vise à éviter que ces juridictions résolvent elles-mêmes des questions de constitutionnalité sous le prétexte qu'elles ne seraient pas sérieuses. Si ces conditions sont réunies la question est transmise au Conseil qui dispose de trois mois pour statuer, l'extinction éventuelle de l'instance à l'occasion de laquelle la question a été posée n'ayant aucun effet sur l'examen devant le Conseil (pour la procédure devant le Conseil et l'effet de la décision, v. p . 257). La Cour de cassation s'est montrée fort réticente devant la procédure et a adopté une interprétation très étroite des conditions de transmission au Conseil constitutionnel. Ce faisant, elle n'a pas hésité à se faire juge de constitutionnalité des lois lorsqu'elle a estimé que la loi relative à la répression du négationnisme (loi Gayssot) ne posait pas de problème sérieux de constitutionnalité au regard de la liberté d'expression. Ainsi, son refus de transmettre au Conseil constitutionnel constitue une affirmation de la constitutionnalité d'une loi alors que la question méritait sans aucun doute d'être soumise au Conseil constitutionnel (elle a cependant fini par saisir en 2015 le Conseil constitutionnel de cette question, n° 2015-512 QPC). Devant cette attitude, le législateur a révisé en 2010 la loi organique pour supprimer la formation spéciale de la Cour de cassation chargée du filtrage des requêtes dans l'espoir qu'un examen de celle-ci par les chambres compétentes conduirait à une attitude plus ouverte.

→ En conclusion, la question prioritaire de constitutionnalité a rencontré un succès qui ne semble pas seulement être dû à la nouveauté de la procédure. Au 31 décembre 2021, le Conseil constitutionnel avait été saisi de 978 questions prioritaires. Il avait rendu 476 décisions de conformité, 92 de conformité avec réserve, 203 de non-conformité totale et 74 de non-conformité partielle. Certaines ont profondément modifié le droit en vigueur. Il suffit de rappeler la décision sur la cristallisation des pensions des anciens combattants de l'Empire colonial français qui met fin à un scandale dénoncé depuis longtemps, les décisions sur la présence d'un avocat lors de la garde à vue ou celle qui impose le contrôle d'un juge en cas d'internement psychiatrique. Avec la question prioritaire, la France s'est rapprochée des autres pays européens, mais aussi de l'idéal de l'État de droit.

§ 5 – Le contrôle des traités internationaux

L'article 54 de la Constitution permet de saisir le Conseil constitutionnel de la conformité des accords internationaux à la Constitution. En cas de déclaration de non-conformité, la ratification de l'accord sera subordonnée à une révision préalable de la Constitution. C'est ce qui s'est passé en 1992 à propos du traité sur l'Union européenne dont la ratification n'a pu intervenir qu'après une révision constitutionnelle. En 1997, saisi conjointement par le président de la République et le Premier ministre, le Conseil a fait le même constat à propos du traité d'Amsterdam dont la ratification n'a pu intervenir qu'après une révision constitutionnelle. Il en est allé de même en 2005 pour le traité établissant une Constitution européenne puis par le traité de Lisbonne en 2008.

Jusqu'en 1992, la saisine n'était pas ouverte aux parlementaires, ce qui signifiait qu'en cas d'accord entre le président de la République, le Premier ministre et les présidents des assemblées, la saisine du Conseil pouvait être évitée. Pour combler cette lacune, le Conseil avait accepté d'être saisi, sur la base de l'article 61, d'un recours contre la loi autorisant la ratification. Depuis la révision constitutionnelle de 1992, la situation s'est normalisée et la saisine par soixante parlementaires a été rendue possible.

Conclusion : le développement de la jurisprudence du Conseil constitutionnel a entraîné des critiques. Compte tenu de sa marge d'appréciation dans le recours aux principes fondamentaux reconnus par les lois de la République et de sa technique de la constitutionnalité sous réserve, consistant à déclarer la loi constitutionnelle dans la mesure où elle sera appliquée telle qu'il l'interprète l'épouvantail d'un *gouvernement des juges* a été agité. Cependant le Conseil prend bien soin d'éviter tout contrôle de l'opportunité de la loi. De plus, en 1993, la révision constitutionnelle, faisant suite à la décision du Conseil sur le droit d'asile, a bien montré que le pouvoir constituant, s'il était en désaccord avec une décision du Conseil, gardait le dernier mot.

Certes les décisions du Conseil sont souvent critiquées par ceux auxquels il donne tort, ce qui est bien compréhensible. Mais l'expérience des alternances de majorité montre bien que le Conseil, en faisant respecter les principes constitutionnels, évite les bouleversements que pourrait provoquer une nouvelle majorité désireuse d'imposer à tout prix son programme électoral. Les décisions sur les nationalisations ou sur les étrangers témoignent clairement de l'effet modérateur du contrôle.

Enfin, l'effet de l'activité du Conseil constitutionnel ne se limite pas aux décisions qu'il prend. L'existence même d'un contrôle conduit gouvernement et législateur à s'interroger dès leur formulation sur la conformité de leurs projets et propositions à la Constitution. *L'existence du Conseil joue donc un rôle préventif.*

La révision de 2008 renforce le rôle correctif du Conseil en lui permettant de se prononcer par voie d'exception à la demande des particuliers. Il accède ainsi au rang de véritable juridiction constitutionnelle. D'ailleurs, saisie d'une question préjudicielle par le Conseil constitutionnel, la Cour de justice de l'Union européenne n'a pas hésité à y donner suite alors que cette procédure est ouverte aux seules juridictions, ce qui constitue une reconnaissance du caractère juridictionnel de l'activité du Conseil (arrêt du 30 mai 2013, C-168/13 PPU). On mesure l'évolution parcourue depuis 1958 lorsque François Mitterrand qualifiait dans son pamphlet « Le coup d'État permanent » le Conseil constitutionnel de « Cour suprême du musée Grévin, le plus docile des corps dociles du Général de Gaulle ». D'instrument destiné à garantir le respect du parlementarisme rationalisé institué en 1958 au profit du gouvernement, il s'est mué de par sa propre jurisprudence et grâce aux révisions constitutionnelles successives en protecteur des libertés garanties par la Constitution.

Pour aller plus loin

Bibliographie

- G. Carcassonne et O. Duhamel, *La question prioritaire de constitutionnalité*, Dalloz, coll. « À savoir », 2015
- G. Drago, *Contentieux constitutionnel français*, PUF, coll. « Thémis », 2020
- P. Gaïa, R. Ghevontian, F. Melin-Soucramanien, É. Oliva et A. Roux, *Les grandes décisions du Conseil constitutionnel*, ouvrage créé par L. Favoreu et L. Philip, Dalloz, coll. « Grands arrêts », 19e éd., 2018
- B. Genevois, *La jurisprudence du Conseil constitutionnel*, STH, 1988
- P. Esplugas-Labatut, *Le Conseil constitutionnel*, Dalloz, coll. « Connaissance du droit », 9e éd., 2020
- J. Bonnet, P.-Y. Gahdoun et D. Rousseau, *Droit du contentieux constitutionnel*, LGDJ, coll. « Précis Domat », 12e éd., 2020
- M. Verpeaux, *Contentieux constitutionnel*, Dalloz, coll. « Mémentos », 2e éd., 2020
- « Le Conseil constitutionnel », *Pouvoirs* 2003, n° 105
- « La question prioritaire de constitutionnalité », *Pouvoirs* 2011, n° 137
- Dossier, « 5 ans de QPC », *Les nouveaux cahiers du Conseil constitutionnel*, n° 47, avril 2015
- Sur la question prioritaire de constitutionnalité, voir la rubrique qui lui est consacrée sur le site du Conseil constitutionnel, www.conseil-constitutionnel.fr/la-qpc/guide-pratique-de-la-question-prioritaire-de-constitutionnalite-qpc

Exemples de sujets d'examen donnés :

Dissertations :

- Les compétences du Conseil constitutionnel
- Le contrôle de constitutionnalité en France
- Le bloc de constitutionnalité
- Le contrôle *a priori* et la question prioritaire de constitutionnalité sont-ils complémentaires ?
- Les normes soumises au contrôle dans la question prioritaire de constitutionnalité
- Le Conseil constitutionnel est-il un juge ?

Index alphabétique

A

Alternance (Royaume-Uni), 107
Amendement à la Constitution (États-Unis), 92
Amendement à la loi (France), 239, 242
Apparentements (loi sur les), 42, 157
Assemblée constituante
- de 1848, 148
- de 1871, 150
- de 1945 et 1946, 156

Assemblée législative (1791), 143
Assemblée nationale
- de 1946, 157
- de 1958, 225

B

Ballottage, 38
Bayeux (discours de), 164
Bicaméralisme, 16
Bipartisme
- aux États-Unis, 92
- en Grande-Bretagne, 99

Bipolarisation (France), 39, 192
Bloc de constitutionnalité, 173
Brexit, 44, 99, 103, 104, 107
Bundesrat, 124
Bundestag, 124
Bureau des assemblées, 220, 233

C

Cabinet (États-Unis), 75
Cabinet (Grande-Bretagne), 109
Campagne électorale (présidentielle Ve République), 186
Candidature
- Assemblée nationale, 227
- présidence de la République, 185
- Sénat, 228

Césarisme, *v. Dictature*
Chambre des communes (Grande-Bretagne), 112
Chambre des députés (IIIe République), 152
Chambre des lords (Grande-Bretagne), 110
Chambre des représentants (États-Unis), 79
Chancelier (RFA), 123
Charte du 14 août 1830, 147
Charte du 4 juin 1814, 146
Cohabitation, 212
Collaboration des pouvoirs, 51
Comité de salut public, 49, 143
Commission mixte paritaire, 245
Commissions parlementaires
- États-Unis, 80
- Grande-Bretagne, 112

Commissions (Ve République)
- d'enquête, 234
- permanentes, 234
- spéciales, 234

Communisme, 130
Conférence des présidents (Ve République), 233
Congrès (États-Unis), 79 s.
Congrès (Ve République), 177
Conseil de cabinet (Ve République), 215
Conseil constitutionnel
- attributions, 259
- composition, 254
- procédure, 255

Conseil d'État, 145, 161, 204, 221, 240
Conseil de la République, 157
Conseil supérieur de la magistrature, 207
Conservateur (Parti), 100
Constitution
- de 1791, 142
- de 1793, 143
- de 1848, 148

– de 1852, 149
– de 1875 (lois constitutionnelles), 150
– de 1946, 157
– de 1958, 164
– de l'an III, 144
– de l'an VIII, 144
– des États-Unis, 70
– de Grande-Bretagne, 95
– notion, 55
– de la République fédérale d'Allemagne, *v. Loi fondamentale (Allemagne)*
– russe, 130, 133
Constitutionnalité des lois, 63
Consulat, 144
Contrat social, 21
Contreseing ministériel, 204
Contrôle de constitutionnalité des lois
– États-Unis, 88
– Europe centrale et orientale, 136
– notion, 63
– RFA, 119
– Ve République, 260
Contrôle politique du gouvernement, *v. Responsabilité ministérielle, Relation exécutif-législatif*
Convention de la Constitution, 96
Convention nationale (États-Unis), 73
Convention (régime politique), 143
Cour constitutionnelle (Europe centrale et orientale), 136
Cour de justice de la République, 218
Cour suprême des États-Unis, 87 s.
Couronne (la) (Royaume-Uni), 108
Coutume constitutionnelle, 63, 179
Crise du 16 mai 1877, 53, 153
Crise ministérielle (IVe République), 160
Cube (loi du), 105
Cumul des mandats (Ve République)
– ministres, 216
– parlementaires, 230

D

Décentralisation, 13
Déclaration des droits, 57, 173
Déclaration de politique générale (Ve République), 196, 250
Déconcentration, 13
Délégation législative, 160, 223
Démocratie
– délibérative, 29
– directe, 22
– participative, 29
– semi-directe (procédés de), 23
– sociale (Ve République), 170
Député (Ve République)
– élection, 226
– statut, 230
Dictature, 48
Directoire, 144
Dissolution
– en Allemagne, 126
– en Grande-Bretagne, 115
– IIIe République, 152
– IVe République, 159
– notion, 53
– Ve République, 198
Domaine législatif (Ve République), 238
Domaine réservé (Ve République), 211
Droit de grâce, 208

E

Égalité hommes-femmes, 169
Électeurs (qualité d'), 34
Élection présidentielle (États-Unis), 71 s.
Élection présidentielle (France), 183
Élections, 31 s.
Élections municipales, 42
Élections régionales, 43
Électorat, 22, 24
Empire (Ier), 144
Empire (IId), 149
État, 4 s.
État de droit, 11
État fédéral, 14
État de siège, 206, 222
État souverain, *v. Souveraineté*
État unitaire, 12
État d'urgence, 222

États-Unis, 70 s.
Exception d'inconstitutionnalité
- Allemagne, 119
Exécutif, *v. Pouvoir exécutif*
Exécutif dualiste, 52
Exécution des lois (Ve République), 220

F

Fédéralisme
- allemand, 121
- américain, 90
- notion, 14
Financement
- des dépenses électorales, 28, 73, 187, 228
- des partis politiques, 28
Flibuste (États-Unis), 82

G

Gouvernement
- Allemagne, 123
- France (Ve République), 211
- Grande-Bretagne, 109
Gouvernement des juges, 64
Gouvernement provisoire (1944), 155
Gouvernement révolutionnaire (Convention), 143
Grande-Bretagne, 95
Groupe parlementaire (Ve République), 235

H – I

Habilitation législative, 220
Incompatibilité
- ministérielle (Ve République), 216
- parlementaire (Ve République), 230
Initiative des lois (Ve République), 240
Initiative populaire, 23, 199
Intérim (présidence de la République), 194
Interpellation, 148, 152, 159, 247
Irresponsabilité du chef de l'État, 209

J – L

Juge électoral (Conseil constitutionnel, Ve République), 259
Länder **(Allemagne)**, 121
Leader (partis en Grande-Bretagne), 101
Liste électorale, 35
Liste (scrutin de), 37
Loi constitutionnelle (3 juin 1958), 161
Loi de finances, 246
Loi fondamentale (Allemagne), 118 s.
Loi organique, 246
Loi référendaire, 199 s.
Loi (Ve République)
- définition, domaine, 238
- procédure d'élaboration, 240
Lutte des classes, 130

M

Mandat impératif, 22, 25
Marxisme, 129
Message (droit de), 197
Message sur l'État de l'Union (États-Unis), 83
Ministre délégué (Ve République), 215
Ministre d'État (Ve République), 213
Ministre (Ve République), 204
Minorité nationale, 9
Mode de scrutin, 43
Monarchie de Juillet, 147
Montesquieu, 46
Motion de censure
- Grande-Bretagne, 115
- IVe République, 158
- Ve République, 250
Motion de défiance constructive (Allemagne), 125

N

Nation, 6
Nomination
- des fonctionnaires (États-Unis), 77
- des fonctionnaires (Ve République), 205, 213

– du gouvernement (Ve République), 204
– du Premier ministre (Ve République), 195

O – P

Ordonnances (Ve République), 220
Ordre du jour (Parlement), 236
Parlement
– Allemagne, 124
– Grande-Bretagne, 110
– Russie, 134
– Ve République, 225 s.
Parlementarisme rationalisé, 123, 173
Parti unique (URSS), 132
Partis politiques
– Allemagne, 126
– en général, 27
– États-Unis, 92
– Grande-Bretagne, 99
Personnalité de l'État, 10
Plébiscite, 60
Population, 5
Pouvoir constituant institué, 59
Pouvoir constituant originaire, 59
Pouvoir exécutif
– Allemagne, 123
– États-Unis, 75
– Grande-Bretagne, 109
– IIIe République, 152
– IVe République, 158
– Ve République, 183 s., 211
Pouvoir judiciaire, 47
Pouvoir législatif
– États-Unis, 80
– Grande-Bretagne, 110
– IIIe République, 152
– IVe République, 157
– Ve République, 225
Pouvoirs exceptionnels (art. 16, Ve République), 203
Projet constitutionnel du 19 avril 1946, 156
Promulgation des lois (Ve République), 206

Q

Question de confiance
– Allemagne, 125
– Grande-Bretagne, 115
– IVe République, 158
Question orale, 249
Question prioritaire de constitutionnalité, 256, 261
Questions au gouvernement
– Grande-Bretagne, 114
– Restauration, 147
– Ve République, 249
Quinquennat, 193
Quotient électoral, 39

R

Ratification des traités
– États-Unis, 78
– Ve République, 201, 206, 264
Référendum d'abrogation, 24
Référendum constituant, 60
Référendum (généralité), 23
Référendum (Ve République)
– article 11, 199
– article 89, 177
Régime d'assemblée
– Convention, 143
– notion, 49
– URSS, 131
Régime parlementaire
– dualiste, 52
– moniste, 53
Régime présidentiel, 50
Régime représentatif, 24
Régime de la Ve République, 171
Règlement des assemblées, 232
Relations exécutif-législatif
– Allemagne, 125
– États-Unis, 83 s.
– Grande-Bretagne, 114
– IIIe République, 152
– IVe République, 158
– Ve République, 248
Représentation proportionnelle, 39

République fédérale d'Allemagne, 118 s.
République française
- Ire, 143
- IIe, 148, 149
- IIIe, 150
- IVe, 157
- V^e, 163 s.

Résolutions (vote de), 247
Responsabilité ministérielle
- Allemagne, 125
- Grande-Bretagne, 98
- IIIe République, 152
- IVe République, 158
- notion, 53
- Ve République, 250

Responsabilité pénale des ministres (Ve République), 218
Responsabilité du président de la République (Ve République), 208
Restauration, 146
Révision constitutionnelle
- généralités, 60
- Ve République, 176

Rousseau, 21
Russie, 132

S

Saisine du Conseil constitutionnel, 255
Scrutin majoritaire
- notion, 37

Scrutin uninominal
- à deux tours, 38
- à un tour, 37

Sénat américain, 79
Sénat français
- IIIe République, 152
- Ve République, 228

Sénateurs (élection en France), 228
Séparation des pouvoirs, 46
Septennat, 151, 192
Session extraordinaire (Ve République), 207, 236
Session parlementaire (Ve République), 235
Souveraineté, 10
Souveraineté nationale, 21
Souveraineté populaire, 21
Souveraineté des représentants, 25
Soviet suprême, 131
Speaker
- États-Unis, 80
- Grande-Bretagne, 112

Suffrage (droit de), 31
Suffrage féminin, 32
Suffrage universel, 31
Suppléant, 217

T

Territoire, 5
***Tory* (Parti),** 100
Totalitarisme, *v. Dictature*
Traité (Ve République)
- constitutionnalité, 264
- ratification, 201, 206, 247

Travailliste (Parti), 100
Tribunal constitutionnel (Allemagne), 119

U - V - W

Uninominal (scrutin), 37
Union européenne, 17, 248
URSS, 129
Vacance (présidence de la République en France), 194
Veto législatif
- 1791, 142
- États-Unis, 83
- Restauration, 146

Veto populaire, 24
Vice-président, 71
Vichy (gouvernement de), 155
Vote bloqué (Ve République), 243
Vote (droit de), 31
Vote des femmes, 32
Vote par correspondance, 36
Vote par procuration, 36
Vote personnel (des parlementaires, Ve République), 237
***Whig* (Parti),** 100
***Whip* (Grande-Bretagne),** 113

Dans la même collection

Série droit public – Science politique

- *Contentieux administratif*, A. Perrin
- *Contentieux constitutionnel*, M. Verpeaux
- *Droit administratif des biens*, C. Roux
- *Droit administratif général*, P. Gonod
- *Droit des collectivités territoriales*, V. Donier
- *Droit constitutionnel et institutions politiques*, J. P. Jacqué
- *Droit des contrats publics*, F. Lichère
- *Droit de l'environnement*, P. Planchet
- *Droit fiscal*, X. Cabannes
- *Droit de la fonction publique*, C. Fortier
- *Droit international public*, D. Ruzié, G. Teboul
- *Droit public*, L. Dubouis, J.-P. Négrin, G. Peiser
- *Droit de la santé publique*, B. Apollis, D. Truchet
- *Droit de l'Union européenne*, L. Coutron
- *Droit de l'urbanisme*, J. Morand-Deviller, S. Ferrari
- *Finances locales*, R. Muzellec, M. Conan
- *Finances publiques*, J. Buisson
- *Histoire du droit*, J. Hilaire
- *Histoire des idées politiques de l'Antiquité à la fin du XVIII*e *siècle*, D. G. Lavroff
- *Histoire des idées politiques depuis le XIX*e *siècle*, D. G. Lavroff
- *Histoire des institutions publiques de la France*, P. Villard, L.-A. Barrière
- *Institutions européennes*, E. Chevalier, O. Dubos
- *Institutions internationales*, B. Sierpinski
- *Introduction à la science politique*, J. Baudouin
- *Libertés fondamentales*, F. Mélin-Soucramanien
- *Relations internationales*, M. Gounelle, M.-P. Lanfranchi

Série droit privé

- *Droit des assurances*, H. Groutel
- *Droit bancaire*, F. Dekeuwer-Défossez, S. Moreil
- *Droit civil général*, P. Bihr, M.-H. Bihr
- *Droit civil. Sûretés, publicité foncière*, V. Brémond, M.-N. Jobard-Bachellier
- *Droit commercial. Notions générales*, J.-P. Le Gall, C. Ruellan
- *Droit du commerce international*, H. Kenfack
- *Droit de la concurrence*, J.-C. Roda
- *Droit de la consommation*, S. Le Gac-Pech
- *Droit de la construction*, M. Poumarède, C. Saint-Alary-Houin
- *Droit des biens*, P. Courbe, M. Latina
- *Droit des contrats spéciaux*, B. Bourdelois
- *Droit des entreprises en difficulté*, P.-M. Le Corre, E. Le Corre-Broly
- *Droit des obligations*, L. Tranchant, V. Égéa

- *Droit des personnes, de la famille et des incapacités,* P. Courbe, F. Jault-Seseke
- *Droit des successions et des libéralités,* J. Houssier
- *Droit international privé,* J.-P. Laborde, S. Sana-Chaillé de Néré
- *Droit pénal des affaires,* G. Giudicelli-Delage
- *Droit pénal général,* J. Larguier, P. Conte, P. Maistre du Chambon
- *Droit pénal spécial,* J. Larguier, P. Conte, S. Fournier
- *Droit de la propriété industrielle,* L. Marino
- *Droit rural,* J. Audier
- *Droit de la sécurité sociale,* X. Prétot
- *Droit des sociétés,* A. Constantin
- *Droit du travail,* A. Cœuret, J.-P. Lieutier
- *Grands systèmes de droit étrangers,* M. Fromont
- *Institutions juridictionnelles,* J.-J. Taisne
- *Introduction générale au droit,* P. Courbe, J.-S. Bergé
- *Procédure civile. Droit judiciaire privé,* J. Larguier, P. Conte, C. Blanchard
- *Procédure pénale,* J. Larguier, P. Conte
- *Propriété littéraire et artistique,* P. Sirinelli

Photocomposition : Nord Compo
59650 VILLENEUVE D'ASCQ

PEFC 10-31-1895

721746 - (I) - OBS-A 60 g - NC (JB)
Achevé d'imprimer en juin 2022 par l'Imprimerie CHIRAT - 42540 Saint-Just-la-Pendue
Dépôt légal : juin 2022 - N° 202205.0122

Imprimé en France